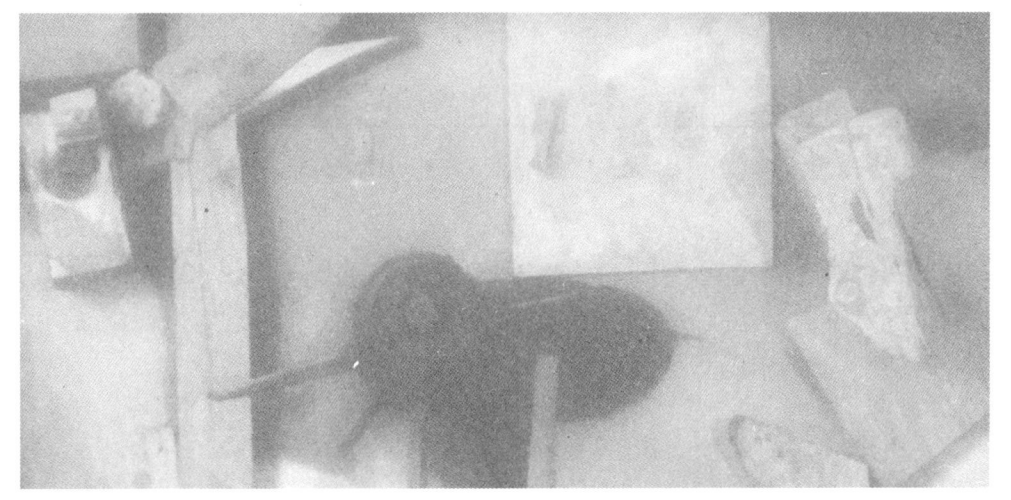

해체와 윤리

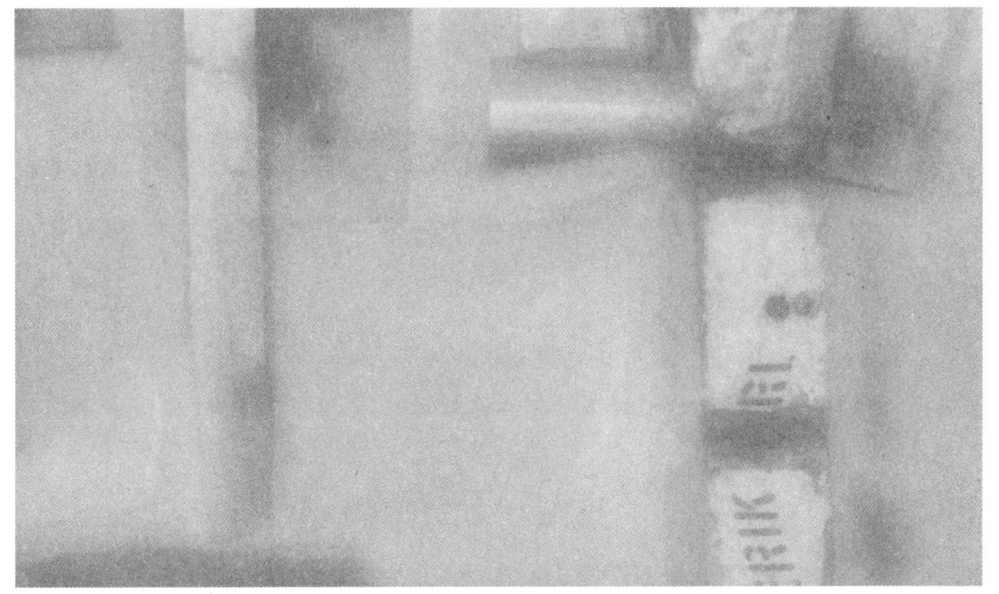

해체와 윤리 : 변화와 책임의 사회철학

초판 1쇄 인쇄 _ 2012년 2월 27일
초판 1쇄 발행 _ 2012년 3월 5일

지은이 · 문성원

펴낸이 · 유재건 | 주간 · 김현경
편집 · 박순기, 주승일, 태하, 임유진, 김혜미, 김재훈, 강혜진, 고태경, 김미선, 김효진, 고아영
디자인 · 서주성, 이민영, 지은미 | 마케팅 · 정승연, 이민정, 박태하, 신지은, 한진용
영업관리 · 노수준, 이상원, 양수연

펴낸곳 · (주)그린비출판사 | 등록번호 · 제313-1990-32호
주소 · 서울시 마포구 동교동 201-18 달리빌딩 2층 | 전화 · 702-2717 | 팩스 · 703-0272

ISBN 978-89-7682-372-4 93100
이 도서의 국립중앙도서관 출판시도서목록(CIP)은 e-CIP 홈페이지(http://www.nl.go.kr/ecip)에서 이용하실 수 있습니다.(CIP제어번호: CIP2012000743)

Copyright © 2012 문성원
이 책은 지은이와 (주)그린비출판사의 독점 계약에 의해 출간되었으므로 무단전재와 무단복제를 금합니다. 책값은 뒤표지에 있습니다. 잘못 만들어진 책은 서점에서 바꿔 드립니다.

그린비 출판사 나를 바꾸는 책, 세상을 바꾸는 책
홈페이지 · www.greenbee.co.kr | 전자우편 · editor@greenbee.co.kr

해체와 윤리

변화와 책임의 사회철학

문성원 지음

그린비

머리말 레비나스와 들뢰즈, 그리고 우리의 사회철학

"여우가 닭 잡아먹는 게 죄냐?" 이건 박찬욱 감독의 영화 「박쥐」2009에 나오는 대사다. 뱀파이어가 된 태주(김옥빈 분)가 자신을 책망하는 상현(송강호 분)에게 내뱉는 말이다. 상현도 뱀파이어다. 그는 가톨릭 신부였는데, 수혈을 받고 뜻하지 않게 뱀파이어가 되었다. 인간의 피를 마시지 않으면 살 수 없는 처지지만, 가능한 한 다른 사람을 해치지 않으려 한다. 그래서 식물인간이 된 환자의 피나 자살하는 사람의 피를 받아먹는다. 반면, 태주는 자신의 욕망에 충실하고 당당하다. 그녀는 신선한 피를 위해 거리낌 없이 인간을 죽인다. 그녀는 뱀파이어고, 뱀파이어는 "인간을 잡아먹는" 존재다. 그렇다면 그녀가 인간을 죽이는 것이 무슨 잘못인가? 태주는 상현의 어정쩡한 태도를 비웃는다.

"너는 남의 피로 연명하면서 네 피 한 방울 나눠 주는 건 그렇게 아깝냐?" 이것도 「박쥐」에 나오는 대사다. 눈먼 노신부(박인환 분)가 자길 뱀파이어로 만들어 주길 거부하는 상현에게 하는 말이다. 그는 뱀파이어가 되어서라도 다시 이 세상을 보고 싶어 한다. "그렇게도 보고 싶으세요? 이 캄캄한 세상이?" 상현은 그러한 욕망을 용납하지 못한다. 그는 자신의 피를 탐하는 노신부를 찔러 죽인다. "가서 쉬세요." 그러면서 상현은 그가 죽인 노신부의 심장에서 솟아나는 피를 빨아먹는다. 상현은 스스로의 욕망을 쉽게 저버리지 못하면서도 그런 욕망의 탐닉을 막으려 든다. 그는 뱀파이어지만, 윤리적이고자 하는 뱀파이어다. 그러나 뱀파이어가 정녕 윤리적일 수 있는가? 상현의 말과 행동이 블랙 코미디가 되는 바탕은 여기에 있다. 그는 비닐팩에 피를 담아 냉장고에 두고 마시며, 이렇게 말한다. "조금 빨아먹다 버리는 건 일종의 인명경시가 아닐까?"

그런데 이런 블랙 코미디의 무대는 영화만이 아닐지도 모른다. 오늘날의 자본주의 사회가 뱀파이어 세상이라고 말하는 건 틀림없는 과장이겠지만, 돈을 탐하며 돈의 순환에 생명을 거는 인간들의 모습은 확실히 뱀파이어와 닮았다. 게다가 돈은 뱀파이어와 같은 초인적인 힘을 발휘하게 하지 않는가? 그것은 물질적 지배와 안락만이 아니라 깨끗한 피부와 성형의 아름다움까지 만들어 낸다. 돈의 위력을 가진 이들은 이제 인간 세상의 한 부류로 자리 잡는다. 「트와일라잇」Twilight, 2000 시리즈의 뱀파이어가 어둠과 경계의 영역에 머물지 않고 인간 사회에 당당히 모습을 드러내는 점도 예사롭지 않다. 닭을 잡아먹는 여우가 동네에 내려와 닭들과 동거하며 닭들을 관리하기에 이른 짝이다. 이런 상황에서 사람들은 닭이 아닌 여우가 되고자 한다. 기왕이면 멋지고 매력적인 뱀파이어가 되고 싶어 한다. "뱀파이어면 어때?" 사람들은 피를 탐하는 「박쥐」의 노신부처럼 되뇐다.

다행스럽게도 현실은 영화의 스크린보다 넓고 크다. 우리는 뱀파이어의 운명에 갇혀 있지 않다. 이 책에 실린 글들은 이렇게 열려 있는 현실에 대한 철학적 논의고 탐구다. 우리가 놓인 답답한 상황을 벗어나기 위한 모색의 일환이라 할 수 있다. 그렇지만 그 노력이 자칫 어정쩡한 태도의 뱀파이어 신부 상현처럼 보이지 않을까 하는 우려가 없지는 않다. 지배적 현실의 토대를 파헤치고 그 동적 구조에 따른 목표를 제시하기보다는, 변화의 길을 주로 레비나스적 윤리에, 또 기성 질서의 해체에 기대어 찾고 있는 까닭이다.

에마뉘엘 레비나스Emmanuel Lévinas는 인간의 삶에 일차적인 것이 자기이익에 충실한 것이라고 보지 않는다. 여우가 됐건 뱀파이어가 됐건, 자기를 고수하고 확장하려는 코나투스conatus적 존재는 오히려 넘어서야 할 대상이다. 우리 삶의 근본을 이루는 것은 타자에 대한 지배가 아니라, 타자의 호소에 대한 응답이고 책임이다. 타자에 대한 책임이 나의 자유에 앞선다. 이런 생각은 서구의 근대 이래 강력한 영향력을 행사해 온 '경제인'의 전제와 배치되는 것이며, 나아가 인간 주체의 자기실현으로 역사와 문명을 해석해 온 근대의 지배적인 사조에 거스르는 것이다. 물론 서구의 주체 중심 사고방식을 비판하는 것은 현대철학의 중요한 흐름 가운데 하나다. 그 가운데서도 레비나스가 내세우는 윤리는 쉽게 무시할 수 없는 울림을 갖는다. 신자유주의의 거침없는 욕망에 휘둘리는 현실 속에서 선명한 저항의 장소 또는 적어도 피난의 장소를 제공해 줄 수 있을 것처럼 보이기도 한다.

이 책이 레비나스 철학에 대한 소개서나 해설서는 아니지만, 거의 대부분의 글들이 각 주제에 따라 레비나스의 견지를 참조하고 있다. 여기서 논의되는 레비나스의 관점을 독자들이 단순히 추수追隨하기를 바라지는 않는다. 레비나스 식의 주장이 우리의 현실 속에서 얼마만큼 호소력이 있고 설득력이 있는지를 따져 보는 일은 중요하다. 그런 과정을 거쳐야 이런 논의들이 또 하나의 무력한 블랙 코미디적 요소를 보태는 데 그치지 않을 수 있을 것이다.

여기 실린 글들은 모두 부산대학교 철학과에 몸담고 함께 공부하며 쓴 글들이다. 레비나스를 조금씩이나마 같이 읽은 지가 벌써 십 년쯤 된다. 그렇지만 모자란 능력 탓에 그 결과를 글로 소화해 내는 데는 부족함이 많았을 줄 안다. 그럼에도 꾸준히 읽고 생각할 수 있었던 것은 지루하고 답답한 강의와 독회를 견뎌 준 여러 학생들과 동학들 덕분이다. 레비나스만이 아니다. 이 책에서 레비나스 다음으로 많이 다루어진 철학자는 질 들뢰즈$^{Gilles\ Deleuze}$인데(특히 3부는 주로 들뢰즈에 대한 논의다), 들뢰즈에 대한 독서와 이해는 거의 전적으로 부산대 철학과의 들뢰즈 공부 모임에 힘입었다(김영희 선생, 김명주 선생, 김상희 선생, 유윤영 선생, 이철민 선생 등등께 이 자리를 빌려 감사의 마음을 전한다. 더불어 레비나스를 오랫동안 같이 읽어 온 김도형 선생을 비롯한 여러분들께도).

'들뢰즈냐 레비나스냐'라는 부제가 붙은 글들(1부 5장과 2부 1장)에서 드러나는 것처럼, 이 책에 등장하는 들뢰즈는 자주 레비나스와 견주어진다. 들뢰즈에 대한 상대적으로 박한 평가가 레비나스에 대한 애착 때문이라고 한다면 좀 억울할지도 모르겠다. 들뢰즈를 어떤 대안적 기획의 제시자로서보다는 기성질서를 해체하고 변화의 유동성을 확보하려 노력한 철학자로 이해하는 일은 이제 몇 년 전에 비해 좀 수월해졌다는 느낌이다.

레비나스와 들뢰즈 말고도 이 책에서는 자크 데리다$^{Jacques\ Derrida}$(특히 1부 3장과 2부 2장), 알랭 바디우$^{Alain\ Badiou}$(4부 2장), 마이클 월저$^{Michael\ Walzer}$(4부 3장) 등이 다루어지기도 한다. 그러나 여기 실린 글들은 어떤 철학자의 사상을 소개하거나 그에 대한 이해를 돕기 위해 쓴 것이라기보다는 부족하나마 나름의 문제의식과 주제 아래서 쓴 것들이다. 그렇다 보니 특정 사상을 충실히 설명하는 데는 부적합한 면이 있다. 또 이 글들은 각각 독립적으로 쓰고 발표한 것이어서, 가까운 주제를 논하고 있는 것들끼리 모아 놓긴 했으나 그 배열과 순서가 그다지 체계적이라고 할 수는 없다. 그러므로 읽을 때도 관심이 가는 주제에 따라 어느 꼭지를 먼저 선택해도 상관이 없을 것이다. 다만 맨 마지막의 글(4부 5장 「철학의 기능과 이념」)은 우리 사회의 철학에 대한 반성을 주제로 삼고 있는 까닭에 일종의 결론처럼 읽을 수도 있다는 생각이다. 하지만 이 책에 담긴 글들이 대체로 어떤 관점 아래서 쓰인 것이냐를 알기 위해선 제일 처음 읽어도 괜찮을 것이다. 여기 실린 글들의 내용은 원래 발표했던 상태 거의 그대로다. 최소한의 통일성을 주기 위해 소제목이 없었던 글들에 소제목을 붙였고 너무 장황한 제목은 간단하게 바꾸었으며, 똑같은 구절이 반복되는 경우 따위만 약간 손보는 데 그쳤다.

    이 부족한 글 모음이 나오는 데도 많은 분들의 도움이 있었다. 따지고 보면 우리네 삶은 수많은 이들의 도움으로 연명되는 것이리라. 이 책이 그 도움에 조금이라도 값하는 것이 되길 바란다.

2012년 2월 1일
문성원

차례

머리말 5

1 타자와 책임

1장 로컬리티와 타자 14

2장 주변의 의미와 잠재성 35
   몸과 타자의 문제

3장 책임과 타자 54

4장 이웃과 정의 75

5장 해체와 윤리 98
   들뢰즈냐 레비나스냐(1)

2 새로움과 윤리

1장 반복의 시간과 용서의 시간 124
   들뢰즈냐 레비나스냐(2)

2장 새로움과 용서 148
   자크 데리다의 유령론을 중심으로

3장 웰빙에서 윤리로 171
   잘-있음과 있음 넘어서기

4장 안과 밖, 그리고 시간성 189
   현상에서 윤리로

3 표현과 욕망

1장 이미지와 표현의 문제 216
무한의 '거울'로서의 영화

2장 모순과 달리, 같음을 넘어 238
'차이'에 대한 탈근대적 이해

3장 생산하는 욕망과 욕망의 딜레마 259
들뢰즈와 가타리의 욕망 이론

4 진리와 정의

1장 유물론의 전회? 284
우발성과 이미지, 그리고 타자

2장 '진리'냐 '파국'이냐 305
문화대혁명의 서양철학적 반향에 대한 소고

3장 자유주의와 정의의 문제 327
세계화 시대의 자유주의 정의관

4장 개인적 인권과 집단적 인권 351
자유주의 인권 개념의 한계를 넘어

5장 철학의 기능과 이념 368
1980년대 이후의 한국 사회철학에 대한 반성

원문 출처 386
참고문헌 387
찾아보기 395

| 일러두기 |

1 독자의 이해를 돕기 위해 인용문에 지은이가 추가한 내용은 대괄호([ ])로 묶어서 표시했다.
2 단행본과 신문·잡지 등의 정기간행물에는 겹낫표(『 』)를, 논문·단편·회화·영화 등에는 낫표(「 」)를 사용했다.
3 외국 인명이나 지명, 작품명은 2002년에 국립국어원에서 펴낸 외래어 표기법을 따라 표기했다. 단, 영화작품명은 국내 개봉명을 따랐다.

1부 타자와 책임

1장 로컬리티와 타자

1. 로컬리티와 보편

사람은 언제나 어떤 곳에, 어떤 한정된 장소에 놓인다. 우리가 아무리 제약을 넘어선 보편적인 것을 지향한다고 해도, 이 기초적 사태를 벗어날 도리는 없다. 이런 탓에 우리는 항상 특정한 곳에서 출발하며 또 특정한 곳으로 돌아온다. 출발점과 도달점이 다를지라도 그 지점은 모두 한정되어 있을 수밖에 없다. 몸만 그런 것이 아니라 생각 또한 그렇다. 어떤 식의 보편적인 사유건 그 사유가 행해지고 표현되는 건 특정한 곳에서다. 데카르트의 생각대로 사유가 연장延長을 지니지 않는다 하더라도, 그 사유가 깃드는 곳은 한정되어 있을 수밖에 없다. 보편적인 인간이 사유를 하는 것이 아니라 특정한 장소에 있는 특정한 인간이 사유를 하는 까닭이다. 그렇기에 그 사유의 내용도 이 특정한 조건과 무관하기 어렵다. 무릇 사유의 출발점과 귀착점은 특정한 조건과 장소에 얽매이기 마련이다.

'로컬'local과 '로컬리티'locality에 관한 논의의 바탕을 이루는 것은 이와 같은 기초적인 사태일 것이다.[1] '로컬'이 한정된 특수한 공간을 가리키며 그래서 국지성局地性을 특징으로 한다고 볼 때, 우리가 경험하는 모든 현상에는 불가피하게 로컬적인 성질이 배어 있다고 하지 않을 수 없다. 그 경험이 인간의 경험인 한, 이러한 현상학적 특성은 보편적이라 일컬어지는 현상들에도 예외 없이 적용된다.[2] 보편적 진리의 성립 과정을 드러낸다는 헤겔G. W. F. Hegel의 『정신현상학』 Phänomenologie des Geistes을 봐도 그렇다. 여기서 다뤄지는 것은 의식이 경험해 나가는 계기적繼起的 현상들이다. 이 과정의 종국에 등장하는 이른바 절대지絕對知 역시 일종의 현상이라고 할 수 있다. 이전 경험들에 대한 반성과 총괄을 통해 성립하는 의식 형태인 까닭이다. 물론 헤겔이 문제 삼는 의식은 진리 추구라는 단일한 목표를 가진 의식이며, 그래서 이미 추상적인 의식이다. 하지만 그 의식은 매번 특정한 논의 맥락 속에 놓여 있는데, 이 '놓여 있다'be located는 사실이 중요하다. 로컬리티란 이렇게 '놓여 있음'을 통해 성립하기 때문이다. 헤겔의 절대지가 정말 보편적인 내용을 담고 있는지, 그 보편성은 어떤 성격의 것인지 하는 따위의 논의는 접어 두자. 문제는 그 내용이 무엇이건 이

---

1) '로컬'과 '장소' 사이의 관련이나 '로컬' 및 '로컬리티'의 어원적 의미에 대해서는 류지석, 「로컬리톨로지를 위한 시론」, 부산대학교 한국민족문화연구소 엮음, 『로컬리티, 인문학의 새로운 지평』, 혜안, 2009 참조. 로컬의 직접적인 어원에 대한 설명은 같은 책의 이창남의 글 「글로벌 시대의 로컬리티 인문학」에 나와 있다(120쪽 이하). 한편, 로컬과 로컬리티가 구체적 경험과 관련이 있기보다는 다른 개념들이 대개 그렇듯이 제도적·담론적 구성물이라는 측면을 강조할 수도 있다. 여기에 대해서는 같은 책에 실린 김용규의 글 「로컬리티의 문화정치학과 비판적 로컬리티 연구」, 특히 83쪽 이하를 보라. 하지만 이럴 경우, 로컬 및 로컬리티는 그 현상학적 함의를 잃고 일반적 대상으로서 재현적인 것으로 취급되고 말 위험이 있다.

2) 이때의 현상학을 후설의 이른바 선험적(transcendental) 현상학에 한정된 좁은 의미의 것으로 이해해서는 곤란하다. 로컬리티는 모든 현상에 결부되어 있다는 점에서 현상학적 특질이지만, 이 특질은 보편적 본질을 파악하기 위한 환원 따위와 직결되는 것이 아니다. 오히려 자연과학적 세계관의 극복을 겨냥하는 선술어적(先述語的) 생활세계와 관련이 깊다. 일차적으로 중요한 것은 현상학이 언제나 현상에서 출발하고 현상으로 돌아온다는 점, 그리고 항상 현상 상관적인 주체가 문제가 되고 있다는 점이다.

의식형태가 특정한 논의 맥락에 놓이고 그 맥락 속에서 작용한다는 점이다. 기실 우리가 다루는 보편성은 모두 이렇지 않은가. 우리는 헤겔의 절대지를 『정신현상학』의 맥락 속에 놓인 것으로 파악할 뿐만 아니라 『정신현상학』을 헤겔이 추구해 나간 나름의 사유 맥락에 놓인 것으로 포착하며, 또 헤겔 철학을 당대의 철학적 논의 및 그 배경이 되는 사회적 상황의 맥락 속에 놓인 것으로 바라본다. 말하자면, 보편적이라는 헤겔의 절대지도 겹겹의 로컬리티를 가지고 있는 셈이다.

이렇게 로컬리티를 모든 현상에 부착되어 있는 특징으로 보는 시각은 보편으로부터 시작하여 현실을 파악하고자 하는 사유 방식과 맞서는 면이 있다. 보편적인 공간이 먼저고 거기에서부터 이런저런 조건의 한정을 거쳐 특수한 지역이 문제가 되는 것이라는 생각은, 특수한 지역이 먼저고 보편적 공간은 여기서 출발한 보편화[3]의 산물이라는 생각과 꽤 다르다. 이러한 대비는 얼핏 맑스의 분석과 종합의 방법을 떠올리게 한다. 맑스는 주어진 구체적 현실을 분석하여 추상적 보편을 찾아내고 이 결과들을 다시 종합하여 사유된 구체에 도달하고자 했다. 맑스에 따르면, 전자에 중점을 두는 것이 '연구의 방법'이고 후자에 중점을 두는 것이 '서술의 방법'이다.[4] 연구와 서술을 거쳐 획득한 구체는 이런 과정을 거치기 이전의 막연한 구체와 달리 구조적 본질이 파악된 구체다. 이것은 마치 괘종시계나 자동차를 분해했다가 조립해 보고 나면 그 구조를 잘 이해할 수 있게 되는 것과 유사한 사태다. 이러한 파악 방식은 분명 추상의 힘과 보편의

---

3) 보편화에 대해서는 이전에 문성원, 「현대성과 보편성(1): 인권, 자유주의, '배제의 배제'」(『배제의 배제와 환대』, 동녘, 2000, 58쪽 이하)에서 다룬 바 있다.
4) 이 표현은 『자본론』 1권의 「2판 후기」에 나온다.

역할에 큰 비중과 우선권을 두고 있는데, 사유를 통한 현실의 전유專有가 목표일 경우 이 같은 방책은 상당한 호소력을 지닌다. 설계도나 지도를 숙지하면 그것이 적용되는 현실을 장악하기가 한결 쉽지 않은가. 보편적 본질에 대한 우리의 오래된 추구 경향은 이런 점에 기인한다고 할 수 있다. 반면에, 로컬리티는 언제나 구체적 맥락에 놓여 있음을 전제한다고 할 때, 로컬리티에 대한 강조는 애초에 우리에게 주어진 현실, 보편에 의해 장악되지 않은 현실에 주안점을 두는 태도라 할 법하다. 이 경우 중요하게 부각되는 것은 보편적 틀에 명확히 드러나지 않은 채 보편을 제약하고 있는 구체적 현실이 될 것이다. 이런 점을 다시 맑스의 방법과 관련시켜 보자면, 로컬리티를 내세우는 것은 기존의 서술이 한계를 지니고 있음을 지적하고 새로운 연구가 필요함을 역설하는 것이며, 더 나아가 어떠한 연구로도 고갈될 수 없는 현실의 풍부함을 강조하는 것이라고 할 수 있다. 요컨대 로컬리티에 주목하는 것은 보편성을 앞세운 전유의 방식과 그것을 뒷받침하는 존재론에 이의를 제기하는 것인 셈이다.

 로컬리티와 관련하여 왜 이런 점이 중요한가를 환기하기 위해 한 가지 미리 언급하고 싶은 것이 있다. 우리 사회에서 로컬리티를 문제 삼을 때 빼놓을 수 없는 사안이 분단이다. 아마 이것은 한반도 단위의 로컬리티에서 유감스럽게도 여전히 가장 중요한 문제일 것이다. 그런데 모두가 알다시피 원래 분단선이 그어진 것은 지도 위에서였다. 위도 38도선. 이 때문에 한반도 위의 무수한 사람들이 헤아릴 수 없는 어려움을 겪지만, 이 선의 획정은 그 사람들의 로컬리티에 즉卽해서, 곧 한반도의 로컬리티에 즉해서 이루어진 것이 아니었다. 지도 위에 선을 긋는 세력의 손은 그 나름의 처지에 놓인, 나름의 로컬리티를 지닌 것이겠으나, 우리의 처지에서 볼 때 그것은 한반도를 대상화하여 보편적 좌표 위에서 지배하고자 한 힘의 소산 이외의 것이라고 하기 어렵다. 한반도의 분단은 해당 로컬리티를 고려한 것이 아니라 특정 지역을 자신이 관장하는 영역의 일부로 흡수하고 전체화하려는 시도 속에서 이루어졌다. 그러나 이후 분단은 한반도의 로컬리티가, 그 중요한 일부가 된다. 이것은 우리가 로컬리티를 새삼 논의의 주제로 삼는다고 할 때 반드시 염두에 두어야 할 사태다. 비록 이 글이 로컬리티와 관련된 철학적 논의의 한 귀퉁이만을 다룬다 해도, 여기에 대한 문제의식은 간접적으로나마 이 글이 놓인 맥락의 한 부분, 즉 이 글의 로컬리티의 한 부분이 될 수밖에 없을 것이다.

2. 로컬리티의 근거 : 분리와 거주

위도와 경도 같이 좌표로 표시되는 공간이 무차별적인 보편적 공간이라면, 로컬리티의 공간은 그곳에서 살고 그곳을 인식하는 자와 더불어 드러나는 구체적이고 현상학적인 공간이라고 할 수 있다. 흔히 이 후자의 공간은 전자의 공간과 구별하여 장소라고 불리는데,[5] 이런 용법에 따르자면 로컬은 공간보다는 장소와 결부되어 있다고 해도 좋을 것이다. 그렇다고

---

5) 이런 구분을 주제로 한 대표적인 책으로 이-푸 투안의 『공간과 장소』(구동회·심승희 옮김, 대윤, 1995)가 있다. 공간(space)과 장소(place)를 이렇게 나누는 것은 매우 일반적이다. 최근의 예로 이왕주의 「학문연대의 새로운 형식」(『철학연구』 112집, 대한철학회, 2009)에 나오는 자못 문학적인 필치의 구분을 들 수 있다. 그러나 장소(Ort), 자리(Raum), 공간(spatium)에 대한 고전적이며 인상적인 논의로는 하이데거(Martin Heidegger)의 건축에 대한 강연을 빼놓을 수 없다. 마르틴 하이데거, 「건축함 거주함 사유함」, 『강연과 논문』, 이기상·신상희·박찬국 옮김, 이학사, 2008 참조. 이 번역본에서는 Raum을 '공간'으로 spatium을 '사이 공간'으로 옮기고 있다. 여기서 Raum은 취락이나 숙박 따위를 위해 마련된 자리를 가리키는 반면, spatium은 추상된 측정 가능한 간격을 지시한다. spatium은 다시 순수한 연장(extensio)과 대수적 관계로 추상화된다.

해서 로컬이나 장소가 '차별'적이라는 부정적 의미를 가져야 하는 것은 아니다. 로컬과 장소는 오히려 '무관심'하거나 '무차별'하지 않다는 뜻에서 '차이남'을 특징으로 한다고 볼 수 있다.[6] 장소는 다른 장소와 차이가 나는데, 그것은 좌표가 다르고 위치가 다르기 때문이 아니라, 질적인 면에서 서로 다르기 때문이다. 양적인 차이가 아닌 질적인 차이는 장소를 단순한 공간과 구별해 주는 로컬적인 징표인 셈이다. 로컬의 국지성은 무차별한 공간의 부분임을 뜻하는 것이 아니라 독특함을 지닌 유한함을 가리킨다. 그렇다면 이 독특함의 정체는 무엇이며 어디에서 오는 것이라고 보아야 할까?

독특성은 현대철학에서 동일성의 지배를 비판하고 그에 반反하는 세계관을 제시하기 위해 즐겨 쓰는 개념이다. 독특한 것은 자기만의 특성을 지니기에 똑같이 재현될 수 없다.[7] 그런데 재현再現이란 오늘의 세계를 있게 한 근대적 상품생산의 중요한 특징이 아닌가. 규격화된 물건과 이미지, 생명체의 복제에 이르기까지 재현은 조작 가능한 현대세계의 주요 면모를 관통하고 있다. 그렇기에, 재현될 수 없는 독특함과 차이를 내세우는 철학이 재현과 동일성에 기반한 서구적 모더니티에 대한 비판과 맞물리

---

6) 차이(difference)를 무차별하거나 무관심하지 않음(not-in-difference)으로 이해하는 방식은 레비나스에게서 따온 것이다. Emmanuel Lévinas, *Autrement qu'être ou au-delà de l'essence*, La Haye : Martinus Nijihoff, 1974, 224쪽(영어판은 *Otherwise than Being or Beyond Essence*, tr. Alphonso Lingis, Pittsburgh : Duquesne University Press, 1981, p. 178) 참조. 이 책의 이름은 『존재와 달리 또는 존재성을 넘어』라고 옮길 수 있다. 'essence'를 '본질'이라기보다 '존재성'이라고 옮겨야 하는 이유에 대해서는 책의 첫머리에서 레비나스 자신이 존재를 뜻하는 라틴어 'esse'와 'essence' 사이의 관련을 들어 설명하고 있는 부분을 참조하라.
7) 독특(獨特)이라는 한자어나 그것으로 번역되는 영어 singular나 프랑스어 singulier 등은 '하나뿐'이라는 뜻을 가지고 있다.

는 것은 전혀 이상한 일이 아니다. 독특함과 차이는 동일성과 재현의 테두리를 벗어나 성립하며 나아가 이 테두리를 깨뜨리는 역할을 하는 것으로 여겨진다. 들뢰즈처럼 원래 유동적인 차이가 동일성보다 먼저이고 따라서 독특성은 끊임없이 차이가 나는 재현 불가능한 세계의 근본적인 면모라고 보건, 바디우처럼 세계에는 하나의 틀로 셈할 수 없는 초과超過가 존재하기 마련이며 그래서 재현할 수 없는 독특함을 지닌 사건의 등장이 불가피하다고 생각하건, 또는 레비나스처럼 동일자적 주체는 재현을 넘어서는 타자와의 관계를 통해서만 성립하고 따라서 이 관계와 이 관계 속의 주체는 언제나 독특할 수밖에 없다고 주장하건, 이 철학적 사유들에서 독특성이 재현의 동일성을 해체하는 역할을 한다는 점은 마찬가지라고 할 수 있다. 그 가운데서도 로컬리티와 관련하여 이 글에서 특히 주목해 보고 싶은 것은 레비나스의 견지다. 들뢰즈나 바디우가 존재론이라는 틀을 취함으로써 자칫 로컬의 문제를 보편의 시각으로 조망할 위험을 갖는 데 반해, 레비나스가 보여 주는 관점은 관계적이고 현상학적인 면을 우선시한다는 강점을 갖기 때문이다. 물론 레비나스 철학의 주안점이 로컬리티에 있는 것은 아니다. 그가 말하는 독특함은 무엇보다 윤리적 관계에서의 독특함이며, 윤리적 관계는 로컬리티의 차원에 머무는 것이 아니기 때문이다. 레비나스는 윤리를 강조하는 가운데 궁극적으로 공간적 차원뿐만 아니라 존재나 존재성을 넘어선다는 데까지 논의를 끌고 나간다. 공간이 직접 다뤄지는 곳은 아직 윤리적 관계로 충분히 발전하지 못한 자기중심적 삶의 태도를 설명하는 대목에서이다.[8] 그러나 레비나스가 주로 문제 삼는 윤리적 관계, 곧 타자와의 관계를 통해서도 우리는 로컬리티를 이해하는 데 많은 도움을 얻을 수 있을 것이다. 로컬리티란 결국 유한한 공간이면서도 고립될 수 없는 지역인 로컬의 주체 상관적 특성(이것이 우리가 우선 '로컬리티'에 대해 내릴 수 있는 정의일 것이다)을 가리키는 것이기 때문이다.

　레비나스에 따르면, 인간으로서의 동일자는 유한하고 분리된 자다. 하지만 이때 분리되었다는 의미를 어떤 전체로부터 떨어져 나와 그 부분으로 존립하게 되었다는 뜻으로 이해하면 안 된다. 전체란 어디까지나 동일자에게 해당하는 개념인 까닭이다. 다시 말해, 전체란 우리가 어떤 식으로든 규정 가능한 것으로 설정하는 동질성을 지닌 영역이다. 그런데 사실은 이렇게 동질적인 영역을 상정함으로써 무한으로부터의 분리가 이루어진다. 무한無限; in-finite이란 말 그대로 한정되지 않은 것이어서 전체로 틀지을 수 없는 것이니까 말이다. 즉, 스스로 자신과 세계를 규정할 수 있는 존재의 성립이야말로 분리의 존립 계기라고 할 수 있다. 한편 이와 더불어 그 테두리를 넘어서 있는 무한과의 관계도 생겨나게 된다. 한정을 하고 테두리를 친다고 해서 그 안에 포섭되지 않는 것이 사라지지는 않는다. 오히려 테두리나 규정을 매개로 안과 안에 낯선 밖의 관계가 성립하는 것이다. 물론 이 밖은 안의 규정에 의해 포착되지 않는다. 하지만 그것은 이미 안에 닿아 있으며, 또 파악되지 않은 채 이미 안으로 삼투해 늘어와 있을 수 있다. 규정과 경계는 안의 것이지 밖의 것이 아니기 때문이다. 그래서 밖은 사실상 안에 의해 한정될 수 없는 무한한 것이자 안의 규정을 초월하는 것으로 남아 있게 되는데, 레비나스는 이런 바깥을 타자라고 이름한다.[9]

---

8) 주로 그의 주저 『전체성과 무한』(Totalité et infini) 2부 "내재성과 경제"(Interiorite et economie)에서 다뤄진다.
9) 이런 명칭에는 윤리적 관계, 즉 부름과 응답(책임)의 관계를 염두에 둔 인격적인 면이 스며 있다고 해야 할 것이다. 이 인격적인 면을 부각시킬 때 레비나스는 타자(Autre) 대신 타인(Autrui)이라는 용어를 쓴다.

이렇게 하여 분리와 더불어 타자와의 관계가 성립하게 되는 것이다. 타자를 이런 식으로 보면, 레비나스가 타자를 낯설다고 하면서도 동시에 이웃이라고 하거나 타자가 초월적이라고 하면서도 동시에 동일자에 달라붙어 있고 심지어 피부 속으로 파고들어 와 있다[10]고 말하는 이유를 쉽게 납득할 수 있다.

그러나 분리된 존재인 동일자는 분리된 한에서 자신 및 자신이 파악한 세계의 내부성을 유지하려 한다. 그런 가운데 동일자는 자기에게 낯설게 다가오는 타자를 무시하거나 부인할 수 있다. 이럴 경우, 동일자가 구축한 세계는 폭력적인 전체성으로 자리 잡으며 타자에게 자신의 규정을 강요하게 된다. 물론 레비나스의 견지에서 볼 때, 전체성을 고수하려는 이러한 시도는 궁극적으로 성공할 수 없다. 왜냐하면 타자는 동일자의 힘으로 말살될 수 있는 동질적인 것이 아니기 때문이다.[11] 그러므로 자기와 자기 세계 속에서 끝까지 안락을 누릴 수 있다는 생각은 일종의 환상이다. 유한한 내부는 무한한 외부와의 관계를 궁극적으로 뿌리칠 수 없다. 하지만 그렇다고 해서 동일자인 인간이 내부성을 형성하고 유지하면서 만들어 내는 삶의 현실적인 모습들을 환상이라고 치부할 수 있는 것은 아니다. 자기중심적 삶의 양태들은 결코 자기완결적일 순 없지만 삶이 전개되어 가는 데 필수적인 계기들이라고 할 수 있다.

레비나스는 우리가 음식물과 공기와 빛과 풍경 등등으로 산다고 말

---

10) 이 같은 표현들은 『존재와 달리 또는 존재성을 넘어』에 자주 나온다. 특히 근접성의 문제를 다루는 3장 6절을 보라.
11) 레비나스에 따르면, 타자는 모든 규정을 벗어난 벌거벗은 얼굴로 동일자인 나에게 다가오며 나에게 호소하고 명령한다. 나는 이 같은 타자를 타자로서는 죽일 수 없으며, 궁극적으로 외면할 수 없다.

하며, 이런 삶의 모습이 향유^{juissance}이고 이 향유야말로 분리된 존재의 원초적 삶의 양태라고 본다.[12] 이렇게 레비나스가 향유를 강조하는 것은 마르틴 하이데거가 인간의 실존에서 죽음이나 불안 같은 부정적인 면모를 부각시켰던 것과 대비된다. 레비나스에 따르면 인간 삶의 우선적인 면은 자연적 요소들을 누리는 가운데 만족을 느끼며 살아간다는 것이지, 불안에 시달린다는 것이 아니다. 애초에 인간은 이런 자연적 요소들 속에 잠겨서 살아간다. 이 요소들이 인간 삶의 조건이고 또 터전이다. 나중에 사람들은 재현의 방식으로 나름의 세계를 인식하게 되지만, 이렇게 재현되는 세계를 조건 짓는 것은 조건 지어진 세계의 내용 일부로 파악되는 이들 요소들이다. 이 요소들은 재현을 통해 현재로 파악되기 이전에 이미 그러한 파악의 조건으로서 있다. 그러므로 그것은 그 현재에서 이미 과거[13]나 마찬가지이다. 우리 삶에서 과거가 가지는 우선성은 이런 점으로부터 온다. 재현의 현재와 시간에 대한 의식 이전에 이미 우리의 삶을 조건 짓는 과거가, 기억이 다 포착할 수 없는 과거가 있었다는 사실. 이것이 재현될 수 없는 과거, 고갈될 수 없는 과거를 거론하게 한다. 먼저 있었던 것이 나중에 오며(인식되며), 그것도 언제나 다 오지 못하고 끝없는 나머지로 남는다. 사실 이것은 타자의 특성이기도 하다. 그러므로 비록 추후에 알게 되는 것이기는 하나 우리는 향유에서부터 타자와 접하고 있는 셈이다.

이와 같은 향유 속에서도 인간은 이미 로컬리티를 가지고 있다고 할 수 있을 것이다. 신체와 함께 어떤 자리에 놓여 있으며 요소들 속에서 조건 지어져 있는 까닭이다. 하지만 레비나스에게서 본격적으로 로컬리티

---

12) Emmanuel Lévinas, *Totalité et infini*, La Haye : Martinus Nijhoff, 1974, pp. 82f 참조.
13) "Le représenté, le présent—est fait, déjà du passé", *Ibid*., p. 103.

를 논할 수 있는 것은 거주居住의 계기에 이르러서다. 거주는 향유하는 인간이 향유의 불안정성을 극복하려는 가운데 마련하는 삶의 방식이라고 할 수 있다. 향유의 불안정성은 그것이 자기 자신에 대한 향유가 아닌 한 자연적으로는 피하기 어려운 사태다. 당장의 만족은 내일의 만족을 보장할 수 없다. 거주는 이러한 불안정을 유예하기 위한 자리 잡음localization을 뜻한다. 즉 스스로를 편안한 곳에 놓음을, 자신이 집으로 삼는 장소에 놓음을 뜻한다. 집은 자기를 추스르고 휴식을 취하며 불안정을 유예하고 향유를 예비할 수 있는 곳이다. 그러므로 집에는, 거주에는 이미 미래가 배어 있다. 조건으로서 앞서는 것은 과거이지만, 시간을 의식하는 데 먼저 작용하는 것은 미래의 계기다. 이 때문에 레비나스는 시간을 무엇보다 유예와 관련하여, 따라서 미래의 계기와 관련하여 규정한다.[14] 기억은 미래의 불안정성에 대처하기 위해 정보를 걸러 내어 저장하는 장치라고 볼 수 있으며, 재현은 이 기억에 의한 자료를 미래에 대한 예상과 더불어 현재화하는 것이라 할 수 있다. 인간의 의식은 이렇게 시간의 파악과 더불어 성립한다고 해도 과언이 아니다. 이렇게 성립하는 의식의 재현 방식 및 범위와 관련하여 우리가 파악하는 세계의 성격과 테두리가 정해진다. 그러므로 거주지로서의 집은 세계의 한 지점에 불과한 것이 아니다. 오히려 집에서부터 출발하여 세계가 그려진다. "구체적으로 거주는 객관적인 세계 속에 자리 잡는 것이 아니라, 객관적인 세계가 나의 거주와 관련해서 자리 잡는다."[15] 바로 이 점이 레비나스를 통해 로컬리티를 논의할 때 먼저 짚어 두어야 할 사항일 것이다. 로컬리티는 재현과 추상의 산물이라기보다

---

14) 예컨대, Lévinas, *Totalité et infini*, pp. 139f.
15) *Ibid.*, p. 126.

는 그 기반이고 출발점이다.

물론 집이나 거주에 주목했던 철학자가 레비나스만 있는 것은 아니다. 이를테면, 공간의 의미와 이미지를 현상학적으로 다루고자 했던 바슐라르Gaston Bachelard에게도 집은 특권적인 장소였다. 그가 보기에 집은 최초의 세계이고 우주이다.[16] 집은 보호와 안락과 내밀의 공간이며, 실질적으로 안과 밖이 나뉘는 것도 집을 통해서다. 집은 밖으로부터 우리를 감싸주지만 밖을 내다보는 창과 밖으로 열리는 문을 갖추고 있다. "들판으로 열리는 문은 세계의 등 뒤의 자유를 주는 것 같다."[17] 그러나 집과 거주를 두고 심도 있는 논의를 펼친 철학자로는 누구보다 하이데거를 들지 않을 수 없다. 알다시피 하이데거는 레비나스에게 지대한 영향을 미쳤으며 레비나스가 항상 염두에 두고 대결하고자 했던 철학자였는데, 집이나 거주를 논의하는 경우에도 사정은 크게 다르지 않다. '거주'는 특히 하이데거의 후기 철학에서 중요하게 등장하는 개념이며, 집이나 건축도 심심찮게 거론되는 내용들이다. 무엇보다 눈에 띄는 것은, 하이데거 역시 추상적 공간이 먼저가 아니라 인간의 거주를 통하여 비로소 공간이 마련된다고 여기고 있다는 점이다.[18] 거주함이 보호함이나 보살핌, 받아들임, 모음 따위를 함의한다고 보는 것도 레비나스가 거주를 설명하는 방식과 유사한 점이 많다.[19] 그러나 로컬리티의 논의와 관련하여 레비나스의 견지가 환기

---

16) 가스통 바슐라르, 『공간의 시학』, 곽광수 옮김, 동문선, 2003, 77쪽 참조.
17) 같은 책, 372쪽에서 바슐라르는 라몬 고메즈 데 라 세르나(Ramón Gómez de la Serna)의 이 글귀를 인용하고 있다.
18) 강학순, 「공간의 본질에 대한 하이데거의 존재사건학적 해석의 의미」, 『하이데거 연구』 15집, 한국하이데거학회, 2007, 405쪽 참조. 또 하이데거의 거주 개념에 관한 읽기 쉬운 소개 논문으로 최상욱, 「거주하기의 의미에 대하여 하이데거를 중심으로 한 탈근대적 거주하기의 의미」, 『하이데거 연구』 4집, 한국하이데거학회, 1999 참조.

하는 놓칠 수 없는 문제가 하나 있다. 그것은 바로 타자와 관련된 받아들임 또는 맞아들임의 문제다.

3. 환대와 로컬리티

레비나스가 하이데거를 비판하는 주요한 이유는 하이데거의 철학이 서구 철학의 전통적 문제점인 전체성의 굴레를 벗어나기 어렵다는 점에 있다. 하이데거가 내세우는 존재가 제아무리 개방적인 것으로, 재현적 이해를 넘어서는 것으로 설정되어 있다고 해도, 그것은 여전히 진리와 빛 위주의 사고방식에 사로잡혀 있으며, 그렇기에 결국 동일자의 틀을 떠나지 못한다는 것이 레비나스의 생각이다. 더욱이 그 존재가 익명성을 띤다는 점이 결정적 문젯거리라고 본다.[20] 로컬리티를 다루는 데도 이런 식의 평가를 적용해 볼 수 있을 것이다. 하이데거에서 거주는 사물과 관련하여 해명되는 까닭에, 그곳에서는 윤리적 관계, 곧 타자와의 관계가 증발해 버린다. 그래서 로컬리티는 여전히 비인격적이고 중립적인 사안에 머물고 만다.[21]

---

19) 특히 하이데거, 「건축함 거주함 사유함」 참조. 이런 면들을 보면 레비나스의 철학은 하이데거의 논의를 상당 부분 빌려 와 윤리적 관계라는 축을 중심으로 돌려놓고 변형시킨 것이라는 인상이 들 정도다. 하이데거에서 존재의 부름에 대한 응답이 사유이고 시작(詩作)이라면, 레비나스에서는 타자의 부름에 대한 응답이 책임이고 윤리이다. 크게 대비되는 개념인 듯한 '존재'와 '타자' 사이에도 유사한 점이 없지 않다. 하이데거에서 존재가 드러나면서 숨는 것이듯이, 레비나스에서 타자는 현현(顯現)하고 계시(啓示)되지만 어떤 규정으로도 포착되지 않는다. 레비나스가 '존재' 대신 '존재자'를 강조하고 '존재와 달리'를 내세우는 것도 오히려 하이데거의 강한 영향을 반증해 준다고 볼 수 있다. 물론 그렇다고 해서 레비나스가 하이데거와 달리 부각시키고자 하는 함의를 무시해서는 곤란하다. 레비나스 철학과 후설 및 하이데거 철학의 대비에 대한 간략한 소개로는 김영한, 「레비나스의 타자현상학」, 『철학과 현상학 연구』 34집, 한국현상학회, 2007 참조.
20) 대표적으로 Lévinas, *Totalité et infini*, p. 275 참조.

반면에 레비나스의 거주에는 타자의 계기가 이미 들어와 있어, 로컬리티에서 인격적이고 윤리적인 관계를 논의할 수 있는 바탕이 마련되어 있다.

환대hospitality는 레비나스의 거주와 상관하여 잘 알려져 있는 개념이다. 환대란 나의 집에 타자를 기꺼이 맞아들이는 것을 뜻한다. 이 환대에 의해서 집과 거주는 새로운 논의 지평에 선다. 자기중심적 삶이 깨뜨려지는 것이다. 그런데 이런 환대가 이루어져야 하는 이유는 어디에 있을까? 타자는 내가 자리 잡고 있는 집과 그 집에서 출발하여 형성한 세계에 낯선 존재다. 다시 말해, 나의 로컬리티에 낯선 존재이다. 그렇다면 내가 나에게 익숙하고 안락한 세계를 열고 위험 부담이 있는 낯선 자를 받아들여야 하는 까닭은 어디에 있는가? 게다가 내가 미래의 불안정을 덜기 위해 모아 놓은 노동의 산물을, 유예된 향유의 대상을 낯선 자에게 내놓고 대접해야 할 이유는 어디에 있는가?

레비나스가 제시하는 직접적인 이유는, 낯선 자로서의 타자가 헐벗은 자이며 내게 호소하는 자라는 데 있을 것이다. 타자는 내가 갖추고 있는 것들로 규정되지 않으며 그래서 나의 틀을 벗어나지만, 그렇기 때문에 그 틀과 규정으로 볼 때 벌거벗은 자이나. 타사가 무한한in-finite 자이면서도 동시에 가난한 자라는 역설이 여기서 성립한다. 타자는 나의 재현적 세

---

21) 하이데거가 말하는 사물은 단순한 객체나 대상이 아니기에 이와 같은 평가는 한편으로 억울한 것일 수도 있다. 하이데거에 따르면, 사물의 본질은 하늘과 땅, 신적인 것 및 죽음을 면할 수 없는 인간——이 넷이 이른바 사방(Geviert)을 이룬다——이 포개지며 머물고 모이며 부어 주는 데 있다. 이처럼 사물은 이미 인간의 삶과 연계된 채 '사물로-되는' 것이며, 이렇게 세계가 사물로 되는 가운데 인간은 사물에 의해 부름을 받으며 제약된다. 마르틴 하이데거, 「사물」, 『강연과 논문』, 223쪽 이하 참조. 하이데거 편에 서서 레비나스의 하이데거 비판의 한계를 논하고 있는 글로는 윤병렬, 「레비나스의 하이데거 윤리학 비판과 하이데거의 존재사유에 드러난 윤리학」, 『철학과 현상학 연구』 22집, 한국현상학회, 2004 참조.

계가 닿지 못하는 높은 곳에서부터 오지만, 벌거벗은 얼굴로 내게 호소하고 그렇게 호소함으로써 명령한다. 이것은 힘에 의한 강제가 아니나, 궁극적으로 뿌리칠 수 없는 부름이다. 이런 점에서 보면, 나보다 강한 힘으로 내 집을 침탈하고자 하는 자는 동일자의 질서에 속하는 자이지 레비나스가 말하는 타자에는 해당하지 않는 셈이다.[22]

다른 한편, 환대의 직접적인 이유라기보다는 환대가 성립할 수 있는 근거가 될 만한 사항이 있다. 그것은 바로 나의 집, 나의 로컬리티에 들어 있는 사태로서, 타자를 환영하기 전에 바로 내가 내 집에 받아들여지고 있다는 점이다. 거처로서의 내 집은 내가 자리 잡은 곳이지만 내가 놓이는 곳, 내가 받아들여지는 곳이기도 하다. 나는 내 집에서 따뜻함과 친밀함으로 받아들여지는데, 레비나스는 여기에서 타자의 계기를 발견한다. 다른 곳이 아닌 바로 이곳에서 내가 안온하게 받아들여지고 있다는 사태는 나의 능력만으로 가능한 것이 아니다. 거기에는 이미 타자의 힘이, 타인의 입김이 들어 있다. 집이 싸늘하고 메마른 공간이 아니라 온기와 정감이 넘치는 곳이 되는 이유는 다른 이들이, 가족이 있기 때문이다. 친밀감 familiarity은 여기에서 온다. 레비나스에 따르면, 친밀함을 동반한 이와 같은 받아들임 또는 맞아들임은 여성적인 타자성의 발현이다.[23] 물론 이것을 생물학적 여성을 가리키는 것으로 이해할 필요는 없다. 가족구성원 각

---

22) 타자를 환대하는 데 따르는 위험성, 곧 낯선 자가 강도로 돌변할 가능성과 이를 식별할 수 있는 가능성의 문제는 레비나스의 타자 및 환대 개념에 대한 비판적 논란의 단골 메뉴라고 할 수 있다. 여기에 대한 정리와 레비나스에 대한 비판적 평가로 리처드 커니, 『이방인, 신, 괴물』, 이지영 옮김, 개마고원, 2004의 3장 「에이리언과 타자」 참조. 나는 이 문제를 전에도 비교적 자세히 다룬 적이 있다. 문성원, 「닫힌 유토피아, 열린 유토피아」, 『배제의 배제와 환대』, 특히 138쪽 이하 참조.
23) Lévinas, *Totalité et infini*, p. 129.

자가 거처에서 친밀함과 안온함을 느낀다면 누구나 이런 여성성에 의해 맞아들여지는 셈이다. 데리다가 지적하듯 여기서 중요한 것은 집주인이 또한 손님이기도 하다는 점, 주인이 이미 맞아들여지고 있다는 점이다.[24] 이 맞아들임의 바탕 위에서 나의 거처가 성립하며, 또 이 맞아들임 위에서 낯선 이에 대한 맞아들임이 가능해진다. 내가 이미 맞아들여진 자라면 타자를 맞아들이는 일은 의당 행할 수 있고 또 행해야 하는 일처럼 여겨지지 않는가.

우리가 레비나스를 좇아 로컬리티의 출발점을 거주와 거처(집)에서 잡을 수 있다고 할 때, 여기에서 로컬 및 로컬리티에 관한 몇몇 시사점을 끌어내는 것은 그리 어렵지 않아 보인다. 집과 마찬가지로 로컬은 우리 삶의 친숙한 보금자리다. 우리가 고갈될 수 없는 과거를 바탕으로 미래를 예상하고 현재를 바라보는 표상의 틀을 갖추는 것은 이 로컬에서다. 로컬에서 형성되는 이런 시간성(시간 차원을 사는 삶의 방식)에는 언어를 비롯해서 거창하고 소소한 각종 습관과 이미지들에 이르기까지, 우리가 받아들이고 그 일부가 되는 대부분의 것들이 들어 있다. 이렇게 마련된 로컬리티가 우리를 맞이하여 품으며, 우리는 이 로컬리티를 통해 우리에게 낯선 타자를 받아들인다. 우리의 집과 거주 방식이 생래적인 것이 아니듯이 로컬리티 또한 생래적인 것이 아니다. 현재의 로컬리티가 우리 삶의 터전이기는 하지만 그것이 배타적인 고정물일 수는 없다. 로컬리티가 우리를 맞아들였고 맞이하고 있듯이 우리 역시 이 로컬리티에 타자를 맞아들이지 않

---

24) Jacques Derrida, *Adieu : à Emmanuel Lévinas*, Paris: Galilée, 1997, pp. 70f 참조. 데리다는 '환대'(hospitalité)라는 말이 '주인'과 '손님'이라는 뜻을 다 담고 있는 'hôte'와 관련되어 있다는 점을 환기한다. 이 말은 또 레비나스가 타자에 대한 뗄 수 없는 책임 관계를 나타내기 위해 쓰는 '인질'(otage;hostage)이라는 표현과도 연관이 있다. *Ibid.*, p. 105 참조.

을 수 없는 것이다. 타자는 우리의 로컬리티에 아직 자리를 갖지 못하고 있으며, 그 로컬리티의 규정들로는 포섭될 수 없는 낯섦을 담고 있다. 이런 점에서 우리는 로컬리티와 관련해서도 환대를 운위할 수 있을 것이다. 그것은 로컬리티가 낯섦에 대해 열리고 응답하는 방식일 수 있다. 단, 우리의 로컬리티를 파괴하거나 자신에게 편입시키고자 하는 강제적 힘에 대해서까지 환대가 요청되는 것은 아니다. 이미 언급했듯, 그런 힘은 내 로컬리티의 규정을 넘어선 타자에 속하는 것이라기보다는 나의 로컬리티와 겹치는 또 하나의 동일자적 질서에 속하는 것이기 때문이다.

여기서 우리는 다른 한편으로 로컬리티의 다수성과 규모, 변화 가능성 등의 문제와 만나게 된다. 로컬리티가 주체 상관적인 지역성을 뜻한다면, 로컬리티에는 해당 주체에 따라, 또 그 주체의 활동에 따라 다양한 구별이 있기 마련이다. 활동 범위가 넓은 주체라면 그가 몸담는 로컬리티의 규모도 클 수밖에 없다. 또 활동의 매개가 되는 장치와 수단도 이 규모에 영향을 준다. 교통과 통신, 무엇보다 인터넷의 발달에 의한 '시공간의 압축'time-space compression[25], 국경을 자유로이 넘나드는 자본의 세계적이고 신속한 운동 따위가 로컬리티의 확장과 그에 따른 변화를 가져왔다. 이제 로컬리티의 규모의 하나로 '국가적'인 것을 넘어 '지구적'인 것을 든다 해도 그렇게 이상하지 않을 지경이 되었다.[26] 그럼에도 불구하고 로컬리티

---

25) 주지하다시피 이것은 데이비드 하비가 그의 저서 『포스트모더니티의 조건』(구동회·박민영 옮김, 한울, 1994)을 통해 일반화한 표현이다.
26) 로컬리티의 규모 문제에 대해서는 '스케일'에 관한 지리학계의 논의를 참조할 수 있다. 레비나스 철학을 원용하고 있는 한 논문에서는 스케일을 지구적인 것, 국가적인 것, 도시적인(urban) 것으로 나누고 스케일을 크기뿐만 아니라 수준이나 관계의 면에서도 다루고 있다. 짐작하다시피 레비나스의 철학이 주로 원용되는 곳은 타자와의 관계를 다루는 부분이다. Richard Howitt, "Scale and the other: Levinas and geography", *Geoform* 33, 2002 참조.

가 거론되는 주요 맥락은 이런 팽창에 대한 반작용과 연관이 있다. 단적으로 "글로벌은 로컬의 대타적對他的 개념"[27]이라고 할 정도다. 이미 숱하게 지적되어 왔던 것처럼, 세계화가 함의하는 획일화 및 전체화와 그에 따른 소수성의 압살에 대항하는 맥락에서다. 국내로 눈을 돌려 보면, 로컬이 강조되는 것은 대부분 세계화에 발맞춘 서울 중심의 보편화에 대한 지방의 저항과 관련해서다. 그런데 알다시피 이 저항은 주로 경제적 부를 초점으로 하는 중앙-지방 사이의 불균형을 겨누고 있다. 그러한 한, 이때의 로컬리티에서 문제가 되는 것이 타자라고 하기는 어렵다. 현재 행정도시를 둘러싼 논란에서 보이듯, 동일자 내에서의 분배가 관건이라고 해야 할 것이다. 이런 경우에는 결국 힘겨루기와 조정의 과정이 두드러질 뿐이고, 로컬의 변화 가능성이라고 해야 (현실적인 관심의 무게를 도외시하고 말한다면) 기껏 양적인 비중의 변화 문제로 귀착할 뿐이다.

반면에, 타자의 문제는 우리가 로컬리티에서 더욱 근본적이고 적극적인 변화를 찾고자 할 때 부각될 수 있다. 로컬 자체를 타자적이라 할 수는 없지만, 우리가 레비나스를 통해 보았던 것처럼, 로컬은 타자와 닿아 있다. 로컬의 변화뿐 아니라 그 고유성과 독특성조차 재현의 질서를 넘어서는 타자와 관계함을 통해 성립한다고 볼 수 있다. 로컬이 재현에 포섭되지 않는 생명력을 지니려면 타자로서의 밖과 관계하지 않을 수 없다. 이 밖은 공간적인 의미만 지니는 것이 아니다. 그것은 포착되지 않은 시간, 즉 고갈될 수 없는 과거와 예상을 넘어서는 미래에 관계하는 것이기도 하다. 만일 우리가 우리에게 익숙한 동일자적 질서에 어떤 변화를 추구하고자 한다면, 로컬리티를 통한 타자의 환대는 필수적일 것이다.

---

[27] 이창남, 「글로벌 시대의 로컬리티 인문학」, 118쪽.

4. 로컬리티의 잠재성

마이클 맥고완Michael McGowan이 감독한 캐나다 영화 「원위크」One Week, 2008는 일종의 로드무비다. 치명적인 암 선고를 받은 벤이라는 이름의 한 청년이 오토바이를 타고 무작정 여행을 떠난다. 영화는 토론토에서 밴쿠버까지 벤의 여정을 쫓으며 캐나다를 가로지르는 풍광을 보여 준다. 여행객에게는 고정된 거처가 없다. 거쳐 가는 지역과 만남들이 있을 뿐이다. 그러나 그러한 경험들이 그의 삶 속에 끼어들고 그 삶의 일부가 된다. 주체의 활동이 로컬리티의 변수라면 벤의 로컬리티는 이 여행을 통해 확장된다고 해야 할 것이다. 물론 이 여행의 경험은 그의 로컬리티에서 중심을 이루지 못한다. 그에게는 돌아갈 집이 있고, 약혼자와 가족이 있는 고향이 있다. 여행은 고작 한 주(원위크) 동안의 경험일 뿐이다. 하지만 이 여행은 그가 지니고 있던 로컬리티의 경계와 의미를 되돌아보게 해준다. 스쳐 지나듯 만나는 다른 로컬리티들이 그런 역할을 도우며, 막연히 찾아보는 미지의 어떤 것[28]이 그런 역할을 돕는다. 그 미지의 어떤 것은 변동하는 경계를 통해서도 확실하게 붙잡을 수 없는 잉여의 의미 같은 것이다. 로컬리티는 다른 로컬리티와 만나고 부분적으로 섞이지만, 여기에 포섭되지 못하는 타자가 항상 남는다.

오늘날 로컬의 양상은 매우 유동적이 되었다. 이런 상황에서 각 로컬리티의 고유성을 폐쇄적이거나 단편적인 특징에서 찾는 것은 호소력이 없어 보인다. 영화 「원위크」는 이 같은 점을 자못 코믹하게 다루고 있다. 캐나다의 여러 지역에는 그 지역을 특색 있는 곳으로 만들기 위해 상징적

---

28) 영화에서는 행운을 준다는 '그럼프'라는 가공의 존재가 그와 같은 의미를 담당한다.

인 조형물들을 세워 놓은 곳이 많다. 그 조형물에 억지로라도 의미를 주려고 '세계에서 가장 큰' 규모로 만든다. 세계에 가장 큰 사진 모자이크, 세계에서 가장 큰 낙타상, 세계에서 가장 큰 의자, 세계에서 가장 큰 동전 모양 따위다. 그러나 이런 식의 것들은 곧 식상할 호기심 이상의 관심을 끌기 어려운 만큼, 여기서 로컬리티의 고유한 의미를 찾는 것은 무리다. 중심부 위주의 확장에 대해 지방과 주변이 근본적으로 저항하기 위해서는 오히려 주변이 가지는 경계로서의 역할에 주목할 필요가 있다. 다시 말해, 바깥 또는 타자와 접촉하고 있음으로 해서 담당할 수 있는 변화의 계기이자 통로로서의 역할에 주목할 필요가 있다.[29] 그럴 때 부각되는 것은 로컬리티가 품고 있는 잠재성이다. 이 잠재성은 아직 발굴되지 못한 과거로부터 올 수도 있고, 다른 로컬과 만나고 섞이는 가운데 현실화할 수도 있다. 이런 잠재성은 동일성의 질서에 속하지 않는 까닭에 불확실하고 애매해 보일 수 있으며, 그런 만큼 정형화한 틀을 벗어나는 형태로 논의될 수 있다. '이야기'敍事는 이런 면에서 주목해 보아야 할 방식 중 하나다. 이야기는 현상학적 경험을 살려 내고 독특함을 유지하면서도 보편적인 설득력을 가질 수 있는 논의 형태다.[30] 이런 점에서 보면, 외적인 조형물을 세우는 것보다는 해당 지역의 이야기를 발굴하고 다듬어 내는 쪽이 로컬리티를 한층 풍부하게 할 수 있는 길이라 여겨진다.

---

29) 이런 문제에 대해서는 다음 장인 「주변의 의미와 잠재성」에서 중점적으로 다룬다.
30) 이 같은 점에서 우선 참조할 논자는 폴 리쾨르(Paul Ricoeur)일 것이다. 리쾨르의 '이야기'가 가지는 함의에 대해서는 Peter Osborne, *The Politics of Time*, New York: Verso, 1995의 2장 참조. 오스본『시간과 이야기』(*Temps et récit*) 등을 통해 이야기를 부각시키는 리쾨르의 시도가, 객관적인 법칙을 내세우지만 역사세계의 풍부함을 포섭하지 못하는 존재론과 주관의 체험을 앞세우지만 사회적 맥락과 역사적 연속성의 지평을 획득하기 어려운 현상학을 매개하고 극복하려는 것이라 본다.

이제 끝으로, 다시 분단 문제를 생각해 보자. 분단이 우리 로컬리티의 중요한 한 부분이라고 하더라도, 이 분단은 매우 특이한 성질을 가진다. 그것은 우리의 활동을 차단하고 제약하는 방식으로 우리의 로컬리티를 규정한다. 말하자면, 분단의 로컬리티는 그 로컬의 범위를 체험하지 못하는 것으로 체험하게 하는 로컬리티다. 이렇게 부정적인 방식으로 분단은 서로를 조건으로 하는 두 개의 로컬리티를 하나의 로컬리티 속에서 대립시킨다. 한 지붕 두 가족 격의 이 로컬리티는 자기 안에서 구획을 정하고 서로 간의 교통을 금지한다. 이 두 로컬리티는 서로가 서로에 대해 타자의 특성을 가진다고 할 수 있을까? 서로가 서로를 환대할 수 있으며 또 그래야 하는 처지라고 할 수 있을까? 아니면 차라리 우리는 집 밖으로는 창과 문을 열지만 집 안에서는 적대를 해소하지 못하는 이 특이한 상황 밖에서 타자를 찾아야 하는 것일까?[31]

---

[31] 아마 우리는 이 마지막의 관점을 취할 수밖에 없을 것이다. 로컬과 로컬리티에 대한 자각은 타자와의 거리를 의식함으로써 주어진다고 할 수 있고, 한반도의 처지는 분단 극복의 상황을 타자로 설정할 수 있는 까닭이다. 로컬리티의 자각이 중심부와 관련하여 이루어진다고 볼 수도 있겠으나, 크게 보면 이것 또한 동일성의 틀 내에서 이루어지는 국지적인 것이라 하겠다. 우리가 몸담고 있는 동일성의 질서가 전체를 포섭한다고 보는 자기중심적 견지를 취하지 않는 경우에 한에서이긴 하지만······.

2장 주변의 의미와 잠재성
몸과 타자의 문제

1. 중심과 주변

이 글에서 나는 무엇보다 주변과 주변의식의 긍정적인 면모를 다루고자 한다. 그런데 짐작하다시피 이렇게 주변성에서 적극적인 가치를 찾기는 쉽지 않다. 일반적으로 주변은 중심과 대비하여 낮은 위상과 부정적인 가치를 지니는 것으로 여겨지기 때문이다. 중심-주변의 개념 쌍이 이미 그와 같은 상대적 가치 배분을 남고 있다고 보아 좋다.

그래서 보통 주변성에 대한 인식은 그 주변성의 극복 문제로 이어지기 마련이다. 이때 주변성의 극복 방식은 크게 두 가지로 나뉠 수 있다. 첫째는 주변적 위치를 벗어나서 중심으로 나아가는 길이다. 이 경우는 해당 주체나 요소의 위계에 변동이 생기지만, 중심-주변의 구별은 여전히 남는다. 그런 까닭에, 현실에서 나타나는 주변성의 극복 시도가 대부분 이런 형태를 띰에도 불구하고, 이것을 의미 있는 주변성 극복의 방식이라고 하기는 어렵다. 두번째로 들 수 있는 것이 중심-주변의 구별 자체를 지양하고자 하는 시도다. 이것은 첫번째에 비해 근본적인 해결 방식이라고 할 만하다. 그렇지만 이 경우에도 부정되는 것은 주로 주변의 특성이기 쉽다. 즉 주변성이 무화되어 중심에 흡수되거나 중심적 특성이 보편화하는 것을 중심-주변 구조의 극복이라고 보기 쉬운 것이다. 말하자면 중심과 주변에 할당된 가치가 그 극복 국면에까지 연장되는 셈이다.

중심-주변의 문제의식이 부각되는 데 큰 역할을 했던 종속이론의 경우를 생각해 보자. 여기서 중심-주변의 구도를 특징지었던 것은 일종의 착취 관계 내지 불균등 교환이었고, 이것이 불가피하게 중심과 주변의 불균등한 발전을 낳는 것으로 여겨졌다. 그래서 이른바 '저발전의 발전'을 극복하기 위해서는 중심과 맺은 불균등한 관계를 단절하고 자립적인 길을 걷는 것이 필요하다고 생각되었다. 이때의 자립적인 길은 물론 또 하나의 착취적 중심이 되는 것을 가리키지 않는다. 하지만 산업화와 경제발전이 목표였던 만큼, 종속과 주변성을 극복한다는 것은 중심 국가의 긍정적 특성을 쫓는 일과 무관하지 않았다. 종속이론이 오늘날 현실 적합성과 설득력을 상당 부분 잃어버리게 된 중요한 이유는, 종속 관계에 처해 있다고 간주되었던 주변부 국가들이 저발전이라고는 보기 어려운 나름의 경제성장을 이루어 냈다는 사실에 있다. 다시 말해 중심적 특성으로의 접근이 주변성에 대한 종속이론의 비판적 진단을 약화시켜 버린 것이다. 이에 따라 종속이론의 계승자들은 '반(半)주변부'라는 범주를 고안해 낼 수밖에 없었는데,[1] 이 같은 설정은 종속이론의 중심-주변 구도에서 중심이 가지고 있는 비중과 지배력을 다시 한 번 드러내 준다. 이런 면에서 보면 주변은 중심의 소극적인 거울상에 지나지 않는다고 할 수 있다. 요컨대, 중심-주변

---

1) 여기에 대해서는 『발전주의 비판에서 신자유주의 비판으로』(조반니 아리기 외 지음, 권현정 외 옮김, 공감, 1998)의 2부 「반주변 개념과 발전주의 비판」 참조.

의 구조를 지양하려는 종속이론의 시도에서조차 주변은 중심이 되지 못한 부정적인 것에 머물 뿐, 그 자체가 어떤 적극적 가치의 원천으로 작용하지는 못한다는 말이다.

물론 종속이론이나 그 선구 격인 제국주의론에서 주변부나 식민지가 담당하는 역할을 모르는 척할 수는 없다. 제국주의 국가 또는 중심의 모순이 식민지나 주변부로 전가되고, 그렇게 하여 한층 격화된 모순이 바로 식민지나 주변부에서 폭발하며, 이와 더불어 체제 전체의 혁명적 전환이 시작된다는 것이 이들 이론의 주장이고 보면, 주변부나 식민지에 적극적 역할과 가치가 부여되지 않았다고 하기는 곤란하다. 그러나 이때에도 주변과 식민지는 어디까지나 중심 또는 제국주의 국가와 직결된 체제 내적 모순이 집중되고 해결되는 곳으로 상정되어 있으며, 따라서 그 속에서 주어지는 역할은 체제 자체의 발전 논리를 벗어나지 못한다. 그러므로 이 체제 발전의 구상이 여의치 않은 것으로 판명날 경우, 주변부나 식민지에는 부정적인 가치만이 남게 된다.

그렇다면 주변에 이와 다른 어떤 방식의 적극적 가치 부여가 가능하다는 말인가? 이 문제와 관련하여 나는, 중심과 맺는 관계를 중심으로 하는 주변, 그러니까 중심-주변 구도에 종속되는 주변이 아니라, 체제 바깥과 관계하는 주변, 달리 말해 체제의 경계로서의 주변에 주목하는 것이 중요하다고 생각한다. 내부가 아니라 외부와의 관계에 초점을 맞추어야 한다는 얘기다. 이럴 때 주변은 중심에서 소외된 장소, 억압과 굴종, 종속과 착취의 부정적 장소에 그치지 않고, 외부의 새로움을 먼저 접하는 장소, 그래서 체제 내적이지 않은 변화의 시발점이 되는 장소로 부각될 수 있다. 당연한 말이지만, 여기서 중요한 것은 공간적인 의미가 아니다. 공간적인 면에서 보자면, 오늘의 세계에서는 이제 더 이상 자본주의적 질서의 외부를 찾기 어렵다.[2] 이러한 사정이 중심-주변에 대한 공간적 표상마저 바꾸어 버린다. 즉 중심에서 밖을 향해 멀어져 가는 주변, 원심적 방향의 끝에 위치하는 주변이 아니라, 전체의 안쪽에 자리 잡고 있는 주변, 때로 중심과 섞여 있거나 중심의 복판에 자리하고 있기조차 한 주변을 생각하게 되는 것이다. 그러니까 이 주변은 기존의 지배체제 안에 자리 잡은 채 그 체제 밖과 관계하는 지점이나 요소를 가리킨다고 할 수 있다.

이러한 발상은 이미 시사한 것처럼 일정한 의도와 방향성을 담고 있다. 우선 여기에는 중심-주변에 대한 문제의식이 단순히 주변과 중심의 전위轉位를 노리는 데 그쳐서는 곤란하다는 생각이 배어 있다. 중심이 누리고 있는 특권과 이익을 비판하면서도 스스로 중심이 되고자 하는 자가당착적 시도는 특히 반半주변부적 위치에서는 피하기 어려운 유혹이다. 이 유혹은 중심-주변의 구도가 상대적으로나마 영속적인 것으로 파악될 때 더욱 강력해진다. 그럴 경우 중심으로 향하는 시선은 기존의 틀 바깥을 놓치거나 무시하게 되며, 그럼으로써 그 바깥과 마주한다는 주변의 긍정적 입지마저 잃어버리게 된다. 이와 같은 일종의 폐쇄적 시각과 태도는 라캉Jacques Lacan이 말하는 폐제廢除; forclusion[3]의 상황에 해당하는 것이라 할 만하다. 무시당하거나 부정당한 바깥은 실제로 없는 것이 아니라 폐쇄적 틀이 예상하지 못한 형태로 라캉의 '실재'처럼 되돌아오기 때문이다.

---

[2] 이런 점에 대한 현대적 논의로 이매뉴얼 월러스틴(Immanuel Wallerstein)의 『월러스틴의 세계체제 분석』, 이광근 옮김, 당대, 2005, 185쪽 이하 참조. 월러스틴은 자본주의 체제가 위기를 피할 수 없는 이유 가운데 하나가 침탈할 수 있는 비자본주의적 지역과 요소의 고갈이라고 본다.
[3] 딜런 에반스, 『라캉 정신분석 사전』, 김종주 외 옮김, 인간사랑, 1998, 409쪽 이하 참조. 스피박(Gayatri C. Spivak)은 이 폐제 개념을 통해 중심부에 유착한 주변부 지식인의 태도를 비판한다. 가야트리 스피박, 『포스트식민 이성 비판』, 태혜숙·박미선 옮김, 갈무리, 2005 참조.

2. 주변과 바깥

하지만 거꾸로, 이처럼 주어진 중심-주변 체제의 바깥을 상정하는 입장을 비현실적인 기대나 바람의 일환으로 생각할 수도 있겠다. 중심과 주변의 규정이 이익의 수취와 통제 등 경험적으로 확인 가능한 방식과 지표들을 통해서 내려지는 것이고 그 체제의 바깥 역시 이러한 메커니즘이 작동하는 범위의 한계와 관련하여 파악될 수 있는 것이라면, 그에 걸맞은 내용을 제시하지 않은 채, 한 체제의 바깥을 논하거나 그 바깥에서 비롯하는 타자를 운위하는 것은 한갓 희망 섞인 공론에 불과한 것으로 치부될 수 있다. 이 같은 견지에서 볼 때, 중심과 주변은 결코 자의적으로 정해지는 것이 아니다. 이를테면 자본주의 세계에서 중심이란 핵심적인 생산부문을 장악하고 있어야 유지할 수 있는 특별한 지위에 해당한다고 볼 수 있다. 이런 부문은 높은 생산력에 기반한 독점적 영역인 경우가 대부분인데, 주변부는 그와 같은 영역을 가지고 있지 못하기 때문에 중심부와의 관계에서 불균등한 교환을 감내할 수밖에 없다.[4] 그 규정의 내용이야 다소 다를 수 있겠지만 중심과 주변이 이렇듯 분명한 특성을 지닌 실체적 영역으로 여겨진다면, 주변을 정체 모를 바깥 또는 타자와 대면하는 지점으로 놓고 이런 점을 중심과의 관계보다 더 중시하는 것은 매우 불확실하며 근거가 박약한 일로 비칠 법하다.

아닌 게 아니라, 주변을 바깥과 연결 짓는 사고방식은 불확실성에 기대는 면이 크다. 바깥은 중심-주변의 연관에 의해 아직 포착되지 않은 낯선 영역으로 상정되는데, 그런 점에서 이 바깥은 새로운 변화를 가져올 여

---

4) 월러스틴, 『월러스틴의 세계체제 분석』, 73쪽 참조.

지를 갖는 한편, 예측하고 제어하기 어렵다는 특성도 아울러 가지고 있다. 중심-주변이 아니라 주변-외부의 관계를 강조하는 견지는 바깥이 초래할 수 있는 불확실성에도 불구하고 거기에서 비롯하는 변화를 추구하는 데 더 무게를 둔다. 그런 점에서 이와 같은 지향은 기존 체제의 내적 발전 가능성에 대한 강한 불신을 함축하는 셈이다. 하지만 외부에 대한 기대가 성공적인 변화나 발전을 보장하는 것은 물론 아니다. 체제 내적인 지향이 바깥에 대한 폐제의 위험을 안고 있다면, 체제 외적인 지향은 바깥을 향한 투사投射의 위험을 안고 있다고 할 만하다. 경계 밖의 불확실함을 메우는 것은 현재의 원망願望인 경우가 많기 때문이다.

주변과 연계된 '바깥'은 이처럼 쉽지 않은 지식사회학적 문제를 제기하는데, 이것은 또한 제법 까다로운 인식론적 문제와도 연계되어 있다. 외부를 향한 시선이 기존의 체제나 지배적 질서를 벗어나려는 갈망을 담고 있다고 하더라도, 그 시선 자체가 중심과 연계된 사고방식이나 패러다임에 의해 규정받고 있다면, 이 틀을 벗어나는 바깥이 우리에게 어떻게 제대로 인식될 수 있는가? 이것은 주관의 제약에 따른 인식의 한계를 묻는 오래된 문제에 속한다. 스피박은 이 문제를 중심-주변과 관련하여 꽤 명시적 형태로 제기한 바 있다. 「서발턴은 말할 수 있는가?」[5]라는 잘 알려진 글에서 스피박은 서발턴subaltern, 즉 하위의 타자sub-altern는 말할 수 없다고 결론 짓는데, 그 이유는 타자의 처지를 전하는 우리의 관점이 이 처지

---

5) Gayatri C. Spivak, "Can the Subaltern Speak?", *Marxism and Interpretation of Culture*, eds. Cary Nelson & Lawrence Grossberg, Urbana: University of Illinois Press, 1988. 나는 유제분 교수의 「서발턴 여성은 말할 수 있는가?: 『제스처 라이프』의 일본군 '위안부'와 문학/역사 쓰기」(부산대학교 인문학연구소 중심/주변 연구발표회 발표문, 2006년 8월)를 통해 이 글에 뒤늦게 주목하게 되었다.

자체를 동화하고 전유하기 때문이라는 것이다. 예컨대 인도 하층 계급 여성의 입장이 그것을 바라보는 서구적 시각에 의해 제대로 파악될 수는 없다. 스피박이 보기에 이러한 점을 무시하고 투명한 견지에 설 수 있다고 자처하는 것은 일종의 기만이다. 설사 그것이 무의식적이라고 할지라도 기만적 전략일 수 있다.[6] 그렇지만 이러한 사정이 우리를 실천적으로 무력하게 만드는 것은 아니다. 스피박은 데리다의 방식을 좇아, 객관적이고 자명한 척하는 서구적 시각, 주변에까지 뻗혀 있는 중심의 시각을 해체하려 한다. 바깥과 타자를 규정하는 인식 틀의 한계를 드러냄으로써 이 틀 자체의 비판적 내파를 시도하는 것이다. 주변이 중심과의 연계를 떨쳐 버리고 그 스스로 바깥이 될 수 없는 한, 주변 역시 타자의 목소리로 말할 수는 없다. 그러나 이렇게 바깥에 대한 관심을 천착함으로써 중심-주변의 체제를 상대화하고 유동화하는 것은 주변성을 통한 철저한 반성의 효과라고 할 만하다.

 스피박이 빌려 오는 데리다의 견해는 일견 조심스럽다. 데리다는 일단 우리가 자신의 관점을 담아내는 담론 밖으로, 언어 밖으로 나갈 수 없다고 생각한다. 그가 드러내고자 하는 수안점은 이러한 언어와 남론의 의미가 고정된 것이 아니며, 따라서 우리의 관점 또한 결코 절대적일 수 없다는 것이다. 중심-주변과 관련하여 볼 때 데리다의 견지가 시사하는 바는, 진리로 군림하는 어떠한 중심도 자신의 위치를 확고한 것으로 입증할 수 없으며, 따라서 중심은 주변을 지배하기만 하는 것이 아니라는 점이

---

6) 스피박이 들뢰즈(Gilles Deleuze)와 가타리(Félix Guattari), 그리고 푸코(Michel Foucault)의 작업까지 객관성을 가장하는 혐의가 있다고 비판하는 것은 자못 흥미롭다(Spivak, "Can the Subaltern Speak?", pp. 272f 참조). 그녀는 후에 칸트, 헤겔, 맑스에게서도 서구중심주의적 관점을 검출해 낸다. 스피박, 『포스트식민 이성 비판』, 1장 「철학」 참조.

다. 오히려 중심은 주변에 의해 보충되고 제한되며 그래서 결국 주변에 의존하는 면이 있다. 이러한 중심-주변의 관계는 데리다가 말하는 에르곤 ergon과 파레르곤parergon, 즉 작품과 작품을 둘러싸는 가장자리의 관계에 비견될 수 있는데,[7] 우리는 또한 이것을 우리의 시선이 집중되는 중심과 그 시야를 제한하는 테두리 사이의 관계와 연계하여 이해할 수 있다. 중심이란 우리의 시선이 그렇듯이 가변적·상대적인 것이며, 테두리에 의해, 곧 주변에 의해 한정된다. 작품이나 시선처럼 중심은 원칙상 무수히 많을 수 있겠지만, 그 어느 것도 실재를, 곧 세계 전체를 포괄하지 못한다. 그러나 우리는 시선을 통하지 않고서는 세계를 볼 수 없다. 우리가 보는 세계는 우리의 시선과 시야에 의해 제한되는 것이다.

이것은 마치 그림의 테두리나 영화의 프레임이 우리의 눈을 제한하여 그 중심으로 우리의 관심을 모으는 것과 비슷한 사태다. 사실 우리는 언어와 담론을 매개로 하여 이런 방식으로 세계를 인식하고 세계에 대해 사유하고 있는지도 모른다. 만일 우리의 시선과 시야가 하나의 틀에 의해 고정되어 있다면, 우리는 그 틀에 포착되는 것만을 인식할 수 있을 것이다. 이 경우 주변에 주목한다는 것은 그동안 주의를 기울이지 못했던 가장자리에도 시선을 주어, 주어진 틀 내에서 균형 잡힌 인식을 확보한다는 것 정도가 되겠다. 이것은 주변에 대한 많은 담론들이 —아날학파의 영향을 받은 상당수의 담론들을 포함하여—보이는 한계다. 그러나 주변과 테두리를 연계하여 생각할 때, 주변의 함의는 이것 이상이다. 주변은 바로 이

---

7) Jacques Derrida, *La vérité en peinture*, Paris: Flammarion, 1978의 1부 "Parergon" 참조(이 글은 자크 데리다, 『해체』, 김보현 편역, 문예출판사, 1996에 부분적으로 번역되어 있다). par-ergon의 'par-(para-)'는 측면, 근접, 초월, 이반 따위의 뜻을 가진다.

한계를 지시해 주며, 그럼으로써 이 한계 밖을 시사한다.

피터 그리너웨이Peter Greenaway 감독의 「영국식 정원 살인사건」The Draughtsman's Contact은 이와 같은 테두리의 의미에 대해 생각해 볼 수 있게 해주는 흥미로운 영화다.[8] 이 영화의 주인공 격인 드로잉 화가 네빌은 한 귀족 저택의 경치들을 그려 주기로 계약을 맺는다. 그는 격자가 달린 커다란 뷰파인더를 사용해서 그림을 그리는데, 그 뷰파인더는 매번 고정되며, 네빌은 그 안에 들어온 것들을 중심에서 주변에 이르기까지 세밀하게 묘사한다. 그는 그림을 그리는 동안 어떤 것도 그 구도 안에 들어오지 않게 해달라고 부탁하지만 언제나 예기치 않은 대상들을 만나게 되고, 그래서 완성된 그림들에는 의외의 것들, 이를테면 창문에 걸쳐진 사다리나 달려오는 양떼, 벗어던진 장화 따위가 그려진다. 그는 뷰파인더를 통해 시야를 고정시키지만, 그 시야 안에는 그 속에서 완결되지 않는 사물이나 사태들이 끼어든다. 그림에 주변적으로 포함되는 이러한 면모는 그림의 시야 바깥을, 음모와 살인이 일어나는 바깥을 암시한다. 이 영화에서는 저택의 주인인 허버트 씨가 살해되고 화가인 네빌도 결국 살해되지만, 그 과정이나 동기의 전모가 영화상에 드러나지는 않는다. 이런 점은 이 영화 자체가 일종의 테두리를 가지고 있음을, 그래서 이 테두리 밖의 세계를 전제하며 지시하고 있음을 말해 주며, 그럼으로써 실상 우리의 모든 관점이나 담론이 유사한 특성을 가지고 있음을 시사해 준다.

---

[8] 이 영화에 대한 상세한 해설로 박정자, 『빈센트의 구두』, 기파랑, 2005의 4장 참조. 박정자 교수는 여기서 데리다의 파레르곤 개념과 이 영화 사이의 관계에 대해서도 상론하고 있다.

3. 바깥과 몸

그러므로 경계로서의 주변, 바깥에 관계하는 주변을 다룰 때 중요한 문제는 우리에게 '보이는 것'과의 관계라기보다는 '보이지 않는 것'과의 관계일 것이다. 주변은 보이지 않는 것의 흔적을 드러낸다고 할 수 있는 까닭이다. 하지만 그렇게 해서 보이지 않는 것이 보이게 되는 것은 아니다. 데리다가 말하듯 흔적trace은 현전présence이 아니고 또 현전했던 것의 흔적도 아니기 때문이다.[9] 다시 말해 그 흔적은 우리의 시야에 들어왔던 어떤 것의 흔적이 아니라, 그 테두리를 벗어나 있는 것의 흔적이다. 그렇기에 우리는 이 흔적을 통해 우리가 보았던 어떤 것을 복원할 수 없다. 하지만 테두리를 벗어나 있는 것은 이렇게 흔적을 남기며, 또 이렇게 흔적으로서만 드러난다. 다시 말해, 우리는 흔적으로서의 흔적을 통해 바깥과 관계한다. 그리고 그럴 수 있는 장소가 바로 주변이다.

우리의 시선을, 시야를 옮기면 되지 않느냐고 묻는 것은 매우 소박한 발상이다. 시선과 시야가 세계를 보는 눈과 사고방식을 가리키고 이것이 우리의 처지와 묶여 있는 것이라면, 우리의 존재 상황이 바뀌지 않는 한 이 틀을 쉽게 바꿀 수 없다. 더욱이 사회적 위치나 이해관계 등을 바꾸고 이에 따라 시선과 시야를 바꿀 수 있다고 하더라도 여전히 문제는 남는다. 그 시선과 시야 또한 테두리를 가질 것이며, 그래서 이 경우 역시 테두리 바깥은 우리에게 다시 흔적으로서만 드러날 것이기 때문이다. 그렇다면 이와 같은 한계를 벗어나는 길은 없다는 말인가?

우리의 제한된 시야를 벗어나고자 하는 시도, 바깥을 보고자 하는 시

---

[9] Jacques Derrida, *Marges de la philosophie*, Paris : Minuit, 1972, pp. 21f 참조.

도는 우리의 봄, 즉 우리의 사유 자체를 문제 삼는 데 이른다. 이러한 문제 삼음 또한 사유이지만, 그것은 이제까지의 사유의 틀을 넘어서고자 하는 탈사유의 사유이다. 이 같은 시도의 한 가닥은 제한된 사유 이전으로 거슬러 올라가, 그러한 사유에 묶이지 않고 바깥과 관계하는 것이 무엇인가를 묻는다. 그럴 때 우리가 닿게 되는 주요한 지점 가운데 하나가 몸이다. 몸은 사유에 앞서, 사유로서의 봄에 앞서, 바깥과 접촉한다. 그럼에도 불구하고 몸은 ──특히 서구의 근대 이래로 사유를 가두어 왔던── 이론 중심적 틀에 의해 우리 시선의 복판에서 밀려나고 그 사유 틀로 재단당해 왔다. 덕분에, 바깥과 접촉하는 몸의 역할은 명료한 사유와 관련을 맺는 한에서만 거론되었고, 몸 자체는 주로 관리와 통제의 대상으로 여겨졌다. 잘 알려져 있듯, 메를로-퐁티Maurice Merleau-Ponty와 푸코Michel Foucault가 이러한 사태를 비판하고 나선 것은 이른바 이성 중심적 사유의 한계와 문제점이 널리 거론되기 시작한 20세기 중반 이후의 분위기와 관련이 있다.

몸에 관한 논의에서 먼저 주목하고 싶은 것은 모호함과 유동성의 문제다. 몸은 바깥과 맞닿아 있고, 이 바깥과 함께 세계에 속해 있다. 몸을 이루는 것은 물체이며, 이 몸과 닿아 있는 것도 물체이다.[10] 몸의 물체와 바깥의 물체는 서로 맞물려 있으며 서로 영향을 주고받는다. 이런 점에서 몸과 바깥은 섞여 있다고 할 수 있다. 사실 몸을 이루는 물체와 바깥의 물체를 선명하게 나누기는 어렵다. 바깥의 물체가 몸 안으로 들어와 그 일부가 되기도 하고 몸에 속했던 것들이 그로부터 떨어져 나가기도 한다. 작용의 면에서도 유사하다. 메를로-퐁티가 지적하듯, 내 손은 사물을 만지지

---

[10] 몸을 뜻하는 서양어(특히 프랑스어 corps나 독일어 Körper, 그리고 영어의 body)는 물체에도 적용되는 단어들이다.

만 또한 만져지기도 한다.[11] 이처럼 몸은 바깥과 연결되어 있으며 바깥과 교호적인 관계에 있다. 메를로-퐁티는 이런 면을 천착하여 몸을 매개로 바깥과 안의 구분을 넘어서는 살chair의 철학을 구상한다. 그에 따르면, 이 살은 주체와 대상, 물질과 관념 따위의 대립에 갇히지 않은 세계의 근원적인 차원으로, 우리의 지각과 사유가 성립하는 바탕을 이룬다. 그런데 이렇게 구별을 넘어서는 데서 나오는 특징이 모호함과 유동성이다.

언뜻 생각하기에 모호함이나 애매함[12]은 명료함에 의해 극복되어야 할 부정적 면모로만 여겨지기 쉽다. 하지만 명료함이란 나누고 잘라 내고 틀에 가둠으로써, 즉 분류하고 판단하고 구획 지음으로써 이룩되는 상태라고 할 수 있다. 이런 것들은 우리가 세계를 바라보고 전유하는 중요한 방식이지만, 여기에는 상대적으로 고정된 경계와 질서가 수반되기 마련이다. 중심-주변과 관련되는 위계 역시 그런 경계와 질서에 의해 설정되고 유지되며, 또 그 경계 및 질서의 한 부분이 된다. 이러한 까닭에 기존의 경계와 질서를 문제 삼을 때에는 이 구획과 함께 이전의 명료함이 의심의 대상이 된다. 더군다나 대체할 만한 새로운 구획이 마땅치 않을 때에는 이같은 구획 지음과 전유의 방식 전체를 그 근본부터 다시 점검하고자 할 수 있다. 그러므로 몸에 대한 관심을 통해 새롭게 모호함이나 애매함의 차원

---

11) 모리스 메를로-퐁티, 『보이는 것과 보이지 않는 것』, 남수인·최의영 옮김, 동문선, 2004, 191쪽 이하 참조. 그의 이른바 '살' 철학에 관한 논의는 유고로 나온 이 책에 의거하는 바가 크다.
12) 메를로-퐁티의 'ambiguité'는 '애매'(曖昧)(남수인, 류의근, 조광제 등) 또는 '모호'(模糊)(김화자 등)로 옮겨진다. 애매는 내포(內包)의 불분명함을, 모호는 외연(外延)의 불분명함을 가리키는 경우가 많았지만, 그 구별이나 용례에도 애매모호한 면이 없지 않다. 섞임의 측면을 강조하면 모호를, 의미의 불분명함을 강조하면 애매를 사용하기 쉽겠으나, 어떤 경우든 분명한 구별 이전의 특징을, 더욱 적극적으로는 그런 구별을 무화하고 넘어선다는 특징을 표현한다고 이해하면 좋을 것 같다.

을 부각시키는 것은 근대 이래의 지배적인 전유 방식에 대한 본격적인 문제 제기라고 할 만하다. 즉 여기서의 모호함과 애매함은 기존의 확고함을 흔들 수 있는 기반으로 작용할 수 있다. 이런 각도에서 보면, 오늘날 부각되어야 할 몸의 문제는 단순히 이제껏 주목받지 못했던 신체에 대해 관심을 기울이는 것 정도에 그치는 것이 아니다. 몸의 주변성이 지니는 적극적 의미 가운데 하나는 몸을 통한 바깥과의 접촉과 그것이 수반하는 애매모호함을 통해 중심적인 사고방식과 질서를 유동화하는 데 있다.[13]

이런 면에 대한 강조는 들뢰즈·가타리가 내세우는 '기관 없는 몸'에서도 드러난다.[14] 기관이란 일정한 목적에 따라 주어진 기능을 하는 신체의 조직을 가리키는 것이니까, 기관 없는 몸이란 이렇게 정해진 목적이나 틀에서 벗어난 몸을 뜻한다. 이들의 용어로 말하자면 그것은 '탈영토화하는' 몸, 다시 말해 기존의 지배적 질서와 경계를 끊임없이 넘어서는 몸이라고 할 수 있다. 따라서 이러한 몸은 한정된 묘사로 나타낼 수 있는 현전의 상태를 지칭하는 것이 아니라, 현재의 가시적인 모습과는 언제나 '달리 될 수 있는' 몸, 그런 의미에서 '잠재적인' 몸을 가리킨다고 보아야 한다. 그러므로 '기관 없는 몸'은 말 그대로 기관을 다 빼어 낸 불모의 몸이 아니라, 거꾸로 모든 분화의 바탕이 되는 배아적인 몸을 뜻한다. 들뢰즈·가타리가 기관 없는 몸이라는 일면 자극적인 표현을 써서 노리는 바는, 특정하

---

13) 반면에 오늘날 눈에 띄는 신체에 대한 세간의 관심 가운데 대다수는 오히려 신체를 분류하고 규정하며 위계화함으로써 중심적 질서에 편입해 버리는 부정적 방향을 보여 주고 있다.
14) '기관 없는 몸'은 원래 아르토(Antonin Artaud)가 쓴 표현인데, 들뢰즈는 『의미의 논리』(Logique du Sens, 1969)에서 처음 이 말을 차용하며, 가타리와 함께 쓴 『앙띠 오이디푸스』(L'anti-Œdipe, 1972)에서 주요한 용어로 쓰기 시작한다. Robert Sasso & Arnaud Villani et al., Le vocabulaire de Gilles Deleuze, Cahier de Noesis no. 3, Paris: Vrin, 2003, pp. 62f 참조.

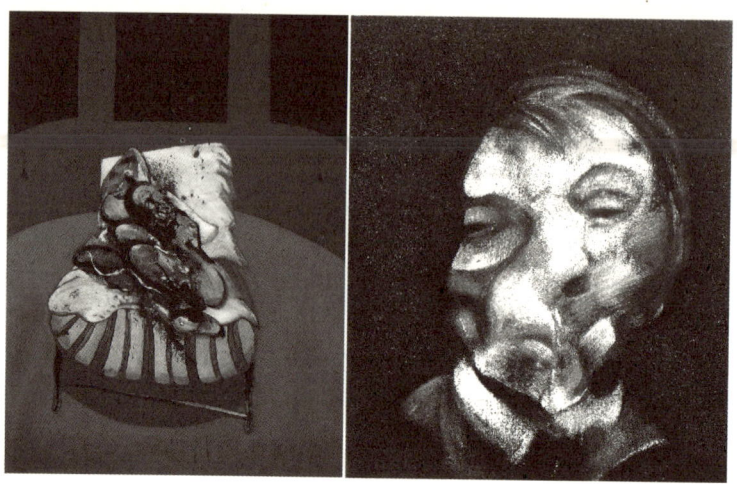

프랜시스 베이컨, 「십자가 처형에 기초한 형상 연구 2」(1962)와 「자화상」(1971).

게 분화된 상태에 우리의 생각을 고정시키는 기성의 시각을 깨고자 하는 데 있다고 보아 좋을 것이다. 들뢰즈가 주목하는 영국의 현대 화가 프랜시스 베이컨Francis Bacon의 그림에 나타나는 몸의 모습을 보라. 일견 기괴해 보이는 그 형상들은 고착된 형태에 대한 저항과 그것을 부수고 거기에서 빠져나가는 유동성을 드러낸다. 형태와 윤곽이 뭉개지는 그 형상들은 모호함을 통해 메를로-퐁티가 말하는 '살'의 세계로 한 걸음 더 다가가는 듯 싶기도 하다.[15]

이렇게 유동적인 몸을 앞세우는 견지는 몸과 의식 사이의 위계를 흔드는 데로도 나아간다. 원래 의식은 몸이 받아들이는 바깥의 자극을 수용하고 처리하는 데서 생겨난 기능이지만, 자체의 계산·처리 능력이 체계화됨에 따라 상대적인 자립성을 획득한다. 이 체계성과 자립성은 표상들의 차원에서 구현되는데, 여기서 표상 차원의 자기관계가 만들어진다. 이러한 자기관계는 이른바 반성reflection의 형식을 통해 자기 점검과 조절의 기능을 발휘하지만, 이때 표상 외부의 영역이 도외시되거나 아니면 표상의 형식으로 동화될 여지가 생겨난다. 관념론은 이 같은 점이 철학적으로 표현된 것이라 할 수 있다. 주관적 관념론의 경우에는 표상의 바깥이 제거되어 표상들 사이의 위계적 영역만이 유의미한 것으로 취급되는가 하면, 객관적 관념론의 경우에는 표상의 특성이 표상 밖의 영역에 투사되어 그 영역의 본질적 특성으로 재발견된다. 바깥에서 몸으로, 몸에서 의식으로 이어지던 우선성의 연관은 이렇게 하여 그 순서를 바꾼다. 의식이 중심이 되고 지배적인 것이 되며, 몸과 바깥은 의식이 스스로를 구현하고 확인하는 매체이자 대상이 된다. 그런데 여기서 새삼 몸의 역할을 강조하는 것은 이러한 순서의 역전을 되돌리고 의식의 자립이 낳은 폐쇄의 여지를 바깥을 향해 다시 열어 놓으려는 노력의 일환이라고 할 수 있다.

이런 점에서 보아도, 몸의 역할에서 무엇보다 부각되어야 할 것은 바깥과 접촉한다는 점이다. 특히 능동성에 앞선 수동성의 면, 받아들임의 면이 중요하다. 의식에 의한 바깥의 동화와 지배보다는 바깥을 향한 개방이 초점이기 때문이다. 여기서 주목받게 되는 것은 감각이고 감성이다. 특히 촉각과 같이 매우 직접적이며 분화의 정도가 덜한 감각이 문제가 되는 경우가 많다. 시각의 경우에도 간접적이고 포괄적인 조망의 측면보다는 직접적인 접촉과 느낌의 측면이 강조된다.[16] 그런데 이런 식의 감각을 통해서 얻어지는 것, 즉 몸을 통한 바깥과의 접촉에서 이루어지는 것은, 이미 말했던 것처럼 투명한 파악이 아니라 애매모호한 파악이다. 그렇다면

---

15) 베이컨에 대한 들뢰즈의 해석은 질 들뢰즈,『감각의 논리』, 하태환 옮김, 민음사, 1995 참조.
16) 메를로-퐁티는 '시각은 시선을 통한 촉지'라고 말한다. 메를로-퐁티,『보이는 것과 보이지 않는 것』, 193쪽.

이 애매모호한 파악을 통해서 정작 바깥은 어떻게 드러나는가? 애매모호함과 유동성을 통해서 기존의 질서와 중심을 흔드는 것이야 그렇다 치더라도, 바깥에 대한 관심에서, 그리고 그것과 관련한 주변의 역할에서 나아지는 것은 무엇인가?

4. 주변의 긍정성

바깥과 몸에 주목함으로써 얻을 수 있는 주요한 성과가 바깥을 확연하게 드러나게 하는 데 있지는 않을 것이다. 물론 이제까지 간과해 왔던 영역에 대한 지식의 증가와 개선도 기대할 수 있는 결과이긴 하다. 하지만 그것보다 더 중요한 것은 바깥의 바깥됨을 다시 발견하고 받아들이는 일이 아닐까 한다. 사실 바깥은 완전히 드러나고 장악될 수 없는 것이기에 바깥이라고 할 수 있다. 몸에 대한 강조는 이러한 바깥의 특성을 새삼 인식하게 하는 효과가 있다. 몸의 제한됨, 곧 몸의 유한성은 의식이나 사유의 유한성에 비해 훨씬 직접적이고 근원적으로 다가오는 까닭이다. 그러므로 만일 몸의 우선성을 받아들인다면, 사유는 자신의 무제약적인 추구 경향에 대해 다시 성찰하지 않을 수 없다. 즉 바깥을 투명하고 완전하게 보려는 시도 자체가 지니는 한계를 되짚어 생각하지 않을 수 없는 것이다.

이것은 마치 칸트 철학에서 감성에 의한 제약이 사유에 인식상의 한계를 부과하게 되는 것과 유사한 사태다. 그렇지만 크게 다른 것은, 우리 논의에서는 몸이나 사유에 칸트에서와 같은 보편적 형식이 전제되지 않는다는 점이다. 칸트의 경우에는 이 보편적 형식에 의해 뒷받침받는 주체가 중심적 모델로서 자리를 잡았다면, 현재의 논의에서는 오히려 중심 역할을 하는 형식과 모델을 깨뜨리는 것이 초점이 된다. 또 칸트에서는 형식의 고정성으로 말미암아 바깥과의 교통 또한 그러한 형식을 거치는 것으로 엄격하게 제한되었는데, 지금의 논의에서는 가변적인 주변이 주어진 틀과 중심에 변화를 주는 통로 역할을 한다. 우리가 다룬 유동적인 몸은 그와 같은 주변의 한 예인 셈이다.

이제 몸에 국한하지 않고 바깥과의 관계를 고찰할 때, 우리는 일반적으로 타자의 문제를 거론할 수 있다. 이때의 타자는 분명 바깥에서 비롯하는 것이지만, 애매모호한 바깥 이상의 의미를 함축한다. 즉, 타자는 나에게 완전히 포착될 수 없고 동화될 수 없다는 점에서 바깥과 같은 특성을 지니지만, 나에게 영향을 줄 수 있으며 나와 교통할 수 있다는 점에서 바깥 자체와 구별된다.[17] 그러므로 이 같은 타자를 받아들일 수 있기 위해서는 육체적인 차원에 한정되지 않으면서 인식 중심의 사유에 지배되지 않는 다른 길을 확보할 수 있어야 한다. 이런 점에서 레비나스가 제시하는 윤리적인 방향과 거기에 따른 타자 이해는 우리에게 시사하는 바가 크다.

레비나스에 따르면, 타자는 인식의 대상이라기보다는 내게 응답 résponse 을 요구하는 자이고, 그래서 내가 책임 responsabilité 을 져야 하는 자이다. 인식이 대상을 내 틀 안에 끌어들여 그것을 동화하고 지배하는 데 봉사하는 것이라면, 응답과 책임은 나와 같지 않은 타자를 받아들이고 그

---

17) 가장 넓게 보자면, 타자는 동일자와 대비되는 모든 것을 가리킨다고 할 수 있는데, 이 같은 의미의 타자는 실상 우리가 논의해 왔던 바깥과 그 함의가 별반 다르지 않다. 이런 의미의 타자에 대한 포괄적인 철학사적 설명은 뱅상 데콩브(Vincent Descombes), 『동일자와 타자』, 박성창 옮김, 인간사랑, 1990을 참조. 한편 앞에서 거론한 스피박의 하위 타자(subaltern) 역시 그것이 타자인 한에서는 나와 교통할 수 있는 가능성이 부인되지 않는다고 보아야 할 것이다. 다만 그 타자가 열등한 해석 대상으로 취급받는 한, 타자는 나에게 받아들여지지 못하며 나를 통해서 대변될 수도 없다는 점에 스피박의 주요 논지가 있다고 하겠다.

다름의 부름에 나를 투여하는 것이라 할 수 있다. 이것은 타자를 나와 동등한 존재로 인정하고 상호적인 관계를 수립하고자 하는 것과는 다른 차원의 문제다. 상호적인 관계란 공통의 틀을 바탕으로 하는 것이며 그래서 그 틀에 얽매이는 것인 반면에, 레비나스가 말하는 책임은 타자의 우선성을 전제하며 그 타자의 부름에 끝없이 응답해야 하는 관계이기 때문이다. 타자는 내게 호소하고 명령하며, 나는 거기에 응답한다. 여기서 타자는 동일자에 의해 밀려나고 배제되는 자가 아니라, 동일자의 한계를 깨뜨리고 다가오는 자이며, 동일자가 궁극적으로 받아들이지 않을 수 없는 자이다. 레비나스는 나의 자발성과 한계를 문제 삼는 이러한 타자와의 관계가 곧 윤리라고 보고 있다.[18]

그러므로 이 같은 윤리에서는 나 또는 내가 속한 질서나 체제가 중심이 될 수 없다. 만일 중심이 있다면 그것은 타자 쪽에 있어야 할 것이지만, 타자는 어떤 동일성을 갖춘 질서로도 포착할 수 없으므로 그 중심은 놓일 곳을 잃고 만다. 그런 까닭에, 타자는 나보다 우위에 있고 나에게 명령하는 자이지만 그와 동시에 지극히 약한 자로서 드러나게 된다. 타자가 나보다 우월한 이유는 유한한 나의 제한을 벗어나 있다는 데 있으며, 지극히 약한 이유는 어떠한 질서로도 무장하고 있지 않다는 데 있다. 다시 말해 타자는 무한하며 헐벗은 자이다. 그렇기에 윤리적 관계 속에서 이 타자는 중심으로 행세하던 견고한 질서 속의 어떠한 동일자도 열어젖힐 수 있지만, 그것을 대체할 만한 다른 어떠한 중심도 형성하지 않는다. 즉 레비나스가 내세우는 윤리적 관계 속에서 중심은 해체되어 버리는 것이다. 물론 이럴 경우에는 중심과 쌍을 이루는 주변 또한 사라지고 만다. 그렇다면 마

---

18) Lévinas, *Totalité et infini*, 1974, pp. 13f 참조.

침내 여기서 중심-주변의 구도는 극복되는 셈이다.

그러나 실제로는 문제가 이렇듯 간단하게 풀리지 않을 줄 안다. 현실 속에서는 레비나스 식의 윤리가 오히려 주변적인 것에 머물러 있을 공산이 크다. 레비나스는 누구도 궁극적으로는 윤리적 차원을 외면할 수 없다고 보지만, 실제로 우리는 타자를 향한 열린 관계 속에서보다는 제약된 주어진 질서 속에서 생활해 나간다. 그리고 바로 여기에 중심-주변의 구도가 자리 잡고 있다. 이 주어진 질서의 입장에서 보면, 레비나스의 견지뿐만 아니라 주변의 잠재성과 긍정성을 말하는 논의들 자체가 매우 주변적인 것으로 비칠 것이다.

그런데 이런 점은 주변의 긍정성을 강조하는 편에서 보아도 받아들일 수밖에 없는 일인 것 같다. 만일 앞에서 논한 대로 주변의 긍정성이 기존의 질서 속에서 위치의 전환을 노리는 데 있는 것이 아니라 바깥 및 타자와 관계하여 기존 질서에 변화를 가져오는 데 있는 것이라면, 이를 주장하는 논의 또한 주변에서 거기에 걸맞은 역할을 담당해야 할 것이기 때문이다. 또 비록 그런 논의가 중심과 관계를 맺는 경우라 하더라도, 그것은 중심 및 중심-주변의 구도를 흔들고 해체하는 방향으로 작용해야 할 것이다. 요컨대 진지하게 주변의 긍정성을 내세우는 이론이라면 스스로의 주변성이 발휘하는 긍정성도 놓쳐서는 안 된다는 말이다. 자신의 주변성을 더욱 강화하는 것이 주변의 긍정적 의의를 살리고 나아가 주변성을 극복하는 길이 될 것이다.

3장 책임과 타자

1. 책임과 권한

한동안 우리 사회를 떠들썩하게 했던 의사들의 파업 사태(2000)는 책임의 문제를 다시 돌아보게 하는 계기가 되었다. 의사라고 하는 특수한 지위와 역할 탓이었을 것이다. 의사들의 파업은 오늘날의 삶에서 의사들의 역할이 얼마나 중요하고 필수적인가를 절감케 함과 아울러, 그토록 중요한 업무를 독점하고 있는 의사들이 과연 파업이라는 형태로 자신들의 책임을 방기해도 좋은가 하는 물음을 되씹어 보게 만들었다.

물론 파업을 결심한 의사들로서도 그런 방책이 불가피하다 할 만한 나름의 이유가 있었을 것이다. 이 자리에서 그 불가피성이나 정당성 여부를 직접 따져 볼 생각은 없다. 이 글의 의도는 다만, 그러한 사태를 계기로 철학적인 한 방향에서 '책임'의 문제를 천착해 보자는 데 있다. 혹 이 글이 책임의 견지에서 볼 때 의사들의 파업이 마땅치 않은 것임을 시사할 수 있을지는 모른다. 그러나 책임의 문제만을 들어 그 파업 사태 전반을 재단할 수는 없는 노릇이다. 그러므로 여기서 다루어지는 의사들의 파업 문제는

'책임'을 주제로 하는 철학적 논의에 실마리를 주는 데 그칠 뿐이라는 점을 밝혀 둔다.

먼저 주목하고 싶은 것은 권한과 책임의 관계 문제이다. 의사들이 파업을 벌인 중요한 원인은 권한을 둘러싼 갈등이었다고 할 수 있다. 의약분업과 관련한 제도 변화에 의사들이 그토록 반발한 것은 자신들의 전문적이고 사회적인 권한, 또 여기에 수반되는 경제적인 권한을 빼앗기지 않으려 했기 때문이라는 평가도 있다.[1] 그런데 우리는 보통 권리와 의무, 권한과 책임을 함수 관계로 생각한다. 권리에는 의무가 따르고, 권한에는 책임이 따른다. 권리와 권한이 커지면 그에 수반하여 의무와 책임도 커지기 마련이다. 그렇다면 의사들은 자신들의 권한을 고수하거나 확장하려 하면서, 그 수단으로 자신들의 권한에 따르는 책임을 방기했다는 일견 배리적背理的인 사태가 성립한다. 의료 행위를 통해 환자의 치유를 돕는 것은 의사의 가장 기본적인 책임 사항일 것이기 때문이다.

그러나 이런 식의 문제 설정이 과연 적합한 것인지는 의문이다. 책임과 권한을 이렇게 연계하여 놓을 경우, 다른 한편에서는 권한에 대한 포기가 책임에 대한 포기와 연결될 수 있는 가능성도 생겨난다. 비록 일시적이고 잠정적이라고 하더라도 권한을 내놓음으로써 책임으로부터도 놓여날 수 있게 되는 것이다. 나아가 이를 수단으로 삼아 새롭게 권한과 책임을 규정하려는 시도도 가능해진다. 사실 의사들의 폐업이나 퇴직 위협은 바로 이와 같은 면을 현실화한 것이라고 할 수 있다. '우리는 적어도 당분간 의사의 주어진 권한을 행사하지 않을 것이므로, 즉 적어도 그 기간 동안은 일정한 권한을 지닌 의사가 아니므로, 그 권한에 따르는 환자 진료의 책임

---

1) 예컨대 강동진, 「의사파업 사태와 의료개혁의 전망」, 『진보평론』 6호, 2000, 145쪽 참조.

을 지지 않는다'는 식이다. 이렇게 되면 논란의 중심은 특정한 권한을 지 닌 의사라는 직위가 되어 버린다. 그 직위에 이러저러한 권한을 부여해야 되는지 마는지가 갈등과 협상의 대상이 되고, 직접적인 책임의 문제는 그 뒷전으로 밀려난 채 권한에 수반되는 것으로 다루어질 뿐이다.

물론 책임과 권한을 연관 짓는 것은 일반적일 뿐만 아니라 상당히 근거 있는 일이다. 책임이란 자신이 관장할 수 있는 사안의 범위 내에서만 문제될 수 있다고 보는 것이 상식이기 때문이다. 우리는 어린아이나 정신이상자와 같이 스스로에 대한 통제력을 갖추지 못했다고 여겨지는 사람들에게는 그 행위에 대해 직접 책임을 묻기 어렵다고 생각한다.[2] 또 가까운 주변의 사람이 저지른 일이라고 하더라도 자신의 직접적인 통제 범위를 넘어서는 일 때문에 책임을 추궁당하는 것은 부당하거나 가혹하다고 생각한다. 무릇 책임이 어떤 주체의 행위에서 비롯된 결과와 결부되는 것이라면, 그 주체가 통제할 수 있는 힘과 권리가 미치는 한도 내에서만 책임을 묻는 것이 당연해 보인다.

책임 문제가 주요한 철학적 주제로 등장하는 데 크게 공헌한 인물인 한스 요나스Hans Jonas에 따르더라도 책임은 권한과 밀접한 관련이 있다. 그는 "사람은 행하는 것이 적으면 적을수록 책임질 바도 그만큼 적은 법"이라고 말한다.[3] 책임의식은 행위의 이 같은 인과적인 면 위에, 예상되는 행위 결과에 대한 도덕적 반성이라는 형태로 자리 잡는다. 이처럼 '책임'

---

[2] 이런 맥락에서 '책임'에 대한 철학적 문제는 궁극적으로 자유의지 및 결정론의 문제와 연관하여 다루어져 왔으며, 구체적이고 법률적인 면에서도 행위자의 정신 상태나 의도 등이 주된 논의 주제로 부각되어 왔다. 여기에 대한 개괄은 *Encyclopedia of Philosophy*(Macmillan)의 "Responsibility" 항목 참조.
[3] 한스 요나스, 『책임의 원칙: 기술 시대의 생태학적 윤리』, 이진우 옮김, 서광사, 1994, 169쪽.

에서 두드러지는 것은 행위 결과에 대한 고려이다. 이른바 '책임윤리'가 '의무'를 강조하는 윤리와 크게 다른 것도 바로 이 지점에서이다. '권리-의무'의 쌍이 보편적이고 추상적인 원칙이나 동기에 대한 강조로 흐르기 쉬운 데 비해, '권한-책임'의 쌍은 구체적인 행위 결과에 대한 예상과 그 결과에 대한 대응에 주안점을 두는 것이라고 할 수 있다. 요나스가 의무 중심의 전통적인 윤리, 특히 칸트 식 윤리 대신에 책임 중심의 '새로운' 윤리를 내세우는 바탕에는, 환경 문제 등에서 보듯이, 우리의 행위 결과를 철저하게 고려하지 않고는 윤리적 가치들뿐만 아니라 인간의 생존마저도 위협받을 수 있다는 오늘날의 현실에 대한 인식이 깔려 있다.

그래서 요나스는 책임에서 힘과 지식을 강조한다. 책임은 "힘과 지식의 함수"[4]라는 것이다. 우리는 우리 힘의 범위와 일치하는 광범위한 책임성을 갖추어야 하고, 그렇게 하기 위해서는 그 힘의 결과를 알 수 있는 지식을 또한 갖추어야 한다. 그런데 이러한 발상은 '권리-의무'의 틀을 넘어설 뿐만 아니라, '권한-책임'의 관계마저 다시 생각해 보게 하는 면이 있다. 우리는 우리의 힘과 그 힘이 낳는 결과들을 예상하는 가운데, 우리의 권한을 조절할 필요가 있음을 깨닫게 된다. 다시 말해 예상된 행위 결과에 책임을 지기 위해 우리의 능력을 적절한 한도 내에서 제한하게 되는 것이다. 이렇게 볼 때, 우리는 권한에 따라 책임이 주어진다기보다는 오히려 책임에 입각하여 권한이 설정된다는 쪽으로 생각을 바꾸게 된다. 이 경우 권한보다 더 우선적이고 근본적인 위상을 갖는 것은 어떤 행위 결과를 낳

---

[4] 같은 책, 216쪽. 여기의 번역은 "권력과 지식의 기능"이라고 되어 있는데, 적절하지 못하다고 생각해서 고쳤다. 원래의 표현은 "eine Funktion von Macht und Wissen"이다. Hans Jonas, *Das Prinzip Verantwortung*, Frankfurts am Main : Insel Verlag, 1979, p. 222.

을 수 있는 힘, 즉 현실적·잠재적 능력이다. 그러니까 '능력-책임'의 연관이 권한 설정의 밑바탕에 놓이게 되는 것이다.

이런 생각에 따르면, 책임이 권한 뒤로 물러설 수는 없다. 오히려 책임은 권한에 비해 우선적인 것이다. 그러므로 권한을 조정하기 위해 책임을 방기한다든가, 이를 협상 수단으로 삼는 따위는 사태의 본말을 뒤엎는 꼴이다. 물론 요나스에게서 초점이 되는 것은 자연에 대한 인간의 책임, 즉 인류 전체의 생태학적 책임이지만, 특정한 인간 집단의 경우라고 해서 권한과 책임의 관계가 근본적으로 달라지는 것은 아니다. 예컨대 과학자나 의사 집단의 경우, 그 권한에 따라서 책임이 주어진다기보다는 그들이 지닌 과학적 내지 의학적 지식의 잠재적 힘과 그 활용 결과에 대한 고려가 우선하고, 그에 따른 책임 문제에 비추어 권한이 규정되는 것이라고 볼 수 있다. 그러므로 책임과 권한의 관계는 '권한-책임'이 아니라 '책임-권한'으로 설정되어야 마땅하다.

하지만 이렇게 본다고 해서 사회적이고 제도적인 권한 규정이 현실에서 감당해야 할 책임의 폭과 강도에 영향을 미칠 수 없다거나 미쳐서는 안 된다고 생각할 필요까지는 없다. 책임이 징벌이나 보상 따위와 같이 법과 제도에 따르는 형태를 취할 경우, 그 준거가 되는 것은 법이나 제도에 의한 권한 규정일 수밖에 없을 것이다. 다만 우리는 여기서 이런 식의 제도적인 책임 규정은 보다 근원적인 책임성에 입각한 것이어야 함을, 곧 제도적 책임을 규정하는 제도적 권한은 능력과 행위 결과에 대한 고려 속에서 나온 책임성에 의해 먼저 규정되는 것이어야 함을 강조하고 있을 뿐이다. 제도상의 허점을 이용하는 책임 회피에 대해 우리가 사회적 비난을 퍼부을 때, 우리는 이와 같은 보다 근원적인 책임성을 염두에 두고 있는 것이다.

2. 응답으로서의 책임

의사들의 책임 문제를 빌미로 또 한 가지 생각해 보고 싶은 것은 책임과 호혜성互惠性의 문제이다. 알다시피 의사와 환자의 관계에는 호혜적인 면으로는 설명될 수 없는 측면이 있다. 만일 호혜적인 면만을 고집한다면, 의사와 환자의 관계는 상거래 관계에 지나지 않게 된다. 즉 의사가 제공하는 의료 서비스와 환자가 제공하는 화폐의 교환 관계가 의사-환자 관계의 전부가 되어 버린다. 그럴 경우 의사의 책임은 상거래 관계에서 갖게 되는 일반적인 상호 책임 관계를 벗어나지 못할 것이다. 혹자는 의료 서비스도 현재 우리 사회에서 강력한 영향을 행사하고 있는 시장자유주의 이념에 따라야 하며, 그러한 한 의사-환자 관계라고 해서 자유로운 인격체들 간의 상호 거래 관계 이상이 될 필요가 없다고 주장할지도 모른다. 그러나 우리는 보통 선생과 학생의 관계를 대등한 거래 관계로 보지 않는 것처럼, 환자와 의사의 관계도 대등한 거래 관계로 볼 수 없다고 생각한다. 더욱이 학생이 선생에게 기대하는 것보다 환자가 의사에게 기대하는 바가 더 절실한 경우가 대부분이다. 이 관계는 한쪽의 절실한 필요에 의해 성립하는 것이며, 따라서 본질적으로 비대칭적인 관계이다.

이 필요가 누구에게나 해당될 수 있는 매우 기본적인 것이고 그 반면 누구나에 의해 쉽게 충족될 수 없는 것인 한, 이를 시장원리에만 맡기고자 하는 것은 그야말로 무책임한 일이 될 것이다. 그 예상되는 결과를 사회적으로 용납하기 어려운 까닭이다. 그래서 마이클 월저 같은 이는 의료 행위처럼 "필요한 가치들을 사람들의 변덕스러운 태도 변화에 맡겨 두어서는 결코 안 된다"고 말한다. 나아가 그는 그런 종류의 "필요한 가치들이 그 가치들을 소유하고 있거나 실행에 옮기는 일군의 강력한 집단들의 이해

관계에 따라 분배되어서도 안 된다"고 주장한다.[5] 즉 그런 종류의 가치들을 상품으로 취급해서는 곤란하며, 따라서 의사 집단의 일방적인 이해관계는 물론, 의사들이 내세우는 시장의 자유도 존중할 이유가 없다는 것이다. 의사들의 입장에서는 조금 가혹하게 들릴 법한 이러한 생각은, 의료란 환자들의 필요에 대응하는 것이어야 하며, 의사들의 책임 역시 이 대응과 관련하여 문제되어야 하는 것임을 강하게 시사한다.

그런데 이처럼 책임을 필요 또는 요구에 대한 대응으로 보는 발상은, 앞서 우리가 간단히 살펴보았던 관점, 즉 책임을 행위 결과에 대한 고려와 결부시켜 보는 관점을 중요한 면에서 보완해 준다. 사실 책임을 결과에 대한 고려만을 통해 바라본다면, 일반적으로 결과론이 지니는 난점들을 피하기 어렵다. 먼저 행위 결과에만 초점을 맞출 경우, 결과의 예측이 용이하지 않거나 불가능할 때에는 책임을 논할 수 없다는 주장이 나올 수 있다. 게다가 도대체 어느 정도까지 결과를 예측할 수 있는가 하는 문제와, 어떤 기준에 따라 그 결과를 평가해야 할 것인가 하는 문제 등도 만만치가 않다. 그런데 우리는 이 모든 불투명함에도 불구하고, 또 그 불투명함을 넘어서서 책임이 문제되는 경우가 드물지 않음을 알고 있다. 가령 자식들에 대한 부모의 책임감과 책임의식은 자식들의 장래가 어떻게 될 것인가에 대한 명확한 예측에 따른 것이라고만 보기 어렵다. 결과에 대한 판단에 앞서서 대개의 부모는 아이들의 필요와 요구에 응답하고자 하는 자세를 갖기 마련이고, 이것이 부모의 책임감이나 책임의식의 밑바탕을 이룬다. 의사들의 경우도 유사하다. 환자들의 필요와 요구에 응답하고자 하는

---

[5] 마이클 월저, 『정의와 다원적 평등: 정의의 영역들』, 정원섭 외 옮김, 철학과현실사, 1999, 163쪽.

자세, 이것이 의사가 환자들을 외면하지 못하게 하는 책임감의 원천이라고 할 수 있다.

책임에 해당하는 서양어들은 이러한 면을 그 언어적인 차원에서부터 잘 드러내 준다. 영어의 responsibility나 프랑스어의 résponsibilité, 또 독일어의 Verantwortung은 모두 응답을 뜻하는 response나 réponse, 또는 Antwort에서 파생한 것이다. 곧 이런 형태의 '책임'이라는 말은 어떤 부름이나 호소에 대한 응답이라는 뜻을 지니는 셈이다.[6] 리처드 니버 Richard H. Niebuhr는 이 같은 응답성 responsiveness에 주목하여 책임의 첫번째 요소를 응답에서 찾고 있다.[7] 그는 인간의 삶이 응답성의 특성을 지니고 있다고 주장하며, 이를 바탕으로 책임의 윤리를 제창한다. 니버에 의하면, 이 책임의 윤리는 '좋음'을 앞세우는 목적론적 윤리나 '옳음'을 기준으로 삼는 의무론적 윤리와는 달리, '적합한' fitting 응답 행위를 근본적인 것으로 본다. 이 적합한 응답 행위들이 좋음과 옳음을 이루어 낸다는 것이다. 나아가 니버는 이렇듯 응답을 중심으로 한 이 책임 개념 안에, 관련된 여러 요소들을 포함시킨다. 즉, 삶 속에서 주어지는 여러 요구들을 어떻게 이해할 것인가 하는 해석의 다양성 문제나, 응답에 따른 반응을 계산하고 거기에 대처하는 책무 accountability의 문제, 또 우리의 응답이 관여할 수밖에 없는 사회적 유대성에 관한 문제 등이 책임 개념의 내용 속에 들어간다. 이렇게 하여 니버는 응답으로서의 책임 개념을 통해, 우리의 자아를

---

6) 데리다에 의하면 영어, 프랑스어, 독일어뿐만 아니라 체코어 등에서도 '책임'이라는 말과 '응답'이라는 말은 직결되어 있다고 한다. Jacques Derrida, *The Gift of Death*, trans. David Wills, Chicago : University of Chicago Press, 1995, pp. 26f. 참조. 프랑스어 원본 ("Donner la mort"라는 제목으로 *L'éthique du don : Jacques Derrida et la pensée du don*, Paris : Métailié-Transition, 1992에 실려 있음)은 p. 33을 보라.
7) 리처드 H. 니버, 『책임적 자아』, 정진홍 옮김, 이화여자대학교출판부, 1983, 87쪽 이하 참조.

'책임적 자아'responsible self로 규정해 낸다. 우리는 "'당신'Thou들에 대한 응답 관계 속에서 살아간다"는 것이다.[8]

이때 '당신'에 해당하는 것이 무엇이냐에 따라 책임적 자아의 응답 양상, 곧 책임 양상이 달라진다. 이 당신은 우선 한 사회 속에서 서로 요구를 주고받으며 살아가는 다른 자아들, 곧 우리 주위의 사람들일 테지만, 이들의 요구나 호소가 지니는 성격에 따라 그 '당신'은 직접적인 타인의 범위를 넘어설 수 있다. 즉 그것은 나와 타인들의 자아가 몸담고 반응하는 자연일 수 있으며, 자아들의 단순한 집합체를 넘어서는 '자아초월적' 사회일 수 있고, 시간적 연속성이나 시대성을 바탕으로 하는 역사일 수도 있다. 나아가 그 당신은 우리 삶의 궁극적인 의미와 우리 존재 자체를 주재하는 절대자나 신일 수도 있다. 물론 이러한 양상들은 대개 서로 분리되어 있지 않고 복합적으로 얽혀 있다. 예를 들어, 의사에 대한 환자의 호소는 직접적으로는 그 환자 자신의 호소이겠지만, 이 환자에 응답하는 의사는 보는 각도에 따라 여러 '당신'들을 상대한다고 볼 수 있다. 즉 병든 환자의 몸은 의사의 적절한 응답을 기다리는 자연의 호소일 수 있고, 의료 행위를 둘러싼 제도와 체제는 의사의 대응에 사회성을 집어넣는 사회적 당신일 수 있으며, 암이나 환경병에 대한 지속적인 치료 노력의 경우처럼 시대성의 요구가 의사들의 대응 뒤에 자리 잡고 있을 수도 있다. 또 죽음과 대면해 있는 환자들의 호소 가운데서 삶과 죽음의 주재자와 얼굴을 마주할 수도 있을 것이다.

그런데 어떠한 각도에서 보건 이러한 책임 양상들에서 중심을 이루는 것은 호소 내지 요구에 대한 '응답'이라 할 수 있다. 행위 결과에 대한

---

8) 니버, 『책임적 자아』, 111쪽.

고려가 중요하지 않은 것은 아니겠지만, 그 고려에 앞서서 책임을 규정하는 본질적인 특성이 되는 것은 호소나 요구에 대한 응답이다. 이 점을 받아들일 때, 책임은 호혜성에 우선하게 된다. 즉 이때의 책임은 행위 결과에 대한 계산 이전에 이미 시작되는 것이며, 또 그러한 계산을 뛰어넘는 것이다. 물에 빠진 사람의 부르짖음에 대한 응답이 내가 물에 빠질 가능성을 염두에 둔 계산에서 비롯한다고 보기는 어렵다. 마찬가지로, 고통을 호소하는 환자에 대한 의사의 대응이 치료의 결과로 얻어질 금전적 대가를 계산하는 데 따라 좌우된다고 생각할 수만은 없다. 만일 어떤 사람이 물에 빠진 이의 호소를 듣고도 그 사람을 건져 줘 봐야 자신에게 도움이 될 것이 전혀 없다는 냉정한 판단하에 외면하고 돌아선다면, 또는 어떤 의사가 합당한 금전적 대가를 기대할 수 없다는 생각으로 고통받는 환자의 치료를 거부한다면, 그런 사람들은 사태의 결과를 고려하기에 앞서 이미 자신의 무책임성ir-responsibility을, 즉 응답 능력의 결여를 보여 주고 있다고 할 것이다.[9]

하지만 이 '응답으로서의 책임'이 책임 문제의 모든 범위를 포괄하는 것은 아니다. 앞에서도 언급했듯, 제도에 따른 책임 규정이 가지는 현실적인 효력을 무시할 수 없을뿐더러, 행위 능력과 결과에 대한 고려가 책임

---

9) 이런 논의가 의사들의 파업 사태를 평가하는 데 아무런 유보 없이 적용될 수 없음은 물론이다. 하지만 적어도 환자들과의 관계라는 점에서 볼 때, 의사들이 책임을 방기했다는 지적은 면할 수 없을 것 같다. 의사들의 파업이나 태업 행위를 일종의 쟁의로 본다 하더라도 그러하다. 현 사회에서 쟁의는 일반적으로 교환 및 교환의 조건을 둘러싼 싸움 방식이라고 할 수 있다. 그렇다면 의사들은 병원을 상대로, 또 의료보험제도 및 그것을 관리하는 정부를 상대로 싸우는 셈이다. 환자들은 일차적인 쟁의의 상대가 결코 아니다. 그러므로 의사들의 책임성을 지키기 위해서는, 제도를 상대로 한 투쟁 양태가 어떠하든, 치료를 요구하는 환자들의 호소에는 계속 응해야 한다고 볼 수 있다.

문제에 대해 지니는 중요성도 결코 경시할 수 없다. 그러나 다른 한편, 우리는 '응답으로서의 책임'을 통해 드러난 책임의 비호혜성과 비대칭성의 문제를 한층 더 밀고 나가 볼 수도 있다. 그럴 때 우리는 대가를 염두에 두지 않는 응답의 형태, 곧 '증여'와 '희생'으로서의 책임을 만나게 된다.

3. 희생과 책임

무한경쟁이 운위되는 오늘날의 사회 현실에서 대가 없는 책임, 희생과 결부된 책임을 논한다는 것이 대단히 비현실적인 일로 비치리라는 점은 충분히 예상할 수 있다. 하지만 신자유주의가 판치는 자본주의 교환경제의 틈바구니 속에서도, 이 강퍅한 현실을 넘어서려는 대안 모색의 노력이 끊이지 않고 있는 것도 사실이다. 책임을 권한에 의해 규정되는 것으로 한정하지 않고 오히려 그 권한을 규정하는 것이자 권한보다 더 근본적인 것으로 해석하려는 시도도, 바로 이러한 노력의 일환이라고 할 수 있다. 오늘날의 권한이란 대개 상품교환경제를 뒷받침하는 개인주의적이고 자유주의적인 전제들에서 비롯되는 것이기 때문이다. 이런 시각에서 보면 책임과 희생을 같이 논하는 일도 그저 공허한 사변에 그치지는 않는다. 호혜성을 넘어서는 비대칭성에 주목함으로써 교환과 거래를 절대화하는 자본주의 현실의 바깥을 지향해 볼 수 있기 때문이다. 즉 그러한 노력은 얼핏 모든 것을 장악한 것처럼 보이는 자본주의적 사회관계의 각질을 뚫고 보다 근본적인 가능성의 터전을 확인하려는 시도인 셈이다. 어쩌면 오늘날의 지배적 현실과 대극에 서 있는 극단적인 논의가 오히려 우리가 자칫 잊기 쉬운 삶의 조건과 의미를 드러내 주는 자극제가 될 수도 있을 것이다.

이런 점에서 희생과 책임의 문제를 연관하여 다루는 자크 데리다의 논의는 충분히 우리의 관심을 끌 만하다.[10] 데리다는 니버와 마찬가지로 책임을 응답으로 해석한다. 또 니버가 기독교 윤리를 신에 대한 응답의 형태로 보고 결국 이를 책임의 궁극적인 귀착점으로 삼듯이,[11] 데리다는 응답의 문제를 우리가 한정 지을 수 없는 타자와 관련시킨다. 그런데 여기에서 중요한 것은 이러한 '응답'과 책임이 동일한 개체들 사이의 상호관계를 넘어선다는 점이다. 이를테면 합리적인 이기심을 가진 개체들이라든지 일정한 소유권을 지닌 개체들 사이의 관계 따위로 한정되지 않는다. 그래서 데리다는 여기에 '신비'secrets가 개입한다고 말한다. 즉 응답과 책임은 계산이나 객관적인 지식으로 완전히 파악될 수 없는 면모를 지닌다는 것이다.[12] 책임이 관계하는 타자는 우리에게 고스란히 다 드러나지 않는다. 말하자면 그 타자는 '보이지는 않지만 보고 있는 자'이다. 우리는 이 타자를 통해 우리의 한계를 넘어 무한과 접촉한다.

이렇게 되면 논의의 성격은 불가불 종교적인 색채를 띠게 되는데, 아닌 게 아니라 데리다는 종교란 "바로 책임이며 책임이 아니라면 아무것도 아니다"[13]라고 말한다. 종교는 책임의 경험을 통해, 달리 말하면 응답성의 경험을 통해 성립한다는 것이다. 물론 이때의 책임은 우리의 인위적인 규정들을 넘어서는 책임, 무한과 닿아 있는 책임이다. 무한에 대한 응답 방식 또는 신비에 대한 체험이 어떤 질서 잡힌 형태를 갖출 때, 그것을

---

10) Derrida, *The Gift of Death* 참조. 여기서 데리다는 얀 파토치카(Jan Patočka)라는 체코 철학자의 글을 출발점으로 삼아 서구의 히브리-기독교적 전통에 중점을 두고 증여와 책임, 희생, 죽음 따위의 문제를 엮어 다룬다.
11) 니버, 『책임적 자아』, 4장 이하, 특히 206, 232쪽 등 참조.
12) Derrida, *The Gift of Death*, pp. 3f 참조.
13) *Ibid.*, p. 2.

종교라고 부른다는 얘기다. 이런 맥락에서 데리다는 또한 죽음과 책임을 관련짓는다. 그에 따르면, 권한 따위에 한정되지 않는 책임, '신비'에까지 관여하는 책임은 '죽음을 준다는 것'과 밀접한 관계를 가진다.[14] 데리다는 이러한 사례의 잘 알려진 예로서 소크라테스와 예수를 든다. 이들은 타인을 위해 죽은, 다른 사람을 위해 자신을 희생한 인물들이다. 자신의 '죽음을 줌'으로써 타자에 대해 무한한 책임을 짊어지는 예를 이들에게서 찾아볼 수 있다.

여기에서 책임은 그 비대칭성의 모습을 극단적으로 드러낸다. 죽음은 상호적으로 주고받을 수 있는 것이 아니다. 죽음을 준다는 것은 자신이 '소유'하고 있는 것을 주는 것이 아니기 때문이다. 죽음은 분명 우리가 가지고 있는 것이 아니다. 이렇듯 자신이 가지고 있지 않은 것을 준다는 점이 '죽음의 증여'가 '신비'의 영역과 관여하게 되는 이유이다. 혹자는 이 '죽음을 준다'는 것이 실상은 자기가 가진 생명을 주는 것이라고 말할지 모른다. 그러나 그렇다면 누군가가 그 생명을 산 채로 가지고 있어야 할 일이다. 그러므로 소크라테스나 예수가 죽음을 주었다고 할 경우에, 그 줌의 대상은 생명이 아니라 죽음이다. 그리고 그렇게 주어진 죽음은 현존하는present 것이 아니고 따라서 선물present이 아니다.[15] 그래서 죽음을 준다는 것은 결코 교환 행위가 아니며, 접근할 수 없는 신비를 동반한 바침이고 희생이 된다. 이렇게까지 해석된 책임은 전가轉嫁하거나 대체할 수 없는 것으로 드러난다.

---

14) Derrida, *The Gift of Death*, p. 10 참조.
15) *Ibid.*, p. 29(프랑스어판, p. 25) 참조. 프랑스어의 présent에도 영어의 present와 마찬가지로 '현존하다'는 뜻과 '선물'이라는 뜻이 함께 있다.

데리다는 그가 논의의 실마리로 삼는 체코 철학자 파토치카의 견해를 소개하면서 책임의 이러한 대체 불가능성이 무시되고 있는 세태를 비판한다.[16] 이 같은 세태는 객관적인 역할만을 중시하는 개인주의의 탓이며, 또 이 개인주의는 존재를 힘으로만 나타내는 잘못된 '힘의 형이상학'에 뿌리박고 있다는 것이다. 책임이 응답이라면, 이 책임은 응답하는 자의 자리와 관계할 수밖에 없는데, 이 자리를 어떤 지위나 권한 따위와 연결해서만 생각할 경우, 책임 또한 어떤 역할에 대한 것, 따라서 얼마든지 대체할 수 있고 교환할 수 있는 것이 되어 버린다. 이럴 때 책임을 희생과 결부시키기란 불가능하다. 기껏해야 각 역할에 해당하는 책임의 공정한 분배를 논할 수 있을 뿐이다. 물론 이 같은 공정성도 현실 사회가 지향해야 할 중요한 가치이다. 하지만 이러한 방식에 따를 때, 우리는 그 이상의 책임, 즉 희생을 동반하는 책임을 설명하지 못한다. 비단 예수나 소크라테스 같은 경우뿐 아니라, 우리 삶 속에서 쉽게 찾아볼 수 있는 비대칭적인 책임의 형태, 이를테면 자식에 대한 부모의 책임 같은 경우마저 제대로 설명할 수 없다. 반면에 데리다는 대체 불가능성이야말로 책임의 궁극적인 모습이며, 우리는 이 점을 '죽음의 증여'에 이르는 극한적인 사태를 통해서 알 수 있다고 생각한다.

책임은 대체할 수 없는 고유성을 요구한다. 이러한 대체 불가능성에서 출발해서야 우리는 책임을 지는 주체라든가, 자기의식인 영혼이라든가, 자아 따위에 대해 얘기할 수 있다. 그런데 이러한 대체 불가능성을 줄 수 있는 것은 죽음뿐, 또는 죽음을 배우는 것뿐이다. 그래서 우리는 죽음을

---

16) Derrida, *The Gift of Death*, pp. 36f 참조.

면할 수 없는 인간이 자신의 대체 불가능성을 경험함으로써 책임에 접근할 수 있다는 것을 알게 된다…….[17]

하이데거가 말하듯, 죽음은 대신할 수 없는 것이다. 아무도 나의 죽음을 대신하지 못하며, 나 또한 그 누구의 죽음도 대신할 수 없다. 각자의 죽음에 대한 응답의 자리는 대체 불가능하다. 이 점을 깨달을 때, 우리는 우리의 삶 역시 대체 불가능한 것임을, 또 우리의 응답성과 책임성은 궁극적으로 대체 불가능한 자리에서 비롯하는 것임을 깨닫는다. 우리는 이러한 고유성을 바탕으로 우리 자신에게 책임을 진다. 우리 자신의 삶에, 또 죽음에 응답하는 것은 우리이다. 이에 대한 우리 자신의 책임을 대신할 수 있는 자는 없다. 그러나 다른 한편, 우리는 우리의 자리에서 타자와 만난다. 우리는 타자의 부름에 응답하며, 타자에게 책임을 진다. 이 타자가 처음부터 우리 삶 속에 들어와 있으며, 우리 삶의 자리가 바로 이 타자와의 관계 속에서 주어지는 것임을 받아들일 때, 우리의 대체 불가능한 책임은 우리 삶에 대한 책임임과 동시에 타자에 대한 책임이 된다. 더욱이 이 타자가 한정된 존재에 그치지 않고 무한으로 이어진다고 할 때, 이에 대한 우리의 책임도 무한해진다. 그래서 우리는 레비나스처럼 "타자(타인) 앞에서 나는 무한한 책임을 진다"라고 말할 수 있게 된다.[18]

그러나 이 무한한 책임을 경험하고 받아들이는 방식이 꼭 '죽음을 주

---

17) Derrida, *The Gift of Death*, p. 51(프랑스어판, p. 54). 영어판의 이 부분은 프랑스어판과 약간 차이가 있다. 번역은 프랑스어판을 따랐다.
18) Emmanuel Lévinas, "Transcendence and Height", *Basic Philosophical Writings*, eds. Adriaan T. Peperzak & Simon Critchley & Robert Bernasconi, Bloomington: Indiana University Press, 1996, p. 18. 책임에 대한 데리다의 논의는 레비나스의 사상에 크게 힘입고 있다.

는' 것이어야 하는 것은 아니다. '죽음의 증여'는 다만 책임이 지니는 비대칭성과 대체 불가능성을, 또 그러한 한에서 책임이 수반하는 희생성을 그 극한에서 보여 주는 방식일 뿐이다. 이를 통해 우리는 책임에는 특정한 권한의 상관물 이상의 것이 담겨 있음을, 또 사회구성원 사이의 상호적인 제약 이상의 것이 담겨 있음을 시사받는다. 그러한 면모는 우리가 일상 속에서 경험하는 책임들 속에서도 드러난다. 그것은 계산과 대가를 넘어서는 책임이고, 그런 의미에서 '사랑'과 이어지는 책임이다. 부모 자식 간의 책임뿐만 아니라 친구와 친구 사이의 책임, 나아가 의사가 환자에 대해 갖는 책임이라고 해서 이런 책임의 면모를 갖지 못할 이유는 없을 것이다.

또 우리는 데리다나 레비나스가 말하는 타자를 꼭 특정한 종교의 신으로 해석할 필요는 없다. 레비나스 스스로도 자신이 신에 대해 언급하는 것은 인간 관계에서 출발할 때뿐이라고 말하고 있고,[19] 데리다도 신이란 우리가 간직하는 신비에 대한 이름이자 비가시적인 내면성을 일컫는 것이라고 보고 있다.[20] 특정한 종교적 견지와 관계없이 우리가 이들에게서 받아들일 수 있는 중요한 통찰은, 우리가 삶 속에서 맺게 되는 관계를 인위적인 규정들로 한정할 수 없으며, 그러한 한 우리의 책임 역시 그 한정된 규정 안에 가둘 수 없다는 것이다. 우리는 그 범위 면에서나 심도 면에서 무한한 타자와 만날 수 있으며, 그에 따른 무한한 책임을 떨쳐 버릴 수가 없다. 그런데 이런 점에서 보면, 책임은 이제 더 이상 책임을 지는 우리 각자의 희생에 그치는 것이 아니다. 대체 불가능한 책임, 교환할 수 없는

---

19) *Ibid.*, p. 29 참조. 레비나스의 철학을 종교철학이라 규정할 수 없다는 주장을 강하게 내세우는 예로는 Pierre Hayat, *Individualisme éthique et Philosophie chez Lévinas*, Paris : Kimé, 1997 참조.
20) Derrida, *The Gift of Death*, pp. 108f 참조.

책임, 대가를 계산하고 기대할 수 없는 책임을 이야기하는 것은, 언뜻 보기엔 책임을 지는 우리 각자의 희생을 요구하는 듯하다. 하지만 책임에 대해 조금만 더 숙고해 보면, 타자에 대한 무한한 책임을 다하지 못하는 우리에 의해 희생당하는 것은 바로 그 타자임을 깨닫게 된다.

4. 타자에 대한 책임

데리다에 의하면, 책임이 무한에 대한 책임, 한정될 수 없는 것에 대한 책임인 한, 그것은 패러독스를 피할 수 없다. 이 패러독스를 잘 보여 주는 것이 이삭을 제물로 바치는 아브라함의 행위이다.[21] 잘 알다시피 아브라함은 여호와의 부름에 따라 자신의 아들 이삭을 제물로 바치기 위해 모리아 산을 오른다. 자신에게 너무나도 소중한 아들을 제물로 바치는 것은 신의 요구에 대한 응답이고, 신에 대한 책임짐이다. 그러나 아브라함은 신에게 바칠 제물이 어디에 있느냐는 이삭의 질문에 바로 응답하지 못한다. 신에게 책임을 지기 위해 아브라함은 아들에게는 책임을 지지 못하는 irresponsible 것이다. 신에 대한 책임이 일단 아들에 대한 무책임으로 나타나는 셈이다. 데리다는 키르케고르 Søren Kierkegaard 의 표현을 빌려 이것을 내면성이 '외면성과 통약 불가능한' 채로 남아 있는 신앙의 패러독스라고 말한다.[22]

이때 신에 대한 책임을 내면의 절대성에 대한 책임으로 해석한다면, 이 패러독스는 자신의 내면적 믿음에 대한 책임을 위해 외적인 책임을 희

---

21) Derrida, *The Gift of Death*, ch. 3 참조.
22) Ibid., p. 63. 데리다가 인용한 키르케고르의 저작은 『공포와 전율』(*Furcht und Zittern*)이다.

생활 때 겪게 되는 아포리아로 이해할 수 있다. 가령 자신의 사상적 신념을 지키기 위해 가족을 희생해야 하는 사태가 여기에 해당한다. 또 이 내면성에 대한 책임을 민족이나 국가에 대한 책임으로 바꾸어 놓을 수도 있다. 이를테면 독립운동을 위해 가족과 친지들을 희생해야 했던 많은 사람들의 경우도 책임의 이와 같은 아포리아에 부딪힌 경우라고 할 수 있다. 만일 책임을 명확히 규정된 권한들의 함수로 한정하고 이 권한들을 통약 가능한 것으로 설정한다면, 혹 이러한 패러독스와 아포리아를 피할 수 있을지도 모르겠다. 하지만 그럴 때 내적인 신념에 대한 책임이라든지 국가와 민족에 대한 책임처럼 무한하고 절대적인 것으로 다가오는 책임은 그 본모습을 훼손당할 것이고, 결국 그와 같은 해결 방식은 우리 삶에 나타나는 책임 문제의 중요한 성격을 제대로 규명하지 못하게 될 것이다.

그렇다면 우리의 삶 속에는 아브라함의 패러독스와 유사한 패러독스가 언제나 도사리고 있음을 인정해야 한다는 말일까? 데리다는 여기에 그치지 않고 한 걸음 더 나아가 우리는 매일매일 아브라함의 역설을 경험하고 있다고 이야기한다. '이삭의 희생'은 책임에 대한 가장 공통적이고 일상적인 경험을 보여 주고 있다는 것이다. 데리다에 따르면, 그 구조는 다음과 같다.

> 나는 또 다른 타자를, 또 다른 타자들을 희생하지 않고서는, 한 타자의 부름에, 요구에 응답할 수 없다. 그러한 희생이 없이는 한 타자에 대한 의무에 응답할 수도 없고, 심지어 그 타자에 대한 사랑에 응답할 수조차 없다. **모든 타자는 모두 다르다**Tout autre est tout autre.[23]

---

[23] *Ibid.*, p. 68(프랑스어판 p. 68). 강조는 데리다.

모든 타자는 모두 다르다. 우리는 한 타자에 응답하면서 다른 타자를 희생시킨다. 유한한 우리로서는 모든 타자에게 모두 응답할 수 없는 까닭이다. 그러므로 우리의 책임짐은 매 순간 우리의 배반이기도 하다. 우리가 사랑하고 우리가 사랑해야 할 이를 배반하기 위해, 그들의 목에 칼을 겨누기 위해, 직접 모리아 산까지 오를 필요는 없다. 이 세상의 모든 모리아 산에서 우리는 시시각각 그러한 일을 하고 있다. 지금 나는 어떤 타자들에 대한 나의 책임을 다하기 위해 무언가를 열심히 하고 있을 수 있다. 그러나 바로 그 순간, 나는 다른 타자들을 희생시킨다. 내가 내 눈앞의 가족과 친지를 돌보고 있을 때, 나는 내가 모르는 무수한 타자들에 대한 책임을, 혹은 병들고 혹은 굶주리는 그 타자들에 대한 책무를 희생하고 있다.

다시 한 번 강조하지만, 이와 같은 데리다의 주장이 성립하는 것은 타자에 대한 우리의 관계가 한정되어 있지 않으며, 또 한정될 수 없다고 보는 한에서이다. 자신의 관계를 매우 좁고 명확하게 설정하고 있는 사람들에게는 데리다의 이런 지적이 황당하고 터무니없는 것으로 들릴 수 있다. 그러나 데리다의 시각에서 보면, 그런 사람들조차 바로 그 순간, 자신이 설정한 협소한 한계 속의 타자를 위해 다른 타자들을 희생하고 있는 것이다. 우리가 타자와 맺고 있는 관계를 이렇게 열어 놓는 한, 타자에 대한 우리의 책임짐은 언제나 다른 타자에 대한 희생을 동반한다. 이것은 우리의 책임이 무한한 데 비해 우리의 책임짐이 유한할 수밖에 없는 이상, 피할 수 없는 사태이다.

하지만 그렇다면 우리는 어떻게 해야 한다는 말일까? 왜 하필 다른 타자가 아니라 이 타자에 대해 내가 책임을 져야 하는가? 왜 저 타자는 아니며, 왜 저 타자는 희생되어야 하는가? 이 타자는 나와 가깝기 때문이라고 답하는 것은 문제를 해소하지 못한다. 왜 이 타자는 가깝고 저 타자는 멀어야 하는가? 사소하게는, 내가 매일 아침 먹이를 주는 이 고양이에 대해 세상의 다른 많은 고양이들이 희생당한다는 사태는 도대체 어떻게 정당화될 수 있는가? 데리다가 말하듯, 이런 점에 관해 우리는 침묵하는 수밖에, 그래서 이를 '신비'로 돌리는 수밖에 없는 것일까?[24]

이 같은 물음이 우리를 하릴없는 궁지로 몰아넣기 위해 제기되는 것은 아닐 것이다. 이 물음들은 무엇보다도 우리가 쉽게 잊고 있는 책임의 폭과 깊이를 보여 주며, 우리의 책임이 안이한 방식으로 처리될 수 없음을 드러내 준다. 즉 이 물음들은 책임을 단순히 권한의 함수로 생각할 수 없게 할 뿐만 아니라, 계산을 넘어서는 책임짐의 자세조차 스스로를 희생이라고 여길 수 없게 만든다. 책임짐의 희생은 그 책임짐에서 제외된 타자들의 희생을 동반한다는 점을 부각시켜 주는 까닭이다. 그리하여 이 물음들은 우리의 삶이 책임짐의 끝없음과 책임의 무한함을 벗어날 수 없음을 일깨워 준다. 아마 이러한 무한함에서 벗어날 수 있는 길은, 즉 누적되는 타자의 희생에서 벗어날 수 있는 길은, 자신의 삶 전체를 희생하는 것, 그리하여 역설적으로 무한과 하나가 되는 길뿐일지 모른다.

한편, 이 같은 무한한 책임이 개인에게만 해당되는 것은 아니다. 사회 역시 이러한 책임으로부터 자유로울 수 없다. 한 사회는 자신의 책임을 일정한 구성원들에게만 한정함으로써 무수한 타자를 희생시킨다. 그 사회의 편파적 행위는 끝없는 희생의 누적을 낳는다. 이 세상의 숱한 아이들을 굶어 죽게 방치하는 사회, 간단없이 벌어지는 전쟁과 그로 인한 무수한 고통에 눈을 감는 사회, 이러한 사회에 요구되는 것은 피할 수 없는 무한한 책임에 대한 새롭고도 계속적인 각성이다. 한 사회가 모든 책임을 감당할

---

24) Derrida, *The Gift of Death*, pp. 70f 참조.

수는 없지만, 감당하지 못하는 책임이라고 해서 사라져 버리는 것은 아니다. 그 사회가 자신이 한정한 테두리 내에 갇혀 있지 않는 한, 이 책임은 계속 누적되며 그 누적된 무게로 끊임없이 다가온다. 애당초 책임의 한계를 닫아걸 수 있는 것이 아니라면, 그리고 아예 타자를 없앨 수 있는 것이 아니라면, 이 책임을 끝까지 회피할 방도는 아마 없을 것이다.

우리가 논의를 시작할 때 문제 삼았던 의사들의 책임도 예외가 아니다. 법적인, 혹은 제도적인 면에서의 책임이야 분명히 어떤 한정을 지닐 것이다. 하지만 지금까지의 논의에 비추어 볼 때, 의사들의 책임은 그들에게 직접 호소하는 환자들에게뿐만 아니라 그들이 돌보지 못하는 숱한 환자들에게까지 미친다. 모든 타자는 모두 다르며, 모든 환자는 모두 다른 환자들이다. 혹 작금의 의료 분쟁과 의사들의 파업이 단순히 자신들의 직접적인 이해관계와 관련된 권한을 확장하려는 시도로가 아니라, 이 모든 환자들에 대한 책임을 피하지 않기 위해 가장 효과적인 방법을 찾으려는 시도로 해석될 수 있을까? 또는 적어도 환자들이 존재하는 한 그러한 책임 회피가 궁극적으로 불가능함을, 그리고 결국 책임이란 끝없이 이어지는 우리 삶의 관계임을 환기시키는 한 계기로 이해될 수 있을까?

4장 이웃과 정의

1. 반(反)목적론과 다위니즘

철학에서 반목적론이 대세가 된 지는 오래다. 오늘날, 객관적 목적의 실존을 내세우기는 어렵다. 자연에 대해서만 그런 것이 아니라 사회나 역사의 경우에도 그렇다. 목적이란 본래 시간의 질서 속에서 일정한 결과를 확보하려는 의식의 활동을 통해 설정되거나 파악되는 것이므로, 그 범주의 실질적인 유효성을 기대힐 수 있는 것은 의식의 제어 범위 내에서라고 해야 옳을 것이다. 그럼에도 이 테두리를 넘어서서 객관적 목적의 존재가 상정되곤 했던 것은 무엇보다 목적 설정과 목적 추구 활동에 수반되는 의미의 확실성 때문이었다고 할 수 있다. 이런 확실성을 얻어 보려는 바람 탓에, 실제로는 목적 설정이 이루어지지 않는 영역에까지 목적 개념을 유비적으로 확장하여 적용하려는 시도가 힘을 얻었던 셈이다. 반면에 오늘날 목적론이 홀대받는 현실은 목적 설정의 모델을 무리 없이 적용할 수 있는 영역이 매우 제한되어 있음을 그간의 경험을 통해 확인할 수 있었다는 점을 반영한다.

반목적론의 발상과 세계관 역시 의식 활동의 일부고, 그러한 한 목적 지향적 특성을 띠기 마련이다. 반목적론이 우선 노리는 바는 목적론의 폐해를 비판하고 제거하는 것이다. 신이나 정신 따위의 큰 주체를 설정하고 그와 결부된 목적을 내세우는 노골적 형태의 목적론 외에도, 의식으로부터 독립된 법칙을 상정하고 거기에서 이른바 객관적이며 필연적인 귀결점을 도출해 내는 법칙론적 형태의 목적론도 그 비판의 과녁이 된다. 결정론의 외양을 띠는 견해들에조차 목적론의 특성이 개입될 수 있는 여지는, 그런 견해가 내세우는 법칙이나 귀결이 실제로는 불확실함을 안고 있으며 더욱이 그 불확실함을 메우는 것이 대개 자의적인 규정들이라는 데 있다. 그래서 반목적론은 목적론이 가지는 폐쇄적인 상응 구조의 정체를 파헤치려 한다. 시초와 끝, 주관과 객관의 합치를 전제하는 체계와 이를 돕는 개념적 연결망을 드러내고, 그렇게 설정된 전체의 자의성과 불완전함을 보여 주려 한다. 요컨대, 반목적론의 목적성은 폐쇄적 전체를 통해 목적론이 확보하고자 하는 확실성이 실제로는 불확실한 것임을 입증하려는 데로 모아진다.

그렇기에 반목적론이 내세우는 것은 무엇보다 개방성이다. 이 개방성은 의미의 개방성이고 그것을 뒷받침하는 인식의 개방성이며 또 존재의 개방성이기도 하다. 반목적론은 우리의 언어나 개념 체계가 결코 완결적일 수 없음을 보여 주고 주관과 세계 사이의 간극을 드러냄으로써 인식과 지식의 한계를 적시하고자 한다. 우리가 이런 한계를 끝내 넘어설 수 없다면 그것은 존재의 됨됨이 탓일 것이다. 그럴 때 개방성은 우리의 운명이 된다. 이에 따라, 스스로의 불완전한 틀을 세계에 덮어씌우는 동일화 작용은 궁극적으로 성공할 수 없는 것으로 여겨지며, 과학이라는 이름으로 치장한 어떠한 지식 체계도 그러한 한계를 벗어날 수 없는 것으로 치부된다.

이런 개방성이 수반하는 불확실함은 일단 반목적론이 치러야 할 대가로 보인다. 물론 폐쇄적 구조가 참칭하는 확실성을 깨는 데 기여한다는 점에서는 불확실성을 부각시키는 일이 쓸모가 있을 것이다. 그러나 불확실함이 주는 공백 그 자체가 긍정적일 수는 없다. 해체적인 용도와 결부된 그 공백의 효용은 다른 무엇이 들어설 여지를 준다는 점에서 찾아지며, 따라서 그 자리가 순수하게 비어 있는 경우는 기대하기 힘들다. 이 공백에 다시 들어서는 내용들은 이제 목적론의 구도를 벗어나 있다고 하지만, 나름의 이유와 의도를 갖는 것들이고 그래서 실상 모든 목적으로부터 자유롭지는 않다. 생성, 역운, 창조, 사건, 차이, 욕망, 향유, 타자, 되기 등등 다양하게 등장하는 개념들과 그 속에 담긴 내용이 반목적론의 지평 속에서 논의의 장에 부쳐진다.

그런데 이렇게 거칠게나마 반목적론이라는 흐름 속에서 현대철학을 조망해 볼 때, 그 배경으로 반드시 언급하지 않을 수 없는 것이 바로 다위니즘이다. 다위니즘은 철학 영역에 한정되지 않는 광범위한 사고 틀이지만, 현실적으로 반목적론의 가장 대표적이고 강력한 형태라고 할 수 있다. 이전의 종교적 이데올로기에 버금가는 영향을 미치고 있다고 할 정도다. 알다시피 다위니즘의 두드러지는 강점은 의도적 목적을 내세우지 않으면서도 유기적 조직과 기능의 존재 이유를 설명할 수 있다는 점이다. 미리 계획한 것이 아닌데도 복잡한 구조와 기능이 생겨나고 존속할 수 있는 까닭을, 자연 속에서 발생하는 우연적인 변이들과, 그 변이가 환경에 대해서 갖는 사후적 적합성에서 찾는다. "살아남은 것은 다 이유가 있다."[1] 이유

---

1) 진화생물학자 더글라스 W. 모크(Douglas W. Mock)의 *More Than Kin And Less Than Kind*(2004)의 번역 제목이 『살아남은 것은 다 이유가 있다』(정성묵 옮김, 산해, 2005)이다.

가 있어서 살아남았다는 것보다는 살아남았기에 그 이유를 찾을 수 있다는 점에 무게가 두어진다. 여기서 이유는 동기보다 넓으며 동기에서 출발하지 않는다.

물론 살아남고자 하는 욕구 또는 정향이 살아남는 데 중요한 원인이 되기는 한다. 그런 정향을 갖지 않은 생물체는 변화하는 환경 속에서 존속하기 어렵기 때문이다. 하지만 다윈니즘이 함축하는 결과론에 더 적합한 설명은, 그렇기에 살아남은 생물체는 대개 살고자 하는 정향을 가진 것들이라고 말하는 것이다. 자연에는 본래의 목적 따위가 없으므로, 살아남는 것도 자연의 목적은 아니다. 다만, 살아남고자 하는 것이 그렇지 않은 것에 비해 더 많이 살아남을 뿐이다. 이런 식의 설명에서는 욕구나 욕망 등이 결과를 낳는 부분적 원인으로 취급된다. 목적 또한 마찬가지다. 의식이 설정하는 목적 역시 결과를 이루는 하나의 요인으로만 취급된다.

그런데 문제는 언뜻 보기에 매우 중립적인 것처럼 생각되는 이 결과에 대한 파악이 사실은 그러하기 어렵다는 데 있다. 여기서 결과는 동기나 욕구, 목적 따위가 포괄할 수 없는 것으로 여겨진다. 전형적인 목적론이 이런 것들을 시초에 놓고 결과와 연결하여 등치하는 데서 성립한다는 것을 염두에 둘 때, 이 점은 당연하다고 할 수 있다. 하지만 원인, 이유, 적합성 등과 상관적으로 다뤄지는 결과가 무작위의 것일 수는 없다. "살아남은 것은 다 이유가 있다"고 할 때, 초점은 살아남은 것에 맞춰지며, 그 이유인 환경에 대한 적합성은 곧 살아남음에 대한 수단으로 여겨진다. 이렇게 되면 살아남음은 다시 목적이 되고 마는데, 그것은 결과의 지평이 의식의 취사선택을 통해 좁혀지는 이상 피하기 힘든 결과다.

오늘날 다윈니즘의 이와 같은 반목적론적 목적에 올라타서 강력한 힘을 발휘하고 있는 것이 경쟁 이데올로기다. 살아남음은 그 목표를 이루는 데 필요한 자원의 확보와 거기에 적합한 전략을 요구한다. 성공적인 전략을 펼친 생명체는 자신의 존재를 공고히 하고 확장할 수 있지만 그렇지 못한 생명체는 소멸할 위험에 처한다. 이제 살아남음은 단순한 생존이 아니라 더욱 안정적이고 위력적인 자기 존립의 부각으로 연결된다. 자기의 단위를 개체나 종이 아닌 유전자로 이해해도 마찬가지다. 의식이나 의도를 가질 리 만무한 유전자의 경우도 자기 유지와 확장이라는 제한된 결과에 주목하여 이를 목적인 것처럼 취급하는 것이 가능하다. 오히려 유전자를 단위로 할 때, 개체의 견지에서는 자기희생적인 것으로 보이는 행동방식들을 자기 확장의 일환으로 해석할 수 있다.[2] 그렇게 해서 자기 보존과 확장은 당연한 목표와 가치가 되고, 그것을 두고 벌어지는 경쟁은 불가피한 법칙으로 받아들여진다.

    생존경쟁 모델은 언뜻 보기에 개방적인 듯하다. 어떤 특정한 상태를 귀결점으로 내세우지 않는 까닭이다. 그러나 실제로는 분명한 효과를 노리고 있다. 생존경쟁은 사태를 지배하고 제어하는 원리의 자격을 얻고 거기에서 벗어나는 것들을 비정상적인 것의 자리로 밀어낸다. 자기 확장의 동기는 이 속에서 정당성을 부여받고, 동일화는 생내적 균형이라는 단서를 외피로 삼아 면죄부를 얻는다. 반목적론의 공격을 받았던 동일성의 원리는 계몽주의적 합리성의 신화를 벗어던지고 생존경쟁이라는 구실을 취한다. '살아남은 것은 다 이유가 있다. 그러므로 어떻게든 살아남아야 한다. 살아남기 위해서는 동일화와 경쟁이 불가피하다. 자신의 생존 기반을

---

[2] 이런 파악의 고전적인 저술은 리처드 도킨스의 유명한 『이기적 유전자』(*The Selfish Gene*)지만, 최근에는 인간의 성품이나 도덕에 대해서도 같은 관점을 적용하려는 시도들이 이어진다. 예컨대, 『선의 탄생』(대커 켈트너 지음, 하윤숙 옮김, 옥당, 2011), 『이타적 인간의 출현』(최정규 지음, 뿌리와이파리, 2009) 등을 보라.

파괴하지 않는 한, 자기 유지와 확장의 노력은 자연스러운 것이며 정당한 것이다. 생물학적인 영역에서만이 아니라 문화와 역사의 영역에서도 그렇다.' 이러한 사고방식은 사람들의 삶을 한 방향으로 몰아세운다. 그것은 결코 개방적이지 않다.

다위니즘은 오늘날의 현실에 팽배해 있으며, 그 영향은 압도적이다. 생존경쟁은 경제나 정치, 스포츠, 예능 등 모든 분야에 적용된다. 학문도 예외가 아니다. 다위니즘의 이데올로기는 자신이 지배하는 현실에 와 닿지 못하는 허울 좋은 철학적 탐구들을 무력화하면서 묻는다. 철학은 살아남을 수 있는가? 철학은 치열한 생존경쟁을 이겨 낸 문화적 형태의 하나로 존속할 수 있는가?

2. 존재를 넘어서는 윤리

레비나스의 철학은 생존경쟁의 이데올로기와 선명하게 맞설 수 있는 주장을 담고 있다. 그리고 바로 이 점이 오늘날 우리가 레비나스 철학에 주목하는 중요한 이유 가운데 하나다. 레비나스는 자기 확장을 문제시하며, 나아가 자기의 독자적 존립을 문제 삼는다. 스스로를 유지하려는 코나투스적 개체, 자신의 욕망과 권리를 지닌 원자적 개체 따위를 전제하지 않을 뿐더러, 오히려 비판의 대상으로 놓는다. 레비나스에 따르면, 자신의 존재를 고집하는 존재, 자신의 존재를 고려하는 존재 너머에서 윤리가 성립한다. 더욱이 윤리는 이런 존재 이후에 오는 것이 아니다. 도리어 존재에 우선하는 것이 윤리, 곧 타자와의 관계다. 나의 존재가 먼저 있는 것이 아니라 타자와 맺는 관계에 의해 비로소 나라는 주체가 성립하고, 그후에 존재가 문제의 지평에 떠오른다. 그러므로 나로부터, 나의 존재로부터 출발하는 것은 잘못이다. 레비나스는 하이데거가 존재를 논의의 시발점으로 삼은 점을 다원적 발상이라고 비판하기까지 한다.[3]

그러나 타자와 맺는 관계도 나의 존재가 있어야 가능한 것이 아닌가? 아니, 타자라는 것 자체가 나와 다름을 통해 성립하는 것이 아닌가? 어쩌면 당연해 보이는 이러한 질문은 나와 타자의 자기동일성을 전제하고 있으며, 따라서 규정 가능한 어떤 지평을 전제하고 있다. 그런데 레비나스의 타자는 이런 지평을 벗어난다. 타자는 규정 가능한 동일성의 영역을 넘어서며, 한정되지 않고 무한하다. 하지만 그렇다면 우리는 어떻게 이 타자에 대해 논의할 수 있을까? 우리가 알고 생각하며 말하는 것 자체가 이미 이러저러한 규정을 포함하고 있지 않은가?

잘 알려진 이런 유형의 비판[4]에 대해 레비나스의 입장에서 내놓을 수 있는 답변은 크게 두 가지로 보인다. 우선, 우리는 삶 속에서 우리가 완전히 알지 못하는 것들에 의해 영향을 받는다는 점을 알고 있다. 이것은 우리의 앎이 그 앎을 넘어선 어떤 것을 지시함을 뜻한다. 우리의 관념은 적어도 간접적으로는 그 관념 이상의 것을, 자신이 완전히 포착하지 못하는 것을 가리킨다. 타자와 무한의 관념은 그러한 점을 극한에서 드러내 준다. 자신 속에 담을 수 없는 것을, 자신보다 크고 자신을 뛰어넘는 것을 의

---

3) Lévinas, "The Paradox of Morality: An Interview with Emmanuel Levinas", eds. Robert Bernasconi & David Wood, *The Provocation of Levinas*, London: Routledge, 1988, p. 172. 주지하다시피 하이데거가 레비나스에게 미친 영향은 지대하다. 특히 하이데거의 후기 사상에서는 레비나스의 견해와 유사한 점들을 많이 찾아볼 수 있다. 그러나 레비나스는 하이데거의 견지가 여전히 존재론에 머무르고 있고 그러한 한 '진리'를 앞세우는 동일자 철학을 벗어나지 못한다고 비판한다.
4) 대표적인 것이 데리다가 「폭력과 형이상학」에서 한 비판일 것이다. 자크 데리다, 『글쓰기와 차이』, 남수인 옮김, 동문선, 2001, 184쪽 이하(특히 203~204쪽) 참조.

미한다는 것, 이것이 우리가 초월을 논할 수 있는 이유다. 하지만 그것도 결국 관념이 아닌가? 현상 밖을 지시하는 관념이라고 하지만, 그것 역시 관념의 현상을 벗어날 수 없지 않은가? 여기에 대해 레비나스가 내놓는 또 한 가지의 대답은 변화의 생생함을 강조하는 것, 특히 굳어져 버린 말에 대해 말함의 고정 불가능함을 강조하는 것이다.[5]

우리에게 세계는 현상으로 나타나며 현상으로밖에 나타나지 않는다. 그리고 그것은 언제나 부분이다. 현상이 부분이라는 점은 변화를 겪는다는 사실에서 잘 드러난다. 변화할 수밖에 없다는 것, 시간 속에 있다는 것은 한꺼번에 드러나지 못함을, 곧 전체로 나타날 수 없음을 뜻한다. 그럼에도 불구하고 우리는 일상적으로 현상에 고정된 의미를 부여하는데, 이때 내세워지는 것이 말해진 것으로서의 말이다. 하지만 이 말은 변화하는 현상과 관련해서 그 의미를 끊임없이 취소하고 갱신해 나갈 수밖에 없다. 그렇다면 우리는 이렇게 계속 지워지는 말과 그 규정의 굴레를, 데리다 식으로 말하면 언제나 미뤄지는 의미의 연쇄를 벗어나지 못하는가? 레비나스가 보기에 그렇지만은 않다. 우리의 삶은 현상과 말 너머와 이미 관계하고 있으며, 말과 현상이 의미를 얻는 것은 바로 거기서부터다. 말함은 말해진 것으로는 포괄되지 않는 생생한 관계로 이루어진다. 말함은 말 이상이다. 그렇지 않다면 어떻게 말의 변화와 갱신이 가능하겠는가?

물론 말함에 관한 말도 말이다. 그러나 이 말은 말을 넘어서는 말함을 지시한다. 무한의 관념도 마찬가지다. 그것이 가리키는 바는 관념이라는 틀에 갇히지 않는다. 그리고 말함과 무한은 모두 타자와 관계한다. 말함이

---

[5] 앞의 답변은 주로 『전체성과 무한』(*Totalité et infini*)에서, 뒤의 답변은 『존재와 달리 또는 존재성을 넘어』(*Autrement qu'être ou au-delà de l'essence*)에서 찾을 수 있다.

란 무한한 타자의 부름에 대한 응답이기 때문이다. 요컨대, 레비나스에게서 타자는 관념의 밖이고 말의 밖이며 현상의 밖이다. 그렇지만 안과 무관한 밖이 아니라, 안을 가능하게 하는, 곧 현상과 말과 관념을 가능하게 하는 밖이다. 우리는 안의 처지를 면할 수 없고, 그래서 안의 시각으로 밖을 바라볼 수밖에 없지만, 안의 한계와 밖의 우선성을 또한 받아들이지 않을 수 없다. 이것이 레비나스가 그 발상의 유사성에도 불구하고 하이데거의 존재를 거부하는 주된 이유다. '존재의 부름에 대한 현존재의 응답'과 '타자의 부름에 대한 동일자의 응답'은 동질성과 이질성의 뚜렷한 대비를 보여 준다. 같은 맥락에서 레비나스는 존재에서 비롯하는 차이에 대비하여 타자성에서 비롯하는 차이를 내세운다. "차이가 타자성을 만드는 것이 아니다. 타자성이 차이를 만든다."[6]

그런데 이렇게 타자의 우선성을 받아들인다 하더라도 그것을 윤리와 직결시킬 수 있을까? 타자와 맺는 관계를 윤리라고 보는 데에는 어떤 비약이 있지 않을까? 레비나스는 존재를 동일성의 영역과 등치하고 타자를 존재 너머에 놓는다. 그래서 타자와의 관계는 존재에 얽매인 상태로부터 풀려난다. 이해관계를 갖는^{intéressé} 것은 존재 사이에$^{inter-esse}$ 놓이는 것을 뜻하며, 여기에서 벗어나는 것, 즉 존재 사이에서 벗어나는$^{de-inter-esse}$ 것은 사심이 없는^{désintéressé} 것을 뜻한다.[7] 그렇다면 타자와 관계 맺음은 곧 선함과 연결될 수 있다. 선함이란 보통 이타성을 뜻하는데, 이타성은 적어도 자신의 직접적인 이해관계에서 벗어남을 요구하는 까닭이다.

---

6) Emmanuel Lévinas, *Is It Righteous to Be? : Interview with Emmanuel Levinas*, ed. Jill Robbins, Stanford, Calif : Stanford University Press, 2001, p. 106.
7) 여기에 대한 논의는 『존재와 달리 또는 존재성을 넘어』 첫머리(1장 2절 이하)를 참조하라.

그러니까 레비나스에게서 타자와의 관계는 애당초 선함의 영역에서, 윤리적 영역에서 이루어진다. 바로 이런 점 때문에 레비나스에게서 타자는 무엇보다 타인이 된다. 자연적 존재는 그것이 존재의 영역에 속하는 것으로만 취급되는 한, 타자로 다가오지 않는다. 윤리적 호소를 통해서 우리의 응답과 책임을 요구하는 자가 타자다. 그래서 타자가 얼굴로 우리에게 다가온다고 할 때, 이 타자의 얼굴은 현상적 존재일 수 없다. 타자의 얼굴은 헐벗었는데, 그것은 이 얼굴이 존재의 규정을 벗어나 있기 때문이다. 또 그렇기에 헐벗은 얼굴은 우리에게 명령할 수 있다. 물론 이 명령은 물리적 강제를 수반하지 않지만, 도덕적인 힘을, 윤리적 권위를 가진다. 이렇듯 레비나스에게서 타자는 대면對面을 통해 우리에게 호소하고 명령하는 자, 우리가 장악하고 있는 온갖 규정에서 벗어난 무한의 높이에서 우리에게 다가오는 헐벗은 자다. 타자와 관계하는 윤리의 영역에서 헐벗음과 지고함은 합치한다.

그러나 이러한 설정에서 윤리 또는 선함이 의미하는 것은 실상 존재를 매개로 한 것이 아닌가? 존재 사이에서 벗어난다는 것, 자신의 존재에 집착하는 이해관계를 초탈한다는 것은 이미 존재 가운데서의 싸움과 갈등을 전제한 다음 논의되고 추구되는 것이 아닌가? 레비나스가 흔히 타자의 예로 드는 이방인, 과부, 고아 등이 요구하는 손길도 사실 존재 및 이해관계와 무관한 것이 아니지 않은가? 그가 자주 말하는 것처럼 입안에 든 빵까지 내어 주고 외투까지 벗어 주는 행위가 자신의 직접적 이해관계를 넘어서는 것은 맞다 하더라도, 그러한 행위에 대한 요구 자체가 이해관계의 강고한 힘을 전제한 위에서, 또 바로 그와 같은 강고한 힘 때문에 제기되는 것이 아닌가?

우리가 이러한 점들을 애써 부인하려 할 필요는 없을 것이다. 레비나스의 철학이 진공 상태에서 출현한 것이 아님을, 또 어떤 철학도 그럴 수 없음을 아는 까닭이다. 레비나스가 첫째가는 윤리적 명령으로 내세운 '죽이지 말라'도 자연적 존재로서의 생명에 대한 것이라기보다는 윤리적 생명에 대한 것이라 할 수 있다. 명령하는 타자의 호소는 존재를 넘어선 윤리적 차원에서 다가오는 것이기 때문이다. 그러나 이러한 호소에 대한 응답이 절실한 것은 만연한 죽임의 현상 때문이다. 2차대전의 참상과 유대인 학살을 염두에 두지 않는다면 이 '죽이지 말라'의 긴박함과 강렬함을 제대로 이해할 수 없을 것이다. 레비나스 철학을 대하는 우리의 태도 또한 마찬가지다. 이 자리에서 우리는 레비나스의 철학을 반목적론의 분위기 속에서 실질적으로는 뚜렷한 정향을 띤 채 막강한 영향력을 발휘하고 있는 생존경쟁의 이데올로기와 맞세웠는데, 이것이 역사의 종말이라는 무정향을 가장한 현실 속에서 전횡을 부리고 있는 신자유주의에 대한 비판적 문제의식과 무관하다고 할 수는 없다.

하지만 그렇다고 해서 레비나스가 내세우는 윤리의 철학적 우선성이 그 빛을 잃지는 않는다. 현상적 차원 또는 존재적 차원을 통해 나타나는 문제가 그 차원에만 머무는 것은 아니며, 그 차원에서만 해결되는 것도 아니다. 문제가 다른 영역으로 전이되거나 발전되어 다른 방식으로 해결이 모색되기도 한다. 물론 오늘날 목도하듯 이런 추이에 도피적인 면모가 있을 수 있다. 이를테면 정치경제적 문제가 자기 영역에서 해결책을 찾지 못하고 윤리적이거나 미학적 영역으로 옮겨 가기도 한다. 그러나 우리에게 익숙한 제한된 틀 너머를 사유하는 것은 철학의 특권이고 임무다. 이런 작업을 통해 우리가 새롭게 다시 발견하는 영역은 우리가 현상적 존재에서 찾는 어떤 근원보다도 더 근원적인, 그래서 레비나스의 표현대로 '근원 이전의' 것일 수 있다.

3. 대면과 정의의 문제

레비나스에 앞서, 윤리를 현상의 한계를 넘어선 근원적인 영역으로 본 대표적인 철학자로는 레비나스 자신이 자주 언급하는 플라톤과 칸트를 들 수 있다. 플라톤에서 선의 이데아는 존재 너머에 놓이며,[8] 칸트에게서 도덕법칙과 그것을 쫓는 선善의지는 이해관계를 넘어선다. 그러나 레비나스가 내세우는 윤리의 특징은 이렇게 현상과 이해관계를 초월한다는 점에만 있지 않다. 레비나스의 경우, 윤리의 출발점과 준거점은 보편적이거나 추상적인 것이 아니다. 이 점을 잘 보여 주는 것이 바로 얼굴이며 대면적 관계다. 레비나스에게서 타자는 내게 직접 호소하고 명령한다. 마주 대함의 직접성이야말로 레비나스 철학의 매력을 이루는 중심 요소라고 할 수 있다.

현상은 아니지만 직접적일 수 있다는 것, 이런 주장을 대하면 언뜻 떠올리게 되는 것이 의미의 세계다. 내게 다가오는 얼굴을 그 생김새로서가 아니라 호소로서 받아들인다고 할 때, 우리는 얼굴이 주는 메시지 또는 의미를 생각하게 된다. 아닌 게 아니라 레비나스에서는 의미에 대한 논의가 많다. 타자의 얼굴은 내게 신호signe가 되며 그럼으로써 의미를 주고 signifier 의미작용signification 을 한다. 그러므로 이렇게 생겨나는 의미는 음성적인 것에 국한되지 않으며, 오히려 보편화한 언어가 갖지 못한 구체성을 지닌다. 아니, 레비나스에게서 제대로 된 언어란 음성적이건 시각적이건 고정된 기호로 표시되는 것이 아닌 생생한 구체성을 띠는 것이어야 한

---

8) 여기에 대한 레비나스의 해석으로 『전체성과 무한』의 1부 4장 「분리와 절대」(Séparation et absolu)를 참조하라.

다. 기호의 의미는 이를 바탕으로 해서 주어진다. 앞서도 보았듯, 말함은 말해진 것으로서의 고정된 말과 같은 것일 수 없다.

그런데 이러한 직접성과 구체적 생생함을 강조하는 것에 마냥 긍정적인 면만 있는 것은 아니다. 구체성이 갖는 호소력 이면에는 보편성과 관련된 약점이 자리하고 있다. 대면적인 관계는 기본적으로 일대일의 관계다. 마주하는 타자가 무한의 면모를 가지고 있다고는 하지만, 우리는 그때그때 마주치는 타자를 통해 무한과 관계할 뿐, 무한 자체와 전면적인 관계를 맺지는 못한다. 우리 자신이 유한한 탓이다. 우리와 무한의 접촉면은 무수히 많으며, 그 무수한 접촉을 통해서도 무한과의 관계는 포괄되지 않는다. 다시 말해, 우리는 무수한 타자의 얼굴과 대면하지만, 그 모든 만남을 통해서도 타자와의 관계는 채워지지 않은 채로 남는다. 레비나스는 타자에 대한 응답과 책임에는 끝이 없다고 말한다. 한편에서는 우리가 마주하는 각각의 타자가 무한하기에 그렇고, 다른 한편에서는 타자와의 만남이 무수하기에 그렇다. 그런데 그렇다면, 우리가 대면하지 못하는 숱한 타자들에 대해서는 어떻게 해야 하는가?

여기에 대해 먼저 내놓을 수 있는 답은, 그때그때 대면하는 타자에 대해 충실한 것이 최선이라는 것이다. 어차피 모든 타자와 관계하지 못하는 바에는 내게 다가오는 지금 이 순간의 타자에게 마음을 다하는 수밖에 없지 않겠는가. 물론 그렇다고 나의 책임이 가벼워지는 것은 아니다. 다하면 다할수록 못다 한 책임의 무게가 더욱 무겁게 다가오기 때문이다.[9] 다른

---

9) 이것은 레비나스가 말하는 책임의 본성이지만, 이때 책임은 면해야 할 부정적인 것이 아니라는 점을 유념해야 한다. 레비나스의 견지에서 보면, 책임을 벗어나야 할 것, 떨쳐 버려야 할 것으로 취급하는 것은 동일자의 전체성이나 완결성을 전제하고 그것에 상관적인 결핍을 메우거나 회피하려는 존재론적 발상이다.

한편, 레비나스에게서 타자는 원래 대면적인 관계를 통해서만 나와 관계를 맺을 수 있다는 점이 중요하다. 내가 대면하지 못한 타자는 타자로서의 생생함을 갖지 못하며, 따라서 추상적인 타자, 타자 아닌 타자에 그친다. 나도 타자와 관계를 맺음으로써 비로소 주체로 성립하기 때문에, 관계를 떠난 타자, 대면을 벗어난 타자란 생각하기 어렵다. 그러므로 우리는 대면하는 타자에 충실해야 하며, 또 그럴 수밖에 없다.

하지만 이러한 답변만으로는 풀기 어려운 문제들이 꽤 있다. 우선, 우리는 어떤 타자와 어떻게 대면하는가? 레비나스는 주체의 수동성을 강조한다. 그에 따르면, 주체에게 근원적인 면은 근대 이후 서양철학이 주로 부각시켜 왔던 능동성이 아니라 오히려 수동성이다. 주체는 타자의 부름에 의해 선임選任되며, 그에 따라 비로소 유일한 주체로 성립하는 까닭이다. 주체는 타자에 의해 그 누구에게도 떠맡길 수 없는 독특한 책임의 자리에 선다. 그래서 레비나스는 이렇게 성립한 주체에 이미 타자가 스며들어 있고 달라붙어 있다고 말한다. 그러나 타자와의 관계에서 우리는 과연 타자의 부름과 호소에 응답할 뿐, 주도권을 지닌 어떤 능동적인 선택도 하지 않는가? 레비나스가 문제 삼는 타자만 보아도 이미 모종의 선택이 전제되어 있음을 알 수 있지 않은가?

가령, 레비나스는 동물이나 인간 이외의 다른 생명체를 명시적으로 타자로서 다룬 적이 없다.[10] 그런데 우리에게 고통을 호소하는 생물들은 레비나스의 견지에서도 타자의 자격을 갖추고 있다고 보인다. 그들은 우

---

10) 알폰소 링기스가 이런 흥미로운 지적을 한다. Alphonso Lingis, "Objectivity and of Justice: A Critique of Emmanuel Levinas' Explanation", *Continental Philosophy Review* 32, 1999, 특히 p. 398 참조. 링기스는 레비나스의 주저 두 권(『전체성과 무한』 및 『존재와 달리 또는 존재성을 넘어』)을 영어로 번역한 이름난 학자다.

리의 지식이나 파악 방식에 의해 완전히 포착되지 않으면서도 우리의 삶 속에 들어와 있고, 비록 인간의 말을 통해서는 아니지만 우리에게 다가와 신호와 메시지를 준다. 이들에게도 얼굴이 있다고 할 수 있지 않을까? 이들이 윤리 영역에 주체로 관여할 수 없다고 배제한다면, 그것은 레비나스 자신이 비판하는 상호성 또는 대칭성의 원리를 은연중에 전제하기 때문이거나 인간중심적인 태도를 견지하고 있기 때문이 아닐까? 그리고 이러한 배제가 일종의 선택이라면, 그와 같은 선택은 인간들을 타자로 받아들이는 데도 혹 작용하지 않을까?

레비나스가 타자와의 관계를 대면성과 수동성을 중심으로 바라보는 데 따라 부각되는 중요한 범주 가운데 하나가 이웃이다. 이웃은 우리의 관계 맺음이 어쩔 수 없이 한정됨을 주로 공간적인 면에서 드러낸다. 이웃은 가까이 있기에 쉽게 접촉할 수 있다. 수동적인 주체에게 이는 대면적 관계가 성립하기 위한 요건이다. 그래서 레비나스에게 대면하고 있는 타자는 언제나 이웃이다. 낯선 자로서의 타자, 이방인으로서의 타자도 내게 다가오기 위해서는 먼저 이웃일 수밖에 없다. 하지만 모든 타자가 동시에 나와 대면적 관계를 맺는 것은 아니다. 사회 속에서 내가 맺는 관계는 양자 관계에 국한되지 않는데, 여기서 불가불 공평성과 정의의 문제가 생겨난다.

정의란 워낙 다자간의 문제고 그래서 어떤 보편적 기준을 요구하는 문제라고 할 수 있다. 양자 관계에서 다루어질 때도 보편적으로 적용할 기준이 전제되기 마련이다. 선과 관련해서는 절대적 깊이와 무한한 누적을 생각하기 쉬운 반면, 정의에 대해서는 특정한 기준에 대한 수렴을 먼저 염두에 두게 된다. 또 그렇기에 정의는 보통 힘의 문제와 결부되는데, 이 점 역시 선의 경우와 대비된다. 선은 힘의 관념 없이도 큰 무리 없이 떠올릴 수 있는 반면, 정의는 대개 기준을 침해하는 힘이나 그것을 바로잡는 힘과

연관해 다루어진다. 예로부터 정의의 중요한 목표는 강자가 약자를 억압하지 못하게 하는 것이었다.[11]

이런 일반적인 견지에서 보면, 레비나스가 처음 내놓는 정의관은 다소 특이해 보인다. 정의를 타자와 맺는 윤리적 관계, 대면적 관계와 등치하기 때문이다.[12] 여기서 일단 다자간의 문제는 뒤로 물러선다. 이때 레비나스가 강조하는 것은 정의가 자유에 앞선다는 점, 다시 말해 타인과의 관계가 개인의 권리인 자유에 우선한다는 점이다. 이 같은 주장의 초점은 개인을 원자적 실체로 놓는 자유주의의 관점을 윤리를 앞세운 관계론적 관점에서 비판하는 데 있다. 더욱이 그 함의는, 자유주의적 자유가 정의를 먼저 고려하지 못하는 것이고 따라서 부정의할 수 있다는 것에 이른다. 알다시피 여기서 정의란 타자의 호소에 응답하는 것인데, 타자는 동일자의 규정에서 벗어난 벌거벗은 자이므로, 동일자가 관장하는 존재세계의 견지에서 보면 약자로 드러난다.[13] 따라서 정의란 (일단 동일자의 성립 이후 관점에서 볼 때) 동일자가 약하고 낯선 자를 자신의 영역에 받아들이고 돕

---

11) 데이비드 존스턴, 『정의의 역사』, 정명진 옮김, 부글북스, 2011, 30쪽 참조.
12) 이런 견해를 제시하는 대표적 저작은 『전체성과 무한』(1961)이다. 그후 레비나스의 정의관은 변화를 겪는데, 『존재와 달리 또는 존재성 너머』(1974)에 오면 정의는 다자간의 공평성을 중심으로 재규정된다. 이런 점을 개괄하고 두 견해의 종합적 이해를 목표로 하는 최근의 논문으로는 김도형, 「레비나스 정의론 연구: 정의의 아포리, 코나투스를 넘어 타인의 선으로」, 『대동철학』 제55집, 2011을 참조하라.
13) 사실 이렇게만 볼 수 있는지는 논란거리다. 우리에게 익숙한 규정을 벗어난 타자가 우리가 알고 있는 힘과는 다른 낯선 위력으로 다가올 수 있기 때문이다. 그런 타자를 우리가 수용할 수 있으며 또 수용해야 하는 것인지가 문제다. 예컨대 리처드 커니는 폴 리쾨르의 견해를 이어받아 타자에 대한 해석의 중요성을 강조한다. 낯선 타자가 괴물일 수도 있다는 것이다. 커니, 『이방인, 신, 괴물』, 특히 3장 「에이리언과 타자」 참조. 그러나 레비나스는 이런 점을 심각하게 고려하지 않는 것으로 보이는데, 그것은 애초에 그가 강제력을 존재의 영역에 놓음으로써 타자와 윤리의 영역에서 밀어냈기 때문이다. 즉 앞서 얼굴과 관련해서도 언급했듯, 레비나스에게서 타자는 호소하고 명령하지만 강제하지는 않는 자로 설정되어 있다.

는 것, 즉 환대가 된다. 그래서 우리는 이런 레비나스의 정의관을 정의에 대한 통념에서 크게 벗어나지 않으면서도 노리는 바가 분명한 주장, 이를테면 (신)자유주의의 횡포에 맞서 약자를 보호하고 돕는 것이 정의라는 주장으로 해석할 수 있게 된다.[14]

하지만 이렇게 대면적 관계를 정의라고 놓을 경우, 우리는 다자간의 관계를 다룰 주요한 개념을 앗길 위험이 있다. 무엇보다 문제는 나와 타자의 관계가 아니라 타자와 타자의 관계가 초점이 될 때다. 내가 이 타자와 맺는 관계와 저 타자와 맺는 관계 사이에서 생겨나는 문제는 이미 말한 대로 대면적인 관계를 통해서도 답을 얻을 수 있다. "나는 한 번에 한 사람만을 껴안을 수 있다"는 테레사 수녀의 말처럼, 그때그때마다 충실하게 응답하는 것이 최선이다. 어차피 내가 관계 맺을 수 있는 범위는 한정되어 있지만, 그렇게 한정된 이웃에게나마 나는 매번 충실하려고 노력할 수 있다. 내가 관계하는 이 타자들은 매번 다르며 매번 무한한 만큼, 비교가 불가능하다. 그러나 타자들 사이에 마찰이 있을 때는 어떻게 하는가? 나는 누구의 편을 들고 어떤 방도를 따라야 옳은가? 대면적인 관계만으로는 여기에 답을 주기 어렵다. 여기서 정의의 문제는 다시 규정될 필요가 있다.

대면적 견지에서의 타자는 그때그때마다 유일하다. 엄밀히 말해, 타자'들'이 동시에 내게 다가올 순 없다. 그래서 이 타자들을 고려하고 비교하려면 나와 타자 외에 '제3자'를 상정하는 일이 불가피해진다.[15] 그러니까, 제3자는 내가 직접 대면하고 있는 타자는 아니지만 타자일 수 있는 자

---

14) 문성원, 『배제의 배제와 환대』 참조.
15) '제3자'에 대해서는 김도형, 「레비나스 정의론 연구: 정의의 아포리, 코나투스를 넘어 타인의 선으로」, 250쪽 이하와 그곳의 각주들에 소개된 문헌들을 참조하라.

다. 내 이웃은 아니나 타자의 이웃인 자다. 그러므로 한편에서 타자는 자신의 관계 속에, 그 무한함 속에 이미 제3자를 포함한다고 할 수 있다. 하지만 다른 한편, 제3자는 나와 직접 관계하지 않는다. 그러한 한, 내가 타자와 타자의 타자인 다른 타자 사이의 관계를 생각한다면, 그것은 이미 직접적인 대면 관계 안에서 진행되는 일이 아니다. 따라서 그렇게 파악되는 제3자는 이제 윤리적 직접성의 영역에 속하는 것이 아니라, 의식을 통해 고정되어 파악되는 동일자의 세계에 속하게 된다. 일단 이와 같이 동일성의 규정 안에 들어온 존재는 타자와 달리 재현 가능한 것이 되며, 그래서 이런 존재들 사이에는 비교가 가능해진다. 이를 통해 더하고 덜함이나 어긋나고 맞음을 따질 소지가 생겨난다. 이제 비로소 공평성의 기준을 가진 정의가 성립할 여지가 생기는 것이다.

레비나스는 이런 정의를 의식과 개념, 또 제도나 국가 따위와 연결시킨다. 이 같은 것들은 우리가 이웃과 더불어 세계 속에서 살아가는 데 필수적인 요소다. 비교와 판단, 그것을 통한 공평함의 추구 없이 갈등을 헤쳐 나갈 수는 없다. 사실 우리의 의식 자체가 이러한 기능과 더불어 성립하기 때문에, 레비나스에게서 제3자의 등장은 의식의 출현과 밀접한 관련을 맺는다.[16] 하지만 레비나스가 말하는 정의의 특징적인 면이 이 같은 의식이나 제도의 기능에 있다고 할 수는 없다. 이제 정의가 직접적 대면성에서 벗어나 우리에게 익숙한 논의 영역에 자리 잡기는 했지만, 레비나스에게 중심적인 것은 여전히 대면적인 관계다. 비교와 판단의 이면으로 레비나스가 항상 강조하는 바는 역시 대면적 윤리다. 어쩔 수 없이 비교하고

---

[16] "의식은 제3자의 현존으로 태어난다"고까지 말할 정도다. Lévinas, *Autrement qu'être ou au-delà de l'essence*, p. 203.

평가하되, 그 각각의 이웃이 원래 비교 불가능한 타자라는 점을 잊어서는 안 된다는 얘기다. '비교 불가능한 것을 비교한다'는 레비나스의 역설적인 표현은 이런 맥락에서 나온다.[17] 재현의 영역은 대면의 영역에서 비롯한 것이므로, 무한한 책임에 의해 뒷받침되지 않는 정의는 우리 삶의 (선-)근원적인 차원에 닿지 못한 조작에 그칠 수 있다. 이 점은 비교와 판단의 대상이 무엇이든 마찬가지다. 가령 그것이 돈이나 지위가 아니라 자유의 권리일 때라 하더라도, 또는 존재나 살아남음이 문제일 경우라도 그렇다. 레비나스에게서 정의는 언제나 책임의 윤리에 의해 삼투되어야 한다.

4. 이웃과 대면의 사회성

이상과 같은 레비나스의 견지에서 끌어낼 수 있는 귀결 가운데 우리가 특히 주목할 만한 것은 이웃에 대한 태도다. 사실, 이웃에는 긍정적인 요소만 있는 것이 아니다. 이웃은 때로 우리의 삶을 위협하기도 한다.[18] 그래서 예컨대 지젝 Slavoj Žižek 은, 레비나스가 타자와의 대면적 관계를 매개로 내세우는 이웃에 대한 상이 이웃이 가지고 있는 위험성을 은폐한다고 지적한다. 그럼으로써 이웃과 가까워지게 하는 것이 아니라 오히려 이웃과

---

17) 예컨대, *Ibid.*, pp. 201f를 보라. 데리다는 레비나스의 이러한 생각을 계산할 수 없는 정의 또는 무한한 정의의 이념으로 받아들인다. 자크 데리다, 『법의 힘』, 진태원 옮김, 문학과지성사, 2004, 47쪽 이하 참조. 데리다가 다른 곳에서 사용하는 '용서할 수 없는 것의 용서'라는 식의 표현과 개념도 마찬가지 발상의 변주라고 할 수 있다.
18) 『이웃집 살인마』라는 끔찍한 제목의 진화심리학 책도 있다(데이비드 버스 지음, 홍승효 옮김, 사이언스북스, 2006). 이 책의 원제는 *The Murderer Next Door*(2005)고 부제는 "진화심리학으로 파헤친 인간의 살인 본성"이다. 레비나스적 견지에서 보면 물론 존재 영역의 한계를 벗어나지 못한 책이다.

적절한 거리를 유지하게끔 한다는 것이다.[19] 그러나 레비나스가 이웃의 위험성에 눈을 감았다고 할 수만은 없다. 우리가 보았다시피 그가 말하는 정의는 이웃을 비교하고 평가할 수 있는 여지를 마련하고 그것을 의식과 제도의 주요 기능으로 놓는다. 만일 한 이웃이 다른 이웃을 억압하고 착취한다면 우리는 정의의 이름으로 그것을 제지할 수 있다. 다만, 그 바탕에는 모든 이웃을 타자로 대하는 자세가 뒷받침되어야 한다는 것이다.

그러나 그 위험이 나에게, 우리에게 닥쳐오는 경우는 어떻게 해야 하는가? 나를 위협하는 힘은 동일성의 영역에 속하니, 그렇게 위협적인 이웃은 이미 타자가 아니며 따라서 대면적 관계와 무관하다고 해야 할 것인가? 하지만 그렇다면 나는 정의와 절름발이 꼴로 관련을 맺는 셈이다. 재현의 영역하고만 관계하게 되기 때문이다. 나를 위험에 빠뜨리는 이웃을 부정의하다고 보고 대응할 때, 나는 존재와 재현의 영역에서 판단을 내리는 것이고 또 나 자신을 그런 영역의 대상으로 놓는 것이다. 이 경우 나는 윤리의 영역에서는 제외되어 버리며, 따라서 레비나스가 말하는 정의의 특성 ─ 책임의 윤리로 삼투된다는 ─ 으로부터도 제외되어 버린다. 이 것은 정의를 존재의 영역과 윤리의 영역에 겹쳐 놓음으로써 합리적 판단과 대면적 관계를 모두 살리려는 레비나스의 전략이 드러내는 허점이 아닌가? 또 이것은 레비나스가 스스로의 출발점으로 삼을 뿐만 아니라 끝까지 자기 견해의 중심으로 고수하는 대면적 관계의 한계 때문에 나타나는 문제점이 아닌가?

물론 이 문제는 나를 타자로 대하는 자가 확보되면 쉽게 해결할 수 있

---

19) 케네스 레이너드·에릭 L. 센트너·슬라보예 지젝, 『이웃』, 정혁현 옮김, 도서출판b, 2010, 259쪽 참조.

다. 타자가 나를 자신의 타자로 여긴다고 보면 간단할 법하다. 하지만 그럴 경우에는 레비나스가 전제하는 나와 타자의 비대칭성을 깨뜨리고 양자 간의 상호성을 도입하게 될 위험이 있다. 나의 책임은 독특하고 유일한 것이며 다른 누구의 책임보다도 크다는 레비나스의 기본 주장이 무너질 수 있다는 말이다. 그렇지 않은 채로 내가 다른 타자에게 무한하고 규정할 수 없는 타자가 될 수는 없을까? 그러나 이때의 나(타자로서의 나)는 현상적인 것도 아니고 또 대면적 관계에서 내가 문제 삼을 수 있는 것도 아니다. 대면적 관계에서 나는 나라는 유한한 위치를 벗어날 수 없기 때문이다. 요컨대, 지금까지 살펴본 레비나스의 견지에서는 내가 타자의 타자가 될 수 있는 길을 보장받기 어렵다.

레비나스가 삼자성^{illeité}을 거론하는 것은 이런 문제와 관련해서다. 삼자성은 대면적 관계를 보편적인 것으로 받아들이고자 할 때 요구되는 것이다. 그러니까 삼자성이란 객관적 대면 관계라고 할 만하다. 물론 대면적 관계는 객관적인 것일 수 없으므로, 이런 표현은 실제로 우리에게 가능한 대면적 관계의 한계를 넘어선다는 점을 나타낼 뿐이다.[20] 이미 앞에서 언급했던 것처럼, 우리는 대면을 통해 타자와 만나지만 모든 타자와 관계하지는 못한다. 우리가 직접 만나지 못하는 이 같은 타자 아닌 타자를 '그'^{ille}[21]라고 할 때, 이 삼인칭의 그가 맺을 수 있는 대면적 관계를 포괄하는

---

[20] 레비나스는 삼자성에 대해 설명하면서 데카르트의 『성찰』에 나오는 '객관적 실재'와 연관 짓기도 한다. Lévinas, *Autrement qu'être ou au-delà de l'essence*, p. 203, p. 158 참조.
[21] 'ille'은 '그'라는 뜻의 라틴어 대명사다. 프랑스어 il에 해당한다. 레비나스가 'illeity'라는 표현을 처음 쓴 것은 1963년 「타자의 흔적」(La trace de l'autre)이라는 글에서였다. 이 표현에 대한 레비나스의 용례에 대해서는 Robert Bernasconi, "The Third Party: Levinas on the intersection of the ethical and the political", *Emmanuel Levinas* vol. 1, eds. Claire Katz & Lara Trout, London: Routledge, 2005, pp. 51f 참조.

것이 삼자성이다. 그러므로 삼자성은 현상과 재현의 세계를 넘어서지만 나의 대면적 관계 또한 넘어선다. 또 제삼자의 등장이 의식과 제도의 재현 세계로 이어지는 데 반해, 삼자성은 대면이 관계하는 영역에 머문다. 현상 세계로 진입하지 않은, 그렇지만 타자 속에 이미 포함되어 있는 제삼자를 보편화하고 절대화한 것이 삼자성이라고 할 수 있다. 이를테면 무한 자체의 대면성이 삼자성인 셈이다. 그래서 이 삼자성은 나와 직접 결합되어 있지는 않지만 이미 나와 관련을 맺고 있다.[22] 이렇게 보면 레비나스가 삼자성을 매개로 내가 타자로서 받아들여진다고 말하는 것은 충분히 이해할 수 있는 일이다.[23]

그러나 이와 같은 삼자성은 유한자의 처지를 넘어선다. 다시 말해, 우리로서는 도저히 이를 수 없는 무한의 견지, 신적인 견지가 삼자성이다. 그런데 주체로서의 내가 다른 타자들과 마찬가지로 타자로서 사회의 일원이 되는 것은 바로 이런 신적인 삼자성에 의거해서다. 물론 이때의 신은 인격적인 존재가 아니다. 또 우리 모두에게 응답하고 우리 모두에게 책임을 지는 보편적 주체도 아니다. 그러나 이 신 또는 삼자성은 모든 주체와 대면적인 관계에 개입하여 사회를 대면의 공동체로 만들어 준다. 그러므로 우리가 책임과 결부된 정의, 비교할 수 없는 것을 비교하는 정의가 보편적으로 실현될 가능성을 내세울 수 있는 것은 이 삼자성에 기대서다. 즉, 우리 각자는 모두 떠넘길 수 없는 독특한 책임의 자리에서 정의의 판단을 행하며, 내게도 그러한 책임의 정의가 타자들에 의해 행해지기를 삼자성에 따라(바꿔 말하면, 신의 은총에 따라) 기대할 수 있다.

---

22) Lévinas, *Autrement qu'être ou au-delà de l'essence*, p. 15 참조.
23) *Ibid.*, pp. 201f 참조.

이것은 대면적 관계의 윤리로 코나투스적 존재를 극복하려 한 레비나스의 사유가 정의 문제와 관련해 내놓는 한 귀결이다. 존재와 책임의 영역이 겹쳐지는 정의 문제는 레비나스 철학의 현실적 호소력을 가늠해 볼 수 있는 좋은 장소다. 우리는 여기서 어떤 점을 더욱 천착하고 어떤 시사점을 끌어낼 수 있을까? 삼자성 개념으로 대면의 윤리를 신적인 것과 연결 짓기보다는 레비나스가 『전체성과 무한』에서 주로 그러했듯 제3자를 박애와 연결하여 확장해 보는 것이 나을까? 하지만 그건 자칫 레비나스의 이웃 개념을 희석하고 정의 문제에 더욱 무력한 상투적 결론에 이르지 않을까?[24] 오히려 삼자성 개념이 드러내는 한계를 배경에 두고 이웃됨과 타자성의 연결점을 우리 현실과 연관하여 파고들어 보는 것이 낫지 않을까? 가령 북한의 문제를 생각해 보면 어떨까? 우리는 북한을 이웃이자 타자로 대할 수 있을까? 북한과의 관계에 레비나스 식 책임의 정의를 적용해 본다는 것은 무엇을 의미할까? 그것은 남북관계를 생존경쟁의 이데올로기에서 끄집어내 대면의 사회성으로 조망해 볼 여지를 열어 줄 수 있을까? 아니면 그것은 레비나스 철학의 비현실성을 입증하는 전거가 될 뿐일까?

---

24) 내가 보기엔 앞에 언급한 베르나스코니의 글이 이런 유형에 해당한다.

5장 해체와 윤리
들뢰즈냐 레비나스냐(1)

1. 들뢰즈·가타리와 분단체제론

나는 들뢰즈·가타리의 철학이 후기-자본주의의 특징적 면모들과 부합하는 발상들을 드러내고 있다고 생각한다.[1] 유목적이거나 리좀적인 유동성은 현대 자본의 움직임에서 잘 발견할 수 있으며, 일의성이나 내재성이라는 특성은 전 지구적 자본주의의 포괄성에 상응하는 것으로 볼 수 있다는 얘기다. 물론 이런 생각은 나만의 것이 아니다. 예컨대 슬라보예 지젝은 들뢰즈·가타리의 철학이 이른바 '디지털 자본주의'와 친화적이라는 점을 거듭 지적하고 있다.[2] 국경을 넘나들며 끊임없이 변신을 요구하는 자본의 모습, 들뢰즈·가타리의 철학은 이러한 움직임을 내면화한 것 같아서, 그 덕택에 새로운 지배계급의 이데올로기로까지 여겨질 정도라는 것

---

1) 이 책 3부 2장의 「모순과 달리, 같음을 넘어: '차이'에 대한 탈근대적 이해」 참조.
2) 슬라보예 지젝, 『신체 없는 기관』, 김지훈·박제철·이성민 옮김, 도서출판b, 2006. 특히 346쪽 이하 참조.

이다. 한때 들뢰즈는 스스로의 철학적 전략을 가리켜 다른 철학자의 등에 달라붙어 그 사상을 비틀고 변형시켜 괴물과 같은 아이를 만들어 내는 것이라고 하면서, 이것을 철학사에 대한 일종의 비역질이라고 표현한 바 있다.[3] 그런데 지젝이나 나는 이런 면이 철학사에 대해서뿐 아니라 현실 자체에 대해서도 적용될 수 있다고 보는 것이다. 다시 말해 들뢰즈·가타리의 사회철학은 현대자본주의에 대한 일종의 비역질이라고 할 수 있지 않을까?[4]

그러나 이렇게 이해한다고 해서 들뢰즈·가타리의 철학을 꼭 부정적으로 평가하는 것은 아니다. 들뢰즈·가타리 철학의 값어치는 건설적이고 구성적인 구상에 있다기보다는 해체 지향적 특성에 있다고 여겨지기 때문이다. 들뢰즈·가타리가 현실의 등에 달라붙어 만들어 내고자 애쓰는 괴물은 최소한 기존의 틀과 공리로부터 벗어나려는 움직임을 부추긴다. 들뢰즈·가타리가 인정하듯 현대자본주의가 자신의 공리계를 벗어나는 흐름들을 끊임없이 발생시키는 체계라 하더라도,[5] 그리고 이 벗어남에 수반되는 탈영토화가 또 다른 재영토화로 계속 이어진다 하더라도, 고정되고 굳어진 틀을 유동화하며 거기에서 새로운 변화의 싹을 찾으려는 시도는 충분히 긍정적인 운동의 일환이 될 수 있다.

---

3) 질 들뢰즈, 『대담 1972~1990』, 김종호 옮김, 솔, 1993, 29쪽.
4) 봉준호 감독의 영화 「괴물」을 할리우드 영화에 대한 일종의 비역질로 볼 수 있듯이 말이다. 그는 할리우드를 일면 조롱하며 변형하고 있다고 하겠지만 여전히 할리우드의 등 뒤에 달라붙어 있는 것으로 보인다. 한편, 지젝은 들뢰즈의 전략을 차용하여 헤겔로 하여금 들뢰즈 등 뒤에 달라붙게 하려 한다. 들뢰즈가 자신이 "무엇보다 싫어하는 것이 헤겔주의와 변증법"(같은 책, 같은 곳)이라고 말했던 점을 생각해 보면 이건 꽤 잔인한 짓인 셈인데, 그 산물인 라캉적(이 라캉도 지젝에 의해 비역질 당한 것이겠지만) 헤겔의 면모 역시 일반적인 헤겔 이해의 견지에서는 충분히 괴물로 보일 만하다.
5) 질 들뢰즈·펠릭스 가타리, 『천 개의 고원』, 김재인 옮김, 새물결, 2001, 902쪽.

이런 점에서 나는 들뢰즈·가타리의 사회철학이 한반도 분단체제의 와해를 지향하는 백낙청의 분단체제론에 연결될 수 있다고 생각한다. 백낙청이 말하는 분단체제는 들뢰즈·가타리가 말하는 배치물agencement에 해당하는 것으로 보아 좋다. 이 배치물은 영토적이다. 분단체제도 나름의 영토를 이루고 있다. 남이나 북이나 미국이나 중국이나 (일본, 러시아도) 그 배치에 의해 재생산되고 거기에 달라붙고 서식하는 구성 부분을 가지고 있다. 들뢰즈·가타리는 배치물 구성의 바탕이 되는 지층을 물리-화학적, 유기적, 인간형태적 등으로 구분하여 설명한다. 그러나 분단체제에 대해서는 전통적으로 그래 왔듯 경제적, 정치적, 이데올로기적 층위를 그 지층들로 놓고 보아도 괜찮을 것이다. 푸코에서 쉽게 확인할 수 있는 것처럼, 고고학과 지질학에서 차용한 '지층'이라는 용어는 각 층위의 비환원성을 부각시킴과 함께, 단층이나 습곡 등에 견줄 수 있는 변형을 고려할 수 있다는 데 그 장점이 있다. 분단체제에도 환원론적으로 설명하기 곤란한 부분들이 있다. 분단체제가 형성되고 유지되는 데에는 미국이나 소련의 세계전략만이 아니라 남·북의 정권이나 여러 집단들의 이해관계가 작용해 왔다. 지금도 분단체제에는 경제적 층위, 정치적 층위, 군사적 층위가 복합적으로 얽혀 있다. 여기에는 습곡이나 단층에 해당하는 변화들도 있었다.[6)]

백낙청의 분단체제론에서 중요한 면 가운데 하나는 이 분단체제가 재생산성을, 들뢰즈·가타리 식으로 말하면 영토성을 갖는다는 점이다. 이전에 백낙청은 분단모순을 내세우고 이 분단모순의 지양을 통해 분단체

---

6) 분단체제의 변화에 대한 간단한 설명은 백낙청, 『한반도식 통일, 현재진행형』, 창비, 2006, 45쪽 이하 참조.

제가 해소될 수 있다는 관점을 취했다.[7] 그러나 모순의 지양을 통한 발전의 논리가 현실 속에서 설득력을 잃고 난 후, 백낙청도 분단체제의 지양이나 발전이 아니라 그 해체에 기대는 쪽으로 방향을 바꾸지 않을 수 없었다. 지양·발전과 해체라는 두 시각 사이의 차이는 무엇보다도 도달점이나 목표점을 설정할 수 있는 프로그램의 유무에 있다고 보인다. 그러나 애당초 분단체제론 자체가 분단체제의 부정을 겨누었던 것인 만큼, 지양에서 해체로의 변화가 분단체제론에 결정적인 타격을 주었다고 하기는 어렵다. 이런 점에서 오늘날의 분단체제론에서 중요한 또 하나의 면──실상 앞서 말한 분단체제의 재생산성보다 더 중요한──은 그 해체 가능성에 대한 천착이다. 들뢰즈·가타리의 배치 및 영토성에 대한 생각은 이 같은 분단체제론의 양면성을 뒷받침하는 데 안성맞춤이다. 이들이 말하는 영토성은 탈영토화와 쌍을 이루는 것이기 때문이다. 영토와 배치물은 고정되어 있는 것이 아니라 끊임없는 탈영토화의 선들로 가로질러진다.

요컨대, 분단체제론은 분단체제 해체론이며 그런 점에서 배치물의 유동성과 탈영토화의 움직임을 이론화하는 들뢰즈·가타리의 해체론적 견지가 분단체제론과 엮일 수 있다는 말이다. 들뢰즈·가타리가 '기관 없는 신체', '추상적인 기계' 따위의 묘한 용어들을 내세우는 이유가 무엇인가? 그들이 지향하는 바는 이 표현들의 해체적 이미지와 무관하지 않다. 이 용어 또는 개념들은 체계의 목적성과 유기성을 해체하는 데로, 그래서 새로운 변화의 터전을 모색하는 데로 작동한다.[8]

---

7) 분단모순에 대한 활발한 논의의 예로는 박현채·백낙청·양건·박형준 대담, 「민족통일과 민주화운동」, 『창작과 비평』, 1988년 가을호를 보라. 이러한 논의는 동구권의 몰락 이후 급속히 사그라들지만 1990년대 중반경까지도 이어진다.

그러나 다른 한편, 이렇게 해체가 초점이 되는 경우에는 결과의 불확실성이 수반되기 마련이다. 모순을 이야기할 때에 비해 분단체제 와해 이후의 전망은 더 불분명해진다. 그런데 이렇게 전망이 불확실하기는 들뢰즈·가타리의 철학에서도 마찬가지다. 현 배치의 유동화가 어떤 배치로 이어질지, 탈영토화의 시도들이 어떤 식의 재영토화로 나아가게 될지는 불확실한 채로 남는다. 좀 역설적이긴 하지만, 이처럼 불확실함을 내면화한 것이 들뢰즈·가타리의 철학이 지니는 현실적 호소력의 일면을 이룬다고 할 수 있다.

　백낙청은 한반도 분단체제의 해체가 세계에 단 하나밖에 없는 과정이라는 점을 강조한다. 이미 우리 분단체제의 역사나 성격부터가 독특해서 일반적인 분단체제 가운데의 한 특수한 경우라고 볼 수 없다고 한다. 분단으로 형성된 체제니까 분단체제라는 말은 쓰지만, 베트남하고도, 독일하고도, 예멘하고도 다른, 독특한 배치물이 한반도의 분단체제를 이룬다. 그렇기에 이 분단체제의 해체를 꾀하는 데에도 어떤 보편적인 틀이나 모델에서 도움을 얻기 힘들다. 그런데 이런 식의 문제 파악은 들뢰즈·가타리의 사고방식과 잘 어울리는 면이 있다. 일반성에 대한 비판, 독특성에

---

8) "추상적인 기계들은 …… 탈코드화와 탈영토화의 첨점들에 의해 정의된다. …… 추상적인 기계들은 영토적 배치물을 다른 사물 위에, 다른 유형의 배치물들 위에, 분자적인 것 위에, 우주적인 것 위에 열어 놓으며, 생성들을 구성한다. …… 추상적인 기계들은 형식들과 실체들을 알지 못한다. 바로 이 점에서 추상적인 기계들은 추상적인데, 또한 이것이 바로 엄밀한 의미에서의 기계 개념이기도 하다. …… 추상적인 기계들은 형식화되지 않은 질료들과 형식적이지 않은 기능들로 이루어져 있다."(『천 개의 고원』, 971쪽) "항도 주체도 없지만 서로를 근방역이나 비결정성의 지대로 끌고 들어가는 생성들이 거기에 새겨진다. 그리고 홈이 패인 공간을 가로질러 구성되는 매끈한 공간이 거기에 새겨진다. 매번 우리는 기관 없는 몸체가, 기관 없는 몸체들(고원들)이 작동하고 있다고 말할 수 있을 것이다. …… 지층들을 벗어나는 강력한 비유기적 생명은 배치물들을 가로지르고, 윤곽 없는 추상적인 선, 유목민 예술의 선, 이동하는 야금술의 선을 그린다."(같은 책, 965~966쪽)

대한 강조는 이들의 저작에서 두드러지게 나타나는 특성이기 때문이다.[9] 들뢰즈·가타리가 내세우는 리좀이나 모나드적 운동은 현 체제의 자본주의와 국가를 비틀고 깨 나가려 하지만, 어떤 뚜렷한 상을 미래의 도달점으로 상정하지 않는다. 오히려 그러한 목적의 설정이 무리임을 보여 주는 것, 유동성과 끊임없이 '차이지는 차이'가 근본적임을 입증하는 것이 이들의 지향이며, 짐짓 고정되어 보이는 영토와 체계를 부단한 탈영토화의 운동을 통해 흔들어 놓는 것이 이들이 추구하는 바다. 백낙청의 경우도 유사하다. 통일이라고 해서 명확한 규정으로 그 상태를 잡아내고자 하지 않는다. 그는 차라리 분단체제의 해체 과정을 통일이라고 생각하자는 제안을 한다. 이것은 실상 통일에 대한 고정관념을 바꾸자는 얘기다. 통일 헌법이 만들어지고 통일 대통령이 나오고 통일 경제가 수립되고, 이런 것이 통일이라는 생각을 버리자는 것이다. 어찌하다 보면 그런 일이 이루어질 수도 있겠지만, 그것 자체가 통일운동의 목표는 아니다. 분단체제가 해체되는 방향으로 작용하는 여러 움직임들, 이를테면 민간 차원의 교류나 남북의 경제협력 등이 정치적·군사적 지형의 변화 못지않게 중요하다. 이런 다양한 움직임을 통해 분단체제의 배치물이 달라지고 분단체제가 흔들리는 과정 자체가 일종의 통일이다. 그렇기에 백낙청은 통일은 현재 진행되고 있다고 말한다.[10] 이 진행형의 미래는 불확실하지만, 그렇게 불확실한 대로의 변화 과정 자체가 긍정적인 의미를 가진다.

상당히 낙관적으로 보이는 이러한 생각은 완고한 통일론자의 눈에는

---

9) 『천 개의 고원』에서는 모델에 대한 논의가 나오기는 하지만(특히 14장 「1440년: 매끈한 것과 홈이 패인 것」), 이때의 모델은 운동이 일어나는 양식과 공간을 묘사하기 위한 것이지, 일반적 유형의 목표로 제시되는 것이 아니다.
10) 백낙청, 『한반도식 통일, 현재진행형』 참조.

수사적이거나 기만적인 것으로 비칠 수도 있을 것이다. 그런 것이 무슨 통일이란 말인가? 마찬가지 반응이 들뢰즈·가타리의 유목주의에 대해서도 나올 수 있다. 그런 것이 무슨 사회철학적 비전이 될 수 있단 말인가? 그런 정도의 현실 비틀기와 해체 시도가 과연 자본주의의 극복으로 이어질 수 있겠는가? 실상 그것은 어려운 일이다. 이미 말했듯이 들뢰즈·가타리의 해체 시도는 자본주의가 지배하고 있는 현실의 배면에서 부분적인 변화를 꾀하는 데 지나지 않아 보이기 때문이다. 그것도 자본주의의 변화에서 자극을 받아들이는 방식으로 말이다. 그렇지만 만일 다른 길이 없거나 마땅찮다면 어떻게 할 것인가. 이런 처지에서 대단한 변화를, 어떤 초월적인 방향 제시를 바라는 것은 도리어 가능한 변화의 역량마저 가로막는 일일지 모른다. 통일 문제 역시 마찬가지다. 그간 반세기 넘는 세월 동안 굳어진 분단체제를 여기저기서 조금씩 깨 나가는 것만이 실질적이고 긍정적인 효과를 낳는 방도일 수 있다. 이러한 변화를 통해 분단체제에 기생하는 세력들의 힘을 줄여 나갈 수 있다면, 그것이 곧 가능한 통일의 과정이 아니겠는가. 주어져 있는 힘의 배치와 그 운동 가운데서, 그 내재적인 면 속에서 길을 찾을 수밖에 없지 않은가.

　이런 견지에서 보면 백낙청이 '어물어물' 이루어지는 통일, '두루뭉술'하게 진행되는 통일[11]을 이야기하는 이유를 한결 더 쉽게 이해할 수 있다. 여기서는 통일 후의 청사진이 중요하지 않다. 그 결과가 꽤나 자본주의적인 것이면 어떤가. 분단체제에 의해 옥죄어지는 것이 아니라면 거기에서 새로운 변화 방향이 나올 수 있다. 미리 어떤 배제의 윤곽을 그어 놓는 것은 분단체제를 이루던 그 중요한 구성 부분에 스스로를 다시 옭아매

---

11) 백낙청, 『한반도식 통일, 현재진행형』, 34~35쪽.

는 일이 될 것이다. 분명한 입장과 확고한 계획을 내세운다는 것이 자칫 어깨에 힘이 들어가 분단체제를 돕는 결과를 낳을 수도 있다. 그것은 들뢰즈·가타리가 비판하는 수목樹木형 전략이다. 여기에서 벗어나는 방법은 '어깨에 힘 빼고'[12] 여기저기서 리좀처럼 노마드처럼 가는 것이다. 어물어물해 보이지만 '도둑 같이' 오는 변화와 함께하는 것이다.

물론 들뢰즈·가타리와 백낙청 사이에는 무시할 수 없는 차이가 있다. 백낙청의 주요한 관심은 민족이었고 통일이었으며 지금도 그러하다. 분단이 우리 삶에 미치는 영향에 관심의 대종이 있다. 반면에, 들뢰즈·가타리가 그처럼 일종의 거대 서사로 읽힐 수 있을 법한 주제를 쉽게 논의의 초점으로 삼을 것 같지는 않다. 리얼리즘론에서 출발하는 백낙청의 문학론도 이들의 철학과 어울리기 어려워 보인다. 들뢰즈의 포스트-구조주의적 의미론이나 범이미지 존재론[13]이 백낙청에게 호소력을 지니기도 힘들 것이다. 그렇지만 기존의 틀과 배치를 허물고자 한다는 점에서 이 양자는 충분

---

12) 같은 책, 24쪽.
13) 나는 들뢰즈의 저작과 들뢰즈·가타리의 저작을 구분할 필요가 있다고 생각한다. 특히 관념적(비물질적; idéel) 의미의 표면을 강조하는 『의미의 논리』나 베르그손의 이미지론을 차용하는 『시네마』(Cinema)는 가타리와 함께 쓴 저작들보다 관념론적 색채를 강하게 띠고 있다는 것이 내 판단이다. 물론 여기에는 다루는 대상 영역의 성격 탓도 있을 것이다. 사실 생성·변화에 대한 강조와 설명은 이런 영역에서 더 손쉬운 면이 있다(소설이나 영화에서의 생성과 변형 다루기). 그러나 그러한 방책에는 수반되는 대가가 있기 마련이다. 파올라 마라티가 지적하듯(Paola Marrati, "Deleuze : Cinéma et philosophie", *La philosophie de Deleuze*, Paris: PUF, 2004 참조) 『시네마』에서 이루어진 베르그손의 복권은 『철학이란 무엇인가』(가타리와 공저, 1991)에서도 그 영향을 드러낸다. 지젝은 정치철학적 면모가 아닌 바로 이러한 관념적 의미론과 존재론의 면모가 들뢰즈 철학의 중심이라고 보는데, 이런 시각에는 들뢰즈·가타리의 정치철학을 높이 평가하지 않는 그의 생각이 반영되어 있다(지젝, 『신체 없는 기관』 참조). 그러면서 지젝은 들뢰즈에서 나타나는 생성의 발상을 헤겔의 끊임없는 부정 정신과 연결짓는데, 이 같은 해석에 의하면 들뢰즈는 헤겔보다도 덜 들뢰즈적이다. 생성을 철저화한다는 점에서도 (라캉적) 헤겔에 미치지 못하기 때문이다.

히 만날 수가 있다. 이미지와 관념 쪽으로 너무 경도되지만 않는다면 들뢰즈의 차이의 존재론과 또 들뢰즈·가타리의 노마디즘이 분단체제 해체론에 대해 적어도 부분적인 이론적 기반을 제공해 줄 여지는 있지 않을까?

2. 불확실성과 윤리

분단체제 와해 이후의 상황을 규정하기 어려운 건 비단 들뢰즈·가타리의 견지에서만이 아니다. 또 분단과 관련된 상황만이 불투명한 것도 아니다. '새로운 불투명성'이라는 하버마스Jürgen Habermas의 표현[14]이 이미 진부한 것이 되어버릴 만큼, 우리는 미래에 대한 불확실한 전망 속에서 살고 있다. 물론 이러한 불확실성은 후쿠야마처럼 자본주의와 자유주의에 의한 '역사의 종말'[15]을 믿는 사람들에게는 문제가 될 수 없을 것이다. 불확실성의 문제는 미래에 대한 전망의 부재 속에서도 현실의 지배적인 질서에 변화가 일어나기를 갈구하는 사람들에게나 절실하게 다가온다.

이런 점과 관련하여 보면, 현실사회주의와 목적론적 역사관이 무너진 후, 이른바 진보를 내세우는 사상 진영이 보여 주었던 미래에 대한 대처 방안은 거칠게 말해 다음과 같이 대별될 수 있다고 생각한다. 첫째, 이미 확보한 진보의 성과를 지키고자 하는 방향. 이것은 특히 그간에 성취한 분배 구조가 위협받거나 형식적 평등으로서의 권리마저 위축되는 것을 막으려는 노력으로 나타난다. 새로운 변화의 위험성을 감내하기보다

---

14) 하버마스에게서 '새로운 불투명성'이란 우선 사회주의적 유토피아의 전망 상실과 관련된 미래 기획의 불투명성을 뜻한다. 위르겐 하버마스, 『새로운 불투명성』, 이진우·박미애 옮김, 문예출판사, 1995, 특히 168쪽 이하 참조.
15) 프랜시스 후쿠야마, 『역사의 종말』, 이상훈 옮김, 한마음사, 1992 참조.

는 기존의 지반을 확실하게 지켜 불확실한 상황에 대처해 나가려는, 상대적으로 보수적인 입장이라고 할 수 있다. 이를테면 하버마스 같은 인물이 그 대표 격이다.[16] 둘째는 새로운 변화의 구체적인 상을 제시하지는 못하지만, 새로움의 출현이 가능하다는 것을 보여 주고 이를 부추기려는 방향이다. 우리가 다룬 들뢰즈·가타리도 여기에 속한다고 볼 수 있다. 비록 내용상으로는 자본주의의 지평을 벗어나지 못한다 할지라도, 차이·생성(되기)의 존재론과 탈주의 유목론은 변화에 대한 갈망을 담고 있다. 그러나 이 같은 견지가 진정한 새로움을 포착하지 못하는 폐쇄적인 것이라 비판하는 사람들도 있다. 예컨대 바디우는 들뢰즈 식의 '일의성'이나 '일관성의 면' 따위에 머물지 않고, 초과^{excès}의 여지를, 그럼으로써 진정 새로운 '사건'의 여지를 확보해 주는 존재론을 제시하고자 한다.[17] 하지만 이런 입장 역시 기존 질서를 넘어서는 새로움이 들어설 여지를 근거 지으려 하는 데 불과하지, 그 새로움의 모습을 적극적으로 그려 내는 데 이르지는 못한다. 라캉의 '실재' 개념에 대한 해석을 자신의 중심 논지로 삼는 지젝의 경우도 크게 다르지 않아 보인다.[18]

---

16) 나는 인권과 공동체주의의 문제를 다루면서 하버마스의 이러한 견지를 다룬 적이 있다. 『배제의 배제와 환대』의 2장 「진보 문제에 관한 단상」과 3장 「현대성과 보편성(1): 인권, 자유주의, '배제의 배제'」 참조. 지젝은 이와 관련된 하버마스의 입장을 19세기적 계몽주의에 집착하는 것이라고까지 말한다. 의사소통적 합리성으로 도구적 합리성을 보완하겠다는 기도조차 20세기의 경험을 무시하고 여전히 구래의 합리성에 호소하는 처사라는 것이다. 슬라보예 지젝, 『혁명이 다가온다』, 이서원 옮김, 길, 2006, 201쪽 이하 참조.
17) 이와 같은 바디우의 '사건' 개념은 들뢰즈가 『의미의 논리』에서 말하는 '사건'과 다르다. 후자는 '영원한' 의미의 평면에서 성립하는 것임에 반해, 전자는 기존에 없던 것이 출현하는 '돌출'의 변화를 가리키는 것이다. 여기에 대해서는 알랭 바디우, 『들뢰즈: 존재의 함성』, 박정태 옮김, 이학사, 2001 참조. 이 번역본의 「『존재와 사건』 용어사전」(옮긴이 부록)은 바디우 존재론의 기본 개념들을 일별해 보는 데 유용하다.
18) 지젝은 들뢰즈보다는 바디우에 한결 호의적이다. 지젝, 『신체 없는 기관』 참조.

그런데 이렇듯 불확실성 속에서 새로움을 기대하고 희구하는 데에는 위험이 따르기 마련이다. 그 새로움을 맞이하는 기준이 불분명할 경우, 자칫 제어하기 힘든 일종의 괴물을 만나게 될 가능성도 있기 때문이다. 들뢰즈·가타리는 '기관 없는 신체'의 분자적 변화가 암적 조직으로 나아갈 수 있음을 스스로 지적하고 있다.[19] 또 들뢰즈의 철학적 구상에서 파시즘에 친화적인 면을 보는 바디우의 경우도 그러한 위험에서 자유롭지 않다. 진정한 새로움에 대한 판단이란, 그 새로움에서 드러나는 '진리'에 대해 '충실'해야 한다고 선언하는 것[20]만큼 쉬운 일은 아니기 때문이다. 우리는 실제로 바디우가 중국의 문화대혁명에 '사건'으로서의 지위를 부여할 정도로 커다란 기대를 걸었다는 사실을 알고 있다.[21] 그렇다면 우리는 무엇에 의거하여 불확실함 속의 변화를 가늠할 수 있을 것인가?

분명한 판단 원칙이 서지 않았을 때, 또 그 원칙의 한계가 너무 뚜렷하여 주어진 사태에 적용하기 곤란할 때, 우리는 나름의 균형감이나 미감에 의존하곤 한다. 미적 판단도 판단이지만, 칸트에 따르면 그것은 규정적 판단이 아니라 반성적 판단이다. 적용해야 할 보편이 미리 주어져 있지 않고 기껏해야 이념적 형태로 모색될 수 있을 뿐이다. 그래서 애매함을 수반하지만, 반면 기존의 판단 기준을 적용하기 어려운 불확실하고 복잡한 상황이나 대상에 대해서도 작동하며, 그런 만큼 새로운 판단 기준에 선행하는 선구적이고 예비적인 역할을 하기도 한다. 현대의 많은 사상가들이 미

---

19) 들뢰즈·가타리, 『천 개의 고원』, 437쪽 이하 참조.
20) 바디우에 따르면 선(善)이란 돌출하는 '진리'에 대한 충실성에서 성립한다. 알랭 바디우, 『윤리학』, 이종영 옮김, 동문선, 2001 참조.
21) 문화대혁명에 대한 바디우의 평가에 대해서는, 이 책의 4부 2장 「'진리'냐 '파국'이냐: 문화대혁명의 서양철학적 반향에 대한 소고」 참조.

적 판단과 미학에 관심을 기울이는 중요한 이유도 이런 데서 찾을 수 있다. 그러나 미적인 것이 중심으로 부각되는 사태는 비록 그것이 일견 풍요로워 보인다 하더라도 일종의 사상적 궁지에 대한 반향이라고 할 만하다. 들뢰즈 철학이 보여 주는 미적이고 예술적인 영역으로의 경도 현상도 예외가 아닐 것이다.[22]

이런 상황에 비추어 보면 타자에 대한 책임으로서의 윤리를 앞세우는 레비나스의 철학은 상당한 호소력을 지니는 것이라 할 수 있다. 변화를 수용하는 열림의 자세와 아울러 그러한 변화에 대한 명확한 기준을 가지고 있다고 여겨지기 때문이다. '타자'가 자기중심적인 질서를 넘어서는 새로움과 관련이 있다면, '윤리'는 그 새로움의 해악을 막는 것과 관련이 있다고 할 법하다. 물론 레비나스에게서 타자와 윤리가 분리될 수 있는 것은 아니다. 타자는 인식이나 이해의 관계가 아니라 책임의 윤리적 관계 속에서 다가오기 때문이다. 그렇지만 윤리가 강조되는 맥락이 해악에 대한 경계와 깊은 관련이 있다는 것은 분명하다.

이 점은 하이데거와 레비나스의 관계를 보면 잘 드러난다. 레비나스 스스로가 술회하듯 그는 젊은 시절부터 하이데거에게서 지대한 영향을 받았다.[23] 그의 저작 곳곳에서 보이는 하이데거에 대한 강렬한 비판과 대결의식은 하이데거의 영향력을 반증해 준다. 레비나스는 근대의 실증적이고 도구중심적 사유에 대한 비판을 후설Edmund Husserl과 하이데거에게

---

22) 나는 자신의 저작들을 일종의 소설과 같은 것으로 읽어 달라는 들뢰즈의 발언(『차이와 반복』, 『의미의 논리』, 『천 개의 고원』 등)이 기존의 철학 형태들에 대한 비판만을 함축하는 것이 아니라고 본다. 실상 그것은 철학적 궁지의 표현이기도 하지 않은가.
23) 하이데거와의 관계 및 그에 대한 평가는 레비나스가 만년에 한 대담들에서 거의 빠짐없이 등장한다. Lévinas, *Is It Righteous to Be? : Inteview with Emmanuel Levinas* 참조.

서 이어받고 있으며, 특히 근대를 넘어서고자 하는 갈망을 하이데거와 공유하고 있다. 단순화해서 말하자면, 하이데거는 이 같은 근대 극복의 전거를 소크라테스 이전의 그리스적 사유에서, 레비나스는 히브리적 전통에서 찾고자 했다고 볼 수 있다. 그러나 이것은 단지 각자가 서 있거나 선택한 전통의 문제만은 아니다. 무엇보다 나치즘과 홀로코스트의 경험을 통해 레비나스는 하이데거 철학의 한계와 문제점을 절감하고 그에 대한 대안 찾기에 나섰던 것으로 보인다. 레비나스는 존재에 대한 관심이 익명성을 넘어서지 못하거나 동일성에 포섭되는 이해의 문제로 귀착하는 것을 비판한다. 그러한 관점은 얼핏 인간 존재의 진정성을 중시하고 외적 규정에 매이지 않는 새로운 삶의 지평을 여는 것처럼 보이지만, 정작 타인에 대한 무지막지한 살상과 파괴에 대해 무력했으며 심지어 영합적이기까지 했다.[24] 레비나스는 철학적인 면에서 볼 때 이러한 귀결의 원인이 존재의 전체론에서 벗어나지 못한 데 있다고 생각한다. 하이데거의 입장 역시 서구 철학의 오래된 특성인 자기 확장 시도의 일환이며, 따라서 타자를 배제하고 말살하는 폭력성을 갖는다는 것이다.[25]

그렇다면 어떻게 해야 하는가? 자기중심성과 전체론을 넘어서는 것이 관건이다. 여기에 대해 레비나스는 '타자'와 '초월'을 그 답으로 내놓는다. 자기중심성에 대한 타자의 우위, 전체론의 내재성에 대한 초월의 강조. 물론 이 둘은 떨어져 있는 것이 아니다. 타자 자체가 초월적이며, 초월

---

24) 하이데거 철학과 나치즘 사이의 관련에 대해서는 박찬국, 『하이데거와 나치즘』, 문예출판사, 2001, 특히 11장 「하이데거는 나치즘을 철학적으로 극복했는가」 참조. 이 책에서는 근본적인 변화를 기대하는 하이데거 사상의 묵시론적인 경향과 민족주의적 관심이 하이데거를 그 자신이 비판하는 전체주의적인 면에서 벗어나지 못하게 했으며, 그런 점에서 하이데거 사상은 나치즘과 연결성이 있다고 보고 있다.

은 타자를 통하는 것이기 때문이다. 우리는 그러한 초월적 타자와의 관계를 받아들임으로써 자기중심성과 전체론의 위험에서 벗어난다. 이렇게 초월적 타자와의 관계를 받아들여야 한다는 것, 또 궁극적으로 받아들일 수밖에 없다는 것이 레비나스의 주장이다. 당연한 얘기지만, 레비나스는 타자를 정복 가능한 대상으로, 동화할 수 있는 대상으로 보지 않는다. 레비나스에서 타자는 언제나 나보다 크고 높다. 나는 유한한 반면, 타자는 무한하다. 그래서 타자와 나의 관계는 항상 타자의 우위 아래서 비대칭적이다. 이와 같은 발상은 서구 근대의 주체중심적 사상을 뒤집어 놓는 것이라 할 수 있다.

하지만 이렇게 하여 레비나스는 근대문명이 낳은 부정적 결과에 대한 반성을 통해 다시 이전의 종교적 세계관으로 돌아가고자 하는 것은 아닌가? 만일 그렇다면 그것은 너무 손쉬운 퇴행일 수도 있지 않겠는가? 레비나스는 자신의 철학이 그런 식으로 받아들여지는 것을 원치 않는다. 알다시피 그가 내세우는 것은 종교라기보다는 윤리이다. 레비나스가 철학적 저작에서 종교에 대해 언급하는 경우가 없는 것은 아니지만, 그때의 종교는 윤리적 관계 속에서 해석된 종교이다. 여기에서는 타자에 대한 관계가 중요할 뿐, 굳이 신을 들먹일 필요는 없다. 다만 이 타자는 내가 포섭할

---

25) 이런 문제에 대한 집중된 서술로는 레비나스의 『전체성과 무한』 1장 4절을 보라. 하이데거의 견지에서는 이 같은 지적이 억울하게 여겨질 법도 하다. 하이데거가 말하는 존재는 인간중심적이지도 전체론적이지도 않으며, 오히려 그런 관점에 대한 근본적인 비판을 담고 있다고 볼 여지도 있기 때문이다. 그가 내세우는 존재사건이나 존재역운 따위가 어떻게 인간중심적이라는 말인가. 또 존재의 은폐성이 완전히 극복될 수 없다고 보는 견해가 어떻게 전체론이라는 말인가. 하지만 레비나스의 생각에 의하면, 하이데거의 존재가 익명적인 지평이고 앎의 지평인 한, 전체론의 위험을 피하기 어렵다. 그러한 존재는 동화 가능하며 따라서 진정한 타자성을 갖지 못하기 때문이다.

수 없고 장악할 수 없는 것이기에, 그래서 타자에 대한 관계 또한 나의 지식이나 이해에 의해 포괄될 수 없는 것이기에, 다시 말해 이때 타자와의 관계란 무한과의 만남이기에, 종교라는 말이 그런 종류의 관계를 가리키는 한에서 이 관계를 나타내는 데 사용될 수 있다.[26]

그러나 여기에 더 적확한 표현은 윤리일 것이다. 레비나스가 말하는 타자와의 관계에서 문제가 되는 것은 복종이나 믿음이라기보다는 응답이고 책임이기 때문이다. 더욱이 이 책임은 무엇보다 타인에 대한 책임이다. 레비나스에서 타자가 딱히 인간으로 국한되는 것은 아니지만, 주로 문제가 되는 것은 역시 타인으로서이다.[27] 이때의 타인 또한 지배되거나 조작될 수 없고 지식 속에 갇힐 수 없으며, 앎이나 이해의 지평과 동연적인 존재의 지평에 제한되지 않는다. 그래서 레비나스에 따르면, 이와 같은 타자 내지 타인과의 관계인 윤리는 어떤 앎의 형태보다도 우선하며, 이 관계를 다루는 윤리학은 존재론을 비롯한 다른 모든 철학에 앞선다. 이렇듯 레비나스는 윤리를 무한과 연결되는 타자(타인)와의 관계로 놓음으로써, 초월의 문제를 우리의 삶 한가운데로 끌어들임과 동시에, 기성의 종교가 지녔던 여러 폐해, 특히 제도화된 강제와 억압으로 연결될 수 있는 면을 떨쳐 버린다.

---

26) Lévinas, *Entre nous*, Paris : Librairie générale française, 1993, p. 19(*Entre Nous*, trans. Michael B. Smith & Barbara Harshav, New York : Columbia University Press, 1998, pp. 7f); Lévinas, *Totalité et infini*, p. 52(*Totality and Infinity*, trans. Alphonso Lingis, Pittsburgh : Duquensne University Press, 1969, p. 80) 등 참조.
27) 레비나스는 'autre'(타자)와 'autrui'(타인)를 구분하여 쓴다. 영어로는 정확히 옮기기 어려운데, 보통 링기스를 따라 'other', 'the other'로 번역하지만 'other person'으로 옮기는 경우도 있다.

3. 얼굴과 독특성

이런 점을 잘 보여 주는 것이 얼굴^{visage}에 대한 논의이다.[28] 레비나스에 따르면, 무한은 타인의 얼굴을 통해 우리에게 다가온다. 하지만 그가 줄곧 강조하듯, 이 얼굴은 구체적 형상을 가리키지 않는다. 얼굴의 특색은 무엇보다도 그것이 벌거벗었다는 데 있다. 벌거벗었다는 것은 파악하고 장악하고 이용할 수 있는 그 어떤 것으로도 가려지지 않았다는 것, 어떤 규정에 의해서도 고정되거나 포착되지 않은 채 전적으로 노출되어 있다는 것을 뜻한다. 그래서 얼굴은 우리에게 완전한 무방비의 상태로 다가오지만, 동시에 헤아릴 수 없는 깊이를 지닌 것으로, 곧 초월로 드러난다. 우리는 이 헐벗은 얼굴을 통해 타자를, 즉 무한을 만난다. 여기에는 어떠한 제도나 권위도, 어떠한 강제나 억압도 없다. 그러나 이 벌거벗은 얼굴은 우리에게 호소하며 명령한다. 지극한 연약함이 모든 규정을 넘어선 무한과 닿아 있는 탓이다. 아무런 방비도 없는 이 얼굴은 우리에게 '죽이지 말라'고 명령한다. 그리고 우리는 사실 이 무한을 죽이지 못한다. 우리는 다만 이러저러한 것을 죽일 뿐이다. 그러한 살해 행위 가운데서 우리는 타인의 얼굴을 똑바로 보지 못한다.[29]

이 얼굴은 존재의 지평마저 넘어서 있다. 그 존재가 우리의 이해^{理解}와, 또 이해^{利害}와 상관되는 한에서 그렇다. 이해$^{理解;\ compréhension}$란 애당

---

28) 얼굴에 대한 레비나스의 견해를 평이하게 정리해 놓은 것으로 강영안, 『타인의 얼굴: 레비나스의 철학』, 문학과지성사, 2005, 특히 4장 7절 '얼굴의 현현', 5장 4절 '타인의 얼굴' 참조. 유대교와 얼굴의 관계 및 레비나스의 얼굴 개념과 로젠츠바이크(Franz Rosenzweig)의 견해 사이의 연관에 대해서는 Peter Kemp, *Levinas : Une Introduction Philosophique*, Fougères : Encre marine, 1992, pp. 39f 참조.
29) Lévinas, *Entre nous*, p. 21 (영어판, pp. 9~10).

초 존재를 한꺼번에 붙잡는$^{com\text{-}prendre}$ 것이며, 이해관계를 지닌다는 것 intéresser은 워낙 존재 가운데 있음$^{inter\text{-}esse}$를 뜻하는 것이기 때문이다. 그러니까 우리는 타인의 얼굴과 이해 이전의 상태에서, 이해에 앞서 만나며, 그렇게 존재를 넘어선다. 우리는 타인의 얼굴과 마주하여 이해 이전에 그 호소에 응답^{réponse}하며, 이해에 앞서 책임^{responsablité}을 진다. 레비나스에 의하면, 이것이 진정 초월의 길이며, 자연을 넘어서는 인간적인 것의 성립이다. 그러므로 레비나스에서 얼굴은, 또 이 얼굴과의 만남인 윤리는 규정된 세계 가운데 자리가 없으며$^{u\text{-}topos}$, 그런 의미에서 유토피아적이다.[30] 하지만 이것은 공상적이라는 뜻이 아니다. 오히려 우리가 윤리적 삶을 살 때, 타인의 얼굴의 호소에 응답할 때, 타자에 대한 책임을 질 때, 바로 그 속에서 유토피아를 실현한다는 뜻이다.

이처럼 레비나스의 주장은 매우 발본적이며 분명한 메시지를 담고 있다. 그것에 의거할 때 우리는 타인을 핍박하거나 죽일 수 없고, 벌거벗은 얼굴의 호소를 외면할 수 없다. 우리가 추구하는 사회의 변화가 무엇이든 이러한 기준에 어긋나는 삶을 받아들일 수 없다. 비록 더 나은 사회질서를 향한 구체적인 청사진은 제시하지 못할지라도, 허용하지 말아야 할 상황에 대해서는, 또 우리가 지향해야 할 삶의 자세에 대해서는 지침을 가질 수 있다. 그러나 이와 같은 레비나스의 주장을 대할 때, 우리는 그 철저한 '윤리성'에 일면 감탄하고 끌리면서도 정작 이 '윤리'가 어느 정도 실효성이 있는가를 묻고 싶어진다. 들뢰즈·가타리의 차이의 존재론과 유목론이 현실 영합적이고 무책임할 수 있는 위험성을 안고 있다면, 레비나스의

---

30) 이런 의미의 유토피아에 대해서는 문성원, 「닫힌 유토피아, 열린 유토피아」(『배제의 배제와 환대』, 123쪽 이하)에서 잠시 다룬 바 있다.

윤리는 지나치게 탈현실적이지 않은가?

지금까지의 논의에서 드러났듯 레비나스의 윤리에는 칸트와 유사한 특징이 있다.[31] 윤리는 현상세계를 넘어서 성립하며, 인식적 이성의 한계를 드러내 준다. 칸트에서 그런 것처럼, 레비나스의 윤리도 실제의 욕망이나 이해관계보다는 이상적 견지에 닿아 있다. 하지만 이러한 특성을 가진 윤리라고 해서 언제나 비현실적이라고 말하기는 어렵다. 현실사회의 지배적 모습을 그대로 용인할 수 없지만 그렇다고 현실의 운동을 규율하기에 적합한 신뢰할 만한 내적 원리를 찾지 못했을 때에는, 이상적인 기준이 한동안 우리의 사고와 행위에 방향을 잡아 줄 수 있다.[32] 다른 한편, 칸트적 견지와 레비나스 사이의 차이도 무시할 수 없다. 칸트가 보편적 도덕법칙을 내세우고 또 이를 실천이성과 연결 지어 주체의 역할을 강조했다면, 레비나스는 타자와의 대면적對面的 관계 각각이 가지는 유일성과 독특성을 부각시키고 주체를 타자에 의해 성립하는 것으로, 근본적으로 수동적인 것으로 본다. 그 때문에 보편적인 공평함의 문제는 뒤로 밀리는 반면, 벌거벗은 타자의 얼굴을 외면할 수 없다는 직접성이 전면에 등장한다.

레비나스에게서는 '네가 그렇게 하면 나도 그렇게 한다'는 식의 상호성이 우선이 아니다. 나와 타자의 관계는 비대칭적일뿐더러, 타자에 대한 나의 책임은 무한하기 때문이다. 더구나 그 타자가 호소하는 나는 지금 유일하게 선택되었으므로, 나의 책임은 그 누구의 책임보다 크다. 이와 같이

---

[31] 레비나스 스스로도 이런 점을 인정한다. Lévinas, *Éntre nous*, p. 22(영어판 p. 10) 참조.
[32] 레비나스는 맑시즘과 사회주의를 매우 긍정적으로 평가한다. 맑시즘에는 타자와의 관계에 대한 인정이 있다는 것이다. 그는 스탈린주의에 대해선 비판적이지만 소련과 동구권의 몰락에 대해선 이상을 실현하려는 노력이 결국 실패로 끝났다는 점을 아쉬워한다. Lévinas, *Is It Righteous to Be? : Inteview with Emmanuel Levinas*, pp. 180, 196f 등 참조.

우리가 언제나 처해 있는 독특성은 우리로 하여금 책임으로부터, 타자와의 관계로부터 결코 도망칠 수 없게 한다. 레비나스는 타자가 이미 가까이 있으며(근접성)proximié 달라붙어 있고(강박)obsession 그래서 나는 언제나 타자의 볼모otage 라는 점을 강조한다. 내가 나moi 이전에 자기soi 로서 성립하는 것부터가 타자와의 관계를 통해서이기에 내 속에는 이미 타자가 들어와 있다. 그러므로 나는 타자를 대신하지 않을 수 없는데, 이 대신substitution의 관계는 항상 독특하고 무한하다.[33] 나는 타자를 대신하는 책임, 타자에 응답하는 책임을 대체 불가능한 나의 처지에서 끝없이 지는 것이다.

이처럼 레비나스의 논의가 귀착하는 곳은 일반화되거나 보편화될 수 없는 '나'의 책임이다. 레비나스가 보편성이나 공평성을 문제 삼지 않는 것은 아니지만, 그런 경우는 내게 여러 타자들 사이의 관계가 문제가 될 때, 즉 제3자가 등장하는 상황에서이다.[34] 그러나 레비나스에 따르면, 이러한 공평성의 문제, 정의의 문제는 타자와의 대면적인 관계를 바탕으로

---

33) 이런 점들을 다루고 있는 주 저작은 『존재와 달리 또는 존재성을 넘어』(*Autrement qu'être ou au-delà de l'essence*, 1974)이다. 레비나스는 『전체성과 무한』에서와는 달리, 이 저작에서는 더 이상 '환대'(hospitalité)를 언급하지 않는다. 환대란 이미 나의 집을, 나의 영역의 테두리를 설정하고 난 뒤에 타자를 맞아들이는 것을 뜻하기 때문일 것이다. 레비나스는 그런 환대의 관계보다 더 먼저 우리가 타자와 얽혀 있음을 말하고자 한다.
34) 『전체성과 무한』에서는 정의가 동일자의 영역인 자유와 대비하여 타자와의 관계로서 다루어지지만, 『존재와 달리 또는 존재성을 넘어』 이후에는 공평성의 문제로서 논의된다. 그렇게 하여 '정의가 자유보다 앞선다'는 레비나스의 언명이 빛을 잃는 것은 아쉬운 일이지만, 이러한 변화는 정의라는 말이 일반적으로 함의하는 특성을 무시할 수 없었던 처사로 보인다. 그러나 데리다는 정의의 차원을 둘로 나누어, 공평성보다 더 근본적인 정의를 레비나스가 말하는 타자와의 관계에 가까운 견지에서 논의하고 있다. 데리다, 『법의 힘』 참조. 또 여러 타자가 문제가 될 때의 무한한 책임 문제를 다룬 글로서 이 책의 1부 3장「책임과 타자」참조.

할 때에만 제대로 자리 잡을 수 있다. 그러니까 정의나 이 정의를 구현하기 위한 국가의 문제는 윤리의 기반 위에 놓인다는 것인데, 사실 이런 영역은 레비나스의 철학이 초점으로 삼는 지점은 아니다. 레비나스 철학의 특색은 이 같은 보편의 영역 밑에 무한과 통하는 독특성이, 즉 결코 일반화되거나 재현될 수 없으며 존재의 지평마저 넘어선 윤리적 관계가 이미 성립해 있다고 주장하는 데 있다.

4. 내재와 초월

이제 들뢰즈·가타리와 레비나스의 관계로 돌아가 보자. 들뢰즈·가타리와 레비나스 사이에는 차이에 앞서 상당한 공통점이 있다. 무엇보다 고정된 규정과 재현의 철학을 극복하고자 한다는 점에서 그렇다. 위에서 언급한 독특성이나 무한의 문제와 관련해 보더라도, 들뢰즈 역시 『차이와 반복』 등에서 재현의 질서를 넘어서는 독특성singularité과 무한소에 이르는 차이를 계속 강조하고 있다. 서로가 서로를 언급한 적은 거의 없지만, 크게 보면 이들은 공통된 문제 상황과 시대정신 속에서 활동했던 셈이다. 이런 점을 생각해 볼 때, 또 이들이 내놓은 관점이나 처방이 사태를 전면적으로 진전시킬 만한 것도 아니라는 점을 고려해 볼 때, 우리가 이들의 철학을 굳이 배타적으로 취급할 이유가 있을 것 같지는 않다. 오히려 유사한 목표를 향한 상호보완적인 시도들로 받아들여질 여지가 더 크지 않을까 한다. 다만 우리로서는 이들 철학 각각의 특징을 드러내고 비교해 봄으로써 어느 쪽에 더 무게를 실을 수 있을지 가늠해 보고자 할 따름이다.

    전망이 불확실한 상황에서 들뢰즈·가타리의 철학이 지니는 해체론적 의의나 레비나스의 윤리가 보여 주는 이상적 기준에 대해서는, 부족하지만 이미 논의했던 정도로 그치기로 하자. 여기서 한 가지 부언하고 싶은 것은 이들의 철학에서 용어에서부터 대조적인 것으로 나타나는 '내재'와 '초월'에 대해서이다. 이 내재와 초월이라는 특성은 이들이 명시적으로 강조하는 것이면서 실제로도 이들 철학의 내용과 방향을 구분해 준다. 다시 독특성과 무한의 문제를 거론하자면, 양자가 다 독특성과 무한을 내세우지만 들뢰즈·가타리의 경우는 어디까지나 이것이 내재성에 담기는 반면, 레비나스의 경우는 곧바로 초월과 연결된다.

들뢰즈가 말하는 무한은 미분적 무한, 즉 무한히 작은 차이들로서 모든 규정의 바탕에 있는 것이며, 독특성이란 이런 미분적 차이들이 빚어내는 운동의 독특성을 가리킨다고 할 수 있다. 그러니까 이런 무한과 독특성은 비록 그것이 현실적 차원의 밑에 있는 잠재적 차원과 관계하는 것으로 여겨진다 하더라도 이 세계의 유동적인 구조에 속하는 것, 곧 세계에 내재적인 것이다. 그러한 한, 그 독특성과 무한은 세계에 대한 존재론에 의해 포괄된다. 들뢰즈·가타리가 이 세계의 온갖 구멍과 틈이 이 무한과 독특성에 닿아 있음을 이야기한다 하더라도, 또 이 세계가 주름 가운데 무한을 접어 넣어 정신마저 내재화함을 매우 흥미롭게 거론한다 하더라도, 레비나스적 견지에서 보면 이런 논의들은 모두 세계에 대한 포괄적 파악을 지향하는 존재론의 한 유형에 속하는 것이다.

물론 내재론이 긍정적으로 작용하던 때도 있었다. 초월을 내세운 억압이 중요한 사회적 지배 기제이던 시기, 초월성과 그에 바탕을 둔 유비론이 피지배자의 위치와 역할을 규정하고 한정하던 시기에는 그랬다.[35] 중세의 종교적 이데올로그들은 민중의 도리를, 민중이 무엇이냐를 문제 삼고, 이것을 그들이 대변한다고 하는 초월자의 뜻에 대비시킴으로써, 의도했건 의도하지 않았건 민중을 기만하고 수탈하는 데 기여했다. 반면에 내재론은 초월을 내세우는 종교적 입장에 대한 저항의 견지였다. 온갖 범신론자들이, 특히 스피노자Baruch de Spinoza가 그러했다. 그는 초월을 빙자하여 민중의 능력을 행위와 분리시켰던 관점을 비판하고, 유한자를 속박하는 규정들 대신에 신장 가능한 역량을 강조한다. 우리가 무엇인가라는 규정이 중요한 것이 아니라 우리가 무엇을 할 수 있는가가 중요하다. 우리의 역량대로 행위하고 우리의 역량을 키우는 것, 그것이 내재성에 바탕을 둔 스피노자의 윤리이며, 들뢰즈는 이런 점을 이어받고 있다고 할 수 있다.[36]

그러나 이제는 사정이 다르다. 오히려 모든 것을 포괄하여 설명하려는 지적 오만이 문제가 된다. 오늘날 스피노자 식으로 윤리와 실천의 영역까지 존재론적 구도 속에 모두 끌어넣으려는 것은 이중의 문제를 초래할 수 있다. 먼저, 그러한 존재론은 자신의 견지에 따른 해석을 세계에 '일의적'으로 적용하지 않을 수 없다. 설사 다른 견지들을 인정한다 해도 그 같은 견지들의 성립을 내재적으로 설명할 수 있어야 한다. 결국 여기에는 진정한 의미에서 타자가 성립하지 않는다. 왜냐하면 이 경우의 타자란 들뢰즈에서 그러하듯, 결국 다른 상황에 놓인 또 다른 나에 지나지 않기 때문이다.[37] 그리고 세계에 대한 이와 같은 설명은 이 설명 자체의 처지와 한계에 대한 설명까지 포함해야 한다. 여기에서 조울증躁鬱症에 견줄 만한 사

---

35) 이런 점과 관련하여 들뢰즈의 내재성을 옹호하고 초월성을 비판하는 글로 Daniel W. Smith, "Deleuze and Derrida, Immanence and Transcendence: Two Directions in Recent French Thought", *Between Deleuze and Derrida*, eds. Paul Patton & John Protevi, London: Continuum, 2003 참조. 스미스는 데리다를 초월 쪽에 선 철학자로 해석함과 아울러 내재-초월의 문제와 관련하여 들뢰즈와 선명한 대조를 이루는 인물로 레비나스를 꼽는다.
36) *ibid.*, pp. 62f 참조.
37) 들뢰즈, 『차이와 반복』, 김상환 옮김, 민음사, 2004, 588쪽 이하; 들뢰즈, 『의미의 논리』, 이정우 옮김, 한길사, 1999, 481쪽 이하 등 참조.

태가 생겨난다. 오늘날에는 그렇게 하기 힘든 일이겠지만 헤겔에서처럼 자신의 견해가 모든 것을 포괄하는 최고의 경지에 이른다고 자신한다면, 그것은 아마 조증躁症에 해당할 것이다. 그렇지 않고 자신의 견해가 부분을 차지할 수밖에 없는 조건들을 인식하고 받아들이는 경우에도 울증鬱症에 빠지기는 그리 어렵지 않다. 전체에 대한 자신의 파악이 이런 파악 자체의 국지적 위상에 대비되는 이상理想으로 작용하는 까닭에, 그러한 현실의 수용은 세상에 대한 허무주의적 태도나 자기 연민의 슬픔을 수반하기 쉽기 때문이다. 들뢰즈가 생각하듯 표층의 유머가 이러한 우울을 간단히 치유해 줄 수 있을까?[38]

한편, 이미 말했던 것처럼 레비나스의 독특성과 무한은 전체 속에 갇히지 않고 초월과 직결된다. 내가 장악할 수 없는 무한한 타자에 대한 언제나 독특한 관계. 이 관계는 존재성을 넘어서는 윤리적 관계이다. 이때의 초월은 나 외부의 어떤 존재를 지시하는 것이 아니라 끝없는 책임으로 이어지는 윤리적인 초월이며, 나에게서 멀어져 가고 나를 압도하는 것이 아니라 나에게 근접해 있고 달라붙어 있는 이웃의 초월이다.[39] 물론 나는 이 초월의 관계를 충족시키지 못한다. 이 초월적 관계는 언제나 고갈되지 않는 것으로 남는다. 타자에게 응답하면 할수록, 책임지면 질수록, 그 책임은 한층 더해지고 이 관계의 깊이는 더욱 깊어진다. 그러나 바로 그렇기 때문에 이 초월은 어떤 한정된 틀이나 목표처럼 우리를 압박하지 않으

---

38) 들뢰즈, 『의미의 논리』의 「계열19: 익살」 참조. 들뢰즈는 이상주의와 현실의 충돌에서 생겨나는 아이러니 및 비극에 유머를 대비하고 이를 표면의 노마드적 독특성과 연결 짓는다. 한편 그는 같은 책의 「계열22: 자기와 화산」에서 고착된 이상에 대한 우울증적 집착과 관련하여 알코올 중독을 분석하고 있다.
39) 이때의 근접해 '있다'거나 달라붙어 '있다'는 표현은 이미 관계함을 나타내는 것이지 어떤 존재의 상태를 가리키는 것은 아니다.

며, 우리를 좌절케 하거나 우울하게 하지 않는다. 다할 수 없는 책임 속에서 우리는 결코 안이해질 수 없지만, 그 다함이 없는 관계 속에서 우리 자신도 계속 새로워질 수 있다. 기실 초월의 힘은 이 새로움에 있다. 초월이란 닫혀 있지 않은 것과의 만남이고 수용이기 때문이다. 레비나스는 이 만남과 수용의 방식을 때로 잠을 통해서, 때로 자손 낳음^{fécondité}을 통해서, 가장 포괄적으로는 용서^{pardon}를 통해서 이야기한다.[40] 새로움은 내가 제어하는 테두리 안에서 오는 것이 아니며, 따라서 용서도 그 테두리 내에서 오는 것이 아니다. 레비나스에 따르면, 우리는 타자를 통해서 용서를 받으며, 타자를 통해서 새로움을 얻는다. 이렇게 초월은 우리 삶에 닿아 있는 것이다.[41]

---

[40] 잠에 대해서는 『존재에서 존재자로』(서동욱 옮김, 민음사, 2001)의 4장, 자손 낳음과 용서에 대해서는 『전체성과 무한』의 4부 참조. 서동욱은 그의 저서 『일상의 모험』(민음사, 2005, 67쪽 이하)에서 레비나스의 잠에 대한 논의를 다루고 있지만, 이 새로움의 문제에 충분히 착안하지는 못하고 있다.
[41] 나는 용서와 새로움의 문제가 앞서 들뢰즈·가타리의 해체론적 함의와 관련하여 논의한 분단체제의 문제에도 시사하는 바가 크다고 생각한다. 분단의 해소는 용서를 통한 새로움의 출현으로 받아들여질 수 있고, 이것은 단순한 해체 이상의 의미를 가진다. 레비나스에서 자식이 타자이며 나이며, 그래서 삶의 새로운 이어짐이듯이, 세대의 바뀜도 인과적 연속을 넘어선 새로움이 들어서는 중요한 계기가 될 수 있다. 이것 역시 타자가 우리의 사회적 삶에 관여하는 방식이 아닐까.

2부 새로움과 윤리

1장 반복의 시간과 용서의 시간
들뢰즈냐 레비나스냐(2)

1. 늙음과 시간

우리가 사유하는 것은 현재에서다. 우리가 느끼는 것도 물론 현재에서다. 과거의 사유와 느낌은 현재 속에서 기억을 통해 반복될 뿐이고, 그래서 그것 또한 현재의 일부다. 미래 역시 마찬가지다. 우리에게 미래는 예상이라는 형태로 현재 속에 존재한다. 이런 점으로부터 여러 가지 귀결을 끌어낼 수 있겠지만, 우선 다음과 같은 점을 생각해 보자.

사유와 느낌은 항상 지금 현재 살아 있는 자의 몫이다. 후회와 회한의 목소리는 언제나, 지금 살아남은 자의 목소리다. "그렇게 지내다간 나처럼 늙어서 후회할 거야"라는 경고는 이미 늙은이의 말이며, 늙은 처지에서의 느낌과 판단을 담고 있다. 그렇다면 지금 젊은이들이 이 말에 가치를 두어야 할 까닭은 무엇인가? 그들 또한 늙을 것이라는 것을 지금 알고 있기 때문에? 일단은 그렇다. 하지만, 만일 늙지 않을 이가 있다면, 이를테면 요절할 것이 분명한 이가 있다면, 그는 이 말에 가치를 두지 않아도 좋을 것이다. 또 늙는다고 하더라도 늙어서의 삶이 젊은 지금의 삶보다 비중이

덜하다고 생각하는 젊은이라면, 그 말에 크게 개의치 않을 것이다. 늙은 나도 나일 것이지만, 그 늙은 내가 지금의 젊은 나보다 더 중요하다고 보아야 할 이유가 무엇인가? 늙은 처지에서 후회하지 않기 위해 지금의 즐거움이나 보람을 희생하는 행위가 어떻게 정당화되는가? 늙어서 후회하더라도 현재에 충실하겠다는 태도가 문제시될 이유는 어디에 있는가?

늙은이들은 젊은 시절을 겪었고 그래서 평가할 수 있는 젊음의 경험과 기억을 가지고 있다는 것이 장점으로 여겨질 수 있다. 나이 든 사람들은 기억을 통해 젊었을 때의 느낌과 사유를 이해할 수 있고 현재 나이 든 처지에서의 삶도 경험하고 있으니, 그래서 양자를 아울러서 판단할 수 있다는 것이다. 다시 말해, 젊은 시절과 나이 든 시절을 같이 조망하고 그 사이의 연관까지 고려해서 보다 전체적인 평가를 할 수 있다는 얘기다. 이것은 분명 일리 있는 생각이다. 하지만 늙은 처지에서의 판단이 지금 그 처지에 의해 영향을 받기 마련이라는 점, 우리의 기억이 현재의 관심과 연관하여 변형된 형태로 재저장되곤 한다는 점 등도 심각하게 감안되어야 하지 않을까? 늙은이의 판단은 자칫 왜곡된 자료를 바탕으로 자신의 현재 처지와 구미에 맞게 조정될 여지가 있다는 말이다. 게다가 만일 늙음이 성숙의 보탬이라기보다는 위축이나 능력의 감소의 면이 강하다면, 그에 수반하는 판단을 높이 사야 할 이유는 없다.

"너희도 내 나이가 되어 보면 내 말이 옳다는 것을 알게 될 것이다"라는 흔히 들을 수 있는 발언은, 그것이 나이 듦에 따른 주관적 처지에 대한 언명에 관한 것이라면 몰라도, 일반적으로는 그 자체로 정당성을 가지기 어렵다. 설사 대부분의 젊은이가 그 나이가 되어 그 말이 옳았음을 인정하게 된다 하더라도 그러하다. 나이 듦이 초래하는 부정적인 면이, 가령 판단력의 둔화나 일정 방향으로의 편향이 그러한 판단에 개재될 수도 있는 까닭이다. 그렇게까지는 아니더라도, 나이 듦이 현명한 판단을 내릴 수 있는 능력의 신장과 직결된다는 생각을 일반적인 전제로 승인하기는 힘들다. 특정한 종류의 판단에 대해서는 그런 전제가 옳을 수도 있다. 하지만 일반적으로도 그럴까? 오늘날 노인들의 판단에 실리는 무게를 보면 그렇지 않다는 현실적 반증이 강력함을 알 수 있다.

내가 이런 이야기로 논의를 시작하는 것은 노인과 노인의 능력을 폄하하기 위해서가 아니다. 오늘날 노인들의 위상은 그러한 종류의 가세가 전혀 필요 없을 정도로, 아니 오히려 반대의 노력이 절실하게 필요할 정도로 많이 떨어져 있다. 나의 의도는 오늘날 이미 많은 변화를 겪은 시간성, 특히 통시通時의 의미와 그것의 개인적 체화로서의 나이 듦 내지 늙음의 의미를 다시 찾아보려는 데 있다.

이제 더 이상 세월의 축적을 진보로, 현명함의 증대로 간주하기 어려운 분위기다. 나는 이러한 변화의 주요한 한 부분이 기억의 외장外藏과 객체적 활용의 형태로 이루어진 시간의 해방에서 비롯되었다고 생각한다. 예전에는 우리 머릿속에서만 발견할 수 있었을 법한 숱한 이미지들이 오늘날에는 우리 주변에 객체의 형태로 범람하고 있다. 그것들은 발전된 저장장치와 재현장치를 통해 무수히 재현되고 변형되며 조작되는데, 그 이미지들이 출현하는 시간적 순서에는 제한이 없다. 정보라는 더 일반적인 규정하에서 보더라도 대개의 효용성 있는 정보는 이제 한 인간 개체에 내장[1]되던 형태를 벗어나 있고, 그래서 그 활용 면에서도 개체 내에 축적된

---

[1] 나는 외장(外藏)이라는 용어를 내장(內藏)이라는 용어와 대비하여 만들었는데, 후자의 표현은 김성환의 논문 「동물의 '삶의 양식'에 대한 자연철학 연구」(『시대와 철학』 14호, 1997년 봄)에서 본 적이 있다. 그는 동물의 기관이 환경을 내장함으로써 항상성을 향상시키는 방향으로 진화하였다고 파악하고 있다.

경험에 크게 제한받지 않는다. 이전에는 기억을 떠올리거나 이미지를 조작하는 활동이 주로 개인의 머릿속에서 이루어졌다면, 오늘날에는 외부의 장치들을 통해 이루어지는 경우가 많다. 이에 따라 기억과 결부된 시간성 역시 외화外化한 모습을 보인다. 기억을 소환하는 순서는 그 기억이 저장된 순서와 무관하며 그래서 우리는 기억의 떠올림과 관련해서는 시간의 비가역적 질서를 넘어설 수 있다. 그런데 이제 이러한 시간의 뒤섞임은 이미지 재현의 대중적 형태 속에서도 전혀 낯설지 않은 것이 되었다. 시간의 비가역성을 거스를 수 있는 영역이 주관의 틀을 벗어나 사회적 세계의 일부가 되었음을 보여 준다. 이런 점에서 나는 여기에 해방이라는 표현을 쓸 수 있다고 생각한다. 또 이것이 시간에 대한 우리의 체험 방식을 바꾸는 것이라면 시간의 해방이라는 약간 과도한 표현도 허용될 수 있으리라고 본다.[2]

어떻든 나는 이 같은 시간의 해방이 비단 노인에 대한 일상적 평가뿐 아니라 시간과 관련한 철학적 논의에도 적지 않은 영향을 미쳤다고 판단한다. 반복을 시간성의 주요한 개념으로 떠올리려 했고, 이른바 시간-이미지를 통해 현대문화를(특히 영화를) 이해하고자 한 들뢰즈의 철학도 이러한 변화에 민감했던 대표적인 사례로 보인다. 그래서 나는 이 자리를 통해 시간에 대한 들뢰즈의 논의를 주로 기억의 외장을 이론화했다는 맥락에서 이해해 보고자 한다. 그의 시간관의 대종은 기억에 관한 베르그손의 이론을 외화함으로써, 더 정확히 말하면 이미 거기에 담겨 있는 외화의 면

---

2) 오늘의 대중문화에 대한 평가 문제나 우리가 논의의 출발점으로 삼은 노인의 위상 문제와 결부시켜 볼 때, 해방이라는 표현의 긍정적인 함의가 좀 껄끄러울 수도 있겠다. 그러나 이것이 우리가 얽매어 있었던 선형적이고 축적적인 시간의 질서로부터 벗어나 새 가능성을 열어 주는 것이라면, 전망이 불투명한 부분적인 해방이라도 해방은 해방이 아니겠는가.

을 더 강화하고 부각시킴으로써 이루어졌다는 것이 내 생각이다. 하지만 이와 같은 들뢰즈의 견지는 시간에 대한 변화된 체험 방식의 한계를 해석해 내는 면에서 만족스럽지 못하다. 문화적 환경의 변화에도 불구하고 인간 개체는 전체적으로 여전히 비가역적 시간의 제약하에 있으며 늙음과 죽음의 운명을 나름으로 받아들이지 않을 수 없다. 우리가 레비나스의 논의에 기대게 되는 것은 이렇게 시간의 폭력을 수용하는 우리의 자세와 관련해서다.

2. 들뢰즈의 시간 이해

들뢰즈는 『의미의 논리』에서 스토아적 시간관을 끌어들여 물체의 시간을 설명한다.[3] 물체의 시간은 현재뿐이다. 물체들은 서로 작용하고 작용받는 관계로 얽혀 있지만 그러한 관계하에서 현재에만 존재한다. 물체들 사이의 연관을 사태라고 하면, 사태도 현재에만 존재한다. 과거의 사태란 지나가 버린 것이고 기껏해야 그 지나가 버린 것의 상(像)으로서 현재에 존재하는 것 아닌가. 이렇게 생각하면 우주 전체에 존재하는 것은 현재뿐이다. 아니, 아예 시간이란 존재하지 않는다. 현재뿐인 시간이란 결국 무시간을 뜻하는 것일 테니까 말이다.

　오늘날의 자연과학적 견지를 도입하여 생각하더라도 사정은 크게 달라지지 않는다. 우리는 보통 시간이 일정한 사태와 사태 사이를 연결하는 함수적 관계의 변수로 취급된다는 사실을 잘 알고 있다. 그런데 이 사태란 어떤 고정된 상으로서 시간의 좌표축 위에 배열되는 것이다. 그 상 자체는

---

3) 들뢰즈, 『의미의 논리』의 「역설들의 계열 2 : 표면 효과들」, 48쪽 이하 참조.

과거의 사태를 표상하든 미래의 사태를 표상하든 현재에 존재하는 것이지, 그것이 표상하는 과거나 미래의 사태와 같은 것이 아니다. 과거의 사태나 미래의 사태는 존재했던 것이거나 존재할 것으로 상정된 것일 뿐, 엄밀히 말해 그 자체로는 존재하지 않는다. 시간의 좌표축 역시 과거와 미래의 사태로 상정된 것들의 관계를 처리하기 위한 현재의 상일 따름이다. 우리에게 가능한 현재의 파악이 빛의 속도에 의해 제약을 받는다는 점을 고려하더라도 과거나 미래가 존재의 권리를 얻게 되는 것은 아니다. 그것은 기껏해야 현재가 인식자의 위치에 상대적으로, 그런 의미에서 국지적으로 성립한다는 점을 함축할 뿐이다. 그러나 우주 전체를 통째로 포착할 수 있는 견지를 상정한다면 그렇게 하나의 전체로 포착되는 우주에서는 국지적 현재들을 포함하는 하나의 현재만이 존재할 것이라고 생각할 수 있을 법하다.[4]

그렇다면 과거나 미래는, 나아가 시간은 세계에 대한 인식주관의 파악 방식과 결부된 것이라고 보아야 할까? 일단은 그렇게 생각하는 것이 그럴듯해 보인다. 물론 여기에 긍정적으로 답한다고 해서 통일된 세계상을 갖게 되는 것은 아니다. 우리는 여전히, 불변의 법칙적 세계를 참인 것으로 상정하는 견지와, 지속 또는 변화의 세계를 우선으로 놓는 견지, 혹은 불가지론의 견지 등 여러 갈래의 관점들을 만나게 될 터이다. 그러나 어떤 관점을 취하건 그 위에서 과거와 미래를 다루는 시간이 어떻게 성립하는지를 해명할 필요가 있을 것이다.

그런데 들뢰즈가 『의미의 논리』에서 택하는 것은 현재만이 존재하는 무시간적 물체의 차원과 다른 의미의 차원에 과거와 미래를 귀속시키는

---

[4] "인간이 과거나 미래로 파악하는 것을 신은 그 영원한 현재에 있어 본다."(같은 책, 261~262쪽)

방식이다. 이것이 이른바 아이온^Aion의 시간이다. 여기에 대비되는 크로노스^Cronos는 물체의 시간, 즉 현재만의 시간이다. 그리스 신화가 말해주듯 크로노스는 자신의 자식들을 집어삼키는 존재니까, 미래와 과거를 허용하지 않는 현재를, 자신의 바깥을 허용하지 않는 전체로서의 시간을 나타내는 데 적합한 이름일 수 있다. 하지만 아이온은 '영원'이라는 뜻의 그리스어가 아닌가? 그렇다면 과거와 미래가 귀속하는 시간이 영원이라는 말일까? 들뢰즈에 따르면 그렇다고 해야 할 것이다. 과거와 미래는 한없이 연장될 수 있으므로 그 점을 생각하면 이 역시 엉뚱한 명칭은 아니다. 그 직선 위의 점은 순간일 텐데, 이 순간은 무한히 작은 지점에서 과거와 미래로 나눠진다. 이 직선은 그 어디에서나 영원으로 연장되는 것일 뿐, 연대기와 같이 여러 시점들을 표시할 수 있는 공간적 잣대가 결코 아니다. 과거와 미래가 이 아이온의 차원에 귀속한다고 하지만, 여기에서 우리에게 익숙한 과거와 미래의 역할을 찾을 수 있을 것 같지는 않다. 영원과 순간의 통일로서의 시간. 크로노스의 현재가 모든 걸 먹어 치우는 물체의 괴물이라면, 아이온 역시 과거와 미래를 영원 속에 녹여 버리는 괴물이라 할 수 있을 법하다. 그렇다면 들뢰즈는 대체 왜 이 같은 얘기를 하는 것일까?

    들뢰즈에 의하면, 아이온은 의미가 성립하는 시간의 차원이다. 그런데 들뢰즈는 이 의미가 대상에 대한 지시에 의해서나 주체의 의도를 드러냄에 의해서 또는 기호들 사이의 의미작용에 의해서 생겨난다고 보지 않는다. 이렇게 유력한 의미 이론의 갈래들을 내치고 들뢰즈가 내세우는 것이 사건의 의미론인데, 이 사건이 속하는 차원이 바로 아이온이다. 사건은 물체 영역의 사고^事故; accident와 무관하지도 않지만 그것과 같지도 않다. 의미란 사고처럼 물체적 세계의 한 부분으로서 현재 속에 스러지고 마는 것이 아니기 때문이다. 우리가 알다시피 의미는 명제에 의해 표현되는데,

그 의미는 영속하는 면이 있다. 그래서 들뢰즈는 사건이 물체적 현재의 부분적 사태인 사고의 효과로 나타나지만 물체적 차원과는 다른 차원에서 성립한다고 주장한다. 그렇다면 그 차원은 관념적인 것인가? 일단 그럴 수밖에 없어 보인다.[5] 단, 들뢰즈는 이 관념적 차원을 관념론에서와 같이 물체를 규정하는 어떤 본질적인 것으로 놓고 싶어 하지 않는다. 그렇게 하면 그것은 플라톤의 이데아처럼 초시간적인 본이 되거나 헤겔의 이념처럼 사태의 전개 원리가 될 공산이 크다. 하지만 그런 것들이야말로 시대착오적인 것으로서 들뢰즈가 피하고 또 공격하려 하는 것이다. 그래서 들뢰즈는 관념의 세계, 이념의 세계를 물체를 지배하는 높이로 올리지 않고 물체와 붙어 있는 이른바 표면의 차원으로 가져온다. 아이온의 영역인 이 표면은 물체의 현재에 접한 접선의 영역이라 할 만하다. 접점인 현재로부터 무한하게 과거와 미래로 펼쳐지는 이 아이온 위에서 순간에 발생한 사건은 영원의 차원으로 녹아들어 간다.

물론 그렇다고 해서 의미가 확정적이 되는 것은 아니다. 상황에 따라 사건에 대한 해석이 달라지듯 의미도 변하고 달라질 수 있다. 아이온은 오히려 그러한 부정적(不定的) 의미가 담기는 차원이며 그래서 그 자체로는 텅 빈 시간의 형식이다. 들뢰즈는 의미가 빈칸을 포함한 기호들 사이의 유동적인 관계에 따라, 그래서 다른 의미 및 무의미와의 관계에 따라 변화한다는 포스트-구조주의적 의미론을 취한다. 이렇게 해서 그는 의미를 언어 외적인 또는 언어 내적인 고정된 질서에 묶어 두는 관점들을 벗어나려 한

---

5) 이정우는 '관념적'(idéel)을 애써 '비물체적'으로 옮기지만 이건 과잉 친절로 보인다. 들뢰즈는 '비물체적'(incorporel)이라는 표현도 쓰고 있고 이것을 '관념적'과 연결 짓는 데 주저하지 않는다.

다. 시간성의 면에서 보면, 들뢰즈는 아이온을 내세워 단순한 공시共時를 넘어서는 한편, 통시 속의 계기적 질서들을 해체해 버렸다고 할 만하다. 아이온은 모든 사건들을 아우르는 영역으로서의 대사건이며 그런 점에서 이념이지만, 여기에는 어떤 고정적 시점도 없이 무한히 뻗어 가는 과거와 미래가 있을 뿐이다. 그래서 이 아이온은 불변의 이데아나 원리의 총체 따위가 아니라, 끊임없는 생성과 영원을 함께 담는 형식이 된다. 이런 점에서 보면 들뢰즈가 이 아이온을 영원회귀의 시간으로 제시하고 있는 것은 이상한 일이 아니다. 아이온 속에서는 어떤 것도 고정되어 현재를 누릴 수 없는 반면, 거기서 생겨나는 모든 것은 존재했으며 존재할 것으로서 끝없이 되돌아온다. 생성과 영원을 묶어 놓을 방법이 영원한 반복 외에 또 무엇이 있겠는가.

그렇지만 이러한 구상이 치러야 할 대가도 만만치 않다. 무엇보다 물체의 차원과 의미의 차원 사이의 관계가 문제이다. 들뢰즈는 물체적 사태인 사고가 사건을 효과로서 산출한다고 하고 이를 효과화라 부르며, 여기에 대비해서 사건이 물체적 차원에 미치는 작용을 반反효과화라고 명명한다. 그러나 이 반효과화는 개별적인 사건을 어디까지나 관념의 영역에 속하는 사건의 지평에서 보편화하여 그 의미를 취하는 데 그치는 것으로 보인다. 이것을 들뢰즈는 '희극배우가 되는 것'이라고 설명한다.[6] 말하자면 개별 사건의 직접성을 벗어나 그 의미를 영원성의 견지에서 조망하고 나아가 이를 되풀이해서 받아들일 수 있는 자세를 갖추는 것이라는 뜻일 텐데, 이것은 결국 운명애나 유머의 정신으로 귀착한다.[7] 이 같은 귀결은 들

---

6) 들뢰즈, 『의미의 논리』, 263쪽. 『철학이란 무엇인가』에도 유사한 논의가 등장한다. 들뢰즈·가타리, 『철학이란 무엇인가』, 이정임·윤정임 옮김, 1995, 228쪽 이하 참조.

뢰즈가 의미의 차원을 물체적 존재와 다른 열외-존재의 차원으로, 그래서 물체와 직접 연결하기 어려운 차원으로 놓은 이상 피하기 어려운 결과라 여겨진다.

그런데 자못 흥미로운 것은 이런 식의 설정이 오히려 그럴듯해 보일 수 있는 상황을 현대사회의 변화와 문화 양상 속에서 찾을 수 있다는 점이다. 이 말은 비단 역사발전의 전망이 불투명해졌다거나 자본의 운동 앞에 개개인이 더욱 무력해졌다는 것, 그래서 우리에게 위안을 줄 수 있는 유머나 체념을 분식扮飾할 윤리가 필요해졌다는 식의 사태를 가리키는 것만은 아니다. 그에 못지않게 주목할 만한 것은 상대적으로 독립적인 의미 표현 영역의 괄목할 만한 성장이며 그 전개 양상이다. 여기서 우리는 한편으로 이미지나 기호 등 비물체적이고 관념적인 요소의 역할이 커졌다는 면과 함께, 다른 한편으로는 이런 요소들의 작동을 뒷받침할 물질적 장치가 크게 발전했다는 면을 지적하지 않을 수 없다. 앞서 이미 언급했던 것처럼 이미지와 정보의 중요성이 제고되고 그 독자성이 강조되는 이면에는 그것을 가능하게 한 물질적이고 경제적인 조건이 자리 잡고 있는 것이다. 이 같은 역설적인 현상이 크게 보면 지난 세기부터 각종 기호본과 의미본 및 언어철학이 부각될 수 있었던 중요한 배경 가운데 하나라 할 수 있다. 또 작게 보면 들뢰즈·가타리가 『천 개의 고원』에서 내용과 표현을 각각 주요한 배치의 영역으로 놓고 그 형식의 상호 독립성을 강조할 수 있었던 것도

---

7) 유머에 대한 들뢰즈의 상세한 설명은 『의미의 논리』의 '계열19'에 나온다. 비록 유머가 특정한 개체의 처지를 넘어서는 보편적 시야를 요구하는 것이라 하더라도, 그것은 스토아적 사고방식의 일면이 그러하듯 냉혹한 현실에 대한 소극적 대처방식에 지나지 않는 것이라고 평가받을 수 있다. 이와 관련하여 프로이트의 유머에 대한 짧은 분석(지그문트 프로이트, 「유머」, 『예술, 문학, 정신분석』, 정장진 옮김, 열린책들, 2003, 507쪽 이하) 참조.

이런 변화 덕택이라 하겠다.[8] 이들에 따르면, 내용은 물체와 관련되는 기계적 배치물이며 표현은 언표와 관련되는 집단적 배치물이지만, 여기서 표현은 내용으로 환원되거나 내용에 의해 인과적으로 결정되지 않는다. 전통적인 내용-형식의 결합 관계는 해체되고, 형식은 물체적 내용뿐 아니라 새로 부각된 표현 영역에도 독자적인 형태로 주어진다. 물론 앞서 의미가 그러했던 것처럼 이 형식들도 고정된 것으로만 여겨지지는 않는다. 이들이 강조하는 탈영토화는 기존의 형식을 깨고 가로지르는 운동이며, 그래서 이러한 탈영토화와 새로운 재영토화가 계속 이어지는 세계는 단순한 재현의 반복을 넘어서는 끝없는 생성의 세계가 된다. 하지만 다소 아이러니컬한 것은 이 같은 발상의 이면에는 표현을 독립된 영역으로 간주할 수 있을 정도로 팽창시킨 재현 기술과 장치의 발전이 자리하고 있다는 점이다.

그렇다 하더라도 재현은 들뢰즈가 애써 극복하고자 하는 표현형식이고 사회적 삶의 양태임이 분명하다. 탈주와 탈영토화를 내세우는 그의 사회이론이 자본주의의 역동성에 크게 영향을 받았다고 해서 자본주의 밖을 지향할 수 없는 것은 아니듯이, 기호나 이미지 영역의 독립성을 내세우는 그의 문화이론이 재현의 발전에 크게 힘입었다고 해서 재현의 한계를 넘어서려 할 수 없는 것은 아니다. 더욱이 그가 말하는 내용과 표현의 상호 독립성도 이런 시도에 도움이 될지 모른다. 특히 들뢰즈가 재현의 내용에나 걸맞을 것같이 보이는 반복이라는 표현을 재현의 비판과 지양을 위해 사용하는 것을 보면 더 그렇다고 여겨진다.

일반적으로 말해 재현이나 반복은 현재를 절대화하는 크로노스의 시간이나 부정적不定的 과거와 미래를 절대화하는 아이온의 시간에 어울린다기보다는 기억과 재인再認의 능력을 전제하는 주체의 시간에 어울린다.

재현이 있었던 것의 다시 나타남이고 반복이 있었던 것의 되풀이인 한, 재현과 반복을 거론하기 위해서는 어떤 상태를 파악하고 보존하여 비교의 기준으로 사용하는 일이 필요하기 때문이다. 그래서 재현뿐만 아니라 반복도 우선 동일성을 전제하며 이 동일성을 포착하는 개념을 전제한다고 할 수 있다. 이런 개념이 없이 "한 경우가 사라지지 않고서는 다른 경우를 산출하지 않는 물질"[9]만으로는, 곧 현재만이 존재하는 물체의 차원에서는, 재현이니 반복이니를 따질 수조차 없을 것이다. 그렇지만 이 동일한 것이 다시 나타난다는 사태는 동일성 자체에 포함되지 않으며, 따라서 그 동일성에 대한 개념에 포함되지 않는다. 다시 말해 이 동일성의 재현에는 그 동일성의 개념에 없는 차이가 개재하는 셈이다. 그런데 이 차이가 자리 잡게 해주는 형식이야말로 시간이라고 할 수 있지 않을까? 또 거꾸로 그러한 형식을 지니고 있는 존재만이 시간을 의식할 수 있는 것 아닐까?[10]

---

8) 들뢰즈·가타리, 『천 개의 고원』, 167쪽 이하 참조.
9) 들뢰즈, 『차이와 반복』, 172쪽.
10) 이런 질문은 시간의 성립 문제를 우리가 『의미의 논리』의 아이온을 통해 우회하기 전의 상태로 돌려놓는 듯도 하다. 사실 들뢰즈의 철학에서 시간론을 추려 낸다고 할 때 『의미의 논리』가 차지하는 비중은 부차적이다. 아이온의 특징인 텅 빈 시간성은 『차이와 반복』에서부터 『시네마 II : 시간-이미지』와 『철학이란 무엇인가』에 이르기까지 계속 나타나지만, 아이온이라는 명칭은 잘 눈에 띄지 않는다. 게다가 『의미의 논리』에 대한 들뢰즈 자신의 평가도 좋은 편이 아니다(『의미의 논리』의 이탈리아판에 쓴 노트를 보라. Gilles Deleuze, *Deux régimes de fous*, éd. David Lapoujade, Paris : Édition de Minuit, 2003, pp. 58f). 특히 의미의 '표면'에 대한 논의와 정신분석학에 의존하는 '심층'에 대한 논의는 『의미의 논리』 이후 들뢰즈의 저작에서 더 이상 등장하지 않는다. 이런 변화에는 펠릭스 가타리와의 만남과 공동작업이 큰 영향을 주었다고 여겨진다. 우리 사회에서 『의미의 논리』가 한때 누렸던 대중적 관심은 이정우라는 소개자의 역할에 힘입은 바가 크지만, 우리가 이 글에서 논의한 사회적·문화적 변화가 그 배경 노릇을 했으리라 생각한다. 그러나 다른 한편, 『차이와 반복』이나 『시네마 II : 시간-이미지』에서의 시간 논의가 베르그손의 이론에 힘입은 바 크다는 점을 고려하면, 시간에 관한 들뢰즈의 고유한 특색을 아이온의 시간에서 찾아볼 이유도 없지는 않다.

그러나 이런 정도에 머문다면 주체와 관련하여 기껏 재현의 시간을 거론하는 데 그치게 된다. 들뢰즈가 자신이 노리는 바를 이루기 위해서는 이 재현을 넘어서는 새로운 반복의 시간성을 정초해 낼 수 있어야 할 것이다.

들뢰즈는 『차이와 반복』에서 행위 및 인식의 주체와 관련하여 시간을 다루고 있다. 특히 2장 「대자적 반복」에서 그는 습관과 기억을 거쳐 영원회귀에 이르기까지 시간과 관련된 논의를 풀어 나간다. 그런데 이미 서두에서 말한 것처럼, 우리는 여기서 베르그손의 영향, 특히 『물질과 기억』 *Matière et mémoire*의 영향이 두드러짐을 볼 수 있다. 들뢰즈는 유기체로서의 주체의 특성이 주체 밖의 대상을 수축하는contracter 데 있으며 여기서 습관과 기억이 형성된다고 설명한다. 또 그런 면에서 자아 자체는 일종의 응시contemplation로 볼 수 있다고 주장한다. 자못 흥미로워 보이는 이 같은 발상은 그러나 정신의 응축작용condensation에 대한 베르그손의 생각을 그대로 따온 것 같다.[11] 특히 과거에 대한 들뢰즈의 논의는 그의 시간론에서 중심적 위치를 차지하는데, 여기서 그는 명시적으로 베르그손의 기억이론에 기대고 있다. 그래서 베르그손의 '순수기억'은 들뢰즈에게서 '순수과거'가 되며, 유명한 원뿔형의 도식으로 설명되는 잠재적 기억의 총체인 '성격'은 들뢰즈에게서 '운명'이 된다. 이를테면, 기본적으로 주체 내적인 구도가 객체적인 것으로까지 확장된 의미를 부여받게 되는 셈이다. 그러나 베르그손 또한 기억을 소멸되지 않는 독립된 존재를 가진 것으로 보고 있다는 점을 생각하면, 이러한 확장이 이유가 없는 것은 아니다.

---

11) 들뢰즈, 『차이와 반복』, 175쪽 이하; 앙리 베르그손, 『물질과 기억』, 박종원 옮김, 아카넷, 2005, 특히 123쪽 이하와 367쪽 이하 참조. 또 『차이와 반복』에서 매우 중요한 강도(intensité)에 대한 발상도 베르그손의 『물질과 기억』에서 빌려 온 것으로 보인다.

사실 기억이 뇌에 저장되는 것이 아니라는 베르그손의 견해는 오늘날 지지받기 어렵다. 그러나 뇌 이외의 발전된 기억장치들이 우리 주위를 둘러싸고 있는 요즘의 상황은 기억의 존재가 뇌에서 독립해 있다는 베르그손의 발상에 오히려 힘을 실어 주는 면이 있다. 기억의 존재는 이미 개인의 주관 또는 뇌의 상태라는 범위를 크게 넘어서 있는 까닭이다. 오해의 가능성이 있기는 하지만, 순수기억의 특성도 컴퓨터를 모델로 설명하는 것이 손쉬울 것 같다. 개인용 컴퓨터를 생각해 보자. 모니터에 떠올라 있는 자료나 프로그램은 현재의 의식 내용에 해당된다. 여기에는 컴퓨터에 있는 모든 자료와 프로그램이 나타나 있지 않다. 작업의 필요에 따라 저장된 데이터의 일부가 불려 오는 것일 뿐이다. 저장된 자료를 한꺼번에 모두 소환하는 일은 불필요하고 또 불가능하다. 이처럼 컴퓨터에 저장된 날것의 자료 전체가 바로 순수기억에 해당한다고 볼 수 있다. 물론 컴퓨터에서는 자료의 양적 선별과 변형이 이루어지는 반면 우리 의식에서는 기억의 질적 수축이 이루어진다는 점을 염두에 두어야 할 것이다. 그렇지만 이 자료 전체가 그대로 재현될 수 없으면서도 작업의 바탕이 되며 그 작업에 한계를 긋는다는 점에서 순수기억과 닮은 점이 있다. 들뢰즈가 말하는 '순수과거'도 비슷한 특징을 가진다. 이것은 그대로 현재였던 적이 없으며 또 그대로 재현될 수도 없는, 그렇지만 그 바탕에서 현재를 가능하게 하는 과거이다.[12] 이를테면 과거의 총체 그 자체라고 할 수 있을 법하다. 만일 기억을 특정한 주체나 국지적인 저장장치에서 해방시켜 세계에 풀어놓는다

---

[12] 그리고 우리의 정신적 '성격'에 해당하는 것이 컴퓨터에 있다면 그것은 자료와 프로그램의 총체가 빚어내는 특성이 될 것이다. 이런 유비적 설명을 계속하자면, 베르그손은 뇌를 램(RAM)에 해당하는 것으로 보고 롬(ROM) 같은 기억장치를 독립된 존재 영역으로 상정한 것이라 볼 수 있겠다.

면 그렇게 해방된 세계의 기억 자체를 순수과거라고 할 수 있을까? 거꾸로 생각하면, 물질은 그 자체로는 기억의 능력이 없고 기억이 있는 주체들도 개별적인 필요와 그 능력에 의해 기억이 제약을 받는 까닭에, 순수과거는 그 전모를 드러낼 수 없는 것이라고 할 수 있겠다. 물론 이런 순수과거를 설정할 수 있다 하더라도 기억이 없는 존재에게는 아무런 소용이 없다. 그런 존재에게는 현재만 있을 뿐이어서 그 어떤 과거든 그것은 현재 속에 파묻혀 있거나 현재와 붙어 있을 따름이다.[13] 그렇지만 기억능력을 가진 주체와 그 주체들 사이에 형성된 소통 가능한 세계에서라면 어떤가? 그들에게 순수과거는 개별적 기억과 집단적 기억의 바탕으로서 작용할 수 있지 않겠는가? 이런 면에서 보면 순수과거라는 발상은 순수기억이 가질 수 있는 개체적이고 주관적인 한계를 넘어서려는 시도라고 할 수 있다. 그리고 이와 같은 시도의 배경에는 실제로 광범위하게 이루어진 기억의 객체화 현상이 자리하고 있는 것이다.

이러한 순수기억의 확장으로서의 순수과거는 재현적이지 않은 시간성을 제시하는 데 큰 역할을 한다. 그 요체는 역시 기억의 특성을 객체화된 시간성이 이어받는 데 있다. 우리는 특정한 기억을 떠올릴 때도 그 기억 이외의 다른 기억들이 그 기억을 떠올리는 나를 떠받치고 있음을 알고 있다. 지금 직접 의식의 표면에 등장하지는 않았다 하더라도 그 배면에 놓여 있으면서 현재의 의식에 영향을 주는 무수한 기억들 및 기억들의 엮임. 언제나 우리를 따라다니는 이 묶음이야말로 '성격'의 바탕이고 '영혼'의 무게이며 '운명'의 요소이지 않을까. 베르그손 식으로 설명하자면, 이렇게

---

13) 그래서 베르그손은 기억이 없는 정신은 물질의 일부일지 모른다고 말한다.『물질과 기억』, 370쪽.

엮인 총체가 주어진 상황에 따라 수축되어 현재에 작용하는 탓에 현실화하는 우리의 기억은 매번 다를 수밖에 없다. 그리고 이렇게 차이나게 현실화하는 기억은 그것이 작용하는 이 현재의 상황을 통해 다시 새로워지는 기억의 총체, 즉 변화하는 잠재적 기억의 일부가 된다. 그러므로 우리가 끄집어내는 기억은 비록 재현이라는 방식을 띠고 있어도 언제나 새로운 재현이며 그런 의미에서 재현을 넘어선다. 그래서 들뢰즈는 기억의 옷을 입은 이러한 반복을 벌거벗은 현재에 귀속될 뿐인 물질의 반복과 구분한다. 말하자면 기억의 반복은 성장하고 생성하는 반복, 또는 적어도 (망각이 개재되는 경우에조차) 변화하는 반복인 셈이다. 그러나 다른 한편, 잠재적 기억이 가지고 있는 유기적인 엮임의 면은 우리가 맞부딪히는 현실 문제의 필요와 얽혀 기억의 떠올림을 구속하기도 한다. 우리의 기억이 행동의 요구에 종속되고 줄거리를 지닌 재현의 특성을 나타내게 되는 것은 이런 이유이다. 현실의 긴장이 다소 풀어진 때에야 우리는 상대적으로 자유롭게 기억을 떠올릴 수 있게 되지만, 꿈속에서조차 우리의 기억은 완전히 자유롭지 않다. 그래서 우리는 때로 행동으로부터의 자유를, 현실적 필요로부터의 자유를, 잠재적 기억의 총체 안에서의 자유를 꿈꾼다. 그러한 자유 안에서의 시간성은 어쩌면 모든 내용적 구속을 탈각하는 지점에까지, 들뢰즈의 말대로 텅 빈 시간의 형식으로까지 나아갈지 모른다. 물질에 이르는 이완은 아니지만, 그래서 벌거벗은 반복에 갇히는 것은 아니지만, 줄거리에 따른 재현에 구속되지 않은 채 자유로운 생성의 흐름을 누릴 수 있는 반복. 그런데 이것은 외장된 기억의 틀 안에서 더 손쉽게 일어날 수 있지 않을까? 그 기억은 객체적이고 익명성을 띨 수 있으며 그래서 다양한 엮임의 여지를 가질 수 있고, 그에 따라 자신의 잠재적 총체를 기하급수적으로 성장시켜 나갈 수 있기 때문이다. 만일 그렇다면 들뢰즈가 말하는 끊임없이 새로운 반복으로서의 영원회귀는 외장된 기억의 팽창을 바탕으로 하는 오늘날의 문화 환경 가운데서 번성할 만한 자신의 터전을 찾은 것인지도 모른다.

3. 시간과 용서

그러나 텅 빈 시간성의 자유란 과연 반길 만한 것인가? 설사 그것이 우리를 기만하고 이용해 온 숱한 서사들과 거기에 봉사해 온 갖은 재현의 틀로부터 해방됨을 뜻한다 해도, 그래서 새롭고 끝없는 생성의 터전으로 우리를 다시 이끌어 들임을 뜻한다 해도, 과연 이 시간성 속에서 이제 신뢰를 상실해 버린 세계를 새삼 믿을 만한 것으로 만들어 줄 그 무엇을 찾을 수 있을까? 들뢰즈가 현대영화의 시간-이미지를 다루면서 진정한 영화의 역할에 거는 듯한 이러한 기대[14]를 우리는 과연 무엇으로 채울 수 있을까?

들뢰즈가 그의 영화론에서 말하는 시간-이미지란 운동과 행동에서 해방된 시간 자체의 이미지, 그래서 자신이 자신을 비추게 되는 크리스텔의 이미지, 시간의 틀인 기억에서처럼 온갖 과거들이 공존하며 여러 시점 時點들의 현재가 공존하는 이미지, 그리하여 꿈에서와 같이 실재와 상상이 식별 불가능해지고 거짓을 꾸며 대는 역량이 생성의 잠재성으로 드러나는 자유간접화법의 이미지이다. 영화는, 적어도 들뢰즈가 주목하는 현대영화는, 이제 그럴듯한 이야기를 재현하는 매체라기보다는 사유의 무능력을 드러내는 비합리적(무리수적)irrational 절단의 틈을 지닌 뇌막이라 할 수 있다. "뇌는 스크린이다"라고 들뢰즈는 말하지만, 이것은 또한 스크린

---

14) 들뢰즈, 『시네마 II : 시간-이미지』, 이정하 옮김, 시각과언어, 2005, 396쪽 참조.

이 뇌라는 뜻, 외장된 뇌라는 뜻이기도 하다.[15] 아마 이 뇌의 영역은 영화의 틀을 넘어 정보와 이미지의 온갖 외화 형태들로, 현대문화의 특징적인 부문들로 확장될 수 있을 것이다. 그런데 그 뇌는 오늘날 어떠한 처지에 있는 것일까? 현대영화와 견주어 뇌가 보여 주는 새로운 면모와 그 의미를 논하는 자리에서 들뢰즈는 이렇게 말한다. "이제 우리는 설사 그것이 열린 것이라 할지라도 사유의 내재성으로서의 전체를 더 이상 믿지 않는다. 우리가 믿는 것은 움푹 파여 벌어진, 우리를 덥석 물고, 내부를 끌어당기는 바깥의 힘이다."[16] 뇌가 떠올리는 길은 뇌 바깥을 지시한다. 외장된 뇌의 내부에는 명멸하는 온갖 기억들과 이미지가 담기지만, 그것들의 상호관계는 결국 바깥을 향해 난 틈과 거기에 작용하는 바깥의 힘을 드러낸다. 그래서 들뢰즈가 말하는 시간-이미지의 특성들과 텅 빈 시간의 형식은 자기완결적이지 않을 뿐 아니라 그 자체만으로 해방적일 수도 없는 것처럼 보인다.

이러한 귀결은 들뢰즈의 시간관이 적용되는 주된 영역을 생각해 보면 당연한 것이라 할 수 있다. 외장된 기억의 세계는 비록 놀라운 성장을 보이긴 했지만, 내외적으로 큰 한계를 가지고 있기 때문이다. 우선 내적으로 보면, 텅 빈 형식 속에서 누리는 듯한 자유는 실질적으로는 이윤 추구의 논리에 의해 유린당하고 있다. 현란한 이미지의 출몰과 착종된 시간성을 보여 주는 상업광고의 경우는 말할 것도 없고, 예술영화 장르에서마저 지배적인 위력을 발휘하는 것은 자본이다. 그래서 들뢰즈가 보기에도

---

15) 그레고리 플랙스먼 엮음, 『뇌는 스크린이다: 들뢰즈와 영화철학』, 박성수 옮김, 이소, 2003, 532쪽 이하 참조.
16) 들뢰즈, 『시네마 Ⅱ : 시간-이미지』, 413쪽.

영화에 대한 영화란 곧 돈에 대한 영화이다. 게다가 이 돈은 곧 시간이기도 하다.[17] 돈이 영화의 시간을 좌우할 뿐 아니라("더 이상 돈이 남아 있지 않을 때 영화는 끝날 것이다"), 돈의 유통이 낳는 비등가성이야말로 시간의 특성을 잘 드러내기 때문이다. 이 속에 안주하고자 하는 사람들조차 불가피하게 발생하는 내부의 균열을 끝까지 외면하기 어렵다. 다른 한편, 외장된 뇌는 말 그대로 외적인 한계를, 즉 바깥을 가지고 있다.「매트릭스」라는 영화가 보여 주는 것처럼 모든 것을 기억장치의 내부로 설정하는 일이 아예 불가능지는 않겠지만, 이러한 설정의 배경에는 외장기억과 그 조작장치의 폭발적 성장이 있었음이 분명하다. 기억 내부는 넓혀졌지만 그럼에도 불구하고 그것은 세계의 일부일 뿐이다. 기억이 수동적으로 관계해야 할 거대한 영역이 엄존한다.

들뢰즈는 시간과 관련하여 세 가지 수동적인 종합을 얘기하는데, 그것은 우선 응시를 통해 마련되는 습관으로서의 현재와, 그 현재에 이루어지는 능동적 기억 행위를 뒷받침하는 순수과거이다. 비록 수동적인 계기와 관계한다 하더라도 종합이 이루어지는 것은 주체의 내부이며, 그 종합의 산물은 이후에 진행되는 조작의 재료가 된다. 들뢰즈가 말하는 세번째 시간의 종합인 미래, 곧 영원회귀의 텅 빈 형식이란 실상 이 조작을 뒷받침하는 틀과 관련되어 있다. 이미 언급했던 것처럼 여기에서는 시간의 순서를 뛰어넘어 기억과 온갖 이미지의 조합이 행해진다. 들뢰즈 자신이야 이것이 시간 자체의 형식이며 따라서 역시 수동적인 종합의 일부라고 말하지만, 내가 보기에는 이미 본래의 수동성과 결별한 주체 영역 내부의 능동적 형식일 뿐이다. 좋게 말해서 그것은 재현을 넘어서려는 의도와 결부

---

17) 들뢰즈, 『시네마 Ⅱ : 시간-이미지』, 158쪽 이하 참조.

된 이념적 시간 형식이라 할 수 있다. 그러나 이념 일반이 그렇듯 그것은 한편으로는 감성적 제약을 벗어나 있으며 다른 한편으로는 자신을 강제하는 조건의 힘에 얽매여 있다. 외장된 기억장치 영역을 지배하는 힘이 이 영역의 특성에 대한 철학적 반향의 일부인 들뢰즈의 시간관에까지 영향을 주고 있다는 얘기다. 그렇다면 이 영역의 바깥과 관계하는 본래적인 수동성이란 어떤 것이며 그것과 관련되는 시간성은 어떤 것일까?

본래적인 수동성은 우리가 거스를 수 없는 것과 관계 맺는 방식이며 그래서 그것에 대한 수용을 특성으로 한다. 또 그 속에 자리 잡는 시간성의 중심은 우리가 어찌할 수 없는 것인 비가역성이고, 그렇게 해서 부각되는 시간의 국면은 반복될 수 없는 것으로서의 과거이다. 여기서의 시간은 지나가는 것이며, 결코 되돌아오지 않는 것이다. 기억에 의해 되살려지는 것은 극히 부분적이고, 이 또한 현재의 부분으로서 다시 지나가 버린다. 이와 같은 시간성은 곧 우리 유한성의 징표이기도 하다. 시간이란 유한하고 부분적인 주체가 자신을 넘어서는 것과의 관계, 즉 타자와의 관계를 겪고 규정하는 한 방식이어서, 그 속에는 이미 유한한 주체로서는 받아들일 수밖에 없는 질서가 성립해 있다.[18] 이런 점은 세계에 대한 우리의 인식을 규정할 뿐만 아니라, 그 세계의 일부인 우리 자신을 또한 규정한다. 나이듦, 또는 늙음은 비가역적 시간의 질서가 우리에게 파고드는 구체적인 모습이다. 여기에 대한 어떠한 저항도 그 질서의 완고함을 받아들이는 자세의 일부가 될 뿐이다.

---

18) 자기 자신에 대한 관계에서도 시간을 체험하지만 그것은 자신을 나누고 그렇게 나누어진 자신을 타자로 취급할 경우에 가능하다. 이러한 분리가 일어나지 않을 때 우리는 일반적인 의미에서 시간을 의식하지 못한다. 단, 지속으로서의 시간이란 이러한 미분리의 자기관계를 가리키는 것이겠다.

나는 이렇게 우리가 수동적으로 겪지 않을 수 없는 시간성의 면모를 레비나스가 잘 보여 주고 있다고 생각한다.[19] 그는 하이데거처럼 삶의 한계로서의 죽음에 주목하기보다는 삶 자체가 겪는 수동성에서부터 타자에 대한 수용의 불가피성을 이야기한다. 그래서 늙음이나 피로조차 우리가 타자에 대한 존재로서 타자와의 관계에 노출됨에 따라 당연히 감내해야 하는 것으로 취급된다.[20] 이것은 들뢰즈가 피로를 응시의 이완으로, 그래서 응시의 지속에 의해 현재가 지속되는 범위의 한계로 보고 있는 것과 대조적이다.[21] 즉, 들뢰즈의 '수동적 종합'에서는 종합과 결부된 능동성의 역할이 두드러진다. 이런 들뢰즈에서 늙음은 아마 주된 관심의 대상이 되지 못할 것이다. 그에게는 주체의 겪음보다는 전前 개체적인 생성과 그 생성의 역량을 이어받은 잠재성이 가득한 주체(애벌레-주체)의 '되기'가 문제이기 때문이다. 아닌 게 아니라 끝없이 새롭게 반복되는 시간은 늙음이 아니라 '아이 되기'에 어울린다. 그러나 이 시간은 바깥의 문제를 해결하지 못한다. 누차 얘기한 것처럼 들뢰즈가 말하는 시간은 기억의 영역을 모델로 한 것인 까닭이다. 그가 말하는 생성 또한 이 틀을 벗어나지 못하는 것 아닌가.

그렇다면 레비나스가 제시하는 지극히 수동적인 시간성이 시간을 이해하는 적합한 길일까? 레비나스에서 시간성은 주체성과 뗄 수 없는 것이지만, 그의 주체란 워낙 타자를 받아들임과 더불어 성립하는 수동적 주체이고 게다가 타자는 무한하므로, 그 시간성은 이미 주체가 재현할 수 없

---

19) 『존재와 달리 또는 존재성을 넘어』, 특히 2장과 『전체성과 무한』의 3부 참조.
20) Lévinas, *Autrement qu'être ou au-delà de l'essence*, pp. 68f 참조.
21) 들뢰즈, 『차이와 반복』, 184쪽 이하 참조.

는 통시의 깊이를, 고갈될 수 없는 깊이를 가진다. 여기서 수동적인 주체는 자신에 다 담길 수 없는 시간을 받아들인다는 역설적인 사태가 생겨난다. 물론 이러한 구도는 무한한 타자에 대한 수용을 내세우는 레비나스에게 기본적인 것으로, 무한을 향한 주체의 형이상학적 욕망과 타자에 대한 끝없는 책임을 이야기할 수 있는 바탕이다. 이 무한이 타인의 얼굴로 다가오는 가운데 무한한 시간은 흔적을 통해 드러나지만, 이때의 흔적은 어떤 재현 가능한 사태의 흔적이 아니라 지나감 자체의 흔적이고 따라서 영원으로 이어지는 흔적이다.[22] 이렇듯 주체와 타자의 관계는 비대칭적이다. 그런 탓에, 주체는 자신이 감당해야 할 유한한 시간 속에서 영원의 깊이를 가진 부름에 끝없이 순응해야 한다. 이러한 끝없는 응답은 단순한 반복이 아닌데, 왜냐하면 그것을 통해 타자와의 비대칭적 관계는 더욱 깊어지기 때문이다. 레비나스가 주체에 부과하는 수동성은 시간의 유한성을 극복하는 방식과 관련해서도 드러난다. 그 유한함의 극복이란 비가역적인 시간의 지나감에도 불구하고, 또 그로 인한 나이 먹음과 늙음에도 불구하고 주체가 다시 새로워지는 것을 의미할 텐데, 레비나스에 따르면 그러한 새로움 역시 주체 자체에서 오지 않고 타자로부터 온다. 이것은 물론 인과적 질서에 따르는 사태의 새로움을 말하는 것이 아니다. 인과적인 시간에서라면 우리가 비가역성을 넘어설 수 있는 길은 없다. 레비나스가 말하는 새로움은 존재 너머에서 오는 것이며, 타자의 용서로부터 오는 것이다.

용서는 이미 이루어진 것, 저질러진 잘못을 없었던 일처럼 무화하는

---

[22] Emmanuel Lévinas, *En découvrant l'existence avec Husserl et Heidegger*, Paris: Vrin, 2001, pp. 276f 참조. 이런 생각은 자크 데리다의 '흔적' 개념과 유사하다. 데리다는 자신이 레비나스와 독립적으로 흔적 개념을 발전시켰다고 하지만, 레비나스가 흔적에 관해 상론하기 시작한 것이 데리다보다 앞선다는 것은 분명하다.

행위다. 그러나 일어난 일이 실제로 없었던 것이 될 수는 없는 노릇이므로, 레비나스의 생각대로 용서란 존재의 세계에 관계되는 것이 아니라고 할 법하다. 만일 사태를 이전과 유사하게 돌리는 조처라면 그것은 용서가 아니라 복구나 보상 따위가 아니겠는가. 그러니까 용서는 인과적 사태의 진행에도 불구하고 그것을 넘어서서 새로움을 가져오는 행위라고 이해할 수 있다. 레비나스에 따르면, 타자와 관계하는 윤리의 세계가 이 존재 너머의 세계이니까 용서란 윤리의 사안이 된다. 더욱이 용서는 유한자인 우리 주체들이 행하는 것이라기보다는 타자로부터 주어지는 것으로 보아야 한다. 참된 새로움은 겪음의 우리 의식 안에서 비롯할 수 없기 때문이다. 우리는 새로움을 구하고 그것을 받아들일 뿐이다.

이창동 감독의 영화「밀양」을 생각해 보자. 신애(전도연 분)는 자신의 아들을 유괴해서 죽인 사내를 스스로 용서할 수 있고 용서했다고 생각하지만, 실제의 마음 상태는 전혀 그렇지 못했음이 드러난다. 우리는 새로움을 희구하나 궁극적으로 수동성을 떨칠 수 없다. 매일매일 새로운 하루를 맞이하나 그 매일매일은 우리 속에서 낡은 것이 된다. 새로움은 바깥에서 오는 것이지 그 바깥이 거쳐 가며 기껏해야 여러 요소로 분해되고 조합될 뿐인 우리의 의식 안에서 오는 것이 아니다. 그러므로 용서의 시간은 바깥의 시간, 타자의 시간이다. 이렇게 생각하면 레비나스가 용서를 자손 낳음과 연결 짓는 이유를 납득할 수 있을지 모르겠다.[23] 자식은 나의 범위를 넘어선 타인이지만, 그래서 역시 타자로서 다가오지만, 그 비롯함이 나와 관련되어 있으며, 그래서 나의 연장이기도 하다. 이런 점에서 나는 나의 자식이라는 타자를 통해 새로워지는 셈이다. 비단 자식만이 아니다. 우리

---

23) Lévinas, *Totalité et infini*, pp. 244f 참조.

의 생각에 새로운 것이 있다면 그것은 타자의 가르침에서 비롯한 것이고, 그것이 우리 속에서 낡아 가지 않고 새로워질 수 있다면 우리의 생각을 전해 듣는 타자를 통해서이다. 오늘의 부족한 이 글이 용서받을 수 있는 길이 있다면, 그것은 또한 내 얘기를 전해 듣는 여러분을 통해서일 것이다.

2장 새로움과 용서
자크 데리다의 유령론을 중심으로

1. 역사적 시간과 새로움

현재의 사회적 시간을 이질적이고 복합적인 것으로 보려는 시도가 부각되는 것은 동질적이고 연속적인 시간 이해로는 풀어 나가기 어려운 상황에 봉착했을 때이다. 사회적 시간과 관련된 문제에서 실제의 초점은 예측과 성취에 있는 경우가 많다. 사회발전에 대한 예측과 그에 따른 성취가 순조롭다고 여겨질 때는 동질적이고 연속적인 시간관에 이의를 제기할 이유가 거의 없다. 동질적 연속성이야말로 예측을 용이하게 해주는 시간의 기본 틀이기 때문이다. 반면에 이질적 복합성의 시간을 내세우는 견지는 예측에 대한 실질적인 포기를 전제한다고 보아 좋다. 오히려 섣부른 예측과 여기에 바탕을 둔 기획에 대한 비판이 주안점으로 등장한다.

1960년대 초반 루이 알튀세르$^{Louis\ Althusser}$가 헤겔적 맑스주의의 시간관을 비판하고 나왔던 것은 이런 상황에 대한 단초적 예이다. 알튀세르는 사회발전에 대한 구소련의 예측과 기획이 동질적인 연속성의 시간관을 전제한다고 보고 이를 '이데올로기적'이라고 공격했다. 여기에 대하여 그가 내세웠던 것은 한 사회구성체 내에 서로 다른 시간 리듬과 기준을 가진 층위들이 함께 존재하고 있다는 소위 '과학적' 관점이었다.[1] 하지만 이런 식의 복합적인 시간관을 통해서는 사회의 발전을 예측하는 그림을 제시하기 곤란하다. 서로 다른 고유한 시간을 가진 층위들이 접속해 있는 전체가 움직여 가는 궤도를 포착해 내기란 지난한 일이기 때문이다. 그래서 알튀세르는 맑스주의적 역사과학의 성립을 이야기하면서도 이를 통해 미래를 기획하기보다는 오히려 역사과정에 대한 단선적 설명을 비판하는 데 역점을 두었다. 미래에 대한 구상이 아예 없었던 것은 아니지만, 이는 우발성을 배제하지 못하고 오히려 그것을 요구하기조차 하는 기대에 그친다.

알튀세르 이후로도 이런 사정이 크게 달라진 것 같지는 않다. 미래에 대해 명료한 예측을 할 수 있으리라는 생각은 이제 코젤렉Reinhart Koselleck의 표현처럼 '지나간 미래'[2]의 사안이 되어 버렸다. 그런 생각은 19세기의 역사철학적 자만이나 20세기 중반까지의 이데올로기적 기만으로 여겨질 따름이다. 그렇지만 새로운 사회질서와 변화에 대한 갈망은 시들지 않고 있어서, 예측 없는 갈망을 배경으로 하는 깊이의 추구가 시간과 역사에 대한 현대의 철학적 탐구에서 큰 비중을 차지하고 있다. 새로운 변화를 갈망하지만 그것을 예측하고 기획하기 어려운 형편이다 보니, 주된 이론적 관심과 노력은 새로운 변화가 일어날 수 있는 근거를 찾고 제시하는 데 모인다. 이것은 한편으로는 새로움을 낳을 수 있는 현실의 구조적 면모를

---

[1] 알튀세르의 시간관에 대해서는 문성원, 『철학의 시추: 루이 알튀세르의 맑스주의 철학』, 백의, 1999의 5장 1절 '알튀세르의 역사관' 참조.
[2] 라인하르트 코젤렉, 『지나간 미래』, 한철 옮김, 문학동네, 1996.

드러내고 새로움의 발생 방식을 추적해 보려는 노력들로 이루어지며, 다른 한편으로는 기존의 질서가 기대고 있는 사고방식과 개념 틀의 한계를 폭로하고 해체하려는 노력들로 이루어진다. 물론 이 두 가지는 철학자나 유파에 따라 비중이 다를 뿐 보완적으로 혼재되어 있기 마련이다.

이 글에서 주목하고자 하는 자크 데리다만 하더라도 그렇다. 해체론의 대표 격으로 알려져 있는 그는 역사적 시간의 구조와 관련하여서도 흥미로운 논의를 펼친다. 특히 『마르크스의 유령들』*Spectres de Marx*에서의 논의는 시간에 대한 사회철학적인 관심에 값한다. 1993년에 나온 이 책의 주안점은 동구권의 몰락 이후 더 이상 역사에서 큰 줄기의 변화가 가능하지 않다는 후쿠야마 식의 역사종말론을 비판하는 데 있었다. 이른바 유령론으로 알려진 입론을 통해 데리다는 과거가 단지 지나가 버린 것이 아니라 계속 되돌아오고 머물러 있는 것임을 설파한다. 또 그에 따르면, 아직 오지 않은 미래는 바로 이러한 바탕 위에서 도래할 것으로 이미 와 있다. 잠시 후 살펴보겠지만, 이런 식의 생각은 과거의 미완결성이 미래의 새로움을 뒷받침하는 시간의 구도를 보여 준다고 할 만하다.

하지만 과거의 되돌아옴은 과연 긍정적이기만 한 것인가. 실현되지 않은 과거의 희망과 약속은 데리다가 인용하는 『햄릿』에서의 유령처럼 복수를 부추기는 데 그치는 것은 아닌가. 과거가 흔적으로서, 또 무한한 시간의 원천으로서 새로움의 바탕이 된다고 하더라도, 새로움 자체가 과거로부터 생겨난다고 할 수 있을까? 오히려 과거는 기억이나 인과적 조건을 통해서 새로운 출발을 방해하지 않는가. 우리는 이 글에서 데리다의 견지에서는 이와 같은 질문들에 대해 어떤 답변이 가능한지를 살펴볼 것이다. 더욱이 이런 면들은 희망이나 약속의 실현과 대비되는 과거의 잘못에 눈을 돌릴 때 더 중요하게 부각된다. 현실에 대한 잘못된 파악과 잘못된 노력이 가져온 실패와 좌절에도 불구하고 우리는 어떻게 새로워질 수 있을 것인가. 과거의 잘못을 처리함 없이 과연 참된 새로움이 있을 수 있는가. 사실, 맑스주의 철학은 그 유령적 면모의 이면에 이런 그림자를 매달고 있다. 우리가 데리다를 좇아, 또 데리다를 넘어 용서의 문제에 관심을 갖는 이유는 이와 같은 맥락에서다.

2. 유령의 시간성

김기덕 감독의 영화 「시간」 2006은 표면적인 새로움의 추구가 겪는 어려움을 잘 보여 준다. 여주인공 '세희'는 자신에 대한 애인의 사랑이 낡고 무뎌지는 것을 참지 못하고 성형수술을 통해 새로운 사람이 되고자 한다. 그녀는 새 얼굴과 새 이름('새희')으로 옛 애인('지우')을 다시 유혹하는 데 성공하지만 끝내 만족하지 못한다. 그 애인이 사라진 옛 연인('세희')을 또한 그리워하는 까닭이다. 여기서 낡음과 새로움은 분리된 양자택일적인 것으로 제시된다. 성형을 했건 아니건 얼굴들과 그 얼굴을 표상하는 사진은 그 각각에 해당하는 시간의 단면을 나타낸다. 이 단면들은 서로 합쳐질 수 없는데, 그것은 우리가 동시에 여러 개의 얼굴을 가질 수 없는 것과 마찬가지다.

이런 면모는 우리 각자가 경험하는 현재의 단일성을 지시하는 것이라 볼 수 있다. 흔히 시간이 다층적이라 말하지만, 실제로 경험하는 시간은 언제나 하나의 현재이고, 그러한 한 배타적이다. 우리는 과거를 기억하지만, 과거가 그 자체로 현전現前하는 것은 아니다. 과거에 대한 내적 표상과 거기에 상응하는 기호나 기록이 현전할 뿐이다. 그런데 이것들은 생생한 현재가 아닌 있었던 것의 재현에 불과하다. 「시간」에서 '지우'가 지금 만나고 싶어 하는 것은 기억 속에 있는 옛 애인의 상이 아니라 현전하는 옛 애인 '세희'이다. 그러나 현전하는 것은 '새희'이지 '세희'가 아니다. 사라져 버린 '세희'가 어떻게 다시 현전할 수 있을까? 영화 속에서 '새희'는 '세희'의 사진으로 만든 가면을 쓰고 나타난다. 그러나 그것은 살아 있는 '세희'가 아니다. '세희'와 '새희'는 동시에 공존할 수 없다. 만일 '새희'의 현재에 '세희'가 나타날 수 있다면 그것은 '새희'의 현전 방식과는 다른 방식이어야 한다. 그러한 사태를 굳이 생각할 수 있다면 그것은 환영幻影 또는 유령과 같은 방식으로서가 아닐까?

데리다가 맑스주의와 관련하여 오늘의 현실을 논하는 데 유령 이야기를 끌어들이는 이유도 이와 유사한 면에서 생각해 볼 수 있다. 그는 "현존하지 않으며" "현재 살아 있는 것들도 아닌"[3] 것, 그러나 또한 우리에게 나타나는 것, 따라서 일종의 "현존하지 않는 현존하는 것"[4]에 대해 말하고자 하기 때문이다. 이처럼 유령이란 생생한 현존이 아니면서 우리에게 현전하는 어떤 것에 대한 이름이라고 할 수 있다. 우리가 만지거나 붙잡을 수 없는, 그렇지만 우리에게 출몰하는 어떤 것이 유령이다. 그래서 이 유령은 본질적으로 비가시적인 가시성을 지닌다.[5] 그 실체를 확인하고 장악할 수 없지만 그 현전을 부정할 수 없는 것 ─데리다는 이런 유령적인 존재가 우리의 현실에 들어와 있다고 생각한다. 이를테면 맑스는 살아 있는 존재가 아니지만, 유령적으로 우리에게 관여하고 있다는 것이다.

그러나 우리가 이렇게 유령을 운위하여야 할 어떤 필연성이나 정당

---

3) 자크 데리다, 『마르크스의 유령들』, 진태원 옮김, 이제이북스, 2007, 12쪽.
4) 같은 책, 25쪽.
5) 같은 책, 201쪽 참조.

성이 있는 것일까? 데리다는 『공산당 선언』[1848]의 첫머리에 나오는 '공산주의의 유령'에 대한 언급을 환기시키고, 셰익스피어의 『햄릿』에 등장하는 죽은 왕의 유령을 단초로 삼아 논의를 전개해 나간다. 하지만 '공산주의의 유령'은 현실의 움직임에 대한 잘못된 이름, 또는 잠정적인 이름일 뿐이었다. 그 이름은 공산주의가 현실로 나타나자 불필요하고 부적절한 것이 되어 사라져 버린다. 그리고 맑스와 엥겔스가 바란 것도 공산주의를 실체적인 현실의 운동으로 바로 세움으로써 유령이라는 명칭을 축출하는 것이었다. 그렇다면 이제 와서 유령이라는 이름을 새삼스레 불러내는 이유는 공산주의가 다시 그 실체를 잃어버렸다는 데 있는 것일까? 다른 한편, 『햄릿』에 등장하는 유령도 문학작품에서 표현된 허구적 대상일 따름이다. 만일 데리다가 말하는 유령이 이렇게 형상화된 유령과 유사한 것이라면, 그것은 기껏해야 상상의 산물이고 은유적인 이름에 지나지 않을 것 아닌가?

데리다가 내세우는 유령이 이런 것들 이상이라는 점은 분명해 보인다. 우선, 그는 유령을 잘못된 명칭이라 생각하지 않는다. 유령은 사라져야 마땅한 부정확하고 잠정적인 이름이 아니다. 오히려 유령이라는 말은 우리가 피할 수 없는 어떤 사태에 적확한 의미부여를 해줄 수 있는 단어이다. 데리다는 우리가 유령과 더불어, 환영들과 더불어 살아가야 한다고 생각한다. 그러므로 그가 보기에, 맑스가 유령들과 환영들을 쫓아내려 한 것은 잘못이다.[6] 유령과 환영을 축출한 투명하고 명료한 세계, 그것은 교환가치와 상품이 사라진, 필요와 사용가치가 투명하게 대응하는 공산주의 사회의 모습일 수 있다. 맑스는 상품 및 교환가치를 분석하면서 그 환

---

6) 같은 책, 특히 336쪽 이하 참조.

영적이고 유령적인 면모를 드러내 보였다. 문제는 그가 이 같은 면모가 극복 가능한 현상이라고 보았다는 점이다. 상품경제가 만들어 내는 물신적 환영은 공산주의의 유령이 사라짐과 함께, 즉 공산주의가 실체적 현실로 자리 잡음과 함께 사라질 것이었다. 그러나 이제 그러한 전망은 실현되기 어려운 것임이 드러났고 그 같은 전망을 내놓았던 목적론적인 역사관은 폐기될 처지에 놓인 지 오래다. 데리다가 유령에게 새삼스레 "권리를 부여"[7]하는 배경에는 이처럼 상품경제가 온존하는 현실이 깔려 있다.

    상품과 화폐가 마치 살아 있는 것처럼 보이는 환영, 그 이면의 사회적 관계로부터 독립되어 있는 것처럼 보이는 환영은 지속된다. 그러나 이 환영적 현실이 유일한 현실이 되고 그 환영을 문제 삼던 현실의 부분들은 사라져 버린다면, 그러한 사태는 또 하나의 목적론적 역사관을 부추기는 결과를 낳을 것이다. 잘 알려진 후쿠야마 식의 역사종말론이 그 단적인 예이다.[8] 자본주의의 종국적 승리를 외치는 것은 자본주의 극복의 필연성을 얘기하는 것 못지않게, 아니 그것보다 더 단선적이고 목적론적이다. 반면, 자본주의의 환영성이 현실이라면 그것을 비판하는 맑스적인 것 역시 현실적인 것이 되어야 하지 않겠는가. 비록 그것이 이전처럼 환영성의 종식을 목표로 할 수 있는 것은 아니라 하더라도 말이다.

    『햄릿』의 유령이 역할을 하는 것은 여기에서다. 데리다는 이 셰익스피어의 작품에서 허구성이 아니라 정당성의 문제를 가져온다. 『햄릿』에서 유령이 등장하는 것은 정의의 문제 때문이다. 동생에게 살해당하고 나

---

7) 데리다, 『마르크스의 유령들』, 337쪽.
8) 후쿠야마, 『역사의 종말』. 데리다는 『마르크스의 유령들』의 2장 「마르크스주의를 푸닥거리하기」에서 이런 견지를 집중적으로 다루고 있다.

라와 왕비마저 빼앗긴 햄릿의 부왕은 그 억울함과 부당함을 호소하려 나타난다. 이러한 유령의 출몰은 현재의 단일성에 어긋나는 사태이다. 유령은 이미 죽은, 현존하지 않는 존재를 지시하기 때문이다. 그러나 현존하는 것만이 존재한다면, 그 현존은 결코 위협받거나 흔들리지 않을 것이다. 현존하는 것만이 존재할 수 있다면, 정당함과 부당함의 문제는 결코 제기될 수 없을 것이다. 유령의 출몰은 현재의 단일성에 어긋나는 사태이지만, 이 출몰이 현실의 부당함과 관계하는 한, 그 어긋남은 현실의 현재 자체의 어긋남 때문이라고 할 수 있다. 그래서 데리다는 부왕의 유령을 만난 햄릿의 대사 가운데 한 구절을 부각시킨다. "시절이 어긋나 있다"The time is out of joint.[9] 이 어긋나 있음에 유령의 출몰이라는 어긋남이 겹쳐진다. 달리 말하면, 유령의 출현이 시절의 어긋남을 지시하는 것이자 그 일부를 구성하는 것이라고 할 수 있다.

그런데 이 어긋남은 부분들의 연결이 어긋나 있음을 가리키는 것이 아니다. 그런 경우라면 그것은 공시共時의 면에서 이루어지는 접속 articulation의 문제가 될 것이다. 서두에 알튀세르의 복합적 시간관을 들어 밀했던 것처럼, 한 연대기적 시간의 단면에서 상이한 시간적 기준과 리듬을 가지는 부분적 영역이나 층위들을 상정하는 것은 불가능하지 않다. 이럴 때 현재의 현실은 여러 시간적 기준을 가진 부분들의 복합체가 될 것이고 그런 의미에서 비동시적非同時的; in-contemporary인 것이 될 것이다. 물론 이와 같은 설정하에서도 어긋남을 이야기할 수는 있다. 그런 비동시성 속

---

9) 데리다, 『마르크스의 유령들』, 17쪽, 51쪽 이하. 옮긴이 진태원은 이 구절을 "시간이 이음매에서 어긋나 있다"라고 옮기고 있다. 하지만 'joint'와 관계된 'time'이라면 '시절'(時節)이라는 역어가 더 어울리지 않을까.

2장 새로움과 용서 155

에서조차 한 영역이나 층위를 특권적이고 지배적인 기준으로 삼아 상대적인 통일성을 구축하려 할 경우, 거기에 맞추어 여러 영역 및 층위들 사이의 연결이 적합한지 여부를 따져 물을 수 있을 것이고, 그 연결의 부적합함을 어긋남이라 규정할 수 있을 것이다. 또 그런 특권적 기준을 부정하는 경우에도, 항시적인 상호적 어긋남을 내세우고 그런 어긋남에 나름의 역할과 의미를 부여하는 것이 가능하다. 각 층위나 영역들 간의 어긋남은 이 층위나 영역들로 이루어진 전체의 동적인 움직임을 야기하는 원인으로 생각될 수 있기 때문이다. 그러나 이런 식의 어긋남은 시간적인 것이라기보다는 공간적인 것, 즉 시간 내적인 것이라기보다는 시간 외적인 것이라고 할 수 있다. 그리고 이와 같은 방식의 어긋남을 표상하기 위해서라면 데리다처럼 굳이 유령 따위를 끌어들일 필요는 없다.

반면, 데리다의 유령은 시간 내에 비동시성을 끌어들이는 데 그 의의가 있어 보인다. 유령은 또 다른 시간 속에 살고 있는 어떤 것이 아니라 '지금-여기'에 출현하는 것이다. 그러나 물론 유령은 지금 살아 있는 생생한 존재가 아니라 이전에 살았던 존재이고 그런 의미에서 과거의 존재이다. 말하자면, 과거의 현전, 과거의 현재화가 유령이 함의하는 한 특성이다. 과거의 존재인 유령은 계속 현재로 다시 돌아온다. 유령을 가리키는 말로 쓰이는 프랑스어 'revenant'은 이렇게 '다시 돌아온다're-venir는 뜻을 지니고 있다.[10] 이런 점에서 유령과 함께하는 현재는 과거와 같이 있는 현재이다. 현재는 과거를 떨쳐 버리지 못하고 과거에 사로잡혀 있다. 유령이 나온다는 것은 그러므로 과거가 현재에 출몰하는 어긋난 시간을, 그런 의

---

10) 진태원은 유령을 나타내는 일반적인 단어인 'spectre'와 구별하여 'revenant'을 '망령'이라고 옮기고 있다. 데리다, 『마르크스의 유령들』, 11쪽 참조.

미에서 연대기에서 벗어나는 "몰시간성"anachronie[11]을 함축한다. 즉 유령이 출몰하는 현재는 과거와 현재가 지금-여기에서 공존하는 것, 다시 말해 비동시성이 시간 속에서 구현되는 것을 뜻한다.

하지만 이것은 우리가 기억을 통해 일상적으로 경험하고 있는 것이 아닌가. 기억을 떠올리는 것은 지나가 버린 시간을 다시 현재화하는 것이다. 기억을 떠올릴 때 우리는 비연대기적인 몰시간성을 경험한다. 기억은 연대기적 순서에 상관없이 시시때때로 우리에게 출몰하며 그럼으로써 우리 의식 내에 비동시성을 구현한다. 그렇다면 데리다는 우리의 기억이 유령적인 것이라는 말을 하고 있는 것일까?

데리다에게 유령은 기억과 유관하지만 기억 이상의 것이다. 「시간」에서 '지우'는 끊임없이 '세희'를 떠올리고 '세희'에 사로잡히지만, '세희'를 유령적인 것으로 경험하지 않는다. 설사 '세희'가 환영으로 눈앞에 나타나더라도 그것은 '지우' 개인의 꿈이거나 착각일 뿐이다. 그러나 데리다가 말하는 유령은 이러한 개인의 주관적인 의식상의 지평을 넘어선다. 현존하지 않는 현존으로서, 유령은 객관적인 존재이다. 『햄릿』의 유령은 햄릿에게만 나타나는 것이 아니다. 그러므로 유령과 관련하여 기억이 문제가 된다면, 그것은 개인의 기억을 넘어서는 집단적 기억이어야 한다. 이 기억은 하나로 통일되지 않으면서도, 서로 확인 가능한 사회적 지평을 구성한다. 또 이 기억은 어긋남과 바로잡음(정의)의 문제를 주된 내용으로 갖고, 미해결 과제와 함께 세대를 건너 이어진다. 그래서 데리다에 의하면, "유령들과 함께 존재하기는 …… 기억과 상속, 세대들의 정치"[12]가 된다.

---

11) 같은 책, 26쪽.
12) 같은 책, 12쪽.

나아가 데리다의 유령은 기억만이 아닌 과거, 즉 기억으로 떠오르지 않는 과거와도 관계한다. 기억을 통해 회상된 이미지와 달리 유령은 그 모습이 제대로 드러나지 않는다. 『햄릿』에서 부왕의 유령은 갑옷과 투구를 입고 나타나며, 그래서 우리는 그 겉모습만을 볼 수 있을 뿐이다. 유령은 투구 너머로 우리를 온전히 보지만, 이렇게 우리를 응시하는 이의 정체를 우리는 보지 못한다. 유령이 담고 있는 과거는 유령을 통해 현재에 관여하고 있지만, 우리는 그 과거의 전모를 파악하지 못한다. 이렇듯 유령은 비동시적 현재에 대한 우리 인식의 불충분함을 지시하며, 따라서 현재가 안고 있는 어긋남의 면모가 충분히 드러날 수 없음을 시사한다. 유령은 과거의 현전하는 흔적인 셈이지만, 이 흔적을 통해서 과거가 충실하게 재구성될 수는 없다.[13] 그러므로 유령은 현전하는 순간에도 현전하지 않는 것과 관계를 맺고 있으며, 따라서 언제나 현존에 흡수되거나 통합될 수 없는 이질적인 것으로, 영원한 타자로 남아 있게 된다.

이처럼 데리다에게서 유령은 기억으로 환원될 수 없는 것이고, 현재의 비동시성과 아울러 시간의 이질성 및 타자성을 드러내 주는 것이다. 하지만 이런 점들은 무엇보다 과거와 관련하여 성립하는 사안으로 보인다. 실상 유령은 과거에 묶인, 과거적 존재가 아닌가. 그렇다면 데리다가 유령을 끌어들여 다룰 수 있는 것은 기껏 과거를 포함하는 시간의 복합성 문제에 지나지 않는 것일까.

---

13) 주지하다시피 데리다에게 흔적은 어떤 것의 흔적으로 확정될 수 없는 차이(差移; différance)의 끝없는 연쇄를 지닌다. 흔적은 언제나 또 다른 흔적의 흔적이다. Jacques Derrida, "La différance", *Marges de la philosophie*, Paris: Édition de Minuit, 1972, 특히 pp. 22f 참조.

3. 메시아적 미래

데리다에 따르면, 유령은 과거만이 아니라 미래와도 관계한다. 그 이유는 우선 유령이 계속 출몰한다는 데서 찾을 수 있다. 유령은 지금 나타난 것에 그치지 않고 앞으로도 계속 나타날 것이다. 유령을 출몰케 하는 어긋남이 지속되는 한, 유령은 바로잡음의 기대와 함께 끊임없이 다시 돌아온다. 따라서 유령은 과거의 것이며 현재하는 것이자 다가올 것$^{à\ venir;\ 將來14)}$으로서 아직 오지 않은 것^{未來}이기도 하다. 그러므로 "유령에는 여러 시간이 있다."[15] 유령은 과거의 상속이자 미래의 약속이다. 예컨대 맑스의 유령에 대해 말하자면, 이 유령은 과거만이 아니라 미래를 나타내는 것, 즉 올 것으로서 이미 와 있는 것이고, 따라서 현재 속에 과거와 미래가 함께하는 복합성을 지니는 것이다. 그래서 데리다는 맑스의 정신에 대한 상속 없이는 어떠한 장래도 없다고 말한다.[16]

하지만 이러한 미래는 무엇보다 과거의 투영으로 이해될 소지가 크며, 그러한 한 소극적인 것이라 할 수 있다. 유령의 출몰이 미래를 포괄한다고 해도 유령의 생성은 과거에 바탕을 두고 있으며 이러한 과거가 유령의 됨됨이를 규정하는 까닭이다. 다만, 이미 말했듯 유령과 연결된 과거는 불투명한 것이고 어긋남을 지니는 것이므로, 그 투영 격인 미래 역시 그러한 과거에 상응하는 특성을 보인다. 즉 유령과 결부된 미래는 결정된 어떤 것이 아니라 불확정적으로 열려 있는 것이고, 어긋남을 바로잡을 여지

---

14) 미래를 뜻하는 프랑스어 'avenir'는 올 것이라는 뜻의 'à venir'에서 비롯된 것이다.
15) 데리다, 『마르크스의 유령들』, 197쪽.
16) 같은 책, 41쪽.

를 더 심층적인 어긋남으로부터 가지고 있는 것이다. 전자의 어긋남이 부정의의 어긋남이고 동일자의 폐쇄성으로 규정되는 어긋남이라면, 후자의 어긋남은 현재의 단일성을 깨는 유령적인 것의 어긋남, 동일자에 대한 타자 또는 타자적인 것의 어긋남이라 할 수 있다. 바로 이 타자의 어긋남에 새로운 변화의 가능성이 자리 잡는다.

이렇게 어긋남을 바탕으로 하는 것이기에 데리다가 말하는 정의는 복수(復讐)가 아닐 수 있다. 복수는 일어난 일에 대한 대칭적 되풀이이고, 그래서 폐쇄적 동일성의 틀 안에 갇히기 마련이다. '눈에는 눈, 이에는 이' 식의 파괴적인 형태가 아니라 보상(報償)이라는 세련된 형태를 취한다 하더라도 이 복수에는 대칭적 계산을 넘어서는 새로움이 존재하지 않는다. 복수 또는 보상은 예상 가능한 결과와 이어지지만, 거기서 운위될 수 있는 정의란 과거 회귀적일 수밖에 없다. 그래서 데리다는 『햄릿』을 인용하면서도 그 초점을 애써 복수가 아니라 어긋남으로, 어긋남에 연결되는 유령으로 끌고 간다. 사실 데리다에게 『햄릿』의 효용은 여기까지다. 그가 뒷받침하고자 하는 것은 과거의 상속과 미래의 약속이 어울린 시간의 복합성과 개방성이지 과거에 얽매인 비극적 드라마가 아니기 때문이다. 데리다가 유령과 어긋남에 기대어 미래에 관해 내세우는 것은 어떤 정해진 해결책이나 정의의 상태가 아니라 약속의 이루어짐에 대한 기다림이다. 예측할 수 없는 형태의 바로잡음에 대한 기다림, 복수를 넘어서 주어지는 선물과도 같은 것에 대한 기다림 ─ 그래서 이러한 기다림의 미래는 메시아적인 것이 된다.[17]

여기서 메시아적인 것이란 예정된 방편이나 상태를 지시하는 것이

---

17) 데리다, 『마르크스의 유령들』, 67쪽 이하, 140쪽 이하, 155, 324쪽 외 여러 곳 참조.

아니므로, 데리다는 이를 "메시아주의 없는 메시아적인 것"이라고 표현한다.[18] 따라서 이 메시아적인 것과 맺는 관계에서 중요한 것은 특정한 방향만을 고집하지 않는 개방성이다. 데리다에게서 메시아적인 것은 부정의한 현실과 그 현실을 넘어설 수 있는 약속을 전제하고 함축하는 것이지만, 그는 이 메시아적인 것과 그것을 향하는 개방성의 자세에 거의 제약을 두지 않는 것처럼 보인다.[19] 이런 점에서 메시아적인 이질성을 지시하는 유령은 하나가 아니라 여럿이 된다. 데리다에게서 자본주의 사회의 어긋남을 풀어내는 길은 하나일 수 없으며, 또 그러한 한 그 어긋남을 표상하는 방식 자체부터가 여럿일 수밖에 없기 때문이다. 그렇기에 맑스의 유령은 언제나 '맑스의 유령들'이 되는 것이다.

그런데 이와 같은 메시아적 미래의 구상은 우리가 이 글의 서두에서 이미 말했듯이 일종의 궁여지책이라고 할 만하다. 예측 가능하면서도 과거를 넘어서는 발전의 길을 내세울 수 있다면 굳이 이런 식의 논의가 필요하지는 않을 것이기 때문이다. 이를테면 맑스의 공산주의는 자본주의의 내적인 어긋남(모순)에서 비롯하는 것이었지만 자본주의를 넘어서는 명시적인 사회구성을 갖는 것이었다. 반면에 데리다가 취하는 길은 이러한

---

18) 같은 책, 131, 155쪽 등.
19) 예컨대 다음과 같은 구절을 보라. "기대의 지평 없는 기대, 아직 기다리지 않는 또는 더 이상 기다리지 않는 것에 대한 기다림, 유보 없는 환대, **도착하는** 이가 불러일으키는 절대적인 놀라움에 대해 미리 제시된 환영의 인사. 우리는 이러한 도착하는 이에 대해 어떤 반대급부도 요구하지 않고, 영접의 권력과 어떤 길들임의 계약(가족, 국가, 민족, 영토, 지연이나 혈연, 언어, 문화 일반, 인류 자체)을 맺도록 요구하지도 않으며, 모든 소유권, 모든 권리 일반을 포기하는 **정당한** 개방, 도래하는 것에 대한, 곧 기다릴 수도 없는 것 **그 자체**이며 따라서 미리 인지할 수도 없는 사건에 대한, 타자 자체로서 사건에 대한, 항상 희망에 대한 기억 속에서 빈자리를 남겨 두어야 하는 그녀 또는 그에 대한 메시아적인 개방만을 제시해야 한다. 이러한 메시아적 개방이야말로 유령성의 장소 그 자체이다." 같은 책, 140~141쪽(강조는 원저자).

해결책이 불가능함을 보여 주면서도 어긋남에 대한 문제의식을 계승하고자 하는 것이라고 할 수 있다. 그래서 데리다는 특정한 해결을 지시하는 맑스식의 모순, 즉 통일된 규정 내에서 부딪히는 어긋남을 이질적인 것에 대해 열려 있는 어긋남으로 바꾸어 버린다. 이때의 이질성은 공간적으로 인접해 있는 탈구적脫臼的 관계의 항으로 이해될 수 있는 이질성이 아니라, 시간 내로 진입한 이질성, 즉 단일한 시간의 연속을 깨뜨리는 시간적 탈구로서의 이질성이자, 궁극적으로 예측할 수 없는 낯선 변화의 가능성인 이질성이다. 이 같은 이질성은 현재 우리가 관장할 수 있는 동일자의 테두리를 벗어나는 타자의 특성이며, 데리다의 유령은 우리가 이런 특성을 지닌 타자와 맞닥뜨려 있음을 환기하는 역할을 한다. 그러므로 유령과 결부된 미래란 결국 기존의 틀과 사고방식의 경계를 넘어서는 것, 그런 의미에서 종말론eschatologie적이고 메시아적인 것이 될 수밖에 없다.

물론 그렇다고 해서 데리다가 미래를 향해 어떠한 기획도 내놓지 않는 것은 아니다. 그는 맑스를 좇아 또 맑스를 넘어 이른바 "새로운 인터내셔널"la nouvelle internationale 을 제안한다. 이것은 당, 국가, 민족뿐 아니라 공동의 계급성이나 공동의 시민성마저 없는, 따라서 어떠한 제도나 조직도 갖추지 않은 연대다.[20] 말하자면 '제도 없는 동맹'이라고 할 만한 것이 "새로운 인터내셔널"의 내용이다. 이러한 발상에서 폐쇄적 동일성을 피해 보려는 의도가 두드러지게 읽히는 것은 당연한 일인데, 실상 이 같은 점이야말로 데리다에게 붙어 있는 맑스 유령의 그림자라고 할 만하다. 맑스 철학 및 맑스주의 역사의 부정적인 면에 대한 평가가 여기에 투영되어 있는 것이다.

---

20) 데리다, 『마르크스의 유령들』, 173쪽 이하 참조.

이런 점에 주목할 때 무심코 넘길 수 없는 것이 "새로운 인터내셔널"에서 '새로운'이라는 말이 갖는 함의이다. 이때의 '새로움'은 무엇을 뜻하는가? 그것은 앞서 말한 종말론적이고 메시아적인 새로움일까? 아니면 그것을 위한 준비 단계의 새로움에 불과한 것일까? 아마 데리다는 이런 질문을 잘못 제기된 것으로 취급할 것이다. 그 질문은 은연중에 선형적이고 동질적인 시간성, 연대기적 시간성을 전제하고 있다고 볼 수 있기 때문이다. 데리다에게 메시아적인 것은 미래의 어느 시점에 다가오는 것을 뜻하지 않으며, 종말론도 미래의 어떤 지점에서 기존의 세계가 끝난다는 것을 의미하지 않는다. 따라서 준비 단계와 메시아적 단계를 상정하고 이것들이 순차적으로 이어진다는 식으로 이해해서는 곤란하다. 오히려 이런 생각과 파악 방식을 넘어서는 것이 데리다가 노리는 바이고, 이렇게 기존의 틀을 떨쳐 내는 것이 그가 말하는 메시아적이고 종말론적인 것의 요건이라고 할 수 있다. 말하자면 데리다가 내세우는 시간의 비동시성 자체가 '새로움'의 특성인 것이다. 그래서 그에게는 "새로운 인터내셔널"이 '비동시적 연대'가 된다.[21] 통일된 시간성을 갖지 않는다는 것, 과거와 미래가 현재에 함께 들어와 있다는 것, 그래서 일관된 조직이나 제도가 궁극적으로 성립될 수 없다는 것, 하지만 그런 가운데 정의의 약속을 추구하는 연대가 가능하다는 것 따위를 이 '비동시적 연대'는 함축한다. 이때의 정의는 고정된 어떤 상태의 동일성을 내세우며 타자와 충돌하는 것이 아니다. 오히려 그런 종류의 자기주장을 부정의로 놓고 그것을 타자에 대한 환대를 통해 넘어서는 개방성의 깊이를 가진다.

하지만 그렇다면 굳이 '새롭다'고 표현해야 할 이유가 있을까? "새로

---

21) 같은 책, 같은 곳.

운 인터내셔널"은 그 함의에 따르자면 차라리 '다른' 인터내셔널이거나 '포괄적인' 인터내셔널, 또는 '탈'脫인터내셔널이라고 해야 하지 않을까? '새로움'은 '낡음'과의 대비를 전제하며 따라서 시간적인 순서와 관련한 오해를 야기할 수 있기 때문이다.[22] 아니면, "새로운 인터내셔널"이라는 명칭의 사용 자체가 데리다가 제시하는 시간관의 한계를 은연중에 드러내는 것이라고 보아야 할까? 다시 말해, 그가 말하는 비동시적 시간은 맑스를 계승하고 넘어선다는 데리다의 의도마저 다 담아내기 어렵다는 점을, 실제의 시간 이해는 그러한 시간관을 빗겨 가거나 넘치기 마련이라는 점을 보여 주는 것이 아닐까?

4. 용서와 새로움

데리다의 시간관은 「시간」이 표현하는 딜레마는 쉽게 해결해 줄 수 있을 법하다. 그가 내세우는 중심 주장은 현전하는 것만이 존재하는 것은 아니라는 것이기 때문이다. 현전하는 것은 현재의 얼굴이지만 거기에는 지금 현전하지 않는 과거와 미래가 함께한다. 과거와 미래는 현재의 얼굴과는 다른 방식으로 존재한다고 해도 좋다. 유령성은 그렇게 존재하는 것들의 특징이다. 우리는 얼굴에서 현재의 표면만이 아니라 거기에 출몰하는 유령적인 면모를 보아야 한다. 유령이라는 말이 주는 섬뜩함만 덜어 낸다면, 우리는 현재의 모습에서 과거와 미래를 같이 읽어 내는 경험의 폭을

---

22) 새로움의 함의 및 그와 관련된 시간의 문제는 모더니즘과 포스트-모더니즘의 관계에 대한 오랜 논란거리 중 하나다. 여기에 대한 괜찮은 정리로는 Osborne, *The Politics of Time*, 특히 Ch. 1 참조.

가질 수 있을 것이다. 그럴 때 '새희'는 '세희'와 소통할 수 있으며, 그렇게 결합된 존재의 미래를 다가올 것으로서 경험할 수 있다. 하지만 영화 속에서 '지우'는 이를 용인하지 못한다. 그에게 '새희'에 겹쳐 나타나는 '세희'는 받아들일 수 없는 존재다. 얼굴을 바꿈으로써 '새희'는 '세희'를 저버렸으며 사진을 덮어씌운 유령과 같은 것으로 만들어 버렸다. '지우'는 이러한 잘못을 용서하지 못한다. 이 같은 사태는 시간의 단면들 사이에서 성립하는 관계가 때로 적대적이고 화해하기 어려운 것일 수 있음을 보여 준다. 이것은 유령의 출몰이 지시하는 어긋남과는 다른 사태다. 유령의 등장을 인정한다 하더라도 거기에 대처하는 방식은 여러 가지다. 유령에 대한 환대보다는 유령을 피하고 축출하고자 하는 것이 더 자연스럽지 않은가.

데리다는 그러한 시도가 애당초 성공할 수 없음을 주장하려 한다. 그가 유령이 출몰함^{hanter}을 현실의 한 면모로 이론화하려는 시도로 유령론^{hantologie}을 내세울 때, 데리다가 노리는 바는 존재론^{ontologie}에 비견될 수 있는 현실의 이론을 수립하는 것이다.[23] 이미 언급했듯이, 데리다는 유령을 축출하거나 실체적인 것으로 대체하려는 시도에 대해서는 맑스에 대해서조차 비판적인 태도를 취한다. 그러나 배타적 현재를 고수하려는 태도, 설사 현재에 개입하는 과거와 미래를 받아들이더라도 그것이 현재와 어울릴 수 있는 한에서만 받아들이려는 태도에 대해서는 어떠한 방책을 취할 수 있을까? 그렇게 해서는 현재에 스며 있는 어긋남을 바로잡을 수 없으며 진정한 새로움도 얻을 수 없다는 것을 되풀이하여 강조해야 할까? 배타적인 새로움의 추구는 '새희' 식의 잘못을 낳고, 이 잘못된 과거를 거부하고 피하려는 태도는 '지우' 식의 방황과 자기 파괴를 낳는다고 설득

---

23) 프랑스어에서 'h'는 묵음이므로 'hantologie'와 'ontologie'의 발음은 유사하다.

해야 할까? 이것을 넘어설 수 있는 길은 유령과 함께하는 현실을 인정하고 용인하는 수밖에 없다고 거듭 호소해야 할까?

『마르크스의 유령들』만 놓고 생각할 때, 데리다는 이와 같은 방책을 크게 넘어서지 못한 것처럼 보인다. 하지만 이후의 작업들을 살펴보면 그가 유령론을 보충하고 거기에 현실성을 부여하기 위해 계속 노력했음을 알 수 있다.[24] 1990년대부터 데리다는 사회철학적 문제들에 대한 개입의 폭을 넓혀 간다. 민주주의 및 법과 폭력의 문제, 세계적 지평에서의 민족과 종교의 갈등, 이방인의 문제 등에 대한 관심이 두드러지며, 그 과정에서 환대, 우정, 용서 따위의 주제가 부각된다.[25] 그런데 우리가 이 글에서 다룬 시간의 문제와 관련하여 특히 주목하고 싶은 것은 용서라는 주제이다.[26] 용서는 데리다가 유령론을 통해 썩 만족스럽게 해결하지 못한 새로움의 문제를 풀어 갈 수 있는 보완적인 한 통로라고 여겨지기 때문이다.

용서의 문제는 유령의 약속이 이루어지는 방식, 즉 과거에서 비롯한 현재의 어긋남이 해결되는 방식과 관련이 있다. 그러한 한, 용서는 도래하

---

24) 어떤 개념이나 체계가 완결성을 갖출 수 없으며 거기에는 대리보충(supplément)이 개입하기 마련이라고 하는 데리다의 생각은 데리다 자신에게도 적용되어야 할 것이다.
25) 『우정의 정치학』(*Politiques de l'amitié*, Paris: Galilée, 1994), 『법의 힘』(*Force de loi*, Paris: Galilée, 1994; 진태원 옮김, 문학과지성사, 2004), 『환대에 대하여』(*De l'hospitalité*, Paris: Clamann-Lévy, 1997; 남수인 옮김, 동문선, 2004), 『신앙과 지식, 그리고 시대와 용서』(*Foi et savoir suivi de le siècle et le pardon*, Paris: Seuil, 2002), 『불량배들』(*Voyous*, Paris: Galilée, 2003) 등 참조.
26) 데리다가 용서를 중심 주제로 다룬 저술로는 1997년과 1998년의 강연록을 토대로 그의 사후에 출판된 소책자인 『용서하다: 용서 불가능한 것과 시효로 소멸될 수 없는 것』(*Pardonner: l'impardonnable et l'imprescriptible*, Paris: Herne, 2005)가 있다. 앞서 언급한 『신앙과 지식, 그리고 시대와 용서』에 실려 있는 「시대와 용서」("le siècle et le pardon")는 1999년에 이루어진 인터뷰이다. 여기에 대한 요약 소개는 지오반나 보라도리, 『테러 시대의 철학』, 손철성·김은주·김준성 옮김, 문학과지성사, 2004의 253쪽 이하에서 읽을 수 있다.

는 미래를 뒷받침하는 사안이다. 더 적극적으로 말하면, 용서는 과거의 잘못을 무화無化해 줌으로써 새로운 시간 지평으로서의 미래를 마련하는 행위라고 할 수 있다. 이런 점에서 용서는 미래에 대한 막연한 메시아적 기대 이상의 것이며, 용서가 낳는 미래는 유령이 지시하는 현재 속의 미래 이상의 것이다. 또 그러므로 이 용서가 초래하는 새로움은 앞서 논의했던 비동시성으로서의 새로움에 그치지 않는다.

용서는 이미 이루어진 것, 즉 과거의 일에 대한 용서이므로, 과거를 생각함이 없이는 성립할 수 없다. 그렇기에 용서는 과거에 대한 망각과 거리가 멀다. 망각은 사태가 은폐되는 한 방식일 뿐이어서, 참된 새로움을 산출하는 데 이르지 못한다. 망각된 과거는 어느 때든 유령처럼 다시 돌아올 수 있다. 우리가 보았다시피, 데리다가 상정하는 유령은 이렇게 망각될 수 있는 과거를 일깨우는 역할을 한다. 반면에 용서는 과거와 함께하는 현재가 그 과거의 멍에로부터 벗어날 수 있게 해준다. 과거는 사라지거나 망각되지 않지만 현재를 구속하지 않게 됨으로써 미래를 향한 새로운 지평이 열린다. 그러므로 용서는 과거의 잘못으로 인한 현재의 어긋남이 해소되는 한 방식이라고 할 수 있다. 이 용서는 미래가 복수나 보상과 같은 대칭적 연관을 통해 과거와 연결되지 않게 해준다. 그러므로 용서는 교환관계를 벗어난 일종의 증여 또는 선물과 같은 것이다.[27] 이런 점에서 용서는 앞서 논의한 메시아적 특성을 가지지만, 단순히 기대에 그치지 않고 그 기대를 실현하는 길이 된다는 점에서 메시아적 유령성을 넘어선다.

다시 「시간」을 생각해 보자. 이 영화에서는 용서의 가능성이 배제되어 있다. '세희'는 '지우'가 한눈파는 것을 용납하지 못하고 '지우'는 '세희'가 '새희'가 된 것을 용서하지 못한다. 그들은 이러한 어긋남을 해결하기 위해 과거와 단절한 새로움을 추구하는데, 그것은 성형에 의한 얼굴 바꾸기로 나타난다. '세희'에 이어 '지우' 역시 성형을 통해 다른 인물로 사라져 버리고, '새희' 또한 다시 그러한 길을 택한다. 과거와 단절한 새로움의 추구가 결국 가서 닿는 곳은 익명성이다. 영화의 마지막 장면에서 성형을 한 '새희'는 색안경과 마스크로 얼굴을 가린 채 군중들 속으로 걸어 들어간다. 그녀는 이제 '세희'도 '새희'도 아닌 또 다른 누구일 뿐이다. 과거를 용서하지 못할 때 그들은 시간의 폭을 잃어버리고 스스로 익명의 존재가 된다. 이것은 또 다른 유령의 모습, 시간에서 쫓겨난 유령의 모습이라고 할 만하다.[28] 용서는 이러한 파국을 피할 수 있는 길이다. 즉 용서는 과거를 밀어내거나 도외시하지 않고 다시 출발할 수 있는 길, 정체성을 잃은 채 부유하지 않고 새로움을 마련할 수 있는 길이라고 할 수 있다.

물론 용서는 간단한 사안이 아니다. 무엇을 어떻게 용서할 수 있는가, 나아가 우리에게 얼마만큼의 용서의 능력이나 자격이 있는가는 쉽게 답하기 힘든 문제이다. 우리는 보통 용서를 처벌의 면제로 생각하곤 한다. 그래서 벌을 줄 수 없는 일에 대해서는 용서가 성립하지 않는다고 여긴다.

---

27) 용서를 뜻하는 프랑스어 'pardon'은 'par-don'이라는 조어 형태를 가지고 있으므로, '선물 또는 증여(don)에 의하여'라고 풀 수 있다. 영어의 경우 이 'pardon' 외에 용서하다는 뜻의 일반적인 단어 'forgive' 역시 'for-give'라는 비슷한 조어 구조를 보인다. 용서라는 뜻의 서양어에 대한 풀이와 해석에 대해서는 Derrida, *Pardonner : l'impardonnable et l'imprescriptible*, pp. 8f 참조. 데리다는 용서의 조어와 관련하여 용서와 망각을 구분할 뿐만 아니라, 용서와 증여(don) 사이의 아포리를 제시한다. 그에 따르면 용서를 구하는 것은 충분히 주지 못한 데서 비롯하는가 하면 잘못 준 데서 비롯하기도 한다. 용서하다는 뜻을 가지고 있는 독일어 'vergeben'은 후자의 경우를 잘 보여 준다. 한편, 한자어 용서(容恕)에서의 '서'(恕)는 '如-心', 즉 '마음을 같이함'으로 풀 수 있으니, '용서'는 상대방의 처지를 나와 같은 것으로 헤아려서 허물을 덮고 받아들인다는 뜻으로 이해할 수 있다. 데리다의 시각에서 보면 이런 의미의 용서는 아마 탐탁한 것이 되지 못할 것이다. 그가 비판하는 헤겔의 용서 개념과 유사하게 이것 또한 결국 동일성에 바탕을 두고 있는 것으로 여겨질 것이기 때문이다. *Ibid.*, p. 65 참조.

벌할 수 없는 처지에 있으면서 용서한다고 말하는 것은 사실 무력한 자기 위안에 불과할지 모른다. 또 우리는 일반적으로 용서란 과거의 잘못으로 피해를 당한 자가 가해자에게 베풀 수 있는 것이라고 생각하며,[29] 가해자가 자신의 잘못을 인정하고 용서를 구하지 않는데 피해자가 용서를 한다는 것 또한 의미를 가지기 어렵다고 본다. 용서가 유의미한 것이 되기 위해서는 그 용서를 통해 피해자와 가해자가 과거의 잘못으로부터 놓여날 수 있어야 하기 때문이다. 그래야 용서를 통해 새로움을 확보할 수 있지 않겠는가.

이런 점들은 자기 용서나 상호 용서의 경우에도 적용하여 생각해 볼 수 있을 것이다. 잘못을 저지른 이와 그로 인해 피해를 받은 이가 동일인인 경우, 복수나 처벌은 자기 파괴에 이르기 쉽다. 잘못을 기억하되 그 잘못을 파괴적이지 않게 처리하는 능동적인 방식이 자기 용서라고 할 수 있다. 이것은 그저 잘못을 덮어 버리는 행위와는 다르다. 자기 용서라 하더

---

[28] 사실 이 같은 면모도 데리다가 말하는 유령성과 무관하지는 않다. 데리다는 텔레비전이나 컴퓨터와 같은 현대의 매체가 과거와 미래를 현재화함으로써 복합적 시간으로서의 유령성을 형성하는 데 큰 역할을 한다고 생각하는데, 부정적인 면으로 보면 이러한 현상은 자칫 과거와 미래를 소거해 버림으로써 무차별적 평면성으로 나아갈 위험성도 안고 있다. 우리를 보지만 보이지는 않는다는 유령의 특성도 현대의 미디어가 노정하는 부정적인 모습과 연결될 소지가 크다. 그렇지만 데리다는 이런 특성을 대중에 대한 조작과 지배 문제보다는 타자성의 문제와 관련짓고 싶어 하는 것으로 보인다. 자크 데리다·베르나르 스티글러, 『에코그라피: 텔레비전에 관하여』, 김재희·진태원 옮김, 민음사, 2002, 특히 204쪽 이하 참조. 또 데리다, 『마르크스의 유령들』, 326쪽 참조.

[29] 피해자가 죽고 없는 때에는 이 피해자로부터 용서를 받는 것이 불가능하다. 그럴 경우 죽은 피해자의 주변 인물들이나 사회로부터 용서를 받을 수 있을 뿐이다. 이들도 상실의 피해자이기는 하지만 직접적 피해자는 아니며, 따라서 그 용서를 진정한 용서로 생각할 수 있느냐는 문제가 생긴다. 살인, 더 나아가 대규모 학살이나 인종청소와 같은 범죄에 대해서는 용서가 불가능하며 법적인 조처로서 처벌시효를 정할 수도 없다는 생각의 중요한 근거는 이런 점에 있다고 보인다.

라도 용서에는 용서를 구하고 용서를 하는 두 면이 있어야 하며, 용서를 구하기 위해서는 스스로의 잘못을 인정하고 반성하는 계기가 필요하기 때문이다. 상호 용서의 경우도 마찬가지다. 시도가 서도에게 가해자이며 피해자인 경우, 상호적인 파괴를 피하고 서로의 잘못을 인정하면서 이를 넘어서는 길은 상호적인 용서에서 찾을 수 있을 것이다. 이러한 상호 용서야말로 한 집단이 서로 얽힌 잘못에서 빠져나와 새롭게 출발할 수 있도록 해 주는 사회적 계기라 할 수 있다.

하지만 자기 용서건 상호 용서건 이를 계산적인 것으로 취급해서는 곤란하다. 이미 논의했던 것처럼, 용서는 과거의 사안에 대칭적으로 연결되는 미래를 낳는 것이 아니기 때문이다. 그렇다면 용서는 무엇에 근거하는가? 용서가 새로움을 가져올 수 있는 것이라면, 용서는 시간의 질서와 어떠한 관계에 있는가? 이러한 질문은 용서의 현실적 어려움이라는 문제와 함께 우리를 새로움 및 용서와 관련한 또 다른 탐구로 이끈다. 그곳에서 우리는 '용서할 수 없는 것에 대한 용서'라는 데리다의 아포리아를 거쳐 용서를 시간의 적극적인 타자적 특성과 연결하는 레비나스의 논의를 만나게 될 것이다.

3장 웰빙에서 윤리로
잘-있음과 있음 넘어서기

1. 웰빙, '잘-있음'의 문제

'웰빙'well-being은 우리말로 '참살이'라고 옮겨지기도 한다. 그러나 그 두 말의 함의는 좀 다른 것 같다. '웰빙'보다는 '참살이'가 한결 무겁게 느껴진다. '참살이'라는 말에 담길 수 있는 가치 지향의 무게 탓일 것이다. 그 차이에서 우리는 '참살이'라는 말을 쓰고자 하는 사람들의 의도를 읽을 수 있다. '웰빙'을 '참살이'로 대체함으로써 '웰빙'의 상대적 가벼움을 교정하려는 것이 아닐까 싶다. 그러나 다른 한편, '참살이'가 아닌 '웰빙'이라는 용어를 고수하게 되는 것도 그 무게가 부담스러워서인 경우가 많은 듯하다.

'웰빙'을 글자 그대로 옮긴다면 '잘-있음'이 될 것이다. '잘'은 '참'보다는 기능적인 느낌이 강하다. 그렇다고 해도 가치의 문제가 배제될 수는 없다. '잘'에는 분명 평가적 의미가 담겨 있는 까닭이다. 다만 '잘-있음'의 결합에서는 '잘-삶(살이)'의 결합에서보다 그 평가의 규범적 색채가 약화되는 것 같다. 웰빙이 '잘-삶'well-living이 아니라 '잘-있음'이라는 점에 주목할 수 있는 대목이다. 여기서 '있음'은 '삶'(살이)에 비해 항상적이거나 정적인 상태를 부각시킨다. 또 그런 상태를 유지할 수 있게 해주는 조건이나 수단이 관심의 대상이 되도록 한다. '웰빙'의 사전적 의미가 '복지', '안녕', '행복' 따위인 것도 이와 무관하지 않을 것이다.

 웰빙을 이렇게 '잘-있음'이라는 원래의 의미로 새길 때, 우리는 그 표현의 밋밋함에도 불구하고 웰빙 문제의 특징을 이해하는 적확한 출발점에 설 수 있다. 우선 이 규정은 웰빙의 관심이 '있음'being의 차원에 있다는 점을 분명히 드러내 준다. 앞으로 논의할 것이지만, 이것은 웰빙이라는 발상이 지니고 있는 윤리적 한계와 관련하여 매우 중요한 면이다. 다음으로 이 규정에서 흥미로운 것은 '더 나은'better 있음이 아니라 '잘'-있음이 거론되고 있다는 점이다. 이것에 대비되는 것은 물론 '잘못'-있음ill-being일 것이다. 여기서 우리는 연속적인 발전보다는 어떤 전환이나 시정이 문젯거리임을 볼 수 있다.

 그렇다면 웰빙이란 일종의 어긋남에 대한 바로잡음을 가리키는 것일까? 그런 경우라면 어긋나기 이전의 본래적인 상태가 전제되기 마련이다. 본래적인 상태의 회복으로서의 웰빙. 우리는 이와 유사한 구도들을 익히 알고 있다. 소외나 타락 등의 문제설정이 그런 예에 해당한다. 소외 이전의 상태나 타락 이전의 상태는 이상적인 모습으로 그려진다. 그 상태가 실재했는가 여부는 결정적이지 않다. 그보다는 가능한 실현의 목표로서 설정될 수 있다는 점이 중요하며, 이 실현 가능성은 대개 인간 본성에 대한 규정에서 확보된다. 웰빙도 비슷한 식으로 이해될 수 있다. 인간은 본래 웰빙에 적합한 본성을 가지고 있다. 다만 현실적 조건이 여의치 못해서 웰빙이 실현되지 못할 뿐이다. 그러므로 문제는 적합하지 못한 조건들을 극복하고 본래적인 모습을 실현하는 것이다.

웰빙이 보통 자연친화적인 면을 표방한다는 점을 감안하면 이런 구도로 웰빙을 이해하는 것이 꽤 설득력 있어 보인다. 산업화와 경제개발은 소비할 수 있는 재화의 양을 늘리고 평균수명을 연장시켰지만, 인간의 본래적인 존재방식을 왜곡시켰다. 인위적인 장치들에 치이고 찌든 우리의 모습은 '잘못-있음'이다. 이 잘못-있음을 바로잡는 것, 그래서 잘-있음을 회복하는 것, 그것이 웰빙이다. 이런 발상의 강점 가운데 하나는 그 실현 근거와 정당성을 내세우기 편하다는 데 있을 것이다. 자연nature과 인간 본성nature이 출발점과 목표의 근거가 되며, 자연과의 합치가 당연한 가치 지향으로 전제된다. 자연에 거스르는 '있음'은 정상에서 벗어난 것이고 일종의 병이다. 이런 점에서 보면 웰빙에 대한 관심에서 건강에 대한 관심이 큰 비중을 차지하고 있는 것도 자연스러운 현상이라 할 수 있다.[1]

2. '잘-있음'의 방식 : 자기 사랑과 소유적 사랑

웰빙에 대한 이와 같은 생각이 오늘날에 이르러 비로소 나타난 것은 아니다. 용어나 개념 면에서 볼 때 우리가 특히 주목할 만한 것은 **루소**Jean-Jacques Rousseau의 견해다.[2] 루소가 사용한 '잘-있음'bien-être이라는 말 자체가 영어로는 'well-being'으로 번역될 뿐만 아니라, '잘-있음'에 대한

---

1) 웰빙과 건강(health)을 거의 같은 의미로 이해하는 사람들도 많다. 이 경우 넓은 의미의 건강이 웰빙인 셈이다. 이미숙, 「생활양식으로서의 웰빙(Well-Being) : 이론과 적용의 뿌리 찾기」, 『한국생활과학회지』 Vol. 13, No. 3, 2004 참조.
2) 루소의 '잘-있음' 개념을 필자에게 환기시켜 준 이는 이지훈 선생이다. 이지훈, 「예술과 연금술 : 바슐라르가 생각한 '치유하는 힘'으로서의 상상력」, 부산대학교 인문학담론모임 발표문, 2005년 3월, 20쪽 참조. 필자는 개인적으로 이지훈 선생에게 문의하여 루소의 이 개념에 대해 많은 도움을 얻었다.

그의 생각은 오늘날 통용되는 웰빙 개념의 특성과 한계를 미리 보여 주는 면이 있다고 여겨지는 까닭이다.

루소에게서 '잘-있음'은 먼저 자기의 안전, 자기 보존 등과 연결되는 자연적 안락이라는 의미로 쓰인다.[3] 인간은 누구나 '잘-있음'을 추구한다는 식의 언급이 여기에서부터 자연스럽게 따라 나온다.[4] 이런 점이 '잘-있음'을 행복이라 새겨도 좋은 이유가 된다. 그런데 문제는 이 '잘-있음'이 적어도 문명 이후에는 그저 얻어지지 않는다는 데 있다.

문명 이전 단계에서는 물론 자연과의 어긋남이 없다. 루소에 따르면 이때에는 언어도 거처도 교제도 지식의 진보도 존재하지 않는다.[5] 즉 이러한 자연 상태는 거의 동물적인 상태이다. 하지만 이것은 홉스가 묘사했듯 만인에 대한 만인의 투쟁 상태는 아니다. 오히려 자연 상태는 "우리의 자기 보존을 위한 노력이 타인의 보존에 가장 해를 끼치지 않는 상태"이고 따라서 "평화적으로 살아가는 데 가장 적합하며 인류에게 가장 바람직한" 상태이다.[6] 문명 상태와 대비하기 위해서이긴 하지만 이렇게 이상적으로 묘사된 자연 상태에서 '잘-있음'이 추구되고 또 확보될 수 있는 것은 당연해 보인다.

그런데 루소는 이 자연적 안락으로서의 '잘-있음'과 관련해서 한 가

---

3) 예컨대 장 자크 루소, 『인간불평등 기원론』, 주경복·고봉만 옮김, 책세상, 2003, 38쪽; 루소, 『에밀』(상), 정봉구 옮김, 범우사, 1995, 339쪽(Jean-Jacques Rousseau, *Discours sur l'origine et les fondements de l'inégalité parmi les hommes*, Paris: Nathan, 1981, p. 42; Rousseau, *Emile : ou de l'éducation*, Paris: Garnier-Flammarion, 1966, p. 242) 등 참조. 주경복·고봉만은 bien-être를 '안락'으로, 정봉구는 '행복'으로 옮기고 있다.
4) 루소, 『인간불평등 기원론』, 98쪽; 루소, 『에밀』, 298쪽(프랑스어판은 각각 p. 75; p. 214) 등 참조.
5) 루소, 『인간불평등 기원론』, 89쪽 참조.
6) 같은 책, 79쪽.

지 흥미로운 언급을 한다. 자연 상태가 평화로운 상태가 될 수 있도록 하는 데에는 연민^{pitié}이 큰 역할을 하는데, 이 연민, 다시 말해 "동포의 괴로움을 보고 싶지 않다는 선천적인 감정" 탓에 자신의 '잘-있음'에 대해서 갖는 열정을 완화하게 된다는 것이다.[7] 원래 루소는 이성에 앞서는 인간 영혼의 두 원리로 자기 보존 및 잘-있음에 대한 관심, 그리고 연민을 들고 있다. 전자가 개체의 자기중심적 원리라면 후자는 종족과 관련된 원리인 셈이다. 불가불 이 양자에는 상충하는 면이 있어 보인다. 그러나 루소는 자연 상태에서는 이 두 가지의 충돌이 어떤 심각한 문제를 빚어낼 수 있다고 생각하는 것 같지 않다. 인간만이 아니라 대부분의 동물도 이 두 가지 원리를 가지고 있으며, 그 원리들의 조절 속에서 살아 나간다고 보기 때문이다. 그러나 이 두 원리의 상충 가능성은 문명의 단계로 들어서면서 현실적인 문젯거리로 나타난다. 그리고 이때 적극적인 역할을 하는 것은 잘-있음에 대한 욕망이다.

루소는 불평등의 발생을 다루면서 부를 신분, 지위, 권력 따위의 다른 불평등보다 근원적인 불평등으로 놓고 이 부와 잘-있음을 연결하여 설명한다.[8] 부가 잘-있음에 가장 직접적으로 도움이 된다는 것이다. 그렇다면 잘-있음에 대한 관심과 욕망이 불평등을 낳는 근본적 원인이라는 추론이 가능하다. 그런데 불평등이 생겨나고 심화된 문명 상태는 대다수 인민의 잘-있음을, 심지어는 그 불평등에서 이득을 받는 소수의 잘-있음마저 위협한다. 이는 결국 잘-있음의 추구가 자기 모순적인 결과를 낳는다는 이야기가 된다. 만일 사태가 이렇다면, 문명 상태의 잘못-있음을 바로잡기

---

7) 같은 책, 80쪽(프랑스어판, p. 64).
8) 같은 책, 133쪽 참조.

위하여 잘-있음을 추구한다는 것 또한 모순적인 시도가 아닐 수 없다.

이런 문제를 해결하는 손쉬운 길은 잘-있음의 추구가 잘못-있음으로 이어질 수 있게 하는 요인이 무엇인가를 밝히고 그와는 다른 잘-있음의 방식을 제시하는 것이 될 것이다. 루소에게서 잘-있음이 진정 행복에 이르는 길은 여기에 있다. 이러한 점이 잘 드러나 있는 곳 가운데 하나는 『에밀』 2부에서 행복을 논하는 부분이다. 루소는 이렇게 말한다. "저마다에게 각기 자기 자리를 정해 주고 그 자리에 안정시키는 일, 사람의 됨됨이 constitution에 따라 인간의 정열 passions을 정리해 주는 일, 이것이 그의 잘-있음 bien-être을 위해서 우리가 할 수 있는 일의 전부인 것이다."[9] 여기서의 '잘-있음'은 있는 그대로를 방치해서 얻어질 수 있는 것이 아니다. 자리를 할당하고 안정시키며 정열을 바로잡아 ordonner 주어야 한다. 루소에 따르면 진정한 행복 bonheur의 길은 욕망을 줄이는 것에도 능력을 확대하는 것에도 있지 않다. 그것은 능력을 넘어서는 욕망을 줄여 잘 정돈된 bien ordonné 상태에 이르는 데 있다.[10]

이렇게 바로잡음 내지 정돈이 필요한 이유는 인간에게는 자연 상태를 벗어날 수 있는 소지가 있기 때문이다. 능력을 넘어서는 욕망, 이것은 상상력에 의해 일깨워지고 타인을 의식하는 자존심 내지 소유적 사랑 amour propre[11]에 의해 커져 간다. 잘 알려져 있다시피 루소가 말하는 소유적 사랑은 자연스런 자기 사랑 amour de soi과 대비되는 인위적인 관계의

---

9) 『에밀』(상), 110쪽(프랑스어판, p. 93). 번역은 약간 수정했다.
10) 같은 책, 111쪽(프랑스어판, p. 94).
11) 'amoure propre'는 보통 '자존심', '이기심', '이기애' 등으로 번역되어 왔다. 그러나 필자는 이미 사회 속에 있는 개인인 자기에게 귀속되는 것을 고집하는 사랑이라는 점에서 '소유적 사랑'이라 옮기는 것이 좋지 않을까 한다. 이때의 '소유'는 명예나 권력 따위도 포함하는 넓은 범위를 지닌다.

산물이다. 소유적 사랑은 비교와 경쟁을 부추기며, 자기 사랑에 따른 잘-있음을 넘어서서 탐욕과 타인에 대한 억압을 초래한다. 이런 점에 착안하면 우리는 잘-있음의 양상을 두 가지로 구분할 수 있다. 자기 사랑에 한정된 잘-있음과 소유적 사랑에 의해 추동되는 잘-있음. 후자는 인간이 잘-있음을 추구할 때 전개될 수 있는 양상이기는 하지만 우리를 행복으로 이끌지 못하며, 따라서 진정한 잘-있음이라 볼 수 없다. 이렇듯 어긋나고 넘친 잘-있음의 추구는 오히려 잘못-있음을 낳는 까닭에, 이를 바로잡는 잘-있음의 추구가 필요하다. 그것은 당연히 자기 사랑에 의한 잘-있음을 회복하는 것이어야 한다.

루소는 이런 식으로 잘-있음의 추구 방식을 구분함과 아울러 잘-있음과 연민의 상충 문제를 해결한다. 잘-있음에 대한 추구가 연민과 마찰을 빚지 않는 것은 그것이 자기 사랑에 따른 잘-있음의 테두리 내에 있을 경우다. 더욱이 이럴 때 자기 사랑은 연민의 근거가 된다.『에밀』에서 루소는 이렇게 쓰고 있다. "확장되는 영혼의 힘이 나를 나의 동포와 동화시킬 때, 말하자면 내가 그 사람 속에서 나를 느낄 때, 그가 괴로워하는 것을 내가 바라지 않는 것은 자신이 괴로워하지 않기 위함이다. 나는 자기 사랑을 위해서 그에게 관심을 가진다."[12] 그러니까 연민이란 확장된 자기애에 해당하는 셈이다. 루소는 '남이 우리에게 해주기를 바라는 대로 남에게 행하라'라는 황금률의 근거도 여기에 있다고 생각한다. 즉 그 근거는 "내가 존재한다고 느끼는 어떤 장소에서 나의 잘-있음에 대한 욕망을 내게 일게 하는 자연 그 자체 속에 있다."[13] 다시 말해 타인 속에서 나를 느낀다

---

12) 같은 책, 432쪽(프랑스어판, p. 306)의 주.
13) 같은책, 같은 곳.

면, 타인의 잘-있음과 나의 잘-있음은 본성상 합치될 수 있다는 얘기다. 따라서 자기 사랑 위주의 잘-있음에 대한 관심과 타인에 대한 연민 사이의 조절은 어려운 일이 아니다.

반면에 소유적 사랑에 따라 잘-있음을 추구할 때에는 타인과의 갈등이 점점 더 심해지는 양상이 나타난다. 소유적 사랑은 타인과 비교하는 가운데 자신을 앞세우는 감정이기 때문이다. 이것은 인간 상호 간에 행하는 모든 악을 일깨운다.[14] 그러므로 소유적 사랑에 의해 추동될 경우 잘-있음의 추구는 스스로의 목표에서 빗나가 버린다. 루소가 보기에 불행하게도 문명사회는 대부분 이런 모습을 띠고 있다. 불평등이 생겨나고 깊어지는 사회상이 바로 그것이다. 루소의 눈으로 보면 오늘날의 사회도 별반 다를 리 없다. 그러므로 오늘의 우리에게 필요한 것도 소유적 사랑이 아닌 자기 사랑에 기반한 잘-있음의 회복일 터이다. 아마 이것이 루소가 찬동할 수 있는 웰빙의 의미가 아닐까 싶다.

3. 잘-있음의 실현 : 몽상과 우울?

그런데 정작 어려운 문제는 자기 사랑에 의한 자연적인 잘-있음을 어떻게 회복할 수 있는가 하는 데 있다. 루소도 인정하다시피,[15] 일단 문명화가 이루어진 이상 다시 자연 상태로 되돌아간다는 것은 사실상 불가능한 일이다. 우리는 자연 상태로의 복귀가 아니라 자연의 재전유再專有, 본성의 재전유를 목표로 삼을 수 있을 뿐이다. 그러한 시도조차 개인의 차원에서

---

14) 루소, 『인간불평등 기원론』, 195쪽 참조.
15) 같은 책, 158쪽 참조.

는 아주 부분적으로만 이루어질 수 있다. 능력을 넘어서는 욕망을 줄이는 일, 그리하여 우리의 본성 내지 자연에 다시금 충실해지는 일——사회 전체가 이러한 회복을 시도하지 않는 한, 그 구성원 각각의 노력은 분산적이 되고 만다. 더욱이 오늘의 현실이 보여 주듯, 사회 전체의 경향이 여전히 소유적 사랑에 따른 잘-있음을 추구하고 있다면, '잘-있음'의 구호는 그러한 경향의 한 계기나 구성 부분으로 작용하기 쉽다. 실제로 오늘날 '웰빙'은 새로운 소비 조장의 구실로, 사회적 구별 획득의 징표로 기능하고 있지 않은가. 그래서 웰빙 바람은 우리에게 일정한 '있음'의 패턴을 강요하는 또 하나의 스트레스 요인이 되기도 한다.

그러므로 잘-있음의 시도가 성과를 거두게 하려면 개인적 차원의 노력이나 방안에 머물러 있을 수 없다. 이런 점에서 보면, 루소의 사회이론도 잘-있음의 실현을 뒷받침하기 위한 것으로 해석할 수 있다.[16] 자연 상태에서 사회 상태로, 자연적 자유에서 시민적 자유로 이행하는 것이 불가피하다고 할 때, 잘-있음의 추구가 소유적 사랑에 따른 불평등의 심화로 나아가지 않기 위해서 필요한 것은 무엇일까. 루소가 사회계약의 방식으로 확보하고자 했던 것은 본성의 사회적 재전유를 통한 잘-있음의 일반화가 아니었을까. 그가 일반의지를 내세웠던 중요한 이유 가운데 하나는 바로 개개인에게 소유적 사랑의 무제한적 추구를 허용하지 않기 위해서가 아니었을까. 이런 점은 루소가 일반의지의 행위인 입법의 원리로 자유와 함께 권력과 재산의 평등을 강조하고 있다는 사실을 통해서도 잘 드러

---

16) Jean-Paul Paccioni, "Liberté et appropriation de soi dans la politique de Rousseau", *Les Etudes Philosophiques*, Juillet-Septembre 1993. 특히 'Liberté et bien-étre'(pp. 36f) 참조.

난다. 권력은 폭력에 이르지 말아야 하며 법과 지위에 입각해서만 행사되어야 하고, 재산은 다른 사람을 살 수 있을 만큼 많지도 자기를 팔지 않을 수 없을 만큼 적지도 않아야 한다.[17]

하지만 루소의 이런 입론은 그 실현을 거부하는 현실과 부딪힌다. 주지하다시피 그의 이론은 충분히 분화되지 않은 소상품 생산자 사회에 걸맞는 것이라는 지적을 받아 왔다. 예컨대 알튀세르는 루소의 일반의지가 실재하는 특수한 이해관계를 부인하는 허구적인 것이라고 비판한다. 여기에서 비롯하는 무력함 때문에 루소에게서는 이데올로기적인 비약과 현실 판단에서의 퇴행적 양상이 동시에 나타난다.[18] 결국 이런 문제에 부딪힌 루소는 그 해결책을 이론이 아닌 문학에서 찾을 수밖에 없었다. 『신엘로이즈』와 『에밀』과 『고백』——이 경탄할 만한 저작들에 새겨져 있는 것은 실상 '허구적 승리'일 따름이다.[19] 이런 견지에서 보면 루소의 '잘-있음'은 허구적인 설정에 지나지 않는 것, 즉 상상적인 것이 되어 버린다.

그렇다면 이런 약점을 넘어서서 잘-있음을 실현할 수 있는 방도가 있는 것일까? 현실적 이해관계의 충돌과 그 역사적 전개과정을 고려에 넣은 기획들 가운데 잘-있음의 문제를 해결할 수 있는 만족할 만한 방안이 있는가? 맑스의 공산주의 구상은 자연의 재전유를 역사의 발전과 결부시킨 대표적인 예로 생각된다. 루소와 유사하게 맑스는 '인간의 자연주의'와 '자연의 인간주의'를 내세우며 자연의 재전유를 표방한다.[20] 또 루소와

---

17) 장 자크 루소, 『사회계약론』, 2편 11장 참조.
18) 루이 알튀세르, 「루소: 사회계약(불일치)」, 『마키아벨리의 고독』, 김석민 옮김, 새길, 1992, 특히 168쪽 이하 참조.
19) 같은 글, 같은 책, 176쪽.
20) 칼 맑스, 『1844년의 경제학 철학 초고』, 최인호 옮김, 박종철출판사, 1991, 296쪽 이하.

는 달리 생산력의 발전과 사적 소유의 지양이라는 역사적 전개 과정을 전제한다. 맑스가 단편적으로 묘사한 공산주의 사회의 모습[21]은 루소가 생각한 잘-있음과도 어울리며, 오늘날 선전되는 웰빙의 이미지와 부합하는 면도 있는 듯하다. 물론 맑스의 공산주의는 생산력으로 대변되는 능력의 신장을 전제한다는 점에서 루소의 구상과 다르며, 소유적 잘-있음을 부추기는 자본주의적 생산관계의 지양을 전제한다는 점에서 오늘날의 웰빙과 다르다. 그러나 여전히 문제는 실현 가능성이다. 오늘의 현실에서 맑스식 공산주의와 잘-있음의 도래를 기대하기는 어려워 보인다.

사실 맑스에게서뿐 아니라 다른 어떤 견지에서도 소유적 잘-있음을 넘어서는 현실성 있는 사회적 기획을 찾아내기는 쉽지 않을 것 같다. 이 같은 상황에서는 자본주의적 소비 패턴에 종속되기를 거부하는 잘-있음에 대한 나름의 진지한 관심조차 자칫 개인적이고 도피적인 모습을 띠게 될 공산이 크다. 이런 가운데 곧잘 강조되는 것이 상상력이다. 잘-있음을 가로막는 현실의 사회적 조건에도 불구하고 개인적으로나마 잘-있음을 체험하기 위해서는 자연과 우주에 자유롭게 접촉하고 이를 향유할 수 있게 해주는 상상력이 필요하다는 것이다.

가스통 바슐라르에 대한 이지훈의 논의는 이와 같은 생각을 잘 보여 주는 예이다.[22] 여기에 따르면 우리는 바슐라르가 말하는 상상력을 통해 자연과의 교감을 회복할 수 있고 그럼으로써 있음의 본질인 잘-있음에 이를 수 있다고 한다. 이때의 상상력은 고정된 개념과 재현의 틀을 넘

---

21) 칼 맑스, 『독일 이데올로기』, 김대웅 옮김, 두레, 1989, 74쪽 이하(*MEW* 3, p. 33f), 또 20번 각주와 같은 곳 참조.
22) 이지훈, 『예술과 연금술』, 창비, 2004, 특히 239쪽 이하 참조.

어서는 힘이며, 그러한 인위와 사회의 장벽을 뚫고 자연의 있음 속으로 파고들어 가는 운동이다. 그것은 자유로운 관념의 유희에 그치는 주관적 상상력이 아니라, 물·불·공기·흙의 자연적 원소를 관통하는 질료적인 상상력이다. 이 상상력의 운동에 의해 우리는 존재의 해방과 확장을 맛보게 되는데, 여기에서 비롯하는 충만한 울림이야말로 잘-있음의 느낌을 이룬다. 그것은 '태고의 있음 속에 뿌리 내린 잘-있음'이며, 풀벌레 소리를 통해 대지와 함께하는 잘-있음이다.

그런데 이러한 자연친화적 발상에서 빠져 있다고 보이는 것은 이지훈이 지적하듯 역사적 상상력이고 사회성에 대한 고려이다.[23] 이지훈은 이와 같은 '반反사회성'이 오히려 아방가르드 운동의 정신주의적 한계를 극복하는 '자연의 의미 되새기기'에 해당한다고 해석한다.[24] 질료적 상상력을 통해 자연의 움직임에 함께 빠져들고 자연과의 교감을 회복하는 데서, 그럼으로써 고정된 차이와 대립의 틀을 무너뜨리는 데서, 그 반사회성의 사회적 의미를 찾을 수 있다는 것이다. 하지만 바슐라르의 상상력은 분명 탈사회적이며 퇴행적이다. 그가 퍼올리는 상상력의 줄기들은 르네상스 시기의 연금술에 닿아 있고, 그렇게 그 상상력이 기대는 곳은 비의적秘儀的이며 도피적인 몽상이다. 비록 우리가 그 속에서 잘-있음과 기분 좋음 l'agréable을 누릴 수 있다 하더라도, 그것은 몽상 안에서만, 즉 그 몽상을 에워싸고 있는 사회적 현실과 부딪히지 않는 한도 내에서만 유지될 수 있을 뿐이다.

이런 점은 잘-있음이 사실상 불가능한 현실 속에서 잘-있고자 할 때

---

23) 이지훈, 『예술과 연금술』, 9, 239, 273쪽 등 참조.
24) 같은 책, 282쪽 이하.

부딪힐 수밖에 없는 한계로 보인다. 잘-있음에 대한 고집은 기껏 사적私的인 테두리 내에서, 그것도 상상의 힘을 빌려 지탱될 따름이다. 게다가 이렇게 가두어진 잘-있음은 그 바깥의 잘못-있음과 대조되면서 일종의 이상理想으로 자리 잡게 된다. 이와 같은 이상은 우리가 추구해야 할 것으로서, 또 우리가 잃어버린 것으로서 우리를 압박하며, 대부분의 시간을 그 이상에 훨씬 못 미치는 현실 속에서 살아가야 하는 우리들을 우울하게 만든다.[25] 오늘날 유포되고 있는 웰빙의 이미지 또한 이러한 효과와 무관하지 않다. 다만 거기서는 그 이상이 한껏 물질화되고 상업화된 모습을 띨 뿐이다. 자본의 선전이라는 형태로 도처에서 우리를 압박하는 잘-있음의 상상적 이미지는 그 이면에서 잘-있음에 대한 집착적 우울증을 생산해 내고 있다.

4. '잘-있음'을 넘어서 : 있음과 달리

들뢰즈는 루소를 평하는 한 짧은 글에서 '근대사회의 악은 우리가 사적 인간homme privé도 아니고 시민citoyen도 아닌 경제인이 되어 버렸다는 데 있다'는 것이 루소의 기본적인 생각이라고 말한다.[26] 그가 볼 때 루소의 철학적 작업은 이 두 가지, 즉 사적 인간과 시민에 대한 탐구에 바쳐진다. 『에밀』과 『사회계약론』은 각각 사적 인간과 시민을 재구축하려는 노력

---

25) 이상과 관련한 우울(증)에 대한 뛰어난 분석으로 들뢰즈의 『의미의 논리』「계열22 : 자기와 화산」 및 「계열27 : 구강성」 참조.
26) Deleuze, "Jean-Jacques Rousseau précuseur de Kafka, de Céline et de Ponge", éd. David Lapoujade, *L'île déserte et autres textes*, Paris : Édition de Minuit, 2002, p. 77.

이다. 전자가 인간과 자연, 인간과 사물과의 관계에서 잘-있음을 찾으려는 시도라면, 후자는 사회관계 속에서 정의로운-있음을 찾으려는 시도이다.[27] 그런데 우리가 사회 속에 있는 한 이 두 가지는 분리될 수 없다. 당연한 이야기지만 우리는 사회관계를 매개로 하여 자연 내지 사물과 관계하기 때문이다. 그렇다면 잘-있음은 정의로운-있음과 함께할 때만 지속적으로 확보될 수 있을 것이다.

앞서 보았듯이 루소가 이 둘을 성공적으로 연결 지었다고 생각하기는 어렵다. 하지만 그러한 결과는 애당초 사적 인간과 시민을 나누어 놓음으로써 자초한 것이 아니었을까. 사적 인간은 이해관계로부터 자유로운 상태에 있다고 설정되며, 그래서 처음부터 잘-있음을 방해하는 사회적 요인들로부터 해방되어 있다. 그는 '자기 사랑'에 충실함으로써 잘-있음에 이를 수 있는 위치에 이미 놓여 있는 것이다. 바슐라르의 경우도 유사하다. 그의 상상력은 투명한 공기를 가르듯 사회적 장벽을 넘어 자연의 원소들에, '태고의 잘-있음'에 다다른다. 사회적 이해관계의 문제는 처음부터 배제되어 있다. 이러한 지점에서 출발하는 한, 우리는 잘-있음의 상태를 이미 전제한 채 이를 충족시킬 수 있는 사회관계를 찾아 나서게 된다. 그러나 이와 같은 시도가 현실 속에서 만족할 만한 답을 찾지 못할 때, 결국 남는 것은 여전히 사적 차원에 머물러 있는 '잘-있음'이다. 그리고 그것은 이제 사적인 소비자로 존재하는 개인들의 소비물로 전락하게 된다.

이런 점을 심각하게 고려한다면, 우리는 '잘-있음'의 문제틀 자체를 의문시할 수 있다. 사회와 분리된 자연[본성]을 근거로 잘-있음의 자명함과 정당성을 확보하려는 구도 자체를 문제 삼을 수 있다는 얘기다. 오히려

---

27) Deleuze, "Jean-Jacqes Rousseau précuseur de Kafka, de Céline et de Ponge", p. 78.

우리는 애초부터 사회에서 출발해야 하는 것이 아닐까. 구체적인 사회 속에서 '잘-있음'을 추구한다는 것이 무슨 의미인가를 먼저 따져 보아야 하는 것이 아닐까. 사실 잘-있음 내지 웰빙의 문제는 언제나 특정한 사회관계 속에서 발생하는 것이지 않은가. 여기에는 자본주의의 발전단계나 전개 양상, 한 사회의 소득 수준과 그 분포, 여가와 소비 패턴의 변화, 거기에 따른 환경과 건강에 대한 사회적 관심 등이 영향을 미치지 않는가. 그런데도 사회로부터 추상된 상태의 '잘-있음'을 상정하고 거기로 도피하거나 이를 다시 사회와 결합시키려 하는 것은 처음부터 잘못된 시도가 아닌가.

차라리 우리는 '잘-있음'을 우리가 추구해야 할 목표로 삼는 것이 과연 정당한가부터 물어보아야 하지 않을까. '잘-있음' 또는 '웰빙'이 특정한 사회적 맥락에서 부각된다는 점은 그 자명함을 의심할 만한 충분한 이유가 된다. 우리는 '잘-있음'을 내세움으로써 그보다 더 중요한 다른 과제들을 덮어 버리거나 외면하고 있는 것은 아닌가?

나아가 우리는 잘-있음과 관련하여 한층 더 근본적인 문제를 제기할 수 있다. 도대체 우리는 궁극적으로 잘-있음에 도달할 수는 있는 것일까? 정녕 우리에게는 잘-있음을 바라고 추구할 능력과 권리가 있는 것일까? 레비나스라면 이런 물음에 대해 부정적으로 답할 것이다. 그는 '잘-있음'을 문제 삼기에 앞서 '있음'을 내세우는 것에 대해서조차 비판적이기 때문이다. 레비나스에 의하면, 있음^{esse}이란 워낙 사이에-있음$^{inter\text{-}esse}$이며, 따라서 있음의 본성^{essence}은 곧 이해관계를 가짐^{intéressement}이다.[28] 이것은 우리가 유한하고 분리된 방식으로 존재하는 이상 당연하게 빚어지는 사태이다. 이런 상황에서 자신의 있음을 고집하고 확장하려 한다면 충

---

28) Lévinas, *Autrement qu'être ou au-delà de l'essence*, p. 4.

돌과 갈등은 불가피하다. 실상 이것이 서양의 근대를 지배해 온 전체성의 길이며 전쟁의 길이다. 있음을 앞세울 때 평화는 있을 수 없으며, 물론 잘-있음도 있을 수 없다.

반면에, 레비나스에 따르면, 우리는 있음을 고집하는 것과 다른 방식을 취할 수 있다. 그것은 타자를 환대하는 길,[29] 곧 타자의 부름에 응답하는 길이다. 이것은 평화의 길이며, 윤리적인 길이고, 자신의 있음을 유지하려는 사물적 경향$^{conatus\ essendi}$과 구별되는 인간적인 삶의 방식이다. 레비나스는 타자와의 관계에서 성립하는 이 윤리가 있음을 내세우는 존재론적인 것에 앞선다고 본다. 그에게 윤리는 있음과는 다른 것, 있음의 본성을 넘어서는 것이며, 따라서 이해관계를 벗어나는 것$^{dés-intéressement}$이다. 그러므로 이런 방식에서는 더 이상 잘-있음이 문제되지 않는다. 중요한 것은 잘-있음이 아니라 타자에 대한 응답으로서의 책임^{responsabilité}을, 그것도 고갈되지 않는 무한한 책임을 받아들이는 일이다.

그렇다고 레비나스가 인간의 삶에서 향유나 행복의 계기를 무시하는 것은 아니다. 우리는 자연의 여러 요소들과 관계하는 가운데 우리의 욕구를 충족시키며 그러한 우리의 활동을 즐긴다. 이러한 즐김^{jouissance} 가운데서 우리는 행복^{bonheur}을 맛본다. 이 같은 즐김과 행복은 삶의 자기중심적인 면, 즉 삶의 이기성^{egoisme}을 이룬다. 이렇게 유지되는 삶의 방식을 레비나스는 "삶에 대한 사랑"$^{amour\ de\ la\ vie}$이라고 말하기도 하는데,[30] 이

---

29) Lévinas, *Totalité et infini*, p. XV 참조. 『존재와 달리 또는 존재성을 넘어』에서는 환대에 대한 언급이 없다는 점이 특기할 만하다. 그 이유는 여기에서는 타자가 이미 주체 안에 들어와 있으며, 나아가 주체 자체가 타자와의 관계에 의해 형성된다고 보고 있기 때문이라 여겨진다. 이러한 차이에도 불구하고 타자에 대한 응답 내지 책임이 강조된다는 점은 레비나스의 대표적인 이 두 저작에 공통적이다.
30) *Ibid.*, p. 84.

것은 루소에서의 '자기 사랑'에 비견할 만하다. 하지만 레비나스의 경우, 삶에 대한 사랑이나 거기에서 비롯하는 행복을 궁극적인 '잘-있음'과 연결 짓기는 어렵다. 왜냐하면 레비나스가 볼 때 즐김은 자족적이고 독립적인 외양에도 불구하고 실상은 나 아닌 다른 것에 의존하고 있기 때문이다. 즐김과 행복은 이렇게 타자를 향해 열려 있는 우리의 삶을 자기를 중심으로 감아 들이는 계기라 할 수 있다. 그런데 이 자기는 마치 원자처럼 미리 존재하는 어떤 것이 아니라 타자와의 관계에 의해 비로소 형성되는 것이다. 반면에 '있음'의 관점은 타자와 맺는 관계의 측면을 사상해 버리기 쉽다. '있음'과 '있음의 본성^{essence}'을 통해 우리는 고정된 자기와 사물을 표상하기 때문이다. 그러므로 레비나스의 견지에서 볼 때, 즐김이나 행복을 '잘-있음'이라 규정하는 것은 우리 삶의 열린 관계를 사물화하고 고정시켜 파악하게 될 위험이 있다.

아닌 게 아니라 오늘날 운위되는 '웰빙'은 대부분 정적인 상태의 '잘-있음'이나 그 사물적 조건에 초점을 맞추고 있다. 이런 점은 웰빙이라는 말 자체가 '있음'에 기대고 있는 이상 피하기 어려운 귀결이 아닐까 한다. 레비나스 식으로 말하면, 웰빙이라는 용어에는 윤리적인 관계와 지향이 빠져 있는 셈이다. 물론 이것은 단순히 용어의 문제는 아니다. 있음에 대한 관심, 그리고 타자에 대한 무관심이 이러한 용어를 통해 표현되는 것이라고 봄이 옳을 것이다. '웰빙'을 '참살이'라고 옮기려는 시도가 쉽게 받아들여지지 않는 이유도 같은 데 있다고 생각된다.

이런 점에서 보면 '있음과 달리'를 말하는 레비나스의 견지가 공허하게만 여겨지지는 않는다. '잘-있음'이 자기에 묶이며 그래서 정의롭기 힘든 지향이라면, '있음과 달리'로서의 책임은 '윤리'가, 곧 타자와의 관계가 우리 삶의 근본 조건임을 환기시켜 준다. 그것은 우리의 '잘-있음'을 향한 노력이 자칫 타자를 무시하거나 밀어낼 수 있음을, 그래서 '잘-있음'을 향한 삶은 끊임없이 위협당할 수 있다는 것을 지적해 준다. '있음과 달리'는 오히려 이 있음에 대한 고집을 넘어서는 데서 참된 인간적 삶이 펼쳐질 수 있음을 주장하고 있다.

4장 안과 밖, 그리고 시간성
현상에서 윤리로

1. 죽음과 시간

이름난 철학자의 주장 가운데는, 언뜻 들으면 뻔한 소리인 듯한데 무시할 수 없는 울림을 갖는 명제나 개념들이 있다. 하이데거의 "죽음을 향한 존재"Sein zum Tode라는 규정도 그런 예다. 사람은 언젠가는 죽기 마련이다. 이것은 누구나 아는 사실이다. 그러나 하이데거는 이 죽음이 나의 존재에 고유하게 해당하는 것임을, 그런 의미에서 본래적인 것임을 깨우친다.[1] 내가 죽는다는 사태는 피할 수도 없고 누구에게 떠넘길 수도 없는 근본적인 것이다. 일반적으로 사람이 죽는다는 것이 아니라 다름 아닌 내가 죽는다는 점이 중요하다. 여기에 주목할 때 죽음의 의미가, 또 그것과 상관적인 삶의 의미가 전혀 다르게 다가온다. 나는 무수한 사람들 가운데 한 사람에 불과한 평균적 존재자가 아니라, 나만의 죽음과 삶을 감당해야 할 유

---

[1] 흔히 '본래적'이라고 번역하는 'eigentlich'라는 독일어에는 '나의 것'이며 '나에게 고유하다'는 의미, 'eigen'의 의미가 담겨 있다.

일한 존재로 여겨진다.

    시간의 의미도 그렇다. 나에게 고유한 죽음과 관련하여 새겨지는 시간은, 시계로 재는 시간처럼 동일한 단위로 계량할 수 있는 중립적이고 일반적인 시간이 아니다. 나는 죽을 수밖에 없는 존재로 살아 나간다. 언제인지는 모르지만 내 삶은 끝나게 되어 있다. 내 삶은 아직 분명하게 드러나지 않은 한계를 이미 지니고 있는 것이다. 이 '아직'과 '이미'가 가리키는 시간의 지평은 측정 가능한 시간성과 다르며 그것을 넘어선다. 내가 살아 나가는 지금은 이 '아직' 및 '이미'와 엮여 있으며, 그래서 균질적이지 않은 폭을 지닌다. 나의 삶은 이 속에서 성립한다. 나는 이러한 시간성을 벗어날 수 없고 누구에게 떠넘길 수도 없다. '죽음을 향한 존재'는 이처럼 객관적이기보다는 내게 고유한 시간의 의미를 깨우친다.

    이 글에서 하이데거의 시간관을 중점적으로 다룰 생각은 없다. 하지만 하이데거가 시간의 고유성을 부각시키고 강조했다는 점은 출발점으로 삼을 만하다. 시간에 관한 철학적 논의를 우주론적인 것과 현상학적인 것으로 대별해 볼 때,[2] 하이데거의 견지는 현상학적 시간론의 흥미로운 한 형태라 할 수 있다. 특히 죽음에 관한 논의는 하이데거의 입론이 지니는 특징을 잘 보여 준다. 하이데거에게서 바로 여기 있는 현존재인 나의 죽음은 내가 더 이상 세계를 체험하고 이해하는 존재로 있을 수 없다는 가능성, 이를테면 불가능성의 가능성을 가리킨다.[3] 다시 말해, 하이데거에게서 죽음은 내 존재의 의미지평을 구성하는 한계를 이루는 것이다. 시간성은 바로 이 의미지평의 구조와 다르지 않다.

---

[2] 이런 분류를 통해 인상적인 논의를 펼치는 책으로 Osborne, *The Politics of Time* 참조.
[3] 마르틴 하이데거, 『존재와 시간』, 이기상 옮김, 까치, 1998, 325쪽(50절) 참조.

현상학적 논의의 두드러진 강점 가운데 하나는 체험의 직접성과 확실성에서 출발한다는 것이다. 우리가 의식하거나 아는 모든 것은 우리에게 나타나는 현상이고, 이 현상은 의식에 관계하거나 적어도 주관에 관계한다. 모름지기 현상이라면, 의식적 주관이건 신체적 주관이건, 주관과 관련되지 않을 수 없다. 그 현상을 체험하는 주관이 없다면 현상 자체도 있을 수 없는 까닭이다. 시간 현상도 마찬가지다. 주관이 사라지면 그 주관에 드러나는 세계가 사라지며 시간의 지평 역시 사라져 버린다. 그런데 죽음은 이 주관의 사라짐, 이 주관의 종말을 지시한다. 죽음에 대한 논의가 시간을 다루는 데 일차적인 호소력을 지니는 이유는 여기서 찾을 수 있다.

물론 죽음과 종말 그 자체는 의식될 수도, 체험될 수도 없다. 죽음에 대한 의식이나 느낌 역시 하나의 현상이다. 우리는 현상 밖을 지시하는 죽음을 이렇게 현상을 통해서밖에는 문제 삼을 수 없다는 한계를 가진다. 그러나 바로 이 점이 우리로 하여금 현상과 현상적 삶의 특징을 깨닫게 해준다. 그것이 시사하는 바는 현상 및 현상적 삶의 제한성 또는 유한성이다. 우리에게 드러나는 모든 것은 현상이지만, 그 현상이 모든 것은 아니다.

각각의 현상이 제한되어 있다는 점은 다른 현상들과 견주어 보면 드러난다. 바로 여기에 이미 시간이 개재(介在)해 있다. 한 현상을 포착하고 이를 다른 현상과 비교하는 것 자체가 계기적인 사태이기 때문이다. 이런 점에서 보면 시간은 유한한 현상들과 결부된 것이라고 할 수 있다. 단적인 무한에서는 시간이 성립하지 않는다. 가령 모든 것을 포착하는 제한 없는 파악을 생각해 보자. 거기에는 어떤 음영[4]도 있을 수 없다. 계기의 구분이

---

4) 음영(Abschattung)은 후설이 중요하게 사용하는 용어다. 그의 『순수현상학과 현상학적 철학의 이념들 1』(이종훈 옮김, 한길사, 2009)과 『시간의식』(이종훈 옮김, 한길사, 1996) 참조.

나 비교 따위가 필요 없으며, 겹침이나 변화를 경유한 파악도 필요하지 않다. 다른 한편, 유한한 현상의 경우에도 그 현상 자체만으로는 자신이 제한되어 있다는 점이 드러나지 않는다. 순간만을 독립적으로 체험하는 존재를 생각해 보라. 그런 존재에게는 매 순간 주어진 현상이 전체에 해당할 테고, 거기에 비교의 여지는 존재하지 않을 것이다. 그에게 있는 것은 오직 현재뿐이다. 비록 밖에서 보면 유한한 현상일지라도, 이렇듯 단독적인 현상 자체의 처지에서는 시간의 지평이 성립하지 않는다. 현상이 현상에 견주어질 때 비로소 변화에 대한 파악이 이뤄지며 현상의 제한성이 드러날 수 있다.

하지만 제한된 현상들이 계속 이어진다면 어떨까? 각각의 현상이야 한정되어 있다 해도 이 현상들의 연속이 한정 없는 전체를 이룰 수 있지 않을까? 비유컨대, 영화의 필름 한 장 한 장은 제한된 부분들에 불과하겠지만 그 필름들이 무한히 이어진다면 세계의 모든 면모를 다 담을 수 있지 않겠는가. 이것은 마치 현상을 체험하는 주관이 무한히 살아가는 것과 비견할 만한 사태다. 현상의 무한한 연속은 현상의 유한성을 무색케 한다. 우리의 삶이 끝없이 이어진다고 생각하면 당장의 절박함이 빛을 바래는 것과 같은 이치다. 거꾸로 그 연속이 한정되어 있다는 깨달음은 매 순간의 유한성에 눈을 돌리게 한다. 죽음의 임박함을 느낄 때 우리는 나날의 삶을 새삼 돌아보게 되지 않는가.

이렇듯 현상학적 관점에서 죽음이라는 주제는 우리 삶의 유한성과 현상의 유한성에 주목하게 한다. 하지만 그렇다고 해서 우리가 그 유한성 밖을 문제 삼을 수 없는 것은 아니다. 우리의 체험이 현상을 벗어날 수 없다는 사실은 다만 우리가 현상을 통해서만 그 바깥과 관계할 수 있다는 점을 확인시켜 줄 뿐이다. 예를 들어 우리가 적외선을 직접 보지 못한다고 해서 적외선을 관찰하지 못하는 것은 아니다. 다만 우리는 가시광선을 통해서만, 가시광선으로 변환된 형태로만 그것을 지각할 수 있을 뿐이다. 그렇다면 시간의 경우는 어떨까? 나는 나의 죽음 밖의 시간을 나의 삶 속에서 변환된 형태로나마 체험할 수 있을까? 시간에서 현상의 밖이란 어떤 의미가 있는 것일까?

2. 현상과 새로움

현상 속에 들어온 죽음, 현상으로 나타나는 죽음은 나의 죽음이 아니라 남의 죽음, 다른 이의 죽음이다. 우리는 그 죽음을 통해서 나의 죽음에 관해 짐작할 따름이다. 그러나 정작 죽음에 이른 자는 우리에게 아무런 말도 건네지 않는다. 우리는 현상 속에 들어온 죽음의 모습을 통해 일종의 상태 변화를 확인할 뿐이다. 이를 통해 우리가 알게 되는 것은 죽은 자의 경우 반응과 소통이 불가능해진다는 점, 적어도 우리가 아는 방식에서 주체로 존재하기를 그친다는 점이다.[5]

사실, 존재의 종말로서의 죽음에 대한 의식은 여기에서 온 것이다. 이런 면에서 다른 사람의 죽음은 나의 죽음에 우선한다. 나의 죽음은 내가 성립해 있는 한에서 언제나 아직 오지 않은 것으로 남는데, 이 아직 오지 않은 나의 죽음에 대해 생각할 수 있게 해주는 것은 이미 와 있는 다른 이

---

[5] 이런 점에서 죽음은 응답 없음, 응답할 수 없음이라고 할 수 있다. 레비나스는 죽음 현상의 이런 특성을 환기시키는데, 이 점은 레비나스 철학에서 책임이라는 개념이 차지하는 우선성과 중요성에 비추어 시사적이다. 알다시피 유럽어에서 응답 또는 반응이라는 말(response ; réponse ; antworten 등)은 책임이라는 말(responsibility ; résponsabilité ; Verantwortung 등)과 직접적 연관을 가지고 있다. Emmanuel Lévinas & Jacques Rolland, *Dieu, la mort et le temps*, Paris : Grasset, 1993, p. 17 참조.

의 죽음이다. 그러니까 죽음과 관련하여 우리 존재의 시간성을 구성한다고 할 수 있는 '이미'와 '아직'의 계기는 타인의 매개를 거쳐 파악되는 것이지, 단독적인 견지에서 포착되는 것이 아니다. 죽을 수밖에 없다는 불가피성에 대한 이해 역시 마찬가지다. 나의 죽음의 불가피성에 대한 의식은 다른 죽음의 불가피성에 대한 의식을 매개로 도출된다.

타인의 죽음이 현상을 체험하는 주체로서의 타인을 사라지게 하듯이, 나의 죽음도 체험의 주체인 나를 사라지게 할 것이다. 우리가 되살아나는 것이 아닌 한, 즉 참으로 죽지 않는 것이 아닌 한, 이러한 한계를 넘어설 수 있는 방도는 없다. 그러나 우리는 이 한계 안에서 이 한계 밖과 교통할 수 있다. 탄생과 죽음으로 구획 지어진 나의 삶 또는 나의 존재는 그 구획 안에서 그 구획 안으로 들어온 바깥과 관계한다. 나의 삶은 나의 탄생과 더불어 시작하지만, 그렇게 시작된 삶 속에는 나의 삶 이전의 요소들이 관여하고 있다. 나의 삶은 나의 죽음과 함께 끝나지만, 그렇게 끝나는 내 삶 속에는 나의 삶 이후에도 작용할 요소들이 개재해 있다.

물론 우리는 체험의 직접성에 기준을 두고 사태의 확실성을 문제 삼을 수 있다. 이 점만을 고집한다면, 나의 탄생 이전의 세상과 나의 죽음 이후의 세상을 보증해 줄 의심의 여지 없는 증거를 찾기는 어려울 것이다. 그러나 우리가 이런 종류의 유아론적唯我論的 발상을 벗어날 수 있는 것은 무엇보다도, 현상세계에 나타나는 새로움 덕분이다. 주관이 예상하지 못하는 현상세계의 다양함과 새로운 변화는——주관이 현상의 구성에 일정한 역할을 한다는 점을 받아들인다 하더라도——주관 이외의 요소를 인정하지 않을 수 없게 한다. 우리가 체험하는 세상이 「매트릭스」에 나오는 것처럼 조작되는 가상에 불과하다고 생각하는 경우에조차, 우리는 그런 조작의 요소를 주관 외적인 것으로 인정하고 있는 셈이다.

반면 현상세계의 모든 요소가 실은 주관의 변형에 불과하다고 여기는 것은, 결국 주관이 포섭하지 못하는 것은 없고 따라서 진정한 새로움도 없다고 주장하는 데로 귀착한다. 하지만 이런 식으로 주관을 확장하거나 절대화하여 생각하면서 주체의 죽음이나 유한성을 유의미한 것으로 내세우기는 어렵다. 현상의 새로움과 주체의 유한성을 함께 받아들일 때만, 우리는 주체의 죽음을 넘어선 세계를, 주체가 체험하는 현상의 한계를 넘어선 세계를 상정하고 사유할 수 있다.

새로운 현상에 대한 의식은 이미 비교를, 기억과 재현을 전제하며, 따라서 시간의식을 전제한다. 새롭다는 판단은 현재의 것을 기존의 것과 비교하여, 더 정확히 말하면 기존의 것의 재현과 비교하여 내려진다. 그러므로 새로운 것이란 현존하는 것 가운데 재현된 것이 아닌 것, 나아가 재현된 것일 수 없는 것을 가리킨다. 미래의 것은 현존하는 것이 아니므로, 새로운 것이리라고 예상할 수 있을 뿐, 판단의 직접적인 대상이 될 수는 없다. 그러나 새로움의 본령으로 여겨지는 것은 미래다. 현재가 매번 새로운 것일 수 있다고 할 때, 그 원천으로 상정되는 영역이 미래인 탓이다. 새로움이 없다면 현재는 기존의 것의 단순한 반복에 불과할 테고, 따라서 미래를 상정하는 것은 무의미한 일이 되고 만다.

이런 식으로 새로움을 이해한다고 해서 새로움을 인과성과 무관한 것으로 생각해야 하는 것은 아니다. 인과적 결정론의 견지에서조차 현상의 원인을 모두 포착하는 것은 실제로 불가능하다. 우리가 어떠한 인과론적 관점으로 무장을 하든, 우리는 현상들 속에서 예상을 벗어나는 변화와, 그리고 그런 의미에서의 새로움과 맞닥뜨리지 않을 수 없다. 물론 이 경우 새로움은 불확실성과 등치될 수 있고, 이 불확실성은 적어도 원칙적으로 극복 가능하다고 여겨질 수 있다. 아닌 게 아니라, 세계를 정확히 인식하

려는 인간의 노력은 현상에 나타나는 이러한 불확실성을 줄이고 없애 보려는 시도였다고 볼 수 있다.[6]

그러나 우리는 새로움이 부정적 함의만 갖는 것이 아니라는 점에 주목할 필요가 있다. 새로운 현상은 모종의 불확실함을 수반하지만, 그럼에도 불구하고 긍정적인 것으로 받아들여지는 경우가 많다. 그 이유는 무릇 새로운 것이란 기존의 것의 한계나 제한을 넘어서는 것으로 여겨진다는 데 있을 것이다. 만일 기존의 것에 모자람이 없다면 새로운 것이 환영받아야 할 까닭은 찾기 어렵다. 반면, 기존의 것에 대한 강한 불만과 회의는 불확실함을 무릅쓰고서라도 새로움을 갈망하게 한다.[7]

요컨대, 새로움은 부정적인 면에서건 긍정적인 면에서건 기존의 것을 넘어서는 데서 성립하며, 그 한계 밖에서 비롯하는 것이라고 할 수 있다. 이런 점에서 새로움의 원천을 미래라고 한다면, 미래는 기존의 것 바깥을, 게다가 현존하는 현재의 지평 바깥을 나타낸다. 새로움은 미래가 현재와 만나 현존하는 것이 되는 순간 성립한다. 그러나 이렇게 새로움을 초점에 두고 시간을 다룰 때, 공간적 연장延長의 표상을 염두에 두어서는 곤란하다. 공간의 균질적인 질서처럼 새로움이 순차적으로 다가오는 것은

---

[6] 그러나 폐쇄적이고 전지적인 인식의 실현 가능성만이 아니라 그 원칙적인 성립 가능성마저도 줄곧 의심의 대상이 되어 왔다. 마르셀로 글레이서(Marcelo Gleiser)의 『최종이론은 없다』(조현욱 옮김, 까치, 2010)는 현대물리학을 아우르는 자연과학의 견지에서 세계에 대한 우리 인식의 한계 문제를 흥미롭게 정리하고 있다.

[7] '기다리는 대상 없는 기다림'이라는 한때 유행하던 표현은 이런 시대적이고 사상적인 분위기를 잘 드러내 준다. 베케트(Samuel Beckett)의 「고도를 기다리며」를 연상시키는 이런 식의 표현은 블랑쇼, 레비나스, 데리다 등에게서 찾을 수 있다. 모리스 블랑쇼, 『기다림 망각』, 박준상 옮김, 그린비, 2009, 50쪽; Emmanuel Lévinas, *De dieu qui vient à L'idée*, Paris: Vrin, 1992, p. 184; 레비나스, 『시간과 타자』, 강영안 옮김, 문예출판사, 1996, 19쪽; 데리다, 『마르크스의 유령』, 140쪽 등 참조.

아니기 때문이다. 예를 들어 '새해'나 '새달' 등의 형식적 규정은 사실상 새로운 것이 아니라 기존의 것의 반복에 불과하다. '새해'나 '새달'의 실질적 새로움은 그러한 틀이 아니라 그 안에 담기는 미리 규정할 수 없는 내용에 의해 성립한다.

3. 존재와 타자

이렇듯 현상의 끊임없는 새로움이 시사하는 것은 기존의 것을 포함하는 현존하는 현상의 바깥이다. 이 바깥에 기대어 우리는 새로움의 원천으로 미래라는 시간성을 설정할 수 있다. 하지만 그렇다 하더라도 우리가 현상의 바깥으로 나갈 수 없다는 점에는 변화가 없다. 현상세계와 그것에 상관적인 주관은 넘을 수 없는 한계를 지니지만, 우리는 그 한계 밖으로부터 비롯하는 새로움을 그 한계 안에서 체험한다. 그렇다면 우리는 이 바깥과의 관계에서 기본적으로 수동적인 처지에 놓이는 것이 아닐까?

현대철학에서 인간 주체의 수동성에 대한 사유는 바깥에 대한 사유와 맞물리는 모습을 보인다. 그런 경향의 원류 가운데 하나로 역시 하이데거의 철학을, 이번에는 그의 후기 철학을 거론할 수 있을 법하다. 거기서 인간은 존재를 향해 열려 있는 이른바 탈-존脫-存; Ek-sistenz 으로 여겨진다. 인간이 자신의 이해 능력을 통해 존재를 해명한다기보다는, 존재가 인간에게 터^{Da}를 주고 자신을 제시한다는 점이 강조된다.[8] 이런 존재와의 관계에서 부각되는 것은 능동성보다는 수동성이다. 물론 여기서 인간과 존

---

8) 이런 맥락에서 신상희는 하이데거의 'Dasein'을 '터-있음'으로 옮기기도 한다. 마르틴 하이데거, 『이정표 1』, 신상희 옮김, 한길사, 2005, 135쪽의 옮긴이 주 참조.

재를 안과 밖이라는 단순한 공간적 구획에 귀속시켜 볼 수는 없다. 그러나 하이데거가 표현하듯, 가까우면서도 먼 존재에 귀를 기울이는 것, 존재의 밝힘 가운데서 존재의 말 긴넴을 받아들이는 것은 현상 밖에서 비롯하는 현상의 변화에 주목하는 일에 값한다.[9]

하이데거는 현상의 풍부한 변화와 그 가능성을 해명하는 데 생기生起; Ereignis라는 개념을 활용한다. 생기는, 그 말의 독일어 조어造語가 시사하는 바대로, 고유한 것Eigenes이 됨을, 즉 고유화Vereignung를 통한 일어남을 뜻한다.[10] 하이데거에 따르면, 생기에 의해 존재는 우리에게 다가와 고유한 것으로서 현존하게 된다. 존재가 우리에게 드러나는 것은 이러한 한에서다. 그런 점에서 생기는 우리에게 존재를 준다고 할 수 있다. 인간은 이렇게 존재를 받아들이고 그것과 관계 맺는 가운데 존립한다. 그런데 이 생기를 통해 드러나는 존재는 언제나 한정된 상태이므로, 생기에는 그 전면성을 제한하는 반대의 면, 즉 탈생기Enteignis가 수반된다고 해야 한다. 하이데거의 잘 알려진 표현대로, 존재는 다가와 드러나면서 동시에 물러서고 숨는 것이다.

이런 식의 논의는 우리에게 알려지는 것이 항상 제한된 것이라는 점, 그렇지만 그것과 다른 새로움이 또한 언제든 주어질 수 있다는 점을, 그 새로움의 원천을 환기하면서도 자의적인 규정 없이 제시해 준다는 장점이 있다. 말하자면, 현상학적 관점을 크게 벗어나지 않은 채 현상 너머에 대해 사유할 수 있게 해준다는 뜻이다. 하지만 여기에는 한 가지 중요한 약점이 숨어 있다. 하이데거처럼 사물적 규정을 넘어서는 차원, 이른바 존재를 바로 체험의 주체와 관련시키는 구도에서는 타자 또는 타인의 문제가 제대로 다루어지기 힘들다. 주체와의 관계에서 존재에 중점이 두어지는 이상, 이런 구도는 유아론의 틀을 벗어난다고 말할 수 있을 것이다. 그러나 여기서 모든 것은 존재에 둘러싸인다. 현상의 밖을 채우는 것은 타자의 매개가 없는 존재 또는 생기다. 하이데거의 철학을 존재론이자 전체론이라고 비판하는 견해, 대표적으로 레비나스의 입론은 이런 점을 겨누고 있다.

물론 하이데거의 입장에서는, 적어도 그 후기 사상에 관한 한, 전체론이라는 혐의가 가당찮아 보일지 모른다. 그는 매우 명시적으로 존재의 개방성을 강조하고 있기 때문이다.[11] 그러나 우리가 레비나스를 좇아 문제 삼을 수 있는 것은 이 개방성의 실질적 성격이다. 존재가 드러나고 숨는다는 열린 터전은 결국 존재의 동질성을 바탕으로 하는 것이 아닌가? 감춰진 존재의 드러남을 통해 포착된다는 이른바 탈은폐로서의 진리도 따지고 보면 서양철학의 주 무대였던 진리의 장을 벗어나지 못하는 것은 아닌가? 그리고 그 진리는 궁극적으로는 동일자의 자기 확장에, 즉 타자를 무시하거나 흡수해 버리는 일종의 제국주의적 지배에 기여하는 것은 아닌가?[12] 그러한 한, 하이데거 식의 사유에서 진정한 바깥, 진정한 새로움이란 없는 것이 아닌가?

언뜻 과도해 보이는 이와 같은 문제 제기가 설득력을 가지려면 동질적이지 않은 바깥, 그러면서도 새로움의 원천인 바깥이 유의미하게 제시될 수 있어야 한다. 하지만, 이때 동질적이지 않다는 것은 무슨 뜻일까? 만

---

9) 마르틴 하이데거, 「휴머니즘 서간」, 『이정표 2』, 이선일 옮김, 한길사, 2005, 특히 134, 144쪽 등 참조.
10) 마르틴 하이데거, 『사유의 사태로』, 문동규·신상희 옮김, 길, 2008, 63, 73쪽 등 참조. 'Ereignis'를 단순히 '사건'이라고 옮기는 것이 부적절하다는 점에 대해서는 신상희, 『시간과 존재의 빛』, 한길사, 2000, 178쪽의 25번 각주와 해당 본문(하이데거의 강연문 「시간과 존재」의 번역) 참조. 또 데리다·스티글러, 『에코그라피: 텔리비전에 대하여』, 39쪽의 옮긴이 주도 참조.
11) 하이데거, 『사유의 사태로』, 158쪽 이하 참조.
12) Lévinas, *Totalité et infini*, pp. 17f 참조.

일 바깥과 안이 전혀 공통적인 성질을 갖지 않는다면 아예 영향을 주고받는 것이 불가능할 테고, 따라서 그런 바깥은 없는 것과 마찬가지일 것이다. 그러므로 동질적이지 않다는 말은 공통성이 전무하다는 의미가 아니라 동화同化가 불가능하다는 의미로 새겨야 옳겠다. 또 여기서 동화란 차이나 구별을 완전히 사라지게 한다는 뜻이라기보다는 그것을 복속시키고 지배한다는 뜻, 그런 점에서 차이나 구별을 포섭하는 어떤 전체가 성립한다는 뜻으로 이해해야 할 것이다. 그 무엇이 동화될 수 있다면 그것은 해당 전체의 내부로 귀속 가능하다는 얘기고, 결국 바깥으로서 존립하기를 그친다는 말이 된다. 요컨대 동화 불가능성은 바깥이 진정한 바깥으로서 성립할 수 있게 해주는 필수 조건인 셈이다.

타자의 개념도 마찬가지로 이해할 수 있다. 동화 가능한 타자는 상대적인 의미에서의 타자, 일정한 조건하에서만 성립하는 타자일 뿐이다. 반면에, 진정한 타자라면 어떤 경우든 근본적으로 동일자에 동화되지 않아야 하며, 그래서 동일자의 내부에 대해 바깥으로서 존립할 수 있어야 한다. 다른 한편, 이 타자가 무의미한 것이 되지 않으려면, 그렇게 동화되지 않은 채로 동일자에게 영향을 줄 수 있어야 할 것이다. 이렇듯 동화 불가능한 타자로부터 오는 영향이야말로 동일자의 지평에 새로움이 나타날 수 있는, 그래서 주체가 새로움을 경험할 수 있는 바탕을 이룬다.

하지만 동화 불가능한 바깥의 영향, 타자의 영향이란 과연 어떤 것일까? 가령 죽음은 이런 타자 또는 바깥에 해당한다고 할 수 있을까? 확실히 죽음은 우리가 결코 동화할 수 없는 절대적 바깥, 절대적 타자의 영역인 것처럼 보인다. 그러나 이미 논의했던 바와 같이 죽음이 주체의 소멸인 한, 이 죽음은 삶의 체험 자체를 소멸시켜 버리며, 그와 함께 안과 밖, 동일자와 타자 따위의 구별마저 소멸시켜 버린다. 비록 죽음이 절대적 타자로 다가온다 하더라도, 그런 죽음의 실현은 차라리 또 하나의 동일화에 비견할 수 있다. 아니, 죽음은 이 모든 이해조차 삼켜 버리는 일종의 블랙홀과도 같다. 이런 점에서 보면 죽음은 하이데거의 표현처럼 불가능성의 가능성이라기보다는 레비나스의 말대로 '모든 가능성의 불가능성'[13]을 지시한다고 해야 옳겠다. 그렇다면 우리는 타자성의 영역으로 대체 무엇을 생각할 수 있을까?

4. 윤리와 새로움

레비나스에 따르면, 그것은 무엇보다 윤리다. 죽음과 연관 짓자면 나의 죽음보다는 오히려 다른 이의 죽음이 문제가 되는 영역이다. 물론 이때는 다른 이의 죽음도 단순히 현상이나 인식 대상으로 다가오지 않는다. 여기서 초점은 응답하지 못하게 된 타인의 상태에 있는 것이 아니라, 그런 타인에 대한 나의 응답, 곧 나의 책임에 있다. 사실, 타인의 죽음이라 하더라도 죽음 그 자체와 소통할 수는 없는 노릇이다. 죽음이라는 사태에서 실상 문제가 되는 것은 살아남은 자들이 겪는 상실 또는 책무의 느낌일 것이다. 타자의 죽음은 회복할 수 없는 상실이며 따라서 동화 불가능한 것으로서 내게 영향을 미친다. 우리는 타자의 죽음을 애도함으로써 그 상실에 대응하지만,[14] 여기에서 비롯하는 공백은 완전히 메워질 수 없다. 이 간극은 타자의 죽음에 대한 나의 책임을 일깨운다. 그리고 그 책임은 아직 죽지 않

---

13) Lévinas, *Totalité et infini*, p. 212; Emmanuel Lévinas, *Altérité et transcendance*, Saint-Clèment-de-Riviére : Fata Morgana, 1995, p. 161.
14) '애도'에 대한 간단한 정리로는 진태원, 「용어 해설」, 데리다, 『법의 힘』 참조.

은 타자, 그렇지만 죽음을 면할 수 없는 타자와 대면하는 가운데 환기된다. '죽이지 말라'는 윤리적 명령은 이 책임에 대한 호소다.

레비나스에게서 윤리는 동화 불가능한 것과의 관계에서 성립하지만, 그 관계는 이렇듯 삶 속에 자리 잡는다. 그렇다고 해서 삶의 지평이 먼저 있고 거기서 윤리적 관계가 생겨난다는 식으로 생각해서는 곤란하다. 윤리적 관계와 삶은 더불어 성립한다고 보는 것이 옳을 것이다. 나의 삶은 나의 밖과 나의 관계에서, 즉 타자와의 관계에서, 무엇보다 타자의 부름과 그 부름에 대한 나의 응답에서 성립하는데, 이런 관계가 곧 윤리적 관계이기 때문이다. 그러므로 윤리란 인식이나 지식에 우선하는 실천적 차원이라 보아 좋다. 사실, 인식이나 지식은 바깥의 낯섦을 극복하기 위한 삶의 한 국면이며, 따라서 삶의 실천적 요구에 종속되는 한 계기라고 할 수 있다. 지식은 재현 가능한 것, 동화 가능한 것의 영역이어서, 우리는 지식을 통해 안정되고 익숙한 삶을 도모한다. 그러나 지식의 효율성에 취해 그 영역을 우선시하다 보면, 우리는 자칫 삶의 근본 특징인 바깥과의 관계, 타자와의 관계를 무시할 위험이 있다. 레비나스가 이제까지의 서양철학을 비판하면서 인식론이나 존재론이 아닌 윤리학이 첫째가는 철학이라고 강조하는 이유가 여기에 있다.[15]

레비나스는 타자의 동화 불가능성을 타자의 무한함과 연결 짓는다. 물론 이 무한함은 인식이나 존재의 차원에 놓이지 않는다. 그러한 차원들은 포착과 한정의 영역에 속하기 때문이다. 무한함은 인식과 존재 너머로, 부름과 응답의 관계로, 책임의 영역으로 나아간다. 그래서 타자의 무한함

---

15) Emmanuel Lévinas & Jacques Rolland, *Éthique comme philosophie première*, Paris: Payot & Rivages, 1998, 특히 pp. 72f 참조.

은 계량될 수 없고 채워질 수 없는 책임의 무한함과 함께한다. 나에게는 동일성이 성립할 수 있지만, 타자에게는, 또 타자와 내가 맺는 관계에는 동일성도 전체성도 성립할 수 없다. 내가 존재하고 인식하는 영역은 유한하지만, 타자 및 타자와 내가 맺는 관계에는 그런 한계가 없기 때문이다. 타자의 부름이나 호소에는 끝이 없으며, 나의 응답에도 끝이 없다. 타자는 분명 나의 동일성 바깥에 놓이지만, 다른 한편으로 타자는 애초부터 나에게 다가와 있고 파고들어 와 있다. 요컨대 타자는 동일성이나 전체성이 성립하는 지평에 자리 잡은 어떤 바깥이 아니다. 타자는 그 지평의 바깥에, 그 지평의 너머에 놓인다.

이런 식으로 존재 너머의 차원을 천착하는 것은, 레비나스가 동화 불가능한 타자를 내세우려 하면서 존재의 영역을 동일자의 무대로 설정하는 이상, 피하기 어려운 귀결이다. 타자는 어떤 사물이 아님은 물론이고—나를 동일자로 이해할 때—또 다른 나에 해당하는 것일 수 없다. 즉, 나와 동등하거나 유사한 무엇일 수 없다. 타자는 존재와 다른 영역에서 성립하며, 이런 타자와 관계하는 나에게도 동일성을 넘어서는 타자성이 깃들어 있다. 동일성은 오히려 이러한 타자성을 바탕으로 해서 성립한다. 그도 그럴 것이, 타자성의 영역은 무한한 데 반해, 동일성은 한정된 유한의 지평이기 때문이다.

동일성을 규정과 재현의 영역으로 보고 여기에서 비롯하는 조작 가능성을 비판한다든지, 또 고정적 질서의 바탕에 보다 근본적인 유동流動의 차원을 설정하고 이를 통해 동일성의 한계를 지적한다든지 하는 것 등은 우리에게도 이미 익숙한 현대철학의 흐름이다. 지속(베르그손), 존재(하이데거), 비동일성(아도르노), 차이差移; différance (데리다), 잠재성(들뢰즈) 따위는 이런 맥락에서 언급할 수 있는 동일성 너머를 가리키는 개념들이다.

레비나스의 특색은 여기에 윤리를, 또 윤리적 의미의 타자를 도입했다는 데서 찾을 수 있다. 존재를 넘어서는 윤리의 차원을 부각시킨 주요한 철학사적 전례로는 레비나스도 자주 언급하는 칸트를 들 수 있지만,[16] 칸트의 주된 관심이 주체의 보편적 도덕법칙을 확립하는 데 있었다면 레비나스에게서 두드러지는 것은 역시 주체를 넘어서는 타자에 대한 강조다. 특히 우리의 논의 맥락에서 중요한 주제인, 새로움에 대한 관심과 기대도 칸트에게서는 찾기 어려운, 시대적 차이에서 비롯하는 면이라 할 만하다.

사실, 새로움은 레비나스가 말하는 타자의 피할 수 없는 특징이다. 타자는 무한하고 장악될 수 없는 것이어서, 내가 수용하거나 관장하는 영역에 갇히지 않는다. 그러면서도 나와 계속 관계하는 것이 타자라면 이 타자야말로 새로움의 원천이라고 할 수 있지 않겠는가. 그런데 문제는 이 관계의 성격이며, 또 그로 말미암아 생겨나는 새로움의 성격이다. 레비나스에서 타자가 초래하는 새로움은 단순히 인식 위주의 새로움일 수 없다. 타자와의 관계가 실천적이고 윤리적인 것이라면, 타자가 주는 새로움도 그런 차원에서부터 성립해야 마땅할 것이기 때문이다.

이런 맥락에서 볼 때, 타자의 낯섦은 인식을 통해 극복할 수 있는 것이 아니다. 그것은 타자와의 무한한 관계 내지 타자에 대한 무한한 책임과 결부되어 있다. 타자의 호소와 거기에 대한 책임이 끝이 없는 한, 인식의 축적이나 발전에도 불구하고 타자는 여전히 낯설게 다가올 것이다. 타자가 무한히 낯설면서도 무한히 가까운 자라는 역설은 이와 같은 차원에서 이해할 수 있다.[17] 레비나스가 말하는 타자의 얼굴은 이런 식의 새로움이

---

16) 대표적으로 Lévinas, *Totalité et infini*, p. 170; Lévinas, *Autrement qu'être ou au-delà de l'essence*, p. 166 등을 보라.

함의하는 바를 잘 드러내 준다. 타자의 얼굴은 언제나 새로운 호소를 담고 있지만, 그 새로움은 이전에 내가 인지했던 것과 다르다는 의미에서의 새로움이 아니라 내가 다시 새롭게 응답하지 않을 수 없다는 의미에서의 새로움이다. 그렇기에 레비나스는 타자의 얼굴이 형태를 나타내는 것이 아니라는 점을 강조한다.[18]

5. 시간과 윤리

레비나스에게서 타자의 얼굴은 현상과 윤리를 이어 주는 관문과 같은 것, 이를테면 현상 속에 드러나는 윤리적 형상(形相)과 같은 것이라고 할 수 있다. 그러므로 얼굴의 진면목은 이러저러한 생김새에 있지 않고 오히려 그 헐벗음에 있다. 얼굴의 헐벗음은 타자가 우리의 인식이나 우리에게 속한 척도를 벗어난 방식으로 다가옴을 나타낸다. 내가 가지고 있는 힘이나 재화 따위의 기준에서 보면 그 틀 밖의 타자는 가난하고 약할 따름이다. 그러나 나의 제한된 기준의 한계를 넘어서 있다는 점에서 보면 타자는 측량할 수 없이 높고 귀하다. 가장 비천한 자가 가장 고귀한 자일 수 있다는 역

---

[17] 레비나스는 타자와 나의 관계를, 근접함과 대신함으로, 또 달라붙음과 볼모관계 등으로 나타낸다. 타자가 내게 근접해 있고 달라붙어 있다는 것은 타자의 낯섦에도 불구하고 타자가 나라는 주체의 성립에 근원적이고 필수적으로 관여하고 있다는 점을 의미한다. 또, 내가 타자를 대신하고 타자의 볼모라는 것은 이처럼 애당초 나와 엮여 있는 타자와의 관계 속에서 내가 처한 위치와 역할을 지시한다. 다시 말해, 나는 타자와 얽혀 있는 가운데 타자의 자리를 차지하고 있으며 그래서 나의 모든 행위는 타자에게 영향을 미친다는 것을 의미한다. 그러므로 나는 타자와의 연관과 타자에 대한 책임을 벗어날 도리가 없다. Lévinas, *Autrement qu'être ou au-delà de l'essence*, pp. 102f, 144f 등 참조.

[18] 레비나스의 '얼굴'에 대한 개괄적 설명으로는 강영안, 『타인의 얼굴』, 특히 147쪽 이하, 177쪽 이하 등 참조.

설은 이렇게 한정된 영역의 안과 밖에 걸쳐, 즉 현상과 윤리의 영역에 걸쳐 성립한다.

레비나스 철학의 매력 가운데 하나는 이처럼 우리에게 익숙한 삶의 영역과 그 한계 밖을 연결하여 제시하고자 한다는 데 있다. 얼굴이 그 대표적인 예다. 얼굴은 인식 대상으로서의 현상성을 벗어나면서도 우리 삶 속의 구체적인 것으로 다가온다.[19] 밖은 우리가 경험하는 일련의 현상 너머에 도사리고 있는 것이 아니라 우리의 체험 속에 자리한다. 물론 이때의 '체험'은 인식적인 것만이 아닌, 윤리적이고 실천적인 차원의 체험이다. 이런 점은 우리가 다루고 있는 새로움의 시간성 문제와 관련해서도 중요하다. 시간은 우리 밖과의 관계에서 성립하는데, 이 밖은 단순히 포착되지 않음에 그치지 않고 안과 관계하기 때문이다.

레비나스를 좇아 말하면, 시간은 초월과의 관계라고 할 수 있다. 자기 안에 포섭할 수 없는 것을 수용하는 방식, 그런 의미에서 유한자 속에 들어온 무한의 양상이 시간이다.[20] 그런데 여기서 주의할 것은 이 관계를 수평적이고 양적인 것으로만 생각해서는 곤란하다는 점이다. 시간은 세계를 다 포착할 수 없는 유한한 존재자가 순차적으로 세계를 담아내는 방식에 그치지 않는다.[21] 그렇게만 보아서는 시간을 균질적인 것으로 취급하

---

19) 사실 이런 구도는 유한자로 나타나는 무한자, 인간의 모습으로 나타나는 절대자라는 종교적 발상, 특히 기독교적 발상을 환기시킨다.
20) Lévinas, *Dieu, la mort et le temps*, p. 28 참조.
21) 레비나스가 주로 이런 인식적 면과 관련하여 시간을 논하는 경우도 있다. 이런 때는 시간이 기억이나 의식과 직결되는 것으로 다루어진다. 예컨대, Lévinas, *Totalité et infini*, pp. 140, 185 등 참조. 레비나스 시간관의 여러 면모에 대해 잘 정리해 놓은 글로는 Paul Olivier, "Diaconie et diachronie: de la phénoménologie à la théologie"(*Noesis* no. 3, 2000)를 특히 추천할 만하다. 레비나스의 시간관을 개괄하는 국내의 논문으로는 김연숙의 「레비나스의 시간론」(『동서철학연구』 46호, 2007)이 있다.

고 거기 담기는 내용을 동화 가능한 것으로 놓는 틀을 결국 벗어나지 못한다. 그것은 마치 서치라이트가 어두운 곳을 훑어가는 사태와 유사해서, 그때의 새로움과 낯섦은 빛에 포착됨을 통해 원칙적으로 극복 가능한 것이 될 수 있다.

그런데 이 빛이 우리의 의지와 무관하게 한 지점을 비추며 또 꺼진다고 하면 어떨까? 그럴 경우 빛 속에 드러남은 어둠 속에 감춰짐과 쌍을 이루며 수동적인 유한성이라는 특성을 가지게 되지 않을까. 또 여기서 빛의 꺼짐은 우리의 죽음에 상응하는 것으로, 우리가 체험하는 시간 지평의 한계를 이룬다고 볼 수 있지 않을까. 그렇다면 이러한 비춤과 견주어 시간을 이해하는 것, 곧 하이데거 식으로 존재의 빛을 통해 시간을 이해하는 것은 시간에 대한 양적 이해를 넘어선다고 할 수 있지 않을까?

하지만 이와 같은 빛의 비유는 레비나스가 비판하는 존재론적 견지로 돌아가는 것이다. 비록 수동성이 강조된다 해도 빛의 비춤은 일방적이며 동질적인 관계를 나타낼 뿐이다. 반면 레비나스가 말하는 무한과의 관계는 포착이나 밝힘의 관계가 아니며, 그러한 사태가 일어나는 부분과 전체의 관계 또는 부분과 부분의 관계 따위가 아니다. 타자의 호소와 그에 대한 응답은 동질적인 차원에서 성립하는 것이 아니어서, 책임의 영역은 어떻게든 채워지거나 보태질 수 없는 것이다. 이와 같은 이질적인 관계, 비대칭적인 관계야말로 레비나스가 내세우는 타자와의 관계인 초월의 특징이다. 시간도 그것이 초월과의 관계인 한 이러한 면모를 지니며, 새로움은 바로 이러한 초월로부터 생겨난다. 그러니까, 정확히 말하면, 타자가 새롭기 때문에 그 새로움이 초월적 관계를 형성하는 것이 아니고, 타자와의 관계, 즉 책임의 윤리적 관계가 초월적인 것이기에 새로움이 성립하게 되는 것이다.[22]

이렇듯 레비나스에게서는 시간에 윤리적 차원이 개입한다. 아니, 윤리적인 관계를 바탕으로 시간의 여러 면모가 들어서고 겹쳐진다고 해야 할 것이다. 이런 점을 감안할 때 우리는 레비나스가 시간과 관련하여 윤리적 함의가 강한 용어들을 사용하는 것을 보고서도 그리 놀라지 않을 수 있다. 이를테면 그는 시간을 무한에 대한, 미지에 대한 '공경'déférence 으로 이해해야 한다고 말한다.[23] 이때의 공경은 물론 단순한 받아들임 이상의 것으로, 레비나스가 곧잘 강조하는 '수동적인 것보다 더 수동적인' 관계의 특성을 이룬다.

수동적인 것 또는 수동성이 무관심한 수용이나 무차별한 영향(받음)을 가리킬 수 있는 데 반해, 레비나스에게서 동일자와 타자의 관계, 안과 밖의 관계는 결코 무관심하거나 무차별한 것이 아니다. 동일자는 타자와의 관계에 의해 비로소 성립하는데, 이런 점이 이 관계가 단순한 수동성을 넘어서서 더 근본적으로 수동적인 것이 되는 이유다. 따라서 '수동적인 것보다 더 수동적인'은 반응의 부재를 뜻하지 않는다. 오히려 타자의 호소에 대한 응답을 통해 스스로가 성립함을 뜻하며, 그런 점에서 응답하지 않을 수 없음을 뜻한다. 또 그 응답이 끝이 없음을, 완결될 수 없음을 함의하며, 이 관계에서 동일자 또는 안으로서의 내가 주도적일 수 없음을, 즉 사태를 떠맡을 수 없음을, 그래서 밖을 존중할 수밖에 없음을 함축한다. 공경은 이렇듯 안과 밖의 관계에서 안으로부터 밖으로 향하는 안의 자세를 특징지을 수 있는 개념이다.

다른 한편 이 관계를 안을 향해 조망할 때, '수동적인 것보다 더 수동

---

22) Lévinas, *De dieu qui vient à l'idée*, p. 32.
23) Lévinas, *Dieu, la mort et le temps*, pp. 48, 130 등 여러 곳.

적인' 것은 '인내'patience로 드러난다. 인내는 겪고 견딤을 의미하지만, 이것 역시 무관심이나 무차별과는 무관하다. 만일 무관심한 관계라면 참고 견딜 필요조차 없을 것이다. 인내한다는 것은 자신이 겪는 그 과정에 이미 참여함을 뜻한다.[24] 다만 여기서 인내의 과정은 동일자적 주체의 의식이나 의지에 앞선 것이라는 점이 중요하다. 그렇기에 이 인내는 '수동적 종합'의 시간성을 보여 준다.[25] 그것이 무반응이 아니라 참여인 한에서는 '종합'이지만, 의지와 의식 이전의 겪음이고 견딤이라는 점에서는 '수동적'이다. 만일 우리가 '수동적'이라는 말을 의지나 의식과 관련해서 쓴다면, 인내의 수동성은 이때의 '수동적'을 넘어선다는 뜻에서도 '수동적인 것보다 더 수동적'인 것이라 할 수 있을 것이다. 인내의 과정은 우리의 의식과 의지에 앞서 시작되며 우리의 의식과 의지에도 불구하고 우리가 감내하지 않을 수 없는 것으로 진행된다. 이 점을 잘 보여 주는 것이 늙음이고 죽음이다. 우리의 인내는, 인내의 시간성은 늙음에 가닿으며, 결국 죽음에 이른다.

6. 인내와 용서

그러나 우리가 시간의 경과와 그에 따른 우리의 늙음을, 또 죽음을 받아들일 수밖에 없다는 것은 진부한 얘기다. 만일 그것이 인내의 전부라면, 그 인내에는 어떤 의미와 보람이 있는 것일까. 물론 이렇게 인내를 내세움으로써 시간성과 관련해 안과 밖의 관계를 재설정하는 효과를 얻을 수는 있

---

24) Lévinas, *Totalité et infini*, p. 216 참조.
25) Lévinas, *Autrement qu'être ou au-delà de l'essence*, p. 166 참조.

다. 그리고 이것은 안의 질서와 논리로 밖을 규정하고 장악하려는 사고방식에 대한 교정의 일환이라 할 만하다. 하지만 밖을 향한 공경과 안으로의 인내가 곧 안의 와해나 내면의 포기를 의미할 수는 없다. 안이 없다면 안팎의 구별도 없으며, 따라서 바깥을 받아들이고 공경하며 밖의 영향을 인내하는 방식으로서의 시간도 성립할 수 없기 때문이다. 여기서 우리는 다시 안 또는 주체의 존립 문제, 죽음의 문제와 부딪힌다.

실로 인내는 그 양면성을, 애매함을 떨쳐 버리지 못한다.[26] 인내에는 참고 견디는 것만이 아닌 불인내不忍耐가 수반되기 마련이다. 내면이 유지되는 한에서는 그럴 수밖에 없어 보인다(내면성과 주체성이 바깥과 관계 맺음에 의해 비로소 성립한다 해도 그렇다). 이 불인내는 스스로를 유지하려는 코나투스적인 면, 곧 존재의 면에 해당한다고 보아 좋다. 레비나스는 윤리의 차원을 존재 너머에 놓지만, 이때의 '너머'는 분리나 결별을 뜻하는 것이 아니라, 존재와 겹쳐진 더 근본적인 차원으로의 이행을 가리킨다고 이해해야 할 것이다.

이런 점에서 보면 늙음은 인내보다는 먼저 불인내와 관련되는 것이라고 할 수 있다. 늙음이란 바깥을 겪으면서 안을 유지하는 능력의 쇠퇴를 보여 주기 때문이다. 곧 늙음은 불인내의 결함과 불완전성이 축적되어 나타나는 것인 셈이다. 반면 인내는 늙음 자체가 아니라 늙음의 수용과 관계한다. 바깥과의 관계에서 비롯하는 안의 쇠퇴마저 견디고 받아들이는 것이 인내다.

그렇다면 늙음이 마침내 죽음에 이르는 경우, 인내도 결국 죽음의 인내에 다다른다고 해야 할 법하다. 하지만 죽음의 인내란 과연 무엇일까?

---

26) Lévinas, *Dieu, la mort et le temps*, p. 132 참조.

그것은 인내 자체의 종말이며, 따라서 이미 인내가 아니지 않을까? 즉, 인내의 시간은 죽음을 넘어서지 못하는 것 아닐까? 그렇다면 윤리적 관계 역시 주체의 죽음이라는 한계에 가로막히고 그 한계에 갇히게 되지 않을까? 다시 말해, 어떤 윤리적 관계도 주체의 죽음에 직면해서는 아무 소용없는 것이 되지 않을까? 이렇게 해서 윤리의 차원에서 이해된 시간은 다시 유아론의 구렁텅이에 빠지고 말 위험에 처하는 것이 아닐까?

그러나 레비나스는 인내가 주체의 죽음을 무릅쓰고 그 죽음 너머로 나아갈 수 있다고 생각한다. 그러한 길은 우선 죽음을 넘어서는 안의 이어짐에서 찾아진다. 그렇다고 해서 영혼의 불멸이나 윤회 또는 내세 따위를 상정하는 것은 아니다. 레비나스에 따르면, 그러한 이어짐은 자손을 통해 이뤄진다.[27] 자식은 분명 내가 아닌 타자이지만 나의 삶을 이어받는 자이기도 하다. 주체는 늙음과 죽음에도 불구하고 자손을 통해 새로운 삶을 다시 시작하며, 그럼으로써 주체 또는 안은 단절적이고 비연속적인 방식으로 존속된다. 타자를 통한 동일자의 이어짐, 이것은 동일자를 고수하려는 코나투스적 노력의 좌절과 실패를 ― 늙음과 죽음을 ― 넘어서서 새로운 겪음을 시작하게 해준다. 그런 점에서 레비나스는 이것이 주체의 부족함과 잘못에 대한 일종의 용서라고 생각한다.[28]

일반적으로 용서란 어떤 잘못을 저지른 주체에 대해 그가 그 잘못을 범하지 않은 듯이 대해 주는 조처를 일컫는다. 용서를 받는다고 해서 일어

---

[27] 정확히 말해, "『전체성과 무한』의 레비나스에 따르면"이라고 해야겠다. Lévinas, *Totalité et infini*, 특히 pp. 244f 참조. 레비나스가 이 책 이후로 자손에 관해 주제적이고 집중적으로 다룬 경우는 없는 것 같다. 여기서 자세히 논하기는 어렵지만, 이 문제가 자신이 강조하는 윤리 영역에 적합한 것은 아니라는 판단이 작용한 듯하다. 『전체성과 무한』에서 자손 문제가 논해지는 장의 제목이 「얼굴을 넘어서」(Au-delà du visage)라는 점도 시사적이다.
[28] *Ibid.*, pp. 259f 참조.

난 잘못이 실제로 일어나지 않은 것이 되는 것은 아니지만, 용서는 그러한 물리적 비가역성을 넘어서서 새롭게 시작할 수 있는 바탕을 마련해 준다. 이런 점에서 용서는 무엇보다 의미의 지평 또는 윤리의 지평에서 성립한다고 할 만하다. 그러므로 윤리적 지평에서 시간성과 새로움의 근거를 찾는 레비나스가 용서에 주목하는 것은 전혀 이상한 일이 아니다. 하지만 한편에서는 수긍이 되면서도 다른 한편으로 의아스러운 것은 용서를 자손을 통해 거론하는 일이다. 자손을 통한 삶의 단절적 연속과 새로움이란 과연 윤리적인 사태인가? 그것은 자연적 삶의 방식이고 그런 점에서 오히려 존재에 가깝지 않은가?

물론 자손에게는 동화 불가능한 타자성의 면이 있으며, 그러한 한, 자손과의 관계도 레비나스가 말하는 윤리적인 관계로 간주할 수 있을 것이다. 그러나 죽음을 넘어서는 이어짐이라는 견지에서 자손을 말할 때 부각되는 것은, 이 자손의 타자성이 아니라 주체성의 면이다. 자손이 나의 동일성을 이어받으며 타자를 대하는 주체로서 취급되는 것이다. 하긴 이런 식으로 삶이 이어지는 방식 자체가 우리 밖에서 오는 것이고, 그런 면에서 자손을 통한 새로운 시작은 타자로부터 주어지는 것이라고 생각할 수도 있다. 이 경우, 타자 및 타자성은 우리가 받아들일 수밖에 없는 자연적 질서로까지 확장된다.[29]

다른 한편, 주체의 죽음과 윤리 사이의 관계에 대해 레비나스에게서 찾을 수 있는 보다 레비나스다운 대답은 역시, 주체가 죽음을 넘어서는 것

---

[29] 또는 대개의 레비나스 논의에서 그런 것처럼 타자가 곧 타인으로 등치되거나 좁혀지지 않을 여지가 생긴다. 레비나스 철학에서 타자와 타인의 관계 문제는 따로 다룰 만한 흥미로운 논의거리다.

은 타자에 대한 책임을 통해서라는 것이다. 이것은 일종의 헌신인데, 레비나스에 따르면 이 헌신이 곧 시간이기도 하다.[30] 나는 죽음에 처한 타자에 응답하기 위해 스스로를 던지고 죽음을 받아들일 수 있는데, 이런 헌신이 나의 죽음을 넘어서는 시간의 지평을 연다는 말이다. 이 시간은 나에게 다가오는 시간 너머의 시간, 나에 대한 미-래$^{à\text{-}venir}$ 너머의 미래^{futur}다. 이렇게 주어지는 미래와 거기에 부여되는 의미는 나의 죽음을 넘어 존속한다. 그런 점에서 이런 시간과 의미는 나에 대한 현상 바깥에, 안과의 상관성을 넘어선 바깥에 놓인다. 그럼으로써 이것은 현상성을, 현상학적 정당화를 넘어선다. 그것은 밖의 시간성, 타자의 시간성, 초월의 시간성이며, 책임의 윤리에 의해 확보되는 시간성이다.

여기서 우리는 물어볼 수 있다. 자신의 죽음마저 무릅쓰고 타자에게 헌신한다는 것, 대가 없는 책임성을 받아들인다는 것, 그리고 나로서는 도저히 확인할 길이 없는 타자의 시간성을 위해 나의 시간성을 희생한다는 것은 불합리하지 않은가? 이런 질문에 대한 레비나스의 답변은, 그러한 불합리는 곧 나의 죽을 수밖에 없음에 근거한다는 것이다. 죽을 수밖에 없는 자의 죽을 수밖에 없는 자에 대한 책임, 그것이 내 안에 갇히지 않은 시간을 연다. 나는 그렇게 열리는 무한한 시간에 대해 이렇게 고백할 수 있을 따름이다.

"저 자신은 재이고 티끌일 뿐입니다."[31]

---

30) Lévinas, *Entre nous*, p. 180 참조.
31) Lévinas, *Dieu, la mort et le temps*, p. 133.

3부 표현과 욕망

1장 이미지와 표현의 문제
무한의 '거울'로서의 영화

1. 프롤로그 : 똑똑하게 말하기

타르코프스키Andrej Tarkowskij 감독의 영화 「거울」Zerkalo, 1975은 말더듬이 치료 장면으로 시작한다. 본 영화에 들어가기 전에 나오는 일종의 프롤로그다. 한 소년이 TV를 켜는데, TV화면이 채 분명해지기 전에 소리부터 들려온다. "이름이 뭐죠?" 청년이라고 하기엔 아직도 앳된 젊은 남자가 답변을 더듬는다. "자르…유리…….""애를 써보지만 입이 제대로 떨어지지 않는다. "어디서 왔죠?" "하르…탓탓…코프…탓탓탓……" 머리카락을 뒤로 넘기는 고갯짓조차 안쓰러워 보인다. "이제 최면을 걸겠어요." 중년의 여자 치료사는 먼저 자신의 눈에, 이어서 손에 청년이 주의를 집중하게 한다. 최면은 성공한 것 같다. "이제 당신의 손과 말투에서 긴장을 덜어 내겠어요. 그러면 똑똑하고 수월하게 말할 수 있어요. 하나, 둘, 셋." "큰소리로 따라해 보세요. 나는 말할 수 있다." "나는 말할 수 있다." 이어서 '거울'이라는 영화 제목이 화면 가득 떠오른다.

　이 프롤로그는 「거울」이라는 영화의, 나아가 영화 일반의 성격을 암시하는 듯하다. 영화는 말하기를 도와준다. 어설픈 더듬거림을 똑똑한 말하기로 바꿔 준다. 그러나 그 방식은 최면을 통해서다. 자신의 생각과 말을, 몸과 감각을, 다른 이에게, 최면을 거는 이에게 맡김으로써다. 최면술사는 우리의 감각과 사유가 전달되는 통로를 장악한다. 이와 유사하게 영화는 잠시나마 우리의 감각과 사유의 길목을 장악한다. 우리는 실제의 사물이 아닌 시각적 영상을 보며, 스피커에서 울려 나오는 녹음된 소리를 듣는다. 우리는 영화의 디제시스(digesis)에 따라 그 설정 속에 빠져든다. 영화는 최면의 허구적 장치, 그러나 이것이 최면임을 의식하고 있도록 허용하는 최면의 장치다.[1] 그래서 영화는 마치 꿈임을 알고 꾸는 꿈과도 같다. 때로 현실보다도 더 현실감 있는 꿈이 있듯이, 영화는 우리에게 현실보다도 더 그럴듯한 허구를 제공한다. 이것이 다른 허구적 장치에 비해 영화가 가지는 장점이고 매력이다. 영화는, 적어도 잘된 영화는, 더듬거리지 않는 '현실'을 보여 준다.

그런데 막상 이 '더듬거리지 않음'의 함의는 간단치 않다. 영화에서 똑똑하게 말한다는 것은 무엇인가? 타르코프스키는 말더듬이 치료 장면을 TV화면인 것처럼 구성해서 영화 속에 집어넣는다. TV를 켜는 소년은 「거울」에 나오는 소년이다. 현실의 타르코프스키 자신에 해당하는 화자, 그 화자의 아들이자 때로 화자 자신이기도 한 소년. 그래서 '똑똑하게 말함'은 영화에 감싸이며 영화에 의해 펼쳐진다. 말하자면 영화 「거울」은 '똑똑하게 말함'의 표현[2]인 셈이다. 하지만 이 '더듬거리지 않음' 또는

---

1) 롤랑 바르트(Roland Barthes)는 영화의 이러한 면을 잘 지적하고 있다. 롤랑 바르트, 「영화관을 나오며」, 『이미지와 글쓰기』, 김인식 편역, 1993, 181쪽 이하 참조.
2) 나는 여기서 '표현'이라는 말을 '감쌈'과 '펼침'의 두 계기를 포함하는 의미로 쓰고 있다. 뒤에서 논하겠지만, 이것은 들뢰즈가 해석하는 스피노자 '표현' 개념의 주요 특징이다.

'똑똑하게 말함'은 쉬운 과제가 아니다. 「거울」을 완성하기까지 타르코프스키가 겪은 곤란, 그리고 이 영화에 대한 세간의 반응이 그 현실적 어려움을 보여 준다.[3] 물론 우리는 여기서 그런 종류의 곤란과 어려움을 직접 다루지는 않는다. 대신에 이 글은 '재현' representation 과 대비되는 '표현' expression에 대한 이해를 통해, 영화에서 '똑똑하게 말함'의 문제에 우회적으로 접근하고자 한다.

2. 영화와 재현

1930년대 중반 벤야민 Benjamin, Walter 은 아우라 Aura 의 붕괴현상을 일단 긍정적이고 진보적인 것으로 간주했다.[4] 대중은 복제를 통해 사물의 일회성을 극복하고 그것을 자신 곁으로 끌어오고자 한다. 전통적 예술작품에서 중요했던 독특한 분위기, 즉 일회적인 아우라의 의식가치儀式價値는 복제품의 전시가치展示價値에 자리를 내준다. 영화는 이런 변화를 이끄는 대표적인 문화형식이다. 게다가 영화는 우리의 지각을 심화·확장한다. 우리는 카메라의 눈을 통해 외과의사처럼 현실을 해부해 바라볼 수 있다.[5]

그러나 오늘날도 이렇게 얘기할 수 있을까? 벤야민은 아우라에 대한 향수나 집착을 반동적인 것으로 보았다. 하지만 지금은 분명 그렇지 않은 요구가 존재한다. 오늘날 아우라에 대한 관심은 재현된 의미의 바깥을 겨

---

3) 안드레이 타르코프스키, 『봉인된 시간』, 김창우 옮김, 분도출판사, 1991, 특히 「서문」과 5장 「영상」이하 참조.
4) 발터 벤야민, 「기술복제시대의 예술작품(제3판)」, 『기술복제시대의 예술작품/사진의 작은 역사 외』, 최성만 옮김, 길, 2007 참조.
5) "마술사와 외과의사의 관계는 화가와 카메라맨의 관계와 같다." 같은 책, 133쪽.

냥한다. 그래서 그것은 바르트의 '푼크툼'punctum과, 들뢰즈의 '리토르넬로'ritornello와 같이 놓일 수 있다.[6] 이것들의 공통점은 고정된 의미, 재현된 의미의 밖에 있으며 새로운 의미화의 조건이 된다는 것이다. 이 재현 밖의 조건 또는 의미의 잔여에 대한 관심은 이제 카메라가 재현하는 놀라운 현실에 대한 감탄을 뛰어넘는다.

이와 같은 추이의 바탕에는 오늘날 드세어진 재현 일반에 대한 비판이, 또 영화가 초래한 부정적 최면 효과에 대한 비판이 놓여 있다.[7] 재현이 왜 문제가 되는가? 들뢰즈에 따르면, "우리가 재현에 대해 비난하는 것은 그것이 동일성의 형식에 머물러 있기 때문이다."[8] 재현은 같은 것을 다시 제시함으로써 우리의 사유와 의미전달을 가능하게 한다. 하지만 재현은 많은 경우, 생동하는 현실을 고정된 틀 속에 가두어 버림으로써 조작 가능한 대상으로 만든다. 그래서 재현에 대한 비판은 조작적인 개념적 사유와 고정된 규정을 겨냥한다. 그러한 비판이 이미지에 주목하는 이유도 여기에 있다. 이미지는 동일성을 요구하는 개념과 문자 이전의 것으로 여

---

6) 박성수, 「이미지의 논리」, 성완경·김우창 외, 『이미지는 어떻게 살고 있는가』, 1999, 135쪽 이하 참조.
7) 물론 벤야민도 이러한 최면 효과를 무시하지는 않았다. "나는 이미 내가 생각하고자 하는 바를 더 이상 생각할 수 없다. 움직이는 영상들이 내 사고의 자리에 대신 들어앉게 된 것이다." 벤야민, 「기술복제시대의 예술작품」, 142쪽(이 부분은 벤야민 자신의 말이 아니라 조르주 뒤아멜[Georges Duamel]의 언급을 인용한 대목이다). 하지만 그는 이런 현상을 '촉각적' 지각의 충격 효과와 연결시켰다. 대도시의 현대인은 더 이상 관조적일 수 없는 촉각적인 지각 현실 속에서 살아가는데, 영화는 바로 이런 현대인이 직면하고 있는 삶의 위험에 상응하는 예술형식이라는 것이다. 그러나 벤야민의 기대처럼 영화가 이러한 지각의 가능성을 펼쳐보이고 그것을 우리의 삶에 되돌려주기 위해서는, "영화의 자본주의적 착취로 인하여 복제되기[자신을 연출하기]에 대한 현대인의 정당한 요구는 무시"(같은 책, 131쪽)되는 상황이 극복될 수 있어야 했을 것이다.
8) 들뢰즈, 『차이와 반복』, 166쪽(Gilles Deleuze, *Différence et répétition*, PUF, 1968, p. 94).

겨지며, 그래서 이미지의 긍정성은 동일성의 질서를 넘어서는 데 있는 것으로 취급된다.

이런 맥락에서 보면 영화는 양가적인 위치에 있다. 영화의 주요한 구성 부분은 이미지들이지만, 영화는 이 이미지를 재현의 방식으로 활용하기에 적합한 틀이기 때문이다. 영화는 이미지들의 집합체, 연속체라고 할 만하다. 그러나 이 이미지들의 집합, 연속은 이미지 각각을 풀어놓기보다는 고정시키는 방향으로 작용한다. 그래서 영화의 움직이는 시각 이미지는 정지된 사진 이미지보다 오히려 더 제한된 의미를 갖는다. 이른바 '코드'code로 묶이는 까닭이다.

영화가 재현적이 되기 쉬운 이유가 꼭 사진 이미지를 사용하는 데 있는 것은 아니다. 사진은 현실의 복제고 그래서 대표적인 재현의 수단인 것으로 보이지만, 오히려 여기에는 동일성의 틀을 넘어서는 면이 있다. 사진에는 작가의 의도 밖의 부분이 담겨 있을 수 있기 때문이다. 그래서 바르트는 그림의 디노테이션denotation이 사진의 디노테이션보다 덜 순수하다고 말한다.[9] 사진이 코드 없는 메시지일 수 있는 반면, 그림은 코드화된, 코노테이션conotation으로 삼투된 메시지라는 것이다. 바르트가 말하는 '푼크툼'은 사진에 담겨 있는 이와 같은 탈코드적 요소를, 복제물에 깃든 아우라를 지시한다고 할 수 있다.[10]

실상 영화의 재현성은 이미지 자체보다는 이미지들을 코드화하는 텍스트성에 더 크게 의존한다. 이미지는 텍스트의 일부로서, 그 의미화 과정 속에 자리 잡는다. 이렇게 코드화된 이미지들의 의미를 바르트는 '자연

---

9) 바르트, 『이미지와 글쓰기』, 99쪽.
10) 박성수, 『영화·이미지·이론』, 문화과학사, 1999, 203쪽 참조.

스러운 의미'le sens obvie 라고 부른다. 그것은 "사용목적의 완전한 체계 속에 붙잡힌 폐쇄적인 명백함"을 지닌다.[11] 이 자연스러움은 일상적인 자연스러움에 그치지 않는다. 바르트가 에이젠슈테인Sergei Eisenstein의 몽타주 이미지들에 대한 분석을 통해 보여 주듯이, 그것은 오히려 이미지들의 상징적 의미 연결과 관계가 깊다. 할리우드의 블록버스터 영화들이 제아무리 신기한 이미지들과 현란한 편집을 선보인다 해도, 그 이미지들이 의도된 코드에 묶여 있다면 '자연스러운 의미'를 벗어날 수 없다. 일상적인 경험과 거리가 먼 SF영화에서조차 우리를 재현의 최면 속에 끌어넣는 것은 바로 이 '자연스러운 의미'들의 연쇄이다.

그렇다면 영화가 이런 재현성에서 빠져나올 길은 없을까? 우리는 그러한 시도가 현대영화사, 특히 영화이론사의 중요한 부분을 차지하고 있음을 알고 있다. 사실 '동일시', '봉합' 등과 함께 '재현'이 주요한 문제가 된 것은 이처럼 영화의 환영주의幻影主義; illusionism에 반대하는 운동 속에서였다.[12] 특히 1960년대 말과 1970년대의 모더니즘 영화운동 내지 대항영화운동은 재현의 코드를 해체하고 극복하려는 뚜렷한 경향을 담고 있었다. 장 뤽 고다르Jean Luc Godard에서 보듯 브레히트 식의 소격Verfremdung 효과가 영화에 적용되었던 것도, 이미지의 물질적 불투명성을 강조하는 반反내러티브 영화들이 만들어졌던 것도 이런 맥락에서였다. 하

---

11) 바르트, 『이미지와 글쓰기』, 159쪽. 바르트는 '자연스런 의미'에 대비되는 것으로 '무딘 의미'(le sens obtus)를 제시한다. '무딘 의미'는 그 의미가 이미지의 어디에 있는가가 확실치 않고 읽어 내기도 곤란한 의미다. 그래서 무딘 의미는 "언어체의 바깥에 있"는, "시니피에 없는 시니피앙"(같은 책, 171쪽)이라고 할 수 있다.
12) 데이비드 노먼 로도윅, 『현대 영화 이론의 궤적: 정치적 모더니즘의 위기』, 김수진 옮김, 한나래, 1999; 로버트 랩슬리·마이클 웨스틀레이크, 『현대 영화이론의 이해』, 이영재·김소연 옮김, 시각과 언어, 1995 등 참조.

지만 이처럼 재현이 재현임을 보여 주거나 재현의 코드화를 아예 거부하려는 시도들은, 어느 매체보다도 강한 현실감을 주는 영화의 장점을 살리기 곤란하다는 문제를 안고 있다. 그와 같은 영화운동이 한때 주목할 만한 성과를 낳았음에도 불구하고 곧 위기에 봉착하고 만 것도 이런 이유에서일 것이다.

재현의 문제를 극복하는 다른 방식은 없는 것일까?

3. 말함과 영화

재현이 '똑똑하게 말함'의 방식에 적합하지 않은 이유는 '똑똑하게'에 있다기보다는 '말함'에 있을 것이다. 훌륭한 재현인 경우 그 재현은 똑똑한 것일 수 있지만, 그것이 주어진 코드와 의미의 되풀이에 그친다면, 여기서의 똑똑함은 말함에 이르지 못한다. 대부분의 할리우드 대중영화가 우리에게 공허함을 주는 까닭은, 그것이 똑똑하지 못하다는 데 있는 것이 아니라 말함과 이어지지 못한다는 데 있다.

말함은 무엇보다도 살아 있는 것이며, 삶을 드러내고 연결하며 촉진시키는 것이다. 요컨대 말함은 삶의 표현이다. '말함'에 대해 매우 인상 깊은 논의를 펼친 레비나스에 따르면, 말함은 타자에 대한, 타인에 대한 노출exposition이다.[13] 이 말함le dire ; the saying 은 말해지는 순간 곧 말le dit ; the said 이 된다. 즉 고정된 무엇, 기록될 수 있는 무엇이 된다. 그렇지만 말함은 이러한 말 이상이다. 말과 말을 이어 주는 것, 따라서 말에 의미를 주는

---

13) Lévinas, *Autrement qu'être ou au-delà de l'essence*, 특히 pp. 18, 61 등 참조. 이하 '말함'과 '말'에 대한 구분과 논의는 레비나스에게서 따오고 시사받은 것이다.

것이 말함이다. 말은 말함에 닿아서 의미화한다. 말함은 말로 변환되지만, 그 말을 움직이게 하는 것이 또 말함이다. 말함은 말을 지우고^{dédire} 다시 형성한다. 말은 되풀이될 수 있지만, 말함은 그 되풀이되는 말에 그때마다 새로운 의미를 부여한다.

영화는 필름으로 존재하며, 나름의 재생 규칙을 갖는다. 그런 점에서 영화는 말해진 것, 곧 '말'의 일종인 셈이다. 그렇다면 영화 속에는 재현을 넘어서는 말함의 특성이 존재할 수 없는 것일까?

만일 말함과의 만남을 전제한다면, 어떤 말 속에서는 생생한 말함의 흔적을, 또 그것을 다시 촉발하는 계기를 찾을 수 있다. 물론 이때의 말은 스스로 완결된 재현의 구조를 갖는 것이어서는 안 된다. 즉 그 말은 고정된 의미를 고집하는 것이 아니라, 새로운 말함과 새로운 의미화에 열려 있어야 한다는 것이다. 우리는 그와 같은 말의 대표적 형태로서 시詩를 떠올릴 수 있다. 시는 고정된 의미전달을 넘어서며, 그런 점에서 동일성과 재현의 한계를 넘어선다. 시의 이미지는 동일성의 규정들을 초과하는 풍부함을 지니고 있다. 그러므로 시는 말함으로 관통되는 말, 재현에 머물지 않는 재현을 넘어서는 말, 그런 의미에서의 '표현'이라고 할 수 있다. 시는, 적어도 좋은 시는, 우리를 그 말들이 재현하는 고정된 의미 속에 가두지 않는다. 한 걸음 더 나아가서, 좋은 시는 우리가 더듬거려 왔던 어떤 것에 대해 적합한 말을 찾아 주고, 그럼으로써 우리가 똑똑하게 말할 수 있도록 도와준다.

이렇게 볼 때, 우리는 여기서 재현의 문제를 극복하는 영화의 한 가지 가능성을 생각해 볼 수 있지 않을까? 즉, 시적인 말에 비견되는 영화, '표현'으로서의 영화에 대해 주목해 볼 수 있지 않을까?[14]

타르코프스키 감독의 영화, 특히 「거울」은 이렇듯 시에 비견될 수 있는 영화이다. 물론 이는 타르코프스키 자신이 비난하고 있는 "'시적 영화'라는 상당히 진부한 개념"[15]과는 관계가 멀다. 이 '시적 영화'란 상징과 비유 따위의 수사에 의존하는 영화, 그로 인해 틀에 박힌 매너리즘에 빠진 영화들을 가리킨다. 이와는 달리 타르코프스키가 지향하는 것은 무한한 삶의 현실을 보여 주는 영화다. 그래서 그는 감독의 생각을 관객에게 일의적으로 전달하려고 한다든지, 시나리오에 쓰여진 것을 그대로 화면에 옮겨 놓으려는 자세를 거부한다.[16] 그에게 중요한 것은 교조적인 관점을 넘어서서 한 장면 한 장면 속에서 드러나는 세상의 진실이다. 이 진실은 특정한 의도나 고정된 의미 속에 가두어질 수 없다. 타르코프스키가 추구하는 영상은 그가 「거울」 속에서 보여 주는 레오나르도 다 빈치의 그림들처럼 '스푸마토'sfumato[17]를 지닌 것, 즉 단선적인 해석을 넘어선 신비한 깊이를 지닌 것들이다. 그것들은 시적 이미지처럼 관객의 눈으로 새롭게 해

---

[14] 이런 입론은 그러나 우리가 말함에 관한 논의의 빌미를 끌어온 레비나스의 견지와 많이 다르다. 레비나스 같으면 아마 시나 영화에 대한 이런 발상을 정면에서 부정할 것이다. 그는 영화까지 포함해 문학이나 연극, 음악 같은 예술 일반이 생생한 삶의 관계를 드러내지 못한다고 간주하는 까닭이다(Emmanuel Lévinas, "La réalité et son ombre", *Les imprévus de l'histoire*, Saint-Clément-de-Riviére : Fata Morgana, 2000 참조). 그에 따르면, 어떤 예술도 일차적이고 근본적인 관계, 즉 타자와의 관계인 '윤리적 관계'를 나타내지 못한다. 타자와의 관계는 열린 관계이고 무한과의 관계인 데 반해, 또 중심이 내게 있는 것이 아니라 타자에게 있는 관계인 데 반해, 예술은 자신의 리듬과 틀 가운데 머물며, 그럼으로써 생동하는 시간을 고정시키고 타자의 고갈될 수 없는 풍부함을 빼앗아 버린다고 보기 때문이다. 이처럼 지나치리만큼 가혹한 예술관의 이면에는, '윤리적 관계'를 근본적인 관계로 정립하려는 강한 의도가 깔려 있다. 이 점 때문에 동일성의 사고와 재현의 방식을 극복하고자 하는 공통적 지향에도 불구하고, 하이데거나 아도르노처럼 예술을 강조하는 사상가들과 큰 방향 차이가 생겨난다. 주지하다시피 시적 언어를 중시하고 그 철학적 의미를 크게 높인 이는 하이데거다.
[15] 타르코프스키, 『봉인된 시간』, 82쪽. 한편, 타르코프스키는 자신의 영화를 긍정적인 의미로 "영화적·형상적 서정시"라고 일컫기도 한다. 같은 책, 172쪽.
[16] 같은 책, 92, 119쪽 등 참조.
[17] E. H. 곰브리치, 『서양미술사』, 백승길·이종승 옮김, 예경, 1997, 300쪽 참조.

석되며, 관객의 말함을 통해 새로운 의미를 발산한다.

　타르코프스키가 추구하는 이와 같은 영화의 특성은 직선적으로 재현을 거부하는 것이 아니면서도, 그래서 영화를 생경한 물질성의 이미지로 환원하거나 인위적인 '거리 두기' 쪽으로 몰고 가지 않으면서도, 재현의 폐쇄적 코드에 매몰되지 않을 수 있는 가능성, 즉 그가 「거울」의 프롤로그에서 제시하였듯이 영화의 최면성을 매개로 '똑똑하게 말함'으로 나아갈 수 있는 가능성을 드러내 준다. 타르코프스키가 시사한 이러한 방향은 '표현'이라는 개념을 통해 더 잘 이해되고 정리될 수 있을 것이다.[18]

4. 들뢰즈의 '표현' 개념

'표현'에 대해 주목할 만한 철학적 의미를 부여한 사람으로는 누구보다도 들뢰즈를 꼽을 수 있다. 특히 그의 『스피노자와 표현의 문제』*Spinoza et le probleme de l'expression*, 1968는 제목에서부터 알 수 있듯이 표현 개념을 중점적으로 부각시킨 저작이다. 이 저작 이후에도 표현 개념은 가타리와의 공저인 『카프카』*Kafka*, 1975 같은 저술에서 중요하게 나타난다. 물론 그 쓰임새가 같지는 않다.[19] 하지만 '표현'이 '재현'과 대비된다는 점은 공통적이

---

[18] 물론 타르코프스키 자신은 스스로의 지향을 '표현'이라는 용어나 개념으로 일관되게 정리하지는 못했다. 하지만 "스스로 변화하는 사실들을 재현할 수 있는 영화"(『봉인된 시간』, 86쪽)라는 식의 언급에서도 알 수 있듯이 '재현'이라는 용어를 사용하는 경우에조차 우리가 제시할 '표현'에 해당하는 발상을 드러내고 있다.
[19] 『카프카: 소수적인 문학을 위하여』에서 '표현'은 특히 '표현기계'라는 형태로 등장한다. 이 때의 '표현'은 주로 '형식을 부수고' '단절을 표시하는' 역할, 이른바 '탈영토화'와 관련되는 기능을 한다. 질 들뢰즈·펠릭스 가타리, 『카프카: 소수적인 문학을 위하여』, 이진경 옮김, 동문선, 2001, 49, 72쪽 등 참조.

다. 『감각의 논리』*Francis Bacon: Logique de la sensation*, 1981에서처럼 직접 회화적 표현을 다루고 있는 저술 속에서도 들뢰즈가 노리는 것은 우선 '재현'을 넘어서는 일이다.[20] 스피노자의 해석에서 나타나는 표현 개념의 경우에도 바로 이 재현의 극복이 논의의 바탕에 깔려 있다. 『스피노자와 표현의 문제』는 이렇게 시작한다.

> 『에티카』 1부에서 표현 관념은 정의 6에서부터 등장한다. "내가 말하는 신은 절대적으로 무한한 존재, 다시 말해 그 각각이 영원하고 무한한 하나의 본질을 표현하는 무한히 많은 속성들로 이루어진 실체이다."[21]

여기서 '표현'은 세 가지와 관련되어 있다. 절대적으로 무한한 존재인 신, 그 신의 본질, 그리고 신의 본질의 표현인 속성들. 들뢰즈는 '표현'을 통해 이들 사이의 관계를 엮는다. 스피노자에서의 신, 즉 "실체는 스스로를 표현하고, 속성들은 표현이며, 본질은 표현된다."[22] 이렇듯 들뢰즈가 제시하는 표현은 삼항 관계이다. 표현하는 것과 표현, 그리고 표현되는 것. 들뢰즈가 삼항 관계를 설정하여 얻고자 하는 바는 재현의 이항 관계, 즉 재현 대상과 재현 사이의 단선적인 관계를 넘어서는 것이다.

앞서 말했듯이 들뢰즈가 볼 때 재현의 문제점은 동일성에 머문다는 데 있다. 그런데 이것은 재현이 실재세계에 대하여 항상 마이너스 관계로 작용한다는 것을 뜻한다. '재-현're-present하기 위해서는 실재를 규정하여

---

20) 들뢰즈, 『감각의 논리』, 특히 7쪽 이하 참조.
21) 들뢰즈, 『스피노자와 표현의 문제』, 이진경·권순모 옮김, 인간사랑, 2003, 19쪽.
22) 같은 책, 37쪽.

포착해야 한다. 하지만 이렇게 잡힌 실재는 이미 실재 그대로가 아니라 언제나 실재보다 부족한 것일 수밖에 없다. '표현'은 이런 점을 극복해야 한다. 스피노자의 경우, 신은 속성들로 이루어진다. 그러나 이 속성들이 신을 '재현'하는 것은 아니다. 그렇게 되면 신은 속성들로 규정되고 고정되기 때문이다. 속성들은 신을 '표현'한다. 더 정확히 말하면, 신이 스스로를 속성들로 표현한다. 신은 이 '표현' 속에서 자신의 무한성을 조금도 잃지 않는다. 그러나 표현은, 즉 속성은 무한히 많은 여러 가지다. 이 무한히 많은 속성이 다 신을 표현해야 한다. 그러니 표현되는 것은 신의 하나의 본질 그러나 또한 무한한 본질이다.

이처럼 표현은 스스로를 잃지 않으면서 스스로를 드러내는 방식이다. 무수한 표현이 있고 그 표현 하나하나가 표현하는 것의 표현이지만, 그 표현들로 표현하는 것이 다 드러나지 않는다. 즉 그 표현들이 표현하는 것을 재현하는 것은 아니다. 그렇지만 그 표현 하나하나 속에는 표현하는 것의 존재가, 또 본질이 표현되어 있다. 말하자면 표현은 감싸고^{envelopper} 펼치는^{expliquer} 작용을 한다.

펼친다는 것은 전개한다^{développer}는 것이다. 감싼다는 것은 함축한다^{impliquer}는 것이다. 그렇지만 두 항이 반대항은 아니다. 그것들은 다만 표현의 두 측면을 지시할 뿐이다. 한편으로 표현은 펼침, 즉 자신을 표현하는 것의 전개, 다자^{多者} 속에서의 '일자'^{一者}의 현시(그의 속성들 속에서의 실체의 현시, 그다음 그들 양태들 속에서의 속성들의 현시)이다. 그러나 다른 한편으로 다자적 표현은 '일자'를 감싼다. '일자'는 그를 표현하는 것 속에 감싸여 있고, 그를 펼치는 것 속에 각인되어 있으며, 그를 현시하는 모든 것에 내재해 있다.[23]

이렇듯 표현은 일一과 다多를 매개하는 관계이며, 고정하고 제한하는 방식이 아니라 풍부화(증식)multiplication하고 복잡화complication하는 방식이다. 표현을 통해 실체에서 속성으로, 속성에서 양태로 풍부화가 이루어진다. 들뢰즈는 이런 방식에 따른 삼항 관계로 스피노자의 체계를 정리한다. 먼저 '실체-속성-본질'이라는 실체의 삼항일조triade, 그리고 '속성-양태-변양'이라는 양태의 삼항일조. 후자의 경우도 그 관계는 앞에서와 마찬가지다. "이제 각 속성이 자신을 표현하고, 그에 의존하는 양태들은 표현이며, 하나의 변양이 표현된다."24) 속성은 무한히 많으니까 각 속성마다 해당 표현이 있게 되지만, 이때 표현되는 실체의 변양modification은 하나이다. 즉 스피노자에서 모든 속성은 평행하므로 각 속성마다 어떤 양태가 표현하는 본질은 하나이다. 물론 속성들마다 무수히 많은 양태가 있다. 이 양태들이 유한자를 이루는데, 이 같은 유한 양태의 본질은 실체의 무한한 역능을 얼마나 자기 안에 넣고 있느냐에 따라, 다시 말해 그 내포 내지 강도intensité에 따라 달라진다. 또 양태는 그 본질이 표현되는 특징적 관계 아래 외연적extensif 부분들이 확보되어야 실존하게 된다.25) 말하자면 양태들은 실체를 그 본질을 통해 감싸고(내포)in-tensité 그 실존을 통해 펼치는(외연)ex-tension 셈이다. 이 두 가지는 양태가 가지는 표현 방식이다. 양태의 본질이 내재적intrinsèque 방식이라면, 양태의 실존은 외재적extrinsèque 방식에 해당한다. 감싸고 펼친다는 표현의 두 계기가 이처럼 양태에도 적용되는 것이다.

---

23) 들뢰즈, 『스피노자와 표현의 문제』, 23~24쪽.
24) 같은 책, 152쪽.
25) 스피노자에서는 유한자의 본질과 실존이 구분된다. 다시 말해 어떤 양태의 본질은 존재하지만 그 양태가 실존하지 않을 수 있다. 무한자에서는 물론 실존과 본질이 합치한다.

요컨대, 들뢰즈가 스피노자 해석을 통해 제시하는 '표현'은 무한한 실체가 자기 자신을 드러내는 방식이다. 속성은 실체의 표현이고 양태는 속성의 표현이므로, 결국 양태는 실체의 표현이 된다. 속성이 실체의 재현이 아니듯이 양태도 속성의 재현이 아니고, 당연히 양태는 실체의 재현이 아니다. 그러나 실체는 무수한 양태들을 통해 자신을 표현한다. 이 양태들 하나하나는 나름의 방식으로 실체를 감싸고 펼친다.

들뢰즈는 이러한 표현의 방식에 대한 은유적 장치로 거울과 씨앗을 든다. 거울보다는 씨앗의 비유가 한결 이해하기 쉬울 것 같다. 씨앗이 나무를 '감싸고' '펼친다'는 식으로 받아들일 수 있기 때문이다. 반면에 거울의 비유에는 주의해야 할 점이 있다. 거울 밖의 대상과 그것이 거울에 맺히는 상만을 단선적으로 생각한다면, 이것은 곧 재현의 이항 관계로 여겨질 수 있는 까닭이다. 그게 아니라 "여기서 거울은 자기 안에 반사되는 존재와 이미지를 응시하는 존재를 흡수"[26]하는 것으로 이해할 필요가 있다. 이럴 경우, 거울은 거울 속에 비쳐지는 존재를 감싸고, 또 그 이미지를 응시하는 존재를 펼치는 것으로 생각될 수 있다. 이때는 삼항 관계가 성립한다. 거울 속에서 스스로를 표현하는 존재, 그 표현인 거울 또는 거울의 이미지,[27] 자신이 표현된 것을 응시하는 존재. 거울의 이미지, 곧 표현은 무수하다. 이 이미지 각각은 거울에 비친 존재의 표현이지만 그 존재의 재현은 아니다. 즉 그 이미지 각각이 거울에 비친 존재를 고정하여 규정하거나 그 존재를 대신할 순 없다. 하지만 그 이미지들은 이 존재의 풍부함을 보여 주며, 그 존재는 거울에 비친 자신의 이미지를 응시하면서 스스로를 전

---

[26] 같은 책, 435쪽.
[27] 거울은 스피노자의 '속성'에, 거울의 이미지는 스피노자의 '양태'에 해당한다고 할 수 있다.

개하고, 거울은 다시 이 모습을 자기 안에 담음으로써 그 존재를 펼친다.

이렇게 이해할 때, 거울은 단순히 대상의 수동적인 반영에 그치지 않고 무한한 세계의 무수한 표현을 담아내는 장치로 여겨질 수 있다. 더욱이 영화와 관련하여 볼 때, 거울의 비유는 영화를 세계의 표현으로 이해하는 데 매우 적합한 면이 있다. 거울의 특성은 영상映像, 곧 시각 이미지를 주된 구성 부분으로 삼는 영화의 특성과 잘 어울리기 때문이다.

5. 거울과 표현

타르코프스키의 「거울」에는 실제로 거울이 나오는 장면이 몇 번 있다. 첫 번째는 젊은 어머니가 머리를 감는 흑백의 환상적인 시퀀스 속에 등장한다. 머리에 물을 부어 주던 아버지는 금세 사라지고 어머니는 벽면이 불에 검게 그을린 황량한 실내에 물에 젖은 머리카락을 늘어뜨리고서 있다. 벽과 천장에서는 물이 흘러내리고 천장의 얇은 돌들이 부서져 떨어지는 가운데, 튀는 물방울 속에서 머리카락을 매만지는 어머니를 카메라가 천천히 돌면서 잡는데, 그 한쪽에 보이는 거울에 어머니의 모습이 비친다. 시커먼 벽을 타고 느리게 움직이는 화면이 밝아지면서 이제 머리를 말리고 숄을 걸친 어머니의 얼굴이 화면 가득 나타나고 그 시선을 쫓아 장면이 전환된다. 화면 전체를 채우는 거울. 그런데 이제 거울에 비치는 것은 역시 숄을 걸친 늙은 어머니의 모습이다. 거울 속의 어머니는 손을 내밀어 거울을 닦는데, 그 손은 거울 밖의 주름진 손과 겹친다. 이어지는 장면은 컬러로 바뀐 현재의 화자 집. 카메라가 거실과 방을 훑으며 전진하는 가운데, 늙은 어머니와 화자의 전화 통화 내용이 들려온다.

여기서 알 수 있듯이, 영화 「거울」 속의 거울은 단순히 반영의 역할만하는 것이 아니다. 그것은 시간을 전후로 관통하면서 그 시간의 폭만큼 거울에 비치는 인물을 감싸며, 또 거울을 통해 전환되는 이미지들로 그 인물을 펼쳐 나간다. 즉 여기서 거울은 앞서 우리가 설명했던 것과 같은 '표현'의 장치로 작용한다고 볼 수 있다. 그 덕택에 이 영화에서 거울을 매개로 이루어지는 이미지의 연결은 단순한 재현적 질서를 넘어서는 방식으로 전개된다.

나아가 이 거울을 통한 표현은 한 인물의 표현에 그치지 않는다. 이 점은 두번째로 거울이 등장하는 장면에서 잘 드러난다. 이번에는 화자의 부인이 거울을 바라보며 화자와 이야기를 나눈다. 영화 전체에서 그렇듯 이 장면에서도 화자의 현재 모습은 보이지 않고 목소리만 들린다. "당신은 내 어머니와 닮았어." 화면에는 거울에 비친 부인의 얼굴이 클로즈업되어 있다.[28] 화면이 오른쪽으로 열리면서 거울 밖에 있는 부인의 얼굴도 함께 잡히고, 장면이 전환하여 화자의 어린 시절, 화자의 집을 배경으로 걸어가는 젊은 어머니의 뒷모습이 보인다. "어린 시절의 어머니를 돌이켜 보면 늘 당신 얼굴이 떠올라." 이처럼 거울은 화자의 부인과 어머니를 매개하는 역할을 한다. 즉 거울은 이 두 인물을 함께 감싸고 펼침으로써 두 인물을 연결하고 관통하는 그 무엇을 표현하고 있는 셈이다.

또 다른 경우에는 거울이 거울을 보는 인물의 내면을, 그에게 깊게 각인된 이미지를 드러내기도 한다. 화자의 어린 시절, 곤궁한 처지의 어머니는 장신구를 처분하러 인근 시골에 있는 의사의 집을 어린 화자와 함께 방문한다. 어머니가 시골 의사의 부인과 이야기하러 방에 들어가 있는 동안

---

[28] 사실 부인 역할을 하는 배우는 젊은 어머니의 역할을 하는 배우와 동일인이다. 마르가리타 테레코바(Margarita Terekhova)가 1인 2역을 한다.

어린 시절의 화자인 소년은 벽난로 옆에 앉아 그 위에 걸린 작은 거울을 응시한다. 카메라가 거울 속에 비친 소년을 향해 서서히 줌인하여 화면 전체가 거울의 윤곽 안으로 들어가고 거울에 비친 자신을 뚫어지게 응시하는 소년의 거울상(像)이 화면에 가득 차면, 마치 이 거울 위의 소년이 다시 거울 밖의 소년을 응시하는 것처럼 장면이 다시 거울 밖의 소년으로 전환된다. 그 내면을 들여다보듯, 거울의 자신을 응시하는 소년을 향해 카메라가 다시 줌인하고, 이어서 벽난로의 불 이미지를 매개로 불을 쬐는 한 소녀의 이미지가 나타난다. 소년이 마음에 두었던 촌스럽고 육감적인 이 소녀의 모습도 옷장의 거울에 비친 이미지로 잡힌다. 이처럼 거울은 내면의 이미지까지 감싸고 펼치는 표현 장치로 기능한다.

하지만 「거울」에서의 '표현'이 거울이 직접 등장하는 장면들에 한정되는 것은 물론 아니다. 이 영화는 화자가 어린 시절을 보낸 옛집과 젊은 날의 어머니, 화자가 어릴 때 전쟁의 와중에서 겪은 경험, 현재의 이혼한 아내와 아들, 그리고 지금의 늙은 어머니를 오가면서 여러 에피소드들로 구성되며, 유사하게 반복되는 이미지들을 매개로 엮어진다. 전체적으로 보면 이 영화 그 자체가 한 시대의 삶에 대한 '표현'이고, 그런 의미에서 한 시대의 삶에 대한 '거울'이라고 할 수 있다.

영화의 각 장면과 시퀀스는 화자 주변에서 일어난 삶의 모습을 거울처럼 담아내지만, 여기에 비치는 이미지들이 고정된 의미나 자체 완결적인 의미 구조로 묶여 있는 것은 아니다. 다시 말해, 이 이미지들은 한 시대의 삶을 감싸고 펼치지만, 특정한 폐쇄적 틀 속에서 '재현'하는 것은 아니다. 그런 까닭에 「거울」에서 사용되는 많은 양의 다큐멘터리 필름들도 다른 장면들에 대해 크게 이질적인 느낌을 주지 않는다. 스페인내전과 2차 대전 와중의 거리와 사람들의 모습, 시바쉬 호수(Sivash Lake)를 건너는 소련

군의 비참하면서도 매우 인상적인 행렬, 중국의 문화대혁명과 중소^{中蘇} 국경 분쟁 당시의 장면을 담은 필름들이 그 삶의 표현 가운데 일부로 자리 잡는다.[29]

이렇듯 「거울」은 의미 내지 의미구조 면에서 열려 있다. 그리고 이 열림이야말로 바로 '재현'과 대비되는 '표현'의 강점이다. 이 열림에 힘입어 「거울」은 재현을 넘어서는 영화, 시적인 말에 비견되는 표현으로서의 영화가 된다.

6. 에필로그 : 적실한 표현을 향하여

「거울」의 마지막 장면에서는 아주 어린 시절의 화자와 화자의 늙은 어머니가 한 화면 안에 같이 나온다.[30] 현실 속에서는 불가능한 과거와 현재의 공존이 이루어지는 셈이다.[31] 화자의 어린 여동생의 손을 잡고 어린 화자와 함께 메밀꽃이 가득 핀 옛집 앞의 벌판을 걸어가는 늙은 어머니. 이 광경을 벌판 저편에서 젊은 시절의 어머니가 지켜보고 서 있다. 어머니의 꿈이자 타르코프스키의 꿈. 아이는 즐거운 듯 입나팔로 소리 지르고 카메라가 커다란 나무들 뒤로 점점 멀어지다가 이윽고 화면이 어두워진다. 긴 여운을 남기고 끝나는 이 영화는 타르코프스키의 말하기이고 관객들에 대한 말 건넴이다. 영화로서의 형태를 지닌 이상, 이것은 분명 '말'이다. 그러

---

29) 다큐멘터리 필름의 활용에 대한 타르코프스키의 생각은 『봉인된 시간』, 162쪽 이하에 잘 드러나 있다.
30) 이 영화에서 늙은 어머니로는 타르코프스키의 실제 어머니가 출연하고 있다.
31) 이 영화가 시간을 취급하는 방식에 대한 분석은 다른 기회로 미루어야겠다. 들뢰즈가 말하는 '크리스털 이미지'뿐 아니라, 그의 '반복' 개념도 이 영화를 통해 흥미롭게 다루어질 수 있을 것이라고 생각한다.

나 어떤 특정한 의미 전달이나 의미 부과라는 목적에 갇혀 있지 않기에, 이것은 열린 방식의 말, 시적인 말, 관객의 말하기를 도와주는 말이다. 다른 말함으로의 열림.

하지만 이 열림은 누구에게나 해당되는 것일까? 또 그 열림의 정도는 누구에게나 같은 걸일까?「거울」에 대한 관객들의 반응은 결코 그렇지 않다는 것을 보여 준다. 상반된 반응이 나타난다. 전혀 이해할 수 없다는 사람들이 있는가 하면, 큰 감명과 자극을 받았다는 사람들도 있다. 전자의 사람들은 대개 이 영화의 의미를 알 수도, 분석할 수도 없다고 불평하며, 후자의 사람들은 이 영화가 "인간을 실어증의 저주로부터 구해" 주는 "나 자신에 관한 영화"[32]라고 말하기도 한다. 그렇다면 우리는 이러한 사태를 어떻게 받아들여야 할 것인가? 만일 여기에서 '재현'에 익숙하고 '재현'을 기대하는 사람들에게는 '표현'이 받아들여지기 어렵다는 결론을 끌어낸다면 그것은 안이한 생각일까?

사실 타르코프스키 자신은 그렇게 '안이한' 생각을 하는 것 같다. 그는 "현실을 망각시키는 오락영화"와 "태만한 관객"을 연결짓고, 상업영화들이 관객을 형편없이 망쳐 놓는다고 한탄하기 때문이다.[33] 반면에 자신은 "영화관을 오직 일상생활의 걱정들과 근심들을 잠시 잊고 오락을 즐기는 장소로 생각하는 관객들에게는 추호의 관심도 갖고 있지 않다"는 사실을 피력한다.[34] 또 타르코프스키는「거울」로부터 감춰진 상징이나 의도, 비밀 따위를 찾으려는 시도, 즉 재현의 방식으로「거울」을 보려는 시도가

---

32) 안드레이 타르코프스키,『봉인된 시간』, 13쪽. 이 책의「서문」에는「거울」에 대한 관객들과 평론가들의 반응이 소개되어 있다.
33) 같은 책, 106, 215쪽.
34) 같은 책, 222쪽.

잘못된 것임을 누차 지적한다. 아닌 게 아니라, 그러한 방식은 미술관에 걸린 그림들을 보고 그것이 무엇을 그린 것이냐만을 문제 삼는 관람객의 태도와 유사할 것이다. 그 같은 사람들은 자신에게 익숙한 코드를 확인하고 거기서 만족을 얻으려 할 뿐, 예술작품의 말 건넴에는, 나아가 그것을 통해 자신의 '똑똑하게 말함'을 찾는 데에는 전혀 관심이 없다. 그렇다면 모든 관객들에게 '표현'에 대한 열림을 기대하지 않는 것은 그다지 안이한 생각만은 아닌 셈이다.

하지만 이런 점을 인정한다고 하더라도 '표현'으로서의 영화가 지니는 난점은 또 있다. 표현이란 일의적이 아니고 따라서 표현 자체가 무수할 수밖에 없다는 데서 오는 문제이다. 무엇보다도, 그 많은 표현 가운데 어떤 표현이 좋은 표현이고 훌륭한 표현이냐 하는 문제가 제기된다. 영화는 그 '최면적' 장치로 인해 다른 '표현'의 형태, 이를테면 시나 그림, 음악 따위에 비해 일반적으로 더 큰 흡인력을 가질 수 있다.[35] 하지만 우리가 앞에서 보았듯 최면성은 표현보다는 재현에 더 봉사하는 까닭에, 이 최면성이 표현의 우열을 가리는 지표가 되기는 어렵다. 물론 표현이 말 건넴이고 '똑똑하게 말함'을 돕는 것이라면, 표현을 통한 관객의 말함이 그 표현의 훌륭함 여부를 가리키는 표지가 된다고 볼 수 있다. 그렇지만 이렇게 매우 주관적인 기준밖에 없는 것일까?

들뢰즈가 스피노자에서 '표현' 개념을 다룰 때 그랬던 것처럼 '공통 개념'이나 '관념의 적실성' 따위를 내세우는 것은 여기에 어울리지 않아 보인다. 이미지를 주된 구성 부분으로 삼는 영화의 핵심적인 요소가 개념

---

35) 그렇더라도 타르코프스키에게 영화는 이와 같은 다른 표현 방식과 마찬가지로 일종의 예술이다. 그는 영화를 무엇보다도 '시간의 조형예술'(같은 책, 153쪽)이라고 생각한다.

이나 인식이라고 보기는 어렵기 때문이다.[36] 그러나 이러한 논의의 어떤 측면은 영화적 표현의 평가 문제에 대해서도 시사하는 바가 적지 않다. 이를테면 공통개념의 형성과 관련된 특성들이 그러하다. 스피노자에게서 공통개념은 우리에게 적합한 물체를 만났을 때 우리와 그 물체 사이의 공통점 내지 유사성을 포착함으로써 형성된다. 이러한 형성 방식은 가장 덜 보편적인 공통개념에서부터 더욱 보편적인 공통개념으로 이어지고, 이러한 과정을 거침으로써 우리는 마침내 세계에 대한 적실한 파악에 이르게 된다. 그렇듯이 이미지로 구성되는 영화에서도 우리는 구체적이고 특수한 체험의 공통성과 유사성에서부터 출발하여 우리가 체험하는 세계에 대한 나름의 적실한 표현에 도달하는 것 아닐까?[37] 따라서 우리는 어떤 표현의 적실성을 그 표현이 구체적이고 공통적인 체험들을 얼마나 잘 감

---

[36] 철학사에서 이미지 및 이미지화(想像; imagination)는 대개 불완전한 인식 요소로, 개념화 이전 단계로 취급받아 왔다. 스피노자의 경우에도 예외가 아니다. 사실 들뢰즈의 스피노자 해석에 따르면 이미지는 '표현'이라고 할 수 없다. 이미지는 어떤 물체가 우리 신체에 미치는 효과이거나 그 효과에 의해서 대상을 우리에게 인식시키는 변용의 관념일 뿐, 자신의 원인에 대한 관념을 포함하지 못한다. 즉 이미지는 자신의 원인이 뭔지 모르는 채 결과만을 감쌀 따름이어서 펼치고 설명하지(expliquer) 못한다. 그래서 이미지는 표현의 주요한 계기를 가질 수 없고, 표현이 될 수 없다. 자신의 원인을 드러내는 적실한(adéquat) 관념들과 거기에 이르는 통로인 '공통개념'들(이것 자체가 적실한 관념, 최초의 적실한 관념들이다)만이 '표현'의 자격이 있다. 들뢰즈, 『스피노자와 표현의 문제』, 9장 「부적실성」, 17장 「공통 개념」, 특히 203~204, 379, 393쪽 등 참조. 이와 같은 입론은 우리가 앞에서 제시한 이미지에 대한 관점, 즉 이미지를 개념적 인식의 한계를 넘어서는 것으로 이해하고자 하는 관점과는 부합하지 않는 면이 있다. 들뢰즈가 『스피노자와 표현의 문제』 이후 개념적 인식을 중심으로 한 스피노자 식의 '표현' 개념을 별반 내세우지 않았던 이유도 아마 여기에 있을 것이다.
[37] 들뢰즈는 스피노자의 경우에도 '공통개념'이 그 기원 면에서 형성 조건 자체를 상상(이미지화)에서 얻는다고 보고 있다. 그런 점에서 공통개념들이 이미지와 동일시될 수 있는 면도 있다는 것이다. 『스피노자와 표현의 문제』, 398쪽 참조. 경험적이고 발생적인 특성을 지니는 이러한 발상은, 이미지나 영화 영역과 관련하여 볼 때, 칸트에서처럼 보편적인 '공통감'을 설정하는 것보다 그 설명력이나 적용 가능성 면에서 강점을 갖는 것으로 보인다.

싸고 있으며 또 그것들을 우리 삶 일반의 체험에 이르기까지 얼마나 잘 펼치고 있느냐를 통해 논할 수 있지 않을까?

물론 표현의 '적실함'에 대한 이 같은 생각은 매우 초보적이다. 주로 개념과 관련하여 논의되던 적실성이라는 특성이 이미지 및 이미지들의 연관에 어떻게 적용될 수 있는가는 더 궁구될 필요가 있다. 그렇더라도 이 표현의 적실함에 대한 논의가 이상적 모델을 설정하거나 개념적 체계를 구축하는 데로 나아갈 수 없는 것은 분명하다. 짐작컨대, 적실한 표현에 대한 탐구란 새로운 말함을 불러일으키는 말, 즉 고정된 말의 순환이 아니라 새롭게 이어지는 무한한 말함의 동적인 연결고리, 그러므로 다른 표현이 이미 잠재되어 있는 표현의 조건과 그 풍부한 양태를 드러내는 일이 될 것이다.

2장 모순과 달리, 같음을 넘어
'차이'에 대한 탈근대적 이해

1. 목적론과 차이

차이 문제를 둘러싼 논란을 다룰 때면, 우리는 우선 차이에 대한 이해에도 여러 가지가 있다는 사실, 즉 차이관差異觀에도 다양한 차이가 있다는 사실에 주목하지 않을 수 없다. 그런데 이와 같은 일종의 메타적 차이들에 대해서는, 차이에 대해 꽤 포용적인 입장을 취하는 경우라 하더라도, 무차별한 태도를 보이기 어렵다. 논의의 일관성과 초점이 문제가 되는 까닭이다. 이런 면에서 보면, 차이에 대해 논의한다는 것 자체가 차이관의 차이에 대한 무차별하거나 분산적인 대응을 제약하는 것이라 할 수 있다.

  논의는 그 목적을 뚜렷이 의식하지 않을 수 없는 대표적인 경우지만, 일반적으로 목적 지향적 작업이나 사태에서는 그 안의 기본 요소들 사이의 차이를 아무래도 좋은 것으로 취급하기 곤란하다. 차이들은 기능적 체계나 질서에 포섭됨으로써 직접 목적을 구현하는 데 기여하거나, 적어도 목적 실현 과정의 계기로 작용할 수 있어야 한다. 후자의 경우에 차이들은 일시적이거나 단계적인 것으로만 용인되기도 한다. 어떻든, 목적이 지배하는 틀 속에서 차이는 공시적으로나 통시적으로, 목적의 단일함에 대하여 부차적인 지위를 차지하는 데 그치는 것이다. 그렇기 때문에 목적을 앞세우는 관점, 즉 목적론의 특성을 갖는 견지에서는 차이가 그 자체로 강조되기 어렵다.

이런 점을 고려하면, 여러 차이관을 다루는 논의에서 그 배열의 한쪽 끝에 목적론적 차이관을 두는 것은 매우 자연스러워 보인다. 차이 자체의 위상을 우선적이고 독립적인 것으로 취급하지 않는, 차이에 대한 소극적인 견지라는 이유에서다. 아닌 게 아니라, 차이를 적극적이고 긍정적으로 부각시키고자 하는 현대의 관점들이 보통 그 대극에 놓는 것이 바로 목적론적 관점이다. 특히 헤겔 식의 견지가 주로 거론되는데, 이것은 목적에 대한 차이의 종속이 헤겔 철학에서 전형적으로 드러난다고 보는 까닭이지 싶다. 물론 이것은 다른 한편으로, 현대에까지 뻗친 헤겔의 영향력을 반증해 주는 것이기도 하다.

잘 알려져 있다시피 헤겔에게서 차이는 대립을 거쳐 모순으로 나아가는 구별의 한 계기를 이룬다. 구별은 동일성을 전제하는 반성에 의해 성립하므로, 비록 차이가 자기와 다른 것을 지시한다 하더라도, 이 차이는 다시 같음의 연관 속으로 흡수되어 결국 대립으로 이어진다.[1] 그러나 사실, 대립은 상호 무관한 사물이나 사태 사이에서는 나타나지 않는다. 공통된 어떤 것을 지향하는 차이라야 대립을 야기할 수 있다. 그런데 헤겔은 이러한 대립이 애당초 차이를 파악할 수 있게 하는 개념의 연관 속에 이미 자리 잡고 있다고 보는 것이다. 이를테면 A와 B의 차이를 이야기하기 위

---

[1] G. W. F 헤겔, 『대논리학』(II), 임석진 옮김, 지학사, 1982, 1편의 2장 「본질성 혹은 반성규정」 참조.

해서는 A와 B의 공통적인 같음을 전제하고 그 기반 위에서 A와 B의 규정을 비교할 수 있어야 한다. 그런 만큼, 적어도 개념적으로는, 차이를 문제 삼는 것이 다름을 공통의 같음과 함께 놓는 구도인 대립으로 연결되지 않을 수 없다는 것이다.

이와 같은 헤겔의 생각은 우리가 사유할 때 사용하는 개념들이 이미 서로 긴밀하게 연결되어 있음을 보여 준다. 헤겔은 그 개념들 하나하나 속에 배어 있는 상호관계를 드러내어 이를 동적으로 체계화하는 매우 흥미로운 작업을 해낸 셈이다. 그렇지만 문제의 소지는 이와 같은 체계화가 기성의 개념망을 바탕에 두고 사후적으로 재구성된 것이라는 데 있다. 이 때문에 (비록 나름의 논리성을 갖추었다고는 하지만) 인위적으로 재구성된 발생적 연관이 개념 밖의 사태에 덧씌워질 위험이 생겨난다. 그럴 때 이 체계는 세계가 일정한 도달점을 향해 나아가는 것으로 이해하는 목적론적 구도에 봉사할 수 있게 된다.

헤겔에게서 차이를 포섭하는 것은 대립에 그치지 않는다. 대립만으로는 목적론에 걸맞는 방향성과 통일성을 확보하기가 힘들기 때문이다. 여기서 대립보다 한 걸음 더 나아간 역할을 맡는 것이 모순이다. 두 항들이 각자 자립성을 유지한 채 아직 외면적으로 맞서는 관계가 대립이라면, 모순은 다른 항을 자기 안에 포함하면서 동시에 배척하는 내적인 자기 관계다. 헤겔에 따르면, 이미 대립에는 이 같은 모순으로 나아갈 수 있는 규정이 들어 있다. 대립이 두 항에서 공통의 어떤 것을 전제하는 한, 그것은 같음 가운데 다름을 포함하며 또 배척한다는 반성적 규정으로 이어지는 까닭이다. 그런데 모순은 이렇듯 서로 양립할 수 없는 측면을 가지므로 결국 존속하지 못하고 해소될 수밖에 없다. 이 모순의 해소, 곧 지양은 헤겔 철학에서 각 국면이 더 고차적인 단계로 이행해 가는 연결고리를 이룬다.

그렇게 하여 모든 차이가 포괄되는 이념의 총체적 체계가 만들어지는 것이다.

차이와 대립 사이가 그런 것처럼, 대립과 모순의 연결 또한 개념적인 관계이다. 실제의 모든 차이가 대립으로 나아가는 것이 아니듯이, 모든 대립이 모순으로 발전하는 것도 아니다. 그러나 헤겔은 모순을 통해 개념들의 연관을 설명하는 데 그치지 않고, 이 모순을 자기 운동의 원리로 내세운다. 모순이 현실 세계의 변화·운동을 통일적으로 설명하는 근본형식이 되는 것이다. 이런 구상은 개념적 질서와 현실적 질서가 궁극적으로 합치할 수 있다는 다소 희망적이고 목적론적인 생각과 맞물려 있다.

차이에 대한 이상과 같은 헤겔의 견해는, 그 목적론적 폐쇄성[2]에도 불구하고, 이를 비판하고자 하는 관점들도 고려하지 않을 수 없는 분명한 매력을 지니고 있다. 차이가 빚어낼 수 있는 마찰이나 갈등에 대해 원칙적 해결 가능성을 제시하고 있다는 점이 그것이다. 대립·모순으로 발전하는 차이의 갈등은 보다 고차적인 차원에 도달함으로써 해소된다.『정신현상학』의 '지배와 예속의 변증법'에서 보이는 갈등 해소의 방식은 그 드라마틱한 과정의 한 전형이라고 할 수 있다. 두 자기의식의 투쟁 및 주인과 노예로의 분화, 상호 인정을 통한 정신의 성립은 주인과 노예라는 차이조차 애초의 동일성을 바탕으로 극복될 수 있음을 보여 준다. 그러므로 헤겔식의 목적론을 거부하면서 차이의 문제를 부각시키려는 입장에서는, 차이에 대한 나름의 이해가 갈등과 변화, 발전 등의 문제를 어떻게 조망하고 다루는지를 분명히 드러낼 필요가 있다.

---

2) 여기에 대한 자세한 논의는 문성원,『철학의 시추: 루이 알튀세르의 맑스주의 철학』의 3장 「알튀세르의 헤겔 비판 1 : 목적론과 모순의 문제」, 특히 104쪽 이하 참조.

2. 모순과 다른 차이

"1945년에 현대적인 모든 것은 헤겔로부터 나왔으며 현대성의 모순적인 요구들을 화해시키는 유일한 길은 헤겔에 대한 해석을 진전시키는 것이었다. 1968년에는 현대적인 모든 것이 ─즉, 늘 똑같은 맑스, 프로이트 등이─ 헤겔에 적대적이었다."[3] 현대 프랑스 철학의 기류에 대한 데콩브의 이 말은 당시의 지적 분위기가 어떻게 바뀌었는지를 단적으로 표현해 준다. 이러한 변화에서 중요한 초점 가운데 하나는 역시 반反목적론에 있었다. 학문 내적으로는 구조주의의 등장이 큰 영향을 주었지만, 그 사회적 배경에는 목적론적 사회관 및 그에 따른 기획의 실패가 깔려 있었다. 특히 소련식 사회주의에 대한 실망은 '똑같은 맑스'가 헤겔에 등을 돌리게 한 주요 이유가 된다.

이런 맥락에서 보면 목적론에 대한 비판이 변화에 대한 요구까지 잠재운 것은 아니라고 할 수 있다. 오히려 관건은 주어진 목적과 그것이 전제하는 동일성에서 벗어난 새로운 변화를 모색하는 일이었다. 구조주의가 그 정태성에 대한 비판을 매개로 포스트-구조주의로 넘어가게 된 데에도 이와 같은 문제가 중심 역할을 했다고 본다. 여기에 따라 차이에 대한 견해 역시 변화한다. 구조 안의 차이에서 구조보다 근원적이고 구조를 넘어서는 차이로. 소쉬르Ferdinand de Saussure의 차이나 레비-스트로스Claude Lévi-Strauss의 차이가 전자에 속한다면, 들뢰즈의 차이나 데리다가 내세우는 차이[4]는 후자에 속한다. 결국 이 차이는 헤겔이 말하는 모순과

---

3) 데콩브, 『동일자와 타자』, 23쪽. 번역은 필자가 약간 수정했다.
4) 차이(差移: différance)의 번역은 진태원, 「용어 해설」, 데리다, 『법의 힘』, 199쪽 이하 참조.

다르면서 그 다른 방식으로 변화를 낳을 수 있는 차이여야 했다.

이런 점에서 알튀세르의 대응 방식은 우리의 우선적인 관심을 끌 만하다. 알튀세르는 맑스주의 진영에 속해 있었던 철학자로, 데콩브의 지적에 직접 해당되는 인물이다. 그는 이른바 '인식론적 단절' 테제를 앞세워, 진정한 맑스는 헤겔과 무관할 뿐 아니라 반(反)헤겔적이라는 주장을 폈다. 하지만 당시 맑스주의 내에서 광범위하게 사용되던 모순이라는 용어를 버리지는 못하고, 그 모순을 헤겔과 달리 이해하고자 했다. 이때의 초점은 모순에서 단일성과 통일성을 제거하는 데 있었다. 자기 내적 관계로서의 모순이야말로 목적론적 운동의 엔진에 해당한다고 보았기 때문이다. 그 대신 알튀세르가 내세웠던 것은 그 해소 방향이나 도달점이 먼저 주어질 수 없는 '모순', 그러니까 사실상 외적인 관계로서의 대립이다. 다음과 같은 알튀세르의 말은 이 점을 잘 보여 준다.

> 노동자 계급은 자본가 계급의 부정, 즉 자본과 권력을 박탈당한 음의 부호가 달린 자본가 계급이 아니며, 자본가 계급은 부와 권력을 가진, 음의 부호가 달린 노동자 계급이 아닙니다. 두 계급은 **동일한 역사를 갖지 않으며, 동일한 세계를 공유하지 않고, 동일한 수단을 갖지 않으며, 동일한 계급투쟁을 전개하지 않습니다.** 하지만 그들은 대립하는데, 이 대립이 참으로 모순입니다. 그들의 대립 관계는 헤겔적인 아름다운 고양과 화해를 통해 대립의 조건들을 초월하는 대신, 그 대립의 조건을 재생산하기 때문입니다.[5]

---

5) Louis Althusser, *Positions*, Paris : Éditions Sociales, 1976, p. 162. 강조는 필자. 이 언급은 1975년에 이루어진 것이기는 하나, 알튀세르가 자신의 이전 생각을 총괄하여 논의하는 과정에서 나온 것이다.

그런데 이렇게 설정된 모순 아닌 모순에는 그 해소 방향뿐 아니라 해소의 필연성이 전제되어 있지 않다. 모순이라는 이름 아래 역동성의 이미지가 남아 있을 뿐, 각각의 대립항은 독자성을 지니는 것으로 여겨지기 때문이다. 그러한 한, 이 대립 관계는 계속 유지될 수도 있고, 그 관계가 역전될 수도 있다. 물론 대립 자체가 해소될 수도 있다. 하지만 그 양상은 여러 가지다. 두 항이 모두 몰락할 수도 있고, 둘 가운데 하나만 사라질 수도 있다. 그렇다면 두 항이 모두 존속하는 가운데 대립 관계만 사라질 수도 있을까? 즉 대립이 그저 차이에 불과한 것이 될 수 있을까?

알튀세르의 견지에 따른다면, 그것 역시 불가능할 이유가 없어 보인다. 이때 문제가 될 법한 것은 대립이 대립의 조건을 재생산한다는 규정이지만, 여기서의 조건은 이른바 중층결정의 조건이기에, 이를 폐쇄적 결정성을 가지는 것으로 이해하기는 어렵다. 자기 자신을 포함하여 여러 관계와 요소들이 선형적 인과가 아닌 방식으로 서로 영향을 준다는 것, 그래서 여러 층위의 상호관계 속에서 복합적인 결정이 이루어진다는 것이 그 내용의 핵심이기 때문이다. 대립의 두 항이 반드시 하나로 묶이는 것이 아니라면, 오히려 이러한 중층결정의 조건 변화에 따라 두 항은 서로 큰 마찰 없이 양립 가능한 상태로 나아갈 수도 있다.

물론 이와 같은 귀결이 알튀세르가 의도했던 바는 아닐 것이다. 그가 바란 것은 목적론적이고 결정론적이지 않은 형태로 자본주의의 극복 가능성을 이론화하는 것이었다. 하지만 헤겔 식 모순 개념의 해체는 대립이라는 틀마저 해체될 수 있는 여지를 마련해 주었다. 어쩌면 이것은 자본가 계급과 노동자 계급의 모순뿐 아니라 그들 사이의 대립에 대한 의식조차 희미해지고 있는 현실, 적어도 그러한 일면의 현실에 잘 들어맞는 것일지도 모른다. 그러나 이런 현실이 갈등의 해소로, 갈등 없는 차이로 이어지는 것은 아니다. 내적 모순에 따른 지양이라는 목적론의 희망을 따돌린 채, 자본주의적 질서는 갈등을 길들이고 억압하며 순치된 차이를 그 체계 속에 통합해 낸다. 이런 상황에서는 오히려 차이를 활성화하고 이를 갈등 및 변화와 연결 짓는 일이 필요하다. 이제 차이의 문제는 모순이 아닌 방식으로, 또 모순을 향한 대립이 아닌 방식으로 기존 체계의 변화 가능성을 찾는 문제가 된다.

이와 관련하여 알튀세르가 기대었던 곳은 대중의 운동과 우발성이었다. 여기서 대중의 운동이란 공산당과 같은 기성의 조직을 벗어난 무정형의 사회적 움직임을 말하는 것이고, 우발성이란 우연적인 마주침에 의한 예기치 않은 사건의 발생[6]을 가리키는 것이다. 전자가 후자의 정치적 표현이라면, 후자는 전자의 존재론적 근거가 된다고 할 수 있다. 알튀세르는 에피쿠로스의 원자론까지 원용하여 이 우발성의 원천을 제시해 보고자 한다. 원자들의 빗나가는 운동 clinamen 에 의해 우연적인 결합이 생겨나고 거기에서 우연적인 사건이 만들어진다는 것이다.[7] 이것은 불가피하게 생겨나는 자연적인 일탈을 상정하고 그 일탈의 작은 차이로부터 의도할 수는 없으나 기대함직한 변화의 가능성을 이끌어 내려는 시도라고 할 수 있다. 비록 다소 궁색해 보이기는 하지만, 이렇게 하여 차이는 기존의 체계와 동일성을 깨뜨리는 빗나감 déviation 으로서 적극적으로 해석될 여지를 갖게 된다.

---

6) 알튀세르는 이를 '마주침의 유물론'(matérialisme de la rencontre)이라고 부른다. 루이 알튀세르, 『철학과 맑스주의: 우발성의 유물론을 위하여』, 서관모·백승욱 편역, 새길, 1996, 36쪽(Louis Althusser, *Écrits philosophiques et politiques* Tome 1, éd. François Matheron, Stock/IMEC, 1994, p. 540).
7) 같은 책, 37쪽 이하 참조.

3. 재현에 앞선 차이

알튀세르처럼 사회철학적이고 정치철학적인 맥락을 전면에 내세웠던 것은 아니지만, 차이 문제와 관련하여 헤겔에게 본격적인 반기를 들었던 철학자 가운데 한 사람이 질 들뢰즈다. 그 역시 헤겔의 모순 개념이 차이를 통합하고 해소하는 역할을 한다고 하여 집중적으로 공박한다. 특히 흥미로운 것은 들뢰즈가 모순 대신에 '역모순'vice-diction[8]이라는 개념을 제시하고 있다는 점이다. 모순이 동일성에 봉사하는 것이라면, 역모순은 불균등하고 미세한 차이들의 세계로 나아가는 것이다. 들뢰즈는 이 역모순을 라이프니츠 철학의 무한소 및 미분différentiation 을 다루면서 언급한다.

들뢰즈에 따르면, 헤겔 식의 무한, 곧 정신이나 이념처럼 무한히 큰 것 속에서는 동등한 것이 동등하지 않은 것을 자신과 모순 관계에 놓는다contra-dire. 반면에 라이프니츠 식 무한, 즉 미분적 관계의 무한소 속에서

---

8) 들뢰즈, 『차이와 반복』, 123~124, 412~413쪽 등 참조. 김상환 선생은 vice-diction을 '부차-모순'이라고 옮기고 있는데, 이는 'vice-'가 부차(副次)의 뜻을 가진 데 따르는 것으로 보인다. 하지만 vice-diction은 들뢰즈가 contra-diction에 대비하여 만든 말이고, 이것과 대치되는 의미를 지니고 있다는 점을 고려한다면, '부차-모순'이라는 역어는 그다지 적절해 보이지 않는다. 더구나 마오쩌둥(毛澤東)이 「모순론」에서 사용한 '주요모순', '부차모순'이라는 용어와 관련하여 볼 때, 오해의 여지도 크다고 여겨진다. 한편, 박성수 선생은 이 vicediction을 '병렬'이라고 옮기고 있다. 그는 vicediction이 A와 비A의 관계를 취하고 있지는 않지만 실상 '미세한 영역에서의 모순'에 해당한다고 설명하고 있는데, 이런 해석을 받아들인다 하더라도 '병렬'은 의미 전달 면에서 적절한 역어라고 하기 어렵다. vice-diction은 차이들의 단순한 병렬이라기보다는 미세화하면서 차이지는 연결이라 보아야 할 것이기 때문이다. 박성수,「상품개념과 재현의 문제」, 맑스코뮤날레 조직위원회, 『지구화시대 맑스의 현재성 1』, 문화과학사, 2003, 206쪽 이하 참조. '역-모순'이라는 말도 vice-diction의 원래 조어(造語) 상의 의미를 생각할 때 만족스러운 것은 아니지만, contradiction과 대비시키려는 들뢰즈의 의도를 살릴 수 있다는 점에서, 또 고차적인 쪽으로가 아니라 극미해지는 쪽으로서라는 역(逆) 방향을 지시하면서도, 차이의 연결과 이행을 함축한다는 '모순'과 연관된 의미를 살릴 수 있다는 점에서, 다른 번역어들보다는 적합성이 있다고 생각한다.

는 비동등한 것이 동등한 것을 자신과 부차적 관계에 놓는다$^{\text{vice-dire}}$. 이렇게 비동등한 것이 자신을 배제하는 동등한 것을 배제하지 않고 포괄하는 방식이 역모순이다. 동등한 것이 자기와 다른 것, 즉 비동등한 것을 자기와 양립 불가능한 것으로 놓는 데 반해, 비동등한 것은 자기와 다른 것, 즉 동등한 것을 자기 곁에 부차적으로 둔다. 비동등한 것은 차이를 허용하는 것, 차이나는^{différer} 것이기 때문이다. 그렇기에 비동등한 것은 고정되지 않은 것, 끊임없는 생성이라 할 수 있으며, 동등한 것과 달리 어떤 본질로가 아니라 동적인 경우^{cas}로서 이해된다.

　이렇듯 들뢰즈가 역모순을 거론함으로써 노리는 바는 동등한 것과 비동등한 것, 동일성과 차이의 관계를 역전시키는 것이다. 이제 우선적인 것은 동등한 것이 아니라 비동등한 것, 동일성이 아니라 차이가 된다. 이 차이는 비본질적인 것이지만 이차적인 것이거나 본질에 의해 부정되고 밀려나는 것이 아니다. 오히려 본질보다 더 심층적이고 본질이 그 위에 자리 잡게 되는 궁극적인 바탕이다. 이 바탕은 불확실하고 혼돈된 것이다. 그러나 무한소의 차이에 기반한 미분비$^{\text{dy/dx}}$가 보여 주듯, 규정된 관계를 배제하지 않으며 오히려 그러한 규정을 성립시키는 근원적 층위이다. 차이는 동일성보다 깊은 것, 당연히 모순이나 대립보다 깊은 것이며, 이 깊이 위에 대립이나 제한 따위가 들어서게 된다.

　들뢰즈에 따르면, 이 차이의 차원은 원천적이고 강도적인^{intensif} 깊이의 차원이며, 그 안에는 "어떤 것이 자유로운 차이의 상태로 살아 우글거리고 있다."[9] 이렇게 불균등함이 충만한 차이의 차원은 아직 재현할 수 있는 것이 아니다. 즉 근원적 차이는 재현을 넘어서 있고, 따라서 동일성

---

9) 들뢰즈, 『차이와 반복』, 133쪽.

을 넘어서 있으며, 일반적 규정을 넘어서 있다. 그러한 한, 부정을 통해 이를 포착해 낼 수는 없다. 부정은 차이를 이차적으로만 파악하게 하기 때문이다. 이런 점에서 차이가 무차별한 것$^{le\ indifférent}$이 규정되어 성립한다고 보는 견해는 잘못이다. 근원적 차이는 다만 긍정의 대상일 뿐이다. 되풀이하지만, 동일성이 먼저가 아니라 차이가 먼저고, 이 차이가 모든 것의 출발점이다.

그런데 여기서 한 가지 거듭 주의해야 할 것은 들뢰즈가 긍정하는 차이란 결코 차별적인 차이가 아니라는 점이다. 차별은 재현적 차이와 관계하며 오히려 차이나는 것을 부정하는 데서 성립한다. 그가 니체를 끌어들여 주인의 '긍정'과 노예의 '부정'을 논하는 경우에도, 들뢰즈는 이러한 구분을 신분적인 것이거나 사회적 권력과 관련되는 것으로 받아들이지 않도록 주의를 환기한다. 그에 따르면, 주인은 본원적 차이의 긍정에서 출발해 기성의 차별을 부정하는 자이고, 노예는 동일성을 향한 차이의 부정에서 출발해 재현의 보수적 가치를 긍정하는 자이다.[10]

기존 체계나 관계의 변화를 지향한다는 면에서 보면, 헤겔의 『정신현상학』에 등장하는 주인과 노예의 역할이 뒤바뀐 격이다. 그러나 들뢰즈는 이런 식의 이해를 거부한다. 주인은 노예의 부정으로서의 주인이 아니며, 긍정은 부정의 부정으로서의 긍정이 아니라는 것이다. 부정의 부정에서 오는 긍정이란 결국 동일성에 봉사하는 것이며, 재현의 질서와 목적론에 귀착하는 것이라고 보는 까닭이다. 이런 점은 알튀세르가 부정의 부정 및 지양의 논리를 강하게 비판했던 맥락과도 통한다고 할 수 있다.[11]

---

10) 들뢰즈, 『차이와 반복』, 140쪽 참조. 또 들뢰즈, 『니체, 철학의 주사위』, 신순범·조영복 옮김, 인간사랑, 1993, 144쪽 참조.

그렇다면 차이에 대한 들뢰즈의 입론을 통해 귀결되는 변화의 형태는 어떤 것일까? 들뢰즈 역시 알튀세르와 마찬가지로 우연한 변화를 거론한다. 물론 그는 클리나멘의 벗어남보다는 훨씬 포괄적인 차이의 차원을, 강도와 다양체의 차원을 그 근거로 내세우고 있다. 이를 통해 들뢰즈가 먼저 내놓는 것은 항상 달라지는 반복, 항상 새로운 영원회귀로서의 반복이다. 얼른 듣기에 서로 어울리기 힘든 듯한 이 조합 속에서 우리는 고착성과 목적성을 함께 피해 가려는 들뢰즈의 고심을 읽을 수 있다. 그가 볼 때 이 세계는 다양한 것, 차이나는 것, 우연한 것이 매 순간 전개되는 세계, 말하자면 끊임없이 달라지는 세계이다. 하지만 정해진 과정과 도달점이 없다는 점에서, 이 세계는 언제나 변화하는 자기 자신을 반복하며, 그런 면에서 영원히 회귀한다.[12] 그러므로 이때의 반복과 영원회귀는 반(反)목적성을 나타내는 표현이지, 어떤 동일성이나 고정성을 뜻하는 것이 아니다.

그렇지만 이런 의도에도 불구하고 반복과 영원회귀라는 틀은 반목적적 차이의 역동성과 그 실천적 함의를 드러내는 데는 많이 부족해 보인다. 들뢰즈가 가타리와 함께 자본주의 세계의 현실을 더 직접적으로 다루는

---

11) 문성원, 『철학의 시추: 루이 알튀세르의 맑스주의 철학』, 114쪽 이하 참조.
12) 들뢰즈는 니체의 영원회귀를 차이의 영원회귀로 이해한다. 그러나 이와 같은 해석은 당장 '동일한 것의 영원회귀'(die ewige Wiederkehr des Gleichen)라는 니체의 규정과 마찰을 빚는다. 들뢰즈는 여기서 '같은 것'이 차이의 되돌아옴이라고 봄으로써 이러한 어려움을 벗어나고자 한다. 영원회귀가 '같은 것'의 영겁회귀라 하더라도 이 '같은 것'은 미리 주어져 있는 것이 아니라 차이남 자체를 가리킨다는 것이다. 들뢰즈, 『차이와 반복』, 626쪽 참조. 이러한 들뢰즈의 해석은 니체의 영원회귀가 생성을 강조하고 있다는 점에서 큰 설득력을 가진다. 특히 니체가 영원회귀를 과정에서 목적 표상을 빼어 버림에도 불구하고 그 과정을 긍정한다는 맥락에서 언급하고 있는 점을 볼 때 더욱 그러하다. 그러나 이런 식의 해석은 니체의 영원회귀를 순간의 구원 또는 순간의 영원성의 확보와 관련지어 이해할 수 있는 면을 소홀히 할 수밖에 없는 것 같다. 이 같은 문제들에 대해서는 백승영, 「니체 철학 개념연구 I: 같은 것의 영원회귀」, 『철학』 63호, 한국철학회 엮음, 2000 참조.

가운데, '기관 없는 신체', '탈영토화', '탈주', '소수자-되기', '전쟁기계' 등 이른바 유목론적 발상과 개념들을 다듬어 내놓은 것은 그러한 부족함을 메우기 위한 노력이었다고 할 수 있다. 이 같은 개념들은 단지 차이가 동일성이나 재현에 우선함을 입증하는 데 그치는 것이 아니라, 그 우선성이 재현적 체계와 부딪힐 때 빚어내는 변화의 형태들을 보여 준다. 사실 들뢰즈의 '차이' 철학이 갖는 사회적 호소력은 주로 여기에서 비롯된다고 할 수 있다.

4. 유목론과 차이

목적 없는 차이의 운동을 내세운다 하더라도 거기에 어떤 지향이 없는 것은 아니다. 들뢰즈·가타리의 유목론적 구도는 분명한 방향과 노림을 지니고 있다. 정주적 체계로부터 벗어나며, 그 고정적 체계와 싸워 나간다는 것 — 이것이 그 방향이며 노림이다. 물론 이때의 싸움은 상대방과 같은 무대에서, 상대방과 같은 방식으로 맞서는 것이 아니다. 그러한 대칭적인 맞섬은 결국 상대방과 유사해지거나 상대방에 동화되는 결과를 낳을 것이기 때문이다. 양자를 포괄하는 같음을 전제하는 싸움은 우리가 앞서 보았던 대로 대립과 모순으로 나아가기 쉽다. 차이의 기획, 유목론적 기획은 그 같은 결과를 피하려 한다. 그러한 한, 이 지향은 차라리 해체적인 것이라 할 만하다. 새롭게 구성하고자 하는 나름의 목표나 체계를 제시하려 하지 않는 까닭이다.

　이 기획이 내세우는 주요한 개념이나 방안들을 살펴보아도 내용상의 적극적인 규정보다는 해체 지향적인 성격이 두드러진다. '기관 없는 신체'나 '탈주', '탈영토화' 따위는 그 용어에서부터 그런 인상을 주지만, 적극적 변화를 얘기할 법한 '되기' 역시 도달해야 할 어떤 형상이나 내용을 지시하는 것이라고 보기 어렵다.[13] 기존의 규정과 틀에서 벗어나고 차이지는 생성의 역동성을 회복하는 것이 초점이다. 예컨대 여성-되기와 아이-되기에서 여성과 아이가 가리키는 것은 바로 이런 생성 자체이다. 동물-되기가 함의하는 바 또한 다르지 않다. 그것은 고정된 분류의 체계나 길들여진 상태 및 관계를 벗어나고 이를 가로질러 가는 것이기 때문이다. 모든 되기가 분자^{molécule}적이라는 얘기도 마찬가지 맥락에서 이해할 수 있다. 들뢰즈·가타리에서 '되기'는 자기를 고수하는 몰^{mole}적인 사물을 넘어 분자적 집합체에 이르는 일이다. 같음을 넘어서는 이러한 되기에서도 개체는 성립하지만, 그 개체는 고정된 규정을 가지지 않은 '이것임'^{héccéité}에 불과하다. '이것임'은 분자 또는 입자들의 운동과 정지의 관계로 이루어지며, 주체나 사물로서의 규정을 가지지 않는다. 고정된 규정을 피해 가는 개체 ——이것은 결국 생성·변화하는 선적線的인 것일 수밖에 없다. 그래서 그것은 리좀이 된다.[14]

'전쟁기계' 또한 해체 지향적이다. 더욱이 이것은 해체 지향성의 의존적 성격을 잘 드러내 준다. 들뢰즈·가타리에 따르면, 전쟁기계란 국가장

---

[13] 들뢰즈·가타리, 『천 개의 고원』, 10장 「1730년 : 강렬하게 되기, 동물 되기, 지각 불가능하게 되기」 참조.
[14] 같은 책, 499쪽. 한편, '되기'의 이 같은 해체 지향적 성격에 주목하지 못하면, 들뢰즈·가타리의 구도를 이해하는 데 많은 어려움이 따른다. 특히 '되기'를 주체와 관련지어 파악하려 할 때 그러하다. 최근 이정우 선생이 보여 준 착종된 이해가 그 예라 할 만하다. 이정우, 「들뢰즈/가타리의 소수자 윤리학」, 『들뢰즈의 시대가 기억될 것인가?』, 한국철학사상연구회 제28회 정기학술발표회(2005년 12월 3일) 발표문집 참조. 그는 '되기'에서 우발성, 수동성, 반(反)주체성의 측면과 의도성, 능동성, 주체성의 다른 측면이 부딪히는 일종의 아포리아를 발견(?)하는데, 사실 후자의 면들은 들뢰즈·가타리의 '되기' 구도 안에 넣기 어렵다. 그런 면들은 그 구도에 대한 해석자 자신이나 그 구도를 부여하는 구도 밖의 들뢰즈·가타리에게서 찾아야 할 것이다.

치에 대항하여 전쟁을 수행하는 기계, 곧 유기체적이지 않은 집단적 배치물을 가리킨다. 이 전쟁기계는 정주적 국가질서 외부에 존재하는 유목민적인 조직의 귀결이다. 즉 일반적인 상식과 달리 전쟁과 전쟁기계는 애당초 국가에 속하는 것이 아니다. 전쟁이란 국가처럼 코드화한 질서를 가진 동일성의 조직체를 흔들고 와해시키는 것으로 이해할 수 있기 때문이다. 즉 들뢰즈·가타리에게 전쟁은 같음의 내부성을 위협하고 다름의 외부성을 도입하는 해체적 활동으로 여겨지는 셈이다. 그러나 이 전쟁과 전쟁기계는, 그것이 국가에 대항하여 작용하는 것인 한, 국가 없이는 존재할 수 없다. 다시 말해, 전쟁기계는 국가에 상관적이며, 그 존속은 국가의 존속에 의존한다.

그렇다면 국가가 없는 경우는 어떠할 것인가? 특히 국가가 소멸했을 때 전쟁기계나 유목성은 어떤 모습을 띠게 될 것인가? 들뢰즈·가타리는 국가가 역사의 어느 시점에서 생겨난 것이 아니라 처음부터 존재했다고 주장함으로써 이런 의문에 대한 부담을 미리 덜어 낸다.[15] 국가 이전이 없었다면 국가 이후를 생각할 여지도 그만큼 줄어들 것이기 때문이다. 사실 이들이 전쟁기계의 역할을 설정하는 맥락을 고려해 보면, 이들에게 그와 같은 문제에 대한 답을 기대하기는 어렵다. 들뢰즈·가타리의 관심의 초점은 어떤 새로운 질서의 건설에 있다기보다는 기존의 틀을 넘어서는 저항과 변화의 다양한 여지를 확보하는 데 있어 보이는 까닭이다.

물론 들뢰즈·가타리가 파괴적인 해체를 지향하는 것은 아니다. 그들은 탈주를 이야기하면서도 창조적 탈주선과 파괴적 탈주선을 구분하며, 변화와 차이의 원천으로서 분자적 역량을 얘기하면서도 그것이 파괴적으

---

15) 들뢰즈·가타리, 『천 개의 고원』, 689쪽 이하 참조.

로 전화할 위험을 경고한다.16) 그러나 탈주 결과의 긍정적인 면모에 대한 적극적인 서술을 찾아보기는 힘들다. 하긴 이런 점을 들뢰즈·가타리의 책임으로 돌릴 수만은 없을 것이다. 워낙 강력해 보이는 자본주의적 현실의 지배력은 섣부른 대안의 제시를 어렵게 한다. 이러한 상황에서는 오히려 그 포섭 능력을 예리하게 분석해 내고 틈새를 비집는 해체적 노력이 소중할 수 있다. 그리고 들뢰즈·가타리의 경우는 강도적 차이의 존재론이 여기에 중요한 이론적 뒷받침이 되고 있다.

하지만 이와 같은 차이의 존재론과 해체론적 노력의 결합은, 적극적 대안의 부재라는 점 외에도 최소한 부분적인 현실 영합이라는 피하기 어려운 대가를 치루고 있는 것처럼 보인다. 특히 세계적 차원의 자본주의 질서가 보여 주는 유동적 특성에 대한 들뢰즈·가타리의 감수성은, 자본주의의 탈코드화·탈영토화하는 역량을 인정하면서 사용가치와 노동가치 등 유동성 밖에 있을 법한 기준을 부인하고 노동과 잉여노동의 구분마저 폐기하는 데로 이어진다.17) 이들이 세계적 차원의 자본주의의 움직임을 서술하고 있는 대목들을 보면,18) 이 자본주의적 운동과 유목적 흐름 사이의 유사성을 떠올리지 않을 수 없다. 질적 규정을 받지 않는 부의 흐름과 역시 질적 한정을 받지 않는 노동의 흐름 사이의 접합으로 자본주의가 형성

---

16) 특히 이런 미시적 역량이 파괴적인 전쟁기계와 결합하면 파시즘이 생겨나게 된다고 분석한다. 같은 책, 437쪽 이하 참조.
17) 이 같은 면에 대한 지적으로는 Eugene W. Holland, "Marx and Poststructuralist Philosophy of Difference", ed. Ian Buchanan, *A Deleuzian Century?*, Durham : Duke University Press, 1999 참조. 홀랜드는 들뢰즈가 경제적 가치를 시장의 유동적인 역동성에 의해 정해지는 것으로 보고 있을 뿐 아니라 '해방의 약속'을 시장 속에서 찾고 있다고 판단한다.
18) 들뢰즈·가타리, 『천 개의 고원』, 13장 「기원전 7000년: 포획장치」, 특히 869쪽 이하 참조.

되었다든지, 원래 영토적이지 않은 자본주의의 운동이 이제 세계적 차원에서 국가에 대항하여 탈영토화의 투쟁을 수행한다든지, 자본주의는 끊임없이 스스로의 한계를 설정하면서 다시 그 한계를 멀리 밀어냄과 동시에 이런 틀을 벗어나는 온갖 흐름들을 사방으로 발생시킨다든지 하는 따위의 언급들은, 들뢰즈·가타리의 유목론이 후기-자본주의의 흐름을 배경으로 생겨난 것이고 그 흐름을 반영하며 그 흐름 가운데 자리 잡고 있는 것임을 확인시켜 준다.

5. 같음을 넘어선 차이로

들뢰즈·가타리가 자본주의 체계를 벗어나는 흐름과 탈주선을 부각시키고자 하는 것은 사실이다. 그러나 이러한 일탈 또한 자본주의적 현실에서, 또 그 아래 놓인 존재론적 근원에서 비롯하는 것이다. 들뢰즈·가타리는 국가의 바깥은 강조하지만, 자본주의의 바깥을 그런 식으로 내세우지는 않는다. 그들이 자본주의에서 탈영토화와 탈주의 움직임을 찾아내는 한, 그래서 자본주의를 체계에 따른 결합과 그 체계로부터의 일탈이 분리 불가능하게 엮여 있는 것으로 파악하는 한, 이것은 당연하고 불가피한 일일 것이다.

그런데 이런 점은 들뢰즈가 주창하는 일의성univocité 및 내재성immanence의 틀과도 무관하지 않아 보인다. 자본주의적 운동이 일의적 존재의 발양으로 여겨질 뿐 아니라, 자본주의적 현실이 곧 내재성의 면이나 공속면과 등치될 수 있다는 말이다. 일의성이란 온갖 차이의 차이짐에도 불구하고 그 차이들에 대해 존재가 일의적이라는 뜻으로 이해할 수 있고, 내재성이란 궁극적으로 이러한 일의적 차이의 존재를 넘어서는 것은 아무것도 없다는 의미로 새길 수 있다. 그래서 이 내재성이 성립하는 면은 곧 차이의 존재가 빚어내는 공속성이 자리 잡는 면이 된다.[19] 이렇게 바라볼 때, 들뢰즈의 차이의 존재론은 자신을 일탈하는 움직임까지 포섭하며 유동하는 자본주의의 존재론으로 파악할 수 있다. 이것은 오늘날의 전 세계적인 자본주의의 현실을 생각해 볼 때, 그다지 엉뚱한 생각이라고 여겨지지 않는다.

물론 들뢰즈·가타리는 이런 식의 해석을 달가워하지 않을 것이다. 그들로서는 자신들의 이론이 자본주의 존재론을 넘어서 있다고 당연히 주장할 법하다. 아닌 게 아니라, 그들이 말하는 소수자 운동은 이 보편화된 자본주의적 현실에서, 즉 자본주의의 공리계axiomatique[20]에서 벗어나는 것으로 설정되어 있다. 여기에 따르면, 소수자는 자본주의를 쓰러뜨리고자 하며, 공리화할 수 없는 다양체인 군중masses을 구성해 낸다. 이 다양체는 강도적 차이의 끊임없는 흐름에서 비롯하는데, 이럴 때 이 차이들의 일

---

[19] 일의성에 대한 들뢰즈 자신의 정리는, 들뢰즈, 『의미의 논리』, 303쪽 이하 참조. 내재성의 면에 대해서는 Sasso & Villani, *Le vocabulaire de Gilles Deleuze*, pp. 272f의 정리가 간단하다. 'plan de consistance'의 번역어로는 '공속성' 외에도 '일관성의 면'이나 '일관성의 구도'(이진경), '고른판'(김재인), '혼효면'(混淆面)(이정우) 등이 쓰이고 있다. 그런데 '고른판'은 마치 평균화되고 일면화되는 느낌을 준다는 점에서, 혼효면은 뒤섞임만을 강조하는 듯하다는 점에서 적절한 것 같지 않다. 또 '공존면'이라는 번역도 단순한 공존 이상의 의미를 주지 못한다는 점에서 미흡해 보인다. 'plan'을 '구도'라는 옮기는 것은 '평면'이라는 용어가 줄 수 있는 평평한 면 가운데 하나라는 이미지를 피할 수 있다는 장점은 있지만 인위적이라는 인상을 줄 위험이 있다. '일관성'은 탈영토적이고 강도적 차이들이 내재성 속에서 일의적으로 존재한다는 점을 가리킬 수 있다는 점에서 채택할 만하다고 생각하지만, 긴밀하게 함께 어울려 있다는(cum-, sistere) 어원적 의미를 제대로 나타내지 못한다는 약점이 있다. 이런 면들을 고려해서 여기서는 '공속면'(共屬性)이라는 역어를 택한다.
[20] 공리계는 코드를 넘어서는 한층 보편적인 것이다. "공리계는 본성을 특정하지 않은 채 아주 다양한 분야에서 동시에 무매개적으로 실현되는 순수하게 기능적인 요소와 관계들을 직접적으로 취급한다. 이와 달리 코드는 각각의 고유한 분야들과 관련되며 규정된 요소들 간의 특정한 관계들을 표현해" 준다. 들뢰즈·가타리, 『천 개의 고원』, 872쪽.

관성의 면은 자본의 조직 및 발전의 면과 대립하게 된다는 것이다.[21] 그렇다면 이들의 존재론은 자본주의의 범위에 국한될 수 없는 것이라고 해야 하지 않을까?

그런데 여기서 한 가지 유의할 것은 들뢰즈·가타리가 거론하는 '자본의 조직 및 발전의 면'을 자본주의 전체로 이해하기는 곤란하다는 점이다. 거듭 말하지만, 그들은 자본주의가 자신의 공리계를 벗어나는 흐름들을 발생시키는 체계라고 여기고 있다. 이런 점에서 보면 자본주의를 일관성의 면으로부터 배제하기는 어렵다. 자본주의 자체가 역동적 차이들의 차원에 바탕을 둔 채 이를 구현하고 있다고 보는 것이 차이의 존재론의 견지에서도 합당할 것이기 때문이다. 그렇지 않다면 자본주의는 심층의 차이의 차원과 구별되는 현상의 차원에 국한되고, 이 자본주의를 벗어나는 소수자 운동만이 다시 심층의 차원과 관계하는 것으로 파악되어야 할 것이다. 또, 그럼에도 불구하고, 이 현상의 차원이 심층의 차원을 일깨운다는 기묘한 논리가 필요해질 것이다.

그렇더라도 명시적인 주장 면에서는 들뢰즈·가타리의 존재론이 자본주의의 틀을 벗어나 있다고 할 수 있을지 모른다. 하지만 이들이 서술하고 있는 소수자 운동의 면모가 해체적이고 선언적인 것에 머물러 있는 한, 이를 뒷받침하는 차이의 존재론을 자본주의의 존재론과 실질적인 차이가 있는 것으로 생각할 여지는 크지 않아 보인다. 자본주의를 넘어서는 어떤 적극적인 생성이 제시되어 있지 않은 탓이다. 생성하는 차이의 모델은 실로 후기-자본주의적인 것이 아닌가? 이런 점은 자본주의가 지배적인 현실을 이른바 내재적 존재론으로 포착하려는 시도가 벗어나기 어려운 한

---

21) 들뢰즈·가타리, 『천 개의 고원』, 902~903쪽 참조.

계가 아닌가 싶다.

사실 내재성과 일의성 속의 차이는 어떤 의미에서건 같음을, 즉 하나의 틀을 전제하는 것이다. 그러한 한, 그 차이들은 자신들을 포섭하는 이 틀에서 벗어나지 못하며, 이 틀에 해당하는 것이 무엇이냐에 따라 실질적인 내용상의 제약을 받게 된다. 이런 점과 관련하여 알랭 바디우는 일의성을 강조하는 들뢰즈의 철학이 진정한 다수성^{multiplicité}을 확보하지 못한다고 지적한 바 있다.[22] 차이가 진정으로 같음을 벗어나려면 이 같음에 대해 초월적이거나 초과적인 것이어야 한다. 이러한 차이는 동일자의 한계를 넘어서는 것이므로 우리는 이 차이가 타자에서 비롯한다고 말할 수 있다. 바디우에서처럼 초과^{excès}가 문제인 경우에는 이 타자가 동일자의 공백과 원리적 비완결성을 지시하며, 레비나스에서처럼 윤리적 초월이 문제인 경우에는 타자가 동일자의 수동성과 책임성을 아울러 드러낸다. 어느 경우건 타자는 동일자의 한계를 보여 주지만 동일자 내에서 포착될 수 없는 것으로 나타난다.

이런 점에서 보면, 들뢰즈에서의 차이는 타자가 없는 차이라고 할 수 있다. 들뢰즈도 타자 또는 타인을 언급하기는 하지만, 이 타자는 같음을 넘어서는 것이라기보다는 주로 지각적 세계의 한 구조로 다루어진다.[23] 즉 여기서 타자는 지각하는 '나'가 지금 경험하지 못하는 세계를 대신 지각해 주는 자로, 그래서 지각의 가능성을 확보해 주는 자로 여겨지는 것이다. 그럼으로써 타자는 개체적 차원이 성립하는 한 구성 요소로 작용한다. 이것은 마치 헤겔에서의 타자가 보편적 정신 속에서 자기의식이 개별자

---

22) 바디우, 『들뢰즈: 존재의 함성』, 특히 50, 203쪽과 76쪽 이하 등 참조.
23) 들뢰즈, 『차이와 반복』, 588쪽 이하; 들뢰즈 『의미의 논리』, 481쪽 이하 등 참조.

로 성립하는 데 필수적인 계기가 되는 것과 유사하다. 들뢰즈가 헤겔처럼 한층 고차적인 차원으로 나아가는 목적론적 수렴의 과정을 구성하지는 않는다 하더라도, 타자를 동일자의 틀 아래 놓는다는 점에서는 헤겔과 마찬가지라고 할 수 있다. 요컨대 들뢰즈의 차이의 철학은, 그 발산적發散的이고 해체 지향적인 반反목적론의 특성에도 불구하고, 내재적 존재론이라는 면에서는 헤겔에서 크게 멀어지지 못한 셈이다.

그러므로 이제 차이에 관한 현대철학의 스펙트럼을 다루는 순서는 어떤 내재성에도 속하지 않는 차이, 즉 같음을 넘어선 타자에서 비롯하는 차이를 다루는 데로 나아가야 할 것이다. 우리는 이 길을 향한 과정에서 하이데거의 '존재론적 차이'가 지니는 의미를 잠시 음미해 볼 수 있을 것이며, 데리다의 '차이差移'가 지니는 사상사적 맥락을 검토해 볼 수 있을 것이고, 또 데리다가 어떤 연유로 해서 이전에는 치열하게 비판했던 레비나스의 타자를 '환대'하게 되는지를 살펴볼 수 있을 것이다. 그렇게 하여 우리가 레비나스에게서 만나게 되는 차이는 타자에 대한 관계에서, 무엇보다 우선적인 '비대칭적 관계'에서 성립하는 차이이다. 그것은 가까이 하고 받아들일수록 더욱 커지는 차이이며, 그래서 결코 동화할 수 없는 차이지만, 갈등과 대립을 넘어 참된 정의의 원천이 되는 차이이다. 이 차이는, 레비나스의 타자가 그러하듯, 이미 우리에게 근접해 있고 달라붙어 있으며 우리 논의에 삼투해 있다고 해도 좋을 것이다.

3장 생산하는 욕망과 욕망의 딜레마
들뢰즈와 가타리의 욕망 이론

1. 목적론과 욕망

욕망을 결핍과 연결하여 보는 견지에는 일종의 목적론이 결부되어 있기 마련이다. 결핍이 해소된 상태가 목적의 역할을 하기 때문이다. 욕망을 가진 존재는 이 목적을 추구하며 그것을 향해 움직이는 것으로 이해된다. 일단 목적이 달성되면 해당 욕망은 사라진다. 그러므로 여기서 욕망은 수단으로서의 의미를 지닌다. 이럴 경우 욕망에 대한 철학적 관심은 목적에 대한 관심에 종속되기 쉽다. 목적이 무엇이냐가 중요한 문제고, 욕망은 이 목적 추구 과정에 맞게 제어되어야 할 것으로 여겨진다.

이런 생각은 한편으로 생물학적 욕구와 그 해소 과정을 출발 모델로 삼은 것이라고 할 수 있다. 욕망과 욕구를 구별하여 욕망을 의식이 개입된 것, 그래서 보다 고차적인 것으로 본다 해도, 욕망을 결핍과 연관 짓는 한 그 기본 구도는 달라지지 않는다.[1] 생물학적 욕구에서는 그 목표점이 생리적 평형으로서의 항상성을 유지하는 데 있다고 파악된다.[2] 욕구가 존재한다는 것은 이 항상성이 깨져 있으며 그래서 그것을 회복하려는 경향과 움직임이 있다는 것을 가리킨다. 욕망의 경우도 이 항상성과 유사한 목표를 갖는다고 생각할 수 있다. 심리적 평형이 목표로 존재하고, 고통과 쾌락이 그 목표를 향한 운동을 유발하고 조절하는 기능을 한다. 그런데 문제는 이런 메커니즘이 항상 성공적으로 작동하지는 않는다는 데 있다. 현재의 욕망이 겨누고 있는 대상이 그 욕망을 해소하는 데 적절하지 않은 것일 수 있다. 나아가 여러 욕망이 얽히고 충돌하는 경우, 이 욕망들을 위계화하고 조절할 필요가 있다.

사유의 역할이 강조되는 것은 이런 지점들에서다. 욕망의 대상이 그 욕망의 목적에, 즉 그 욕망이 함축하는 결핍을 메우는 데 적합한지를 따지는 것에서부터, 욕망의 목적들을 견주고 평가하는 일이 과제가 된다. 직접적인 경험에 주어지는 것은 욕망의 현상들이지만, 반성적 사유가 초점으로 삼는 것은 욕망의 목적이다. 개별 욕망의 목적뿐 아니라 욕망들 전체의 궁극 목적까지 다루어진다. '행복'은 그러한 궁극 목적의 대표적 예다. 개인의 행복만이 아니라 사회의 행복도 이러한 목적의 연장선상에서 문제가 될 수 있다. 이렇게 설정되는 목적은 결핍이 해소된 상태로 여겨질 뿐 아니라, 결핍을 규정하는 기준 역할을 떠맡는다. 무릇 결핍이란 그 자체로 독립적이기 곤란한 의존적 개념이기 때문이다. 결핍은 부족한 무엇을 전

---

1) 욕망과 욕구를 의식과 관련지어 구별하는 고전적인 예는 스피노자에서 찾을 수 있다. 그에 따르면, "욕망(cupiditas)은 의식을 동반하는 욕구(appetius)"(『에티카』, 3부 정리9의 증명)이다. 이런 점에서 보면 욕망은 주로 인간에게 해당하는 현상이다. 일반적으로 우리는 서구어의 desire와 need, désire와 besoin, Wunsch와 Begierde 등의 쌍을 각각 '욕망'과 '욕구'로 번역하고 있다.
2) 장 디디에 뱅상·뤼크 페리, 『생물학적 인간, 철학적 인간』, 이자경 옮김, 푸른숲, 2002, 95쪽 이하 참조. 이 부분은 신경생리학 전문가인 뱅상이 쓴 것인데, 그는 욕구와 욕망을 구별하지 않고 욕망(욕구)을 생리학적 고려에서 출발하여 이해한다.

제하며, 그 무엇이 채워진 상태에 대한 상(像)을 끌어낸다. 결핍으로 이해된 욕망이 그 내용에 대한 적극적 규정을 얻기 위해서는 결핍이 없는 상태를 상정하지 않을 수 없다. 이런 점에서 보면, 욕망을 결핍으로 보는 견지는 어떤 이상을 목적으로 내세우는 사유와 만날 공산이 크다. 실은 이상적 목적을 앞세우는 사유가 욕망을 조망할 때, 결핍을 중심으로 욕망을 파악하게 되는 것이라고 보는 편이 옳을 것이다.

목적을 설정하고 계획을 세우는 능력은 인간 두뇌의 두드러진 특징이므로, 행위를 이해하는 데 목적 위주의 사유가 지니는 강점을 무시할 수는 없다. 하지만 목적론적 발상의 문제점은 실제로 목적 설정이 이루어지지 않는 영역에까지 목적 중심의 파악을 확장하는 데 있다. 자연의 목적, 역사의 목적, 인생의 목적 따위를 상정하고 그것을 통해 현실에 대한 체계적인 이해를 시도한다. 이럴 때 욕망은 욕망 자체로 고려되지 못하고 외부에서 부과되는 목적에 따라 규정될 소지가 많아진다. 거꾸로 욕망이 종속적인 위치를 벗어나 행위의 설명 요소로 적극적인 자리를 차지하는 것은 목적론적 사유가 힘을 잃는 때라고 할 수 있다.

근대에 들어오면서 신 중심의 목적론이 뒤로 물러나고 인간의 욕망이 변화의 동인으로 재평가를 받는다. 하지만 이 욕망은 곧 새롭게 구축된 체계의 계기로, 무엇보다 생산과 소비 활동에 필요한 요소로 이해되기 시작한다. 그러한 한, 욕망은 사회발전이라는 체계적 목적에 포섭되며, 바람직한 형태를 기준으로 통제받아야 할 것이 되어 버린다. 맑스주의에서처럼 욕망을 고정된 것이 아니라 환경과 상호작용하며 변화하는 것으로 보는 경우에도, 전체의 목적론적 구도는 큰 힘을 발휘한다. 욕망은 사회주의나 공산주의를 향해 가는 도정의 한 요소로 여겨지지만, 이것은 결국 사회발전을 이끄는 '근본적인 필요'[3]에 종속된다. 오늘날의 처지에서 보면, 이러한 생각이 계몽주의 이후 큰 영향력을 행사해 온 진보의 목적론에 속하는 것이라는 점을 부인하기 어렵다. 그 목적이 자본주의냐 사회주의냐 하는 것은 이 목적론의 큰 틀 속에서의 차이일 뿐이다. 나아가 그 목적이 정치적인 것이냐 경제적인 것이냐, 이를테면 민주주의냐 경제성장이냐 하는 것도 욕망의 문제를 종속시키고 억누르는 구도 내에서의 차이였다고 할 수 있다. 이 속에서 욕망은 자유나 풍요 등 적극적인 목표의 결핍에서 비롯하는 것으로 취급될 따름이다.

요컨대, 욕망이라는 주제가 한껏 부각되기 위해서는 목적론의 틀을 벗어날 필요가 있다. 이와 관련하여 잠시 우리의 현실 문제를 살펴보자. 작금[2008]의 촛불시위는 어떤 방식으로 해명될 수 있을까? 이번 사태는 경제적 이해관계나 민주화의 열망이라는 구래舊來의 준거로는 잘 설명될 것 같지 않다. 그렇다면 다른 어떤 목표나 목적을 적용해 볼 수 있을까? 이 사태가 광우병의 우려가 있는 미국산 쇠고기의 수입 문제에서 촉발된 것이고 보면, 안전한 먹을거리에 대한 관심이 크게 작용했음은 분명해 보인다. 또 수입의 기준이나 협상 방식과 관련하여 민족적 자존심이 문제가 되었다는 지적도 호소력이 있다. 그리고 국민의 여론을 도외시하는 정권에 대한 분노가 사태를 키웠다는 것이 흔히 들리는 견해다. 이런 요인들을 종합해서 촛불시위가 지향하는 어떤 상태를 상정하고 그것을 이상적인 목적과 관련지어 파악하는 것이 가능할까? 불가능하지는 않을 것이다. 이미 제시된 바 있는 '선진화'의 구호가 그 이상적 상에 해당할지도 모른다. 촛불시위는 '선진한국'이라는 목표가 배반당한 데 대한 분노와 항의가 표출

---

3) 아그네스 헬러, 『마르크스에 있어서 필요의 이론』, 강정인 옮김, 인간사랑, 1990의 4장, 특히 104, 112쪽 등 참조.

된 것이라는 해석을 내릴 수도 있다. 하지만 이런 식의 파악으로 촛불시위가 보여 주는 새롭고 다양한 문화적·정치적 양태들을 포괄할 수 있을까?

한편, 우리는 욕망이야말로 이 새로운 양태들의 잠재성에 주목하는 데 어울리는 범주가 아닐까 생각해 볼 수 있다. 물론 이때의 욕망은 특정한 결핍에 의해 규정되거나 어떤 목적에 종속되는 것 이상이어야 할 것이다. 즉 이때의 욕망은 안전한 먹을거리에 대한 욕망, 민족적 자존심에 대한 욕망, 집권자와의 의사소통에 대한 욕망, 나아가 선진화에 대한 욕망 이상의 것이어야 한다. 그럴 때에만 욕망은 주어진 목적에 종속되는 소극적 원인으로서가 아니라 새로운 변화의 가능성을 내포한 적극적 원인으로서 파악될 수 있을 것이기 때문이다. 그런데 우리는 이와 같은 욕망 개념이 등장했던 전례를 알고 있다. 지난 세기 후반의 68년 5월 혁명을 배경으로 들뢰즈·가타리가 제시했던 욕망 개념이 그것이다.

2. 생산하는 욕망

잘 알려져 있다시피 들뢰즈·가타리가 욕망을 중심 개념으로 들고 나온 저서는 『앙띠 오이디푸스』(1972)이다. 이 책이 출간된 시기는 아직 68년의 충격과 여운이 채 가시지 않고 있던 때였다. 그래서 이때의 '욕망'은 이중의 과제를 안고 있었던 것으로 보인다. 먼저, 예상치 못한 다양한 요구들과 반체제적인 에너지의 분출을 설명할 수 있어야 했다. 또, 그러한 열기가 상당 부분 결국 체제 내로 가라앉고 만 이유도 해명할 수 있어야 했다. '욕망하는 생산'의 제시가 전자와 관련이 있다면, '오이디푸스적 욕망 구도'에 대한 비판은 주로 후자와 관련이 있다. 물론 이 양자는 새로운 변화의 전망을 모색하는 길 위에서 서로 엮인다. 존재론적 순서로 보면 변화의 근원이자 동인으로서의 욕망 자체를 입증하는 일이 먼저겠지만, 인식이나 실천의 면에서는 이 욕망의 자유로운 분출을 억압하는 구조를 밝히고 해체하는 일이 시급하다. 그래서 들뢰즈·가타리는 욕망을 생산적이고 혁명적인 것으로 내세움과 동시에, 결핍으로 욕망을 규정하는 관점을 집요하게 비판한다. 다음의 언급에는 이들이 욕망에 거는 기대와 그 욕망의 특성이 잘 나타나 있다.

> 우리가 욕망을 혁명적 심급으로 내세운다면, 그것은 자본주의 사회가 이익을 앞세운 많은 데모들은 견뎌 낼 수 있지만 어떤 욕망의 데모도 견뎌 낼 수 없다고 믿기 때문이다. 욕망의 데모는 자본주의의 구조들을 바닥에서부터, 유치원의 수준에서조차 솟구치게 하는 데 충분하다. 우리는 모든 합리성의 비합리를 믿듯 욕망을 믿는다. 그리고 이것은 욕망이 결핍, 즉 갈망이나 동경이 아니라, 욕망의 생산이자 생산하는 욕망, 실재-욕망réel-désir, 즉 실재 그 자체이기 때문이다.[4]

여기에서 보듯, 들뢰즈·가타리가 생각하는 욕망은 우선 자본주의를 뒤엎을 수 있는 에너지의 원천이고 역량이다.[5] 이들이 여기에 주목했던 이유는, 한편으로는 '이익'을 앞세운 사회운동과 이념의 무력함을 절감하였기 때문이며, 다른 한편으로는 이 한계를 뛰어넘을 수 있다고 여겨지는

---

[4] 들뢰즈·가타리, 『앙띠 오이디푸스』, 최명관 옮김, 민음사, 1994, 554~555쪽(Gilles Deleuze & Félix Guattari, L'Anti-Œdipe, Paris : Édition de Minuit, 1972, p. 455). 번역은 약간 수정하였다.
[5] 가타리는 1975년의 한 인터뷰에서 욕망이 역량이고 또 역량이 욕망이라고 말하고 있다. 펠릭스 가타리, 『욕망과 혁명』, 윤수종 편역, 문화과학사, 2004, 265쪽.

잠재적 힘의 분출을 68사태를 통해 경험했기 때문이라고 할 수 있다. 계급적 이해관계로 잘 포착되지 않고 다양한 방향과 폭발력을 가진 이 힘의 원천을 그들은 욕망이라고 표현했다. '욕망'은 근원적이면서도 직접적인 움직임을, 그러면서도 통일되지 않은 분산적인 움직임을 나타내는 데 적합해 보인다. 무엇보다 욕망은 특권적인 사회계층이나 계급에만 해당하는 것이 아니라 사회의 모든 부분에 편재하는 힘을, 그러나 규격화한 질서 잡힌 모습으로 있는 것이 아니라 오히려 그런 질서와 규격을 넘어서고자 하는 힘들을 지칭하는 데 어울리는 용어다. 기성 질서를 위반할 수 있다는 특성은 이제 통제의 필요와 연결되기보다는 변화와 창조에 대한 기대로 연결된다. 그러니까 욕망에 대한 들뢰즈·가타리의 강조는 기존의 사회적 제도와 틀에 대한 강한 거부를 함축하는 셈이다. 욕망은 사회의 모든 곳에, 자본주의 사회 곳곳에 스며 있다. 시장과 공장뿐 아니라 학교와 관공서와 병원에, 심지어 유치원에도 존재한다. 그리고 그것이 스며 있는 모든 곳에서 욕망은 기성의 틀과 규범을 뒤흔들어 버릴 수 있다. 이런 의미에서 보면, 실상 존재하는 것은 사회라는 몸체와 욕망뿐이다. "욕망과 사회가 있을 뿐, 이 밖에는 아무것도 없다."[6]

    그런데 이러한 해방적인 욕망, 즉 사회를 해방하는 욕망이자 스스로 해방되는 욕망은 미규정적인 것일 수밖에 없다. 욕망이 어떤 다른 규정이나 목표를 갖는다면 또 하나의 목적론적인 함정에 빠지게 될 것이기 때문이다. 그 새로운 목표나 규정 역시 욕망을 제어하고 규제하는 족쇄가 될지 모른다. 이렇게 보면, 기존의 규정뿐 아니라 새로운 선先규정에서 벗어날 수 있어야 비로소 해방적인 에너지의 자격을 갖출 수 있다고 해야 할 것이

---

6) 들뢰즈·가타리, 『앙띠 오이디푸스』, 52쪽(프랑스어판 p. 36).

다. 하지만 이로 인해 욕망은 불확실하고 종잡기 힘든 것이 된다는 대가를 치러야 한다. 목적론적 규정으로부터 자유롭다는 장점은 자칫 해체적이고 파괴적인 역할 안에 갇혀 버릴 수 있다. 또 비록 욕망이 그러한 한계를 넘어서서 무언가 긍정적인 산물을 낳는다 하더라도, 그것이 미규정적 상태에서 비롯하는 것인 한, 그 욕망의 산물을 예측하기는 곤란하다. 따라서 욕망에 대한 기대는 일종의 비합리에 의존하는 모험으로 비칠 수가 있다.

이런 문제들에 대해 들뢰즈·가타리는 우선 해체와 파괴의 부정성을 덜어 내는 데 초점을 맞춘다. 해체나 파괴는 기존의 것에 대한 부정이고 그런 점에서 거기에 얽매여 있는 것이라 할 수 있다. 물론 들뢰즈·가타리가 제시하고자 하는 욕망은 그런 종류의 것이 아니다. 파괴와 해체의 이미지에 맞서 그들이 내놓는 것은 '생산하는' 욕망이다. 생산하는 욕망 또는 욕망하는 생산. 욕망은 파괴에 머무는 것이 아니라 생산하는 것이고, 해체에 그치지 않는 이 생산이 욕망을 통해 이루어진다. 그러나 이것은 어떤 정해진 것의 생산, 나아가 어떤 동일한 것의 재생산을 뜻하지 않는다. 오히려 이 생산은 끊임없이 변화하는 것의 생산이고, 끊임없이 변화하는 생산이다. 그것은 차라리 자연의 생산에 해당하며, 더 정확히 말하면 자연과 인간의 구별을 넘어서는 흐름과 절단의 끝없는 과정을 나타낸다. 그런 점에서 이 생산은 들뢰즈가 『차이와 반복』(1969)에서 말하는 차이, 즉 끊임없이 달라지면서 생성하는 차이의 연장선에 있다고 할 만하다.[7] 그래서 이 생산은 소비와 대비되는 것이 아니라 소비를 포함하는 소비들의 생산이기도 하다.

하지만 이렇게 생산을 강조한다고 해서 미규정성과 불확실성의 문제

---

7) 들뢰즈, 『차이와 반복』, 특히 132쪽 이하 참조.

가 해소되는 것은 아니다. 생산하는 욕망은 여전히 예측 곤란함 속에 남아 있다. 이것은 들뢰즈가 내세우는 차이 차원의 미분적인 규정성으로 해소될 수 있는 문제가 아니다. 미분적인 규정성은 표면적인 동일성의 근저에 있는 고정되지 않는 차이의 운동을 나타내는 것이기 때문이다.[8] 만일 동일성에 입각한 사유를 합리라고 한다면 끊임없이 유동하는 차이의 차원과 그 차이에 연결된 생산하는 욕망은 비합리의 영역에 속한다고 할 수 있다. 그런데 들뢰즈·가타리의 견지에서는 이런 비합리야말로 합리의 바탕이 된다. 합리란 비합리가 바탕이 된 '카오스모스'chaosmos[9]에서 성립하는 재현representation의 차원일 뿐이다. 이것은 마치 빛이 그 바탕에 있는 어둠을 지시하는 것과 같고, 합리적인 수有理數;rational number가 자신의 한계 너머의 비합리적인 수無理數;irrational number를 인정하지 않을 수 없는 것과 같다. 이런 점에서 보면 '모든 합리성'은 '비합리'를 자신의 근저에 지니고 있다고 할 수 있다. 그러니까 '모든 합리성의 비합리를 믿듯 욕망을 믿는다'는 말은 비합리의 근본성을 긍정하는 가운데 욕망을 그 근본적인 차원에 속하는 것으로 받아들인다는 뜻이다.

분명 비합리는 우리의 예측을 넘어선다. 그러나 그렇다고 해서 비합리가 실재하지 않는다고 말할 수는 없다. 만일 비합리가 합리의 바탕에 놓여 있는 것이 사실이라면, 비합리의 차원은 합리의 차원보다 더 실재적일

---

8) 같은 책, 374쪽 이하 참조.
9) 카오스(chaos)와 코스모스(cosmos)를 결합해서 만든 용어. 동일성을 집어삼키며 동일성을 낳는 유동하는 차이의 질서가 우주의 근본을 이룸을 가리킨다. 들뢰즈는 이 용어를 제임스 조이스에게서 빌려 와 쓴다. 같은 책, 146쪽의 옮긴이 주와 431, 469쪽 등 참조. 가타리는 '카오스모제'(chaosmose)라는 표현도 사용한다. 이것은 카오스와 코스모스 및 상호침투를 가리키는 오스모제(osmose)의 결합어이다. 펠릭스 가타리, 『카오스모제』, 윤수종 옮김, 동문선, 2003, 105쪽 이하와 「역자 후기」 참조.

수가 있다. 들뢰즈·가타리는 이러한 실재성을 받아들이며, 여기에 속하는 욕망을 긍정한다. 합리의 빛에 다 드러나지 않는다는 점에서 이 욕망은 어둠의 욕망이고 디오니소스적 욕망인 셈이다. 그러나 이것은 실재하는 욕망이며, 그것도 적극적인 의미에서 실재하는 욕망이다. 그러므로 이 욕망은 라캉의 욕망이 그러하듯 상징계에 속하는 어떤 것일 수 없다.

3. 오이디푸스와 욕망의 억압

들뢰즈·가타리의 견지에서 보자면, 상징계란 오히려 이 욕망을 억압하는 관념들의 체계라고 해야 할 것이다. 이 영역을 지배하는 것은 앞서 논의한 목적론적 틀이며, 그 속에서 욕망은 생산이 아닌 결핍으로 규정된다. 결핍으로서의 욕망은 당연히 그 결핍의 충족을 지향하는 것으로 여겨진다. 목적론적 사유가 여기에 관여하여 욕망을 제어하고자 한다는 것은 앞서 논의한 바 있다. 그런데 흥미로운 것은 이 관여가 부정적인 방식으로 이루어지는 경우가 많다는 점이다. 즉, 긍정적인 목적을 제시하여 욕망을 규정하고 그 욕망을 부추기기보다는, 욕망이 노리는 바를 부정적인 것으로 설정하고 그렇게 규정된 욕망을 억누르는 방식으로 관여하는 것이 보통이다. 물론 그 억누름의 정당성도 목적의 형태로 제시되지만, 그것은 개별 욕망의 대상이 아니라 반성적 사유나 총괄적 욕망의 대상으로 받아들여진다. 이와 같은 궁극적 또는 이상적 목적은 흔히 선으로 자리 잡고, 그 선의 이름으로 욕망을 구속하고자 한다. 그래서 이러한 통제를 벗어나거나 선의 체계에 반발하는 욕망은 악한 것으로 징치(懲治)받기 마련이다.[10]

정신분석학은 이 같은 억압적인 사태로부터 욕망을 해방하는 데 기여했다고 볼 수 있다. 욕망이 작용하는 무의식의 장을 발견하고 또 거기에 가해지는 억압의 구조를 파헤치려 했기 때문이다. 하지만 들뢰즈·가타리에 의하면, 정신분석학은 욕망을 결핍으로 보는 관점에서 탈피하지 못했고, 그래서 결국 욕망을 억압하는 체계로부터 자유롭지 못했다. 이런 점을 잘 보여 주는 것이 프로이트 이래 정신분석학이 대단한 발견인 것처럼 내세우는 오이디푸스적 욕망 구조다. 오이디푸스적 욕망의 설정은 이 욕망에 대한 억압의 정당성을 또한 설정하고 있으며, 그렇게 해서 이미 욕망을 억압하고 있다. "욕망이 어머니를 욕망하고 아버지의 죽음을 욕망하기 때문에 억압되는 것은 아니다. 거꾸로 욕망이 억압되기 때문에 그렇게 되는 것이다."[11] "욕망에 근친상간이라는 이지러진 거울을 들이댐으로써(흥, 이것이 네가 원했던 거지?) 욕망을 수치스럽게 하고 아연실색케 하며 출구 없는 상황에 몰아넣어, 문명의 더 나은 이익을 위한다는 명분 아래 욕망이 '자기 자신'을 포기하도록 쉽사리 설득한다."[12] 이렇게 해서 오이디푸스는 욕망을 길들이는 도구가 되며, 가족은 이런 도구가 장착되어 억압을 행하는 기관이 된다. 자본주의 사회의 노동력을 재생산하는 단위인 가족은 그 역할의 일환으로 욕망에 대한 통제 메커니즘을 상징적 질서 속에서 작동시키고 있는 것이다.

그러므로 이런 관점에서는 결핍으로 규정되는 상징적 욕망과 생산하는 실재의 욕망을 구별하는 일이 매우 중요하다. 후자는 전자를 통해 억눌려지고 왜곡되며 조작되기 때문이다. 더구나 오이디푸스 구조를 통한 통

---

10) 이런 식의 논의는 도덕과 선악에 대한 니체의 견해와 닮아 있다. 서동욱은 『앙띠 오이디푸스』가 실상 니체의 『도덕의 계보학』을 패러디한 저술이라고 주장한다. 서동욱, 『들뢰즈의 철학』, 민음사, 2002, 126쪽.
11) 들뢰즈·가타리, 『앙띠 오이디푸스』, 179쪽(프랑스어판, p. 138).
12) 같은 책, 184쪽(프랑스어판, p. 142).

제 메커니즘이 가족 관계나 성적인 관계에 머물지 않고 사회의 거의 모든 영역들로 확장된다는 점도 간과해서는 안 된다. 욕망의 길들임은 부정적인 것으로 규정된 욕망의 포기를 설득하지만 그 욕망의 제거를 목표로 삼지 않는다. 욕망이 완전히 사라진다면 지속적인 길들임과 통제가 불가능해질 것이기 때문이다. 욕망은 포기되어야 하나 존속한 채로 그렇게 되어야 하며, 그래서 계속 결핍에 시달리는 상태로 남아 있어야 한다. 결핍으로서의 욕망은 이제 상징계가 제공하는 대상, '문명의 이익'을 낳는 대상들을 추구하지만 그 결과는 언제나 충족을 빗겨 간다. 이를테면 루이 부뉘엘Luis Buñuel의 영화 「욕망의 모호한 대상」Cet obscur objet du désir에서 콘치타를 탐하는 마티유의 시도가 번번이 좌절되듯이 말이다. 콘치타를 연기하는 배우를 바꿔 버리면서 부뉘엘이 보여 주듯, 욕망의 대상은 동일한 것으로 고정되어 있을 필요가 없다. 중요한 것은 끝내 충족되지 않는 욕망에 매번 전치轉置되는 대상들이 대응한다는 점이다. 말할 필요도 없이, 이것은 자본주의 속에서 상품에 대한 욕망이 작동하는 방식을 시사한다.

여기서 다시 68혁명을 생각해 보자. 당시에 기성의 체제를 뒤흔들 만큼 폭발력을 보여 준 것이 들뢰즈·가타리의 말대로 실재의 욕망이었다고 하더라도, 이 욕망은 결국 자본주의 사회를 근본적으로 변혁하는 데 이르지 못했다. 그 이유는 무엇일까? 많은 사람들이 대안의 부재를 그 답으로 들겠지만, 생산하는 욕망의 눈으로 보면 이것 또한 목적론적 발상에서 벗어나지 못한 소치다. 오히려 문제는 실재의 욕망이 지속적으로 분출하여 그 생산하는 힘을 한껏 발휘하지 못한 데 있으며, 그렇게 하지 못하도록 실재의 욕망이 억압되고 순치된 데 있다. 들뢰즈·가타리는 오이디푸스 구조야말로, 즉 욕망을 결핍이자 부정적인 것으로 놓는 관념의 배치야말로, 이러한 억압과 통제의 기초적이고 주요한 방식이라고 보았던 것이다. 그러므로 그들이 내세운 '앙띠 오이디푸스'는 68의 욕망이 왜 더욱 전면화하지 못하고 사그라들었는가를 해명하려는 시도이자 그 억압의 원인을 파헤쳐 제거하는 데 일조하려는 시도였다고 할 수 있다.

4. 욕망의 딜레마와 '기관 없는 신체'

그런데 이렇게 보면 이 '앙띠 오이디푸스'도 일종의 분명한 목표를 가지고 있었던 셈이다. 그렇다면 이러한 목표의 설정이 실재의 욕망에 대한 들뢰즈·가타리의 파악에도 어떤 영향을 미치지는 않았을까? 앞서 보았듯 실재의 욕망이 명백한 실체를 드러내기 어려운 것이라면, 이 반反오이디푸스라는 지향이 오히려 실재에 대한 그들의 생각에 큰 반향을 미쳤을 법도 하다. 아닌 게 아니라, 그들이 사용하는 주요 용어나 개념들, 특히 '욕망하는 기계'나 '독신기계', '기관 없는 신체' 등은 들뢰즈·가타리가 무엇을 피하고 싶어 했는가를 잘 보여 준다. '욕망하는 기계'는 그 조어造語부터가 언뜻 생각하기에 도저히 어울릴 것 같지 않은 두 항을 합쳐 놓은 도발적인 개념이다. 이것은 그들이 '기계'라는 반유기체적 용어를 부각시킴으로써, 사회적 변화의 원천으로 생각한 '욕망'에서 목적 지향적인 성격을 아예 제거해 버리려는 목적을 지니고 있었음을 드러내 준다. 또 '독신기계'는 욕망하는 기계들이 결합하여 만들어지는 행위의 담지자로, 일종의 주체를 나타내는 개념이라고 할 수 있다. 들뢰즈·가타리는 여기에 '독신'이라는 용어를 사용함으로써 이 주체를 가족이라는 오이디푸스적 기관에서 해방된 것으로 상정하고자 하는 의도를 단적으로 보여주고 있다. 그리고 '기관 없는 신체'는 원래 아르토에게서 빌려온 용어이지만 들뢰즈·가타리가 매우 중요하게 사용하는 개념인데,[13] 여기에서도 우리는 모든 유기체적 기관으로부터 해방된 욕망의 장을 확보하고자 하는 이들의 지향을 그 용어의 구성에서부터 읽어 낼 수 있다.

그러나 이러한 용어와 개념들이 『앙띠 오이디푸스』 이후 한결같은 방식으로 사용된 것은 아니다. 이 책의 후속편이라 할 수 있는 『천 개의 고원』(1980)[14]에서는 '욕망하는 기계'나 '독신기계'와 같은 표현을 더 이상 찾아보기 어렵다. '기계'라는 용어는 여전히 중요하게 사용되지만, '욕망'은 이제 기계와 직접 결합한 형태로 논의되지는 않는다.[15] 오히려 욕망은 '기관 없는 신체'와 더 밀접하게 연결된다. 이런 변화에는 물론 그럴 만한 까닭이 있다.

『천 개의 고원』에서도 '기계'는 계속 반유기체적인 함의를 갖지만, 그것이 기계인 이상 어떤 기능을 가지는 것으로 다루어진다. 이를테면 '전쟁기계', '제국주의 기계', '독서기계'하는 식이다. 다만, 들뢰즈·가타리는 이 기계가 고정된 실체와 형식에 매인 것이 아니며 이 기계들은 유동적인 방식으로 다른 기계들과 접속하는 가운데 작동한다는 점을 강조한다. 특히 이들이 중시하는 '추상적인 기계'라는 개념은 구체적 상황의 코드에 얽매이지 않은 기계, 형식화되지 않은 잠재적 기능을 가진 기계를 가리킨

---

13) 들뢰즈는 가타리와 함께 쓴 『앙띠 오이디푸스』(1972) 이전 저작인 『의미의 논리』(1969)에서 아르토를 논하면서 이미 이 용어를 거론하고 있다. 들뢰즈, 『의미의 논리』, 173쪽 참조.
14) 『앙띠 오이디푸스』의 부제는 '자본주의와 분열증'이고, 『천 개의 고원』의 부제는 "자본주의와 분열증 2"이다.
15) 가타리의 저서 『분자혁명』(La révolution moléculaire, 1977)에서는 여전히 '욕망하는 기계'(또는 '욕망기계')라는 표현이 자주 나오는데, 이 책은 통일적으로 기술된 저서라기보다는 『앙띠 오이디푸스』 이후 1977년까지 가타리가 여기저기에 쓴 글과 인터뷰를 모아 놓은 것이다. 그래서 『천 개의 고원』에 비해 완성도와 개념의 정제성이 떨어지지만, 『분자혁명』의 내용은 『앙띠 오이디푸스』가 그랬듯 『천 개의 고원』의 경우도 그 주요 발상이 들뢰즈보다는 가타리에게서 비롯된 것임을 확인시켜 준다. 펠릭스 가타리, 『분자혁명』, 윤수종 옮김, 푸른숲, 1998 참조.

다. 그렇다고 하더라도 이런 기계의 기능과 욕망이 등치되기는 어렵다. 욕망은 기능 자체라기보다는 기능이 행해지게 하는 어떤 추동력과 같은 것이기 때문이다. 이런 까닭에 욕망은 이제 기계와 직접 결합하기 곤란해진다. 즉 '욕망하는 기계'라는 용어가 부적절해진 것은 들뢰즈·가타리가 '기계' 개념의 활용 방식을 기능을 중심으로 다시 세운 탓이라고 할 수 있다. 욕망의 편에서 보면 근거지를 옮겨야 할 필요가 생긴 셈이다. 이렇게 해서 욕망이 다시 자리 잡는 곳은 조금 더 저변으로 내려간 차원, 즉 기계들이 배치되는 곳인 '기관 없는 신체'이다. 이 '기관 없는 신체'는 이전에도 '욕망하는 기계들'이 기입enregistrer되는 장소로 여겨졌는데, 이제 욕망의 직접적 기반으로 등장하며 욕망 자체와 등치되기도 한다. 그런데 이러한 변화는 단순히 욕망의 거주지가 바뀐 데 불과한 것일까? 그런 것 같지는 않다. 『천 개의 고원』에 나오는 다음 구절을 보자.

> 기관 없는 신체CsO는 욕망이다. 사람들은 이것을 욕망하며 이것에 의하여 욕망한다. 기관 없는 신체가 욕망의 공속면plan de consistance이거나 내재성의 장이어서만은 아니다. 기관 없는 신체가 난폭한 탈지층화의 공허함에 빠지거나 암적인 지층의 증식에 빠지더라도 그것은 여전히 욕망이다. 욕망은 때로 자신의 소멸을 욕망하거나 때로 소멸의 역량을 가진 자가 되기를 욕망하는 데까지 나아간다. 돈의 욕망, 군대·경찰·국가의 욕망, 파시스트 욕망, 파시즘조차도 욕망인 것이다.[16]

---

16) 들뢰즈·가타리, 『천 개의 고원』, 316쪽(Deleuze & Guattari, *Mille Plateaux*, Paris: Éditions de minuit, 1980, p. 204). 번역은 약간 수정했다.

여기서 우리는 욕망에 대한 부정적인 묘사와 만난다. 물론 모든 욕망이 부정적인 것은 아니다. 욕망은 『앙띠 오이디푸스』에서와 마찬가지로 결핍과 무관한 것으로, 생산하는 것으로, 실재적인 것으로 이해된다. 또 『앙띠 오이디푸스』에서도 욕망이 긍정적인 것으로만 나타났던 것은 아니다. "억압 역시 욕망되기 때문이다."[17] 사실, 이것이 문제다. 우리에게 익숙한 욕망의 딜레마는 여기에서 생겨난다. 욕망이 혁명적인 것이라 하더라도 이 욕망을 억누르는 것 또한 욕망이 아닌가.

『앙띠 오이디푸스』에서는 '참된'vrai 욕망을 상정함으로써 이 문제를 풀려고 했다. 그러나 무엇이 참된 욕망인가? 계급의식이나 역사발전 따위를 다시 들고 나오는 것은 욕망의 반목적론적 문제의식을 무화하는 것이기에 용인하기 어렵다. 누가 욕망하는가를 기준으로 삼으려는 것도 신뢰할 수 없는 방책이다. 히틀러의 집권을 욕망한 것은 누구였던가. 68혁명 시기에 드골이 퇴진한 이후 퐁피두를 다시 욕망한 것은 누구였던가. 쇠고기파동의 주역인 현 정권을 애당초 욕망한 것은 누구였던가. '욕망하는 기계'는 욕망을 이 같은 주체의 문제로부터 해방시킨다. 목적을 지닌 어떤 유기체적 주체가 욕망하는 것이 아니라 변화의 흐름을 만들어 내는 기계들이 욕망하는 것이다. 주체란 이런 욕망하는 기계들이 기관 없는 신체에 기입됨으로써 발생하는 것이지만, 이 주체는 고정된 자기동일성을 가지지 않으며 따라서 어떤 운동의 중심이 될 수 없다. 오히려 주체의 범주는 상징적 조작에 의해 왜곡되기 쉽다. 이미 보았다시피 결핍으로서의 욕망에 시달리는 주체, 오이디푸스적인 주체가 그 전형적인 모습이다. 그러므로 이러한 상징적 욕망과 실재의 욕망을 구별하는 것이 무엇보다 중요하

---

[17] 들뢰즈·가타리, 『앙띠 오이디푸스』, 180쪽(프랑스어판, p. 138~139).

다. 요컨대 『앙띠 오이디푸스』에 따르면 참된 욕망이란 곧 실재의 욕망이다. 하지만 과연 이것이 욕망의 딜레마에 대한 답이 될 수 있을까? 이 참된 욕망은 어떻게 하여 거짓된 욕망을, 즉 조작된 상징적 욕망을 이겨 낼 수 있는 것일까? 무엇보다도 거짓된 욕망을 욕망하는 것은 실재의 욕망이 아니란 말인가? 만일 아니라면 그것은 대체 무엇이란 말인가?

『앙띠 오이디푸스』에서 들뢰즈·가타리는 아직 실재의 욕망에 대한 기대와 희망을 놓지 않는다. 그래서 그들은 실재 욕망의 순수성을 훼손하는 대신에 거짓 욕망을 작동하게 하는 다른 힘을 끌어들인다. 그것은 "정신분석보다도, 가족보다도, 이데올로기보다도, 아니 이것들을 합친 것보다도 조금 더 강력한, 조금 더 밑바닥에 있는 힘", "욕망의 힘들을 정복하여 단념시키는" 강력한 힘이다.[18] 우리는 들뢰즈·가타리가 이 힘을 결국 사회적 리비도의 한 극으로, 즉 편집증적 극으로 돌렸다는 것을 알고 있다. 여기에 대비되는 또 다른 리비도의 극은 분열증적인 극이다. 편집증적인 극은 욕망을 코드화하며 그 흐름을 단절하여 영토화하고 고정된 집단에 예속시킨다. 반면에, 분열증적 극은 욕망이 이러한 코드화와 예속에서 벗어나 탈영토화의 새로운 흐름으로 탈주하게 한다. 『앙띠 오이디푸스』에서 들뢰즈와 가타리는 68혁명이 보여 준 욕망의 분출을 분열증의 입장에서 해석하고, 욕망을 억압하는 편집증의 리비도와 대결하고자 했던 것이다.

그러나 이러한 설정은 미봉의 해결일 수 있다. '사회적 리비도'의 정체가 다시 문젯거리가 되기 때문이다. 도대체 리비도와 욕망은 어떻게 다른가? 리비도는 욕망의 일종인가, 아니면 또 다른 힘인가? 만일 리비도가

---

18) 들뢰즈·가타리, 『천 개의 고원』, 187쪽(프랑스어판, p. 145).

욕망보다 더 근원적이고 강력하다면 '실재의 욕망'은 정말 실재적인 것이라고 할 수 있겠는가? 오히려 리비도가 욕망보다 더 실재적이라고 해야 되지 않겠는가?

『천 개의 고원』에서 들뢰즈·가타리는 이런 식의 리비도를 없애고 욕망을 리비도의 자리로 내려 보냄으로써 이 문제를 해소하려 하는 것으로 보인다. 그런데 그렇게 하려면 욕망은 분열증적인 긍정적 운동뿐 아니라 편집증적인 부정적 운동까지 포괄할 수 있어야 한다. 그리고 이런 역할을 떠맡는 것은 이제 '기계' 대신 욕망의 자리가 된 '기관 없는 신체'다. 기관 없는 신체는 그 말의 이미지가 시사하는 것처럼, 정형화하지 않은 알과 같은 것이라고 할 수 있다. 하지만 이 알은 내부가 고정되어 있지 않듯이 외부와도 단절되어 있지 않다. 그래서 각각의 기관 없는 신체들은 서로 연결되어 더 큰 하나의 기관 없는 신체를, '공속의 면'을 이룬다. 이런 점에서 기관 없는 신체는 자신의 첨점을 지니지 않은 채 서로 끝없이 이어지는 '고원'高原;plateaux들과도 같다.[19)] 각각의 기관 없는 신체는 일종의 내포량인 강도intensité들을 지니며, 그 강도들의 배치에 따라 이러저러한 흐름과 그 흐름의 에너지를 드러낸다. 이것이 욕망의 원래 모습이라고 할 수 있다. 이 욕망들은 기관 없는 신체에서 펼쳐지므로, 기관 없는 신체는 이 욕망들이 공속하는 면이고 이 욕망들이 내재하는 장이다. 그런가 하면 욕망들의 연속적인 흐름과 에너지에 주목할 때는 기관 없는 신체 자체가 곧 욕망이라고 할 수 있다. 이것은 무수한 기관 없는 신체들이 그 연속성과 공

---

19) 들뢰즈·가타리, 『천 개의 고원』, 303쪽(프랑스어판 p. 195~196) 참조. 『천 개의 고원』이라는 책 제목은 이 책을 이루는 각각의 부분들이 '고원'이며 따라서 '기관 없는 신체'일 수 있다는 점을 시사한다.

속성을 통해 하나의 기관 없는 신체를 이루는 것과 마찬가지다.

욕망들의 흐름과 연결로서의 욕망. 이 욕망이 욕망하고 생산하는 것은 바로 이러한 욕망들 자체, 곧 기관 없는 신체 자체이다. 하지만 이 생산은 단순히 주어진 것의 재생산이 아니다. 생산하는 욕망이 나아가는 방향은 여러 갈래일 수 있다. 고원과 고원을 잇는 흐름의 연속성을 향할 수도 있고, 코드화를 통해 견고해지는 고원의 지층을 향할 수도 있다. 또, 한 고원의 공허한 꼭대기를 향할 수도 있다. 이 같은 욕망의 움직임은 심지어 이런 흐름과 움직임을 파괴하고 소멸시키는 쪽으로 나아가기도 한다. 여기에 따라 기관 없는 신체에도 여러 유형이 존재한다. 공속면 위에 있는 충만한 기관 없는 신체, 한 지층 위에 있는 암적인 기관 없는 신체, 파괴된 지층의 잔해 위에 있는 텅 빈 기관 없는 신체 등이 그것들이다.[20] 첫번째는 억압을 깨뜨리고 구속의 경계를 가로질러 새로운 변화를 가져오는 긍정적인 욕망에 해당하지만, 두번째는 자기 영토의 무차별적 확장을 꾀하는 돈의 욕망, 국가의 욕망 따위의 파시스트적 욕망에 해당하고, 세번째는 착란적·자살적 붕괴로 이끄는 마약중독자나 마조히스트, 또는 우울증 환자의 자기 파괴적 욕망에 해당한다.

이렇듯 『천 개의 고원』에 이르면 욕망은 매우 포괄적인 것이 된다. 이제 참된 욕망과 거짓된 욕망, 분열증적 리비도와 편집증적 리비도의 구별은 사라지고, 기관 없는 신체의 다양한 유형과 다양한 욕망의 방향이 남는다. 하지만 이렇게 해서 욕망의 딜레마가 만족스럽게 해소되었다고 할 수 있을까? 그런 것 같지는 않다. 오히려 문제가 더 어려워지고 모호해진 인상이 짙다. 들뢰즈·가타리는 이제 욕망의 '실험'과 '시험'을, 그리고 '신중'

---

[20] 같은 책, 312쪽 이하(프랑스어판, pp. 201f) 참조.

을 이야기한다. 욕망의 해방과 욕망의 억압이라는 선명한 대치 대신에 욕망의 다양한 배치와 다양한 길이 제시된다. 욕망을 따라가는 것은 일종의 실험이고 시험이다. 현상을 타파하려면 이 실험과 시험이 필요하다. 욕망의 실험과 시험을 두려워해서는 곤란하다. 그러나 또한 신중하지 않으면 안 된다. 역사가 입증하듯, 신중하지 않은 욕망의 탈주는 자칫 공허한 자기 파괴의 결과를, 나아가 뜻하지 않은 파시즘의 결과를(그것이 미시적 파시즘이라고 하더라도) 낳을 수도 있으므로. 『천 개의 고원』에 드러나 있는 이와 같은 생각에는 68혁명 이후 10여 년에 걸친 현실의 실험과 시험에 대한 평가가 배어 있는 것처럼 보인다.

5. 타자를 향한 욕망

사실 『천 개의 고원』에서 욕망의 문제가 차지하는 비중은 『앙띠 오이디푸스』에 비해 현저하게 떨어진다. 이 책의 일본어판 옮긴이인 우노 구니이치宇野邦一는 들뢰즈·가타리가 '욕망'이라는 말을 포기하고 '정신분석' 저편으로 가 버렸다고 평가할 정도다.[21] 이런 평가를 자구 그대로 받아들이기는 어렵지만, 저자들 자신이 이야기하고 있듯[22] 『천 개의 고원』의 초점이 『앙띠 오이디푸스』와 달라진 것은 확실하다. 오이디푸스적 구도에 대해 세웠던 비판의 전선은 '천 개의 고원'에 해당하는 다양한 영역들로 분기하고 분산되어 버렸다. 이러한 점은 욕망의 분출에 걸었던 기대와 희망이 상당히 퇴색되었음을 뜻한다고 볼 수도 있겠다. 그러나 달리 생각하면

---

21) 우노 구니이치, 「해설: 방법에 대한 주해」, 들뢰즈·가타리, 『천 개의 고원』, 981쪽 참조.
22) 「이탈리아어판 서문」, 같은 책, 3쪽 이하 참조.

이것 또한 욕망의 결과, 반목적론적인 결과라고 할 수 있지 않을까 싶다. 들뢰즈·가타리가 생각하는 욕망의 눈으로 볼 때, 『앙띠 오이디푸스』 역시 생산하는 욕망의 흐름 가운데 일부이고 그 배치의 일환이며 책의 기능으로 작동하는 기계일 것이다. 다른 모든 욕망과 배치가 그렇듯이, 『앙띠 오이디푸스』를 둘러싼 욕망의 움직임도 자기 목적성을 갖지 않으며 고립되어 있지 않다. 그것은 여러 다른 흐름들과 연결되고 다른 기계들과 접속되어 작동하며, 그런 과정들을 거쳐 무수한 고원들에 이른다. 『천 개의 고원』은 이 고원들 가운데 하나에 자리 잡은 또 하나의 기계로서, 이렇듯 단선적이지 않은 방식을 통해 『앙띠 오이디푸스』와 접속해 있는 것이다.

 욕망의 문제제기가 애당초 반목적론의 견지를 동반하는 것이었다는 점을 염두에 두면, 이런 식의 귀결과 설명이 아주 엉뚱하게 들리지만은 않을 것이다. 『앙띠 오이디푸스』와 『천 개의 고원』을 이어 주는 바탕은 여전히 반목적론의 지평이다. 『앙띠 오이디푸스』가 가지고 있던 나름의 분명한 목표, 즉 목적론적 틀에서 가해지는 욕망에 대한 억압을 깨뜨리고자 하는 목표는 『천 개의 고원』에서 등장하는 다지화(多支化)한 반목적론의 고원들 속에서 희석되어 버렸다. 반목적론이라는 목적을 스스로 구현한다는 점에서 볼 때, 『천 개의 고원』은 『앙띠 오이디푸스』에 비해 확실히 세련된 모습을 보여 준다. 언어와 기호, 종교와 문학, 생물학과 인류학 등 온갖 분야를 땅 속의 감자 줄기처럼 엮어 가는 전개 과정은 그 자체가 목적의 위계적인 질서를 거부하는 형태를 띠고 있다. 또 이렇듯 분산적인 뿌리줄기(리좀)에 해당하는 고원들은 그 하나하나가 고정되지 않는 흐름을, 즉 기관 없는 신체를 지향한다. 우리가 앞서 보았던 것처럼, 이 기관 없는 신체는 곧 욕망이다. 그러므로 『천 개의 고원』을 통해 이제 욕망은 자신을 욕망하는 기관 없는 신체로서 무수한 고원 속에 스며 있는 셈이다.

그런데 이러한 세련됨은 다른 한편으로 욕망의 나르시시즘적 궁지를 보여 주는 것이 아닐까. 물론 기관 없는 신체로서의 욕망이 욕망하는 기관 없는 신체는 고정된 자기가 아니며 고정된 위치조차 아니다. 고정성을 조금이라도 전제하는 관점에서 본다면 이 욕망은 언제나 자신의 바깥을 욕망하는 것이라 할 수 있다.[23] 하지만 그렇다 하더라도 이 욕망은 기관 없는 신체가 구성하는 공속면 내에서 움직이는 것이고 그런 의미에서 자기 자신에 대한 욕망이라고 할 만하다. 사정이 이렇게 된 것은 『천 개의 고원』이 시도한 존재론적 확장의 결과라고 여겨진다. 여러 영역에 나타나는 고원들은 그 다양성에도 불구하고 강도와 배치에 따르는 일의적인 존재의 지반을 가진다. 영토화와 탈영토화, 지층화와 탈지층화의 운동은 여기에 활력을 불어넣지만, 이러한 운동에 수반하는 욕망은 어떤 주체의 욕망이 아니라 익명적인 욕망이며, 그래서 실상 타자가 없는 욕망이다. 이와 같은 욕망은 이제 그 세계 너머의 새로움을 겨누지 못한다.

들뢰즈·가타리는 욕망을 결핍으로 보는 관점을 비판하고 욕망이 특정한 목적에 의해 규정되지 않고 작용할 수 있다는 생각을 피력했다. 이러한 견지는 욕망을 쾌락과 고통에 의해 인도되는 수동적인 처지에서 놓여나게 하며, 선악의 기준을 매개로 삼은 억압의 장치에서 벗어나게 한다. 그렇게 해서 이들이 노린 것은 기성의 질서를 넘어설 수 있는 새로움의 도래였지만, 생산하는 욕망을 앞세운 이들의 시도는 욕망의 분출을 억압하는 현실의 문제와 관련하여 딜레마에 부딪히고 만다. 욕망의 억압 또한 욕망의 산물이기 때문이다. 이 딜레마는 '욕망하는 기계'에서 '기관 없는 신체'로 욕망의 거주지를 바꾼다고 해서 해결되지 못한다. 논의의 본래 초

---

[23] 가타리는 그 자신에게서 "욕망은 언제나 바깥"이라고 말한다. 가타리, 『욕망과 혁명』, 256쪽.

점이던 욕망을 다른 것으로 희석시킬 수 있을 뿐이다. 그런데 이런 귀결은 결핍이 아닌 욕망, 목적론에서 벗어나고자 하는 욕망이 그 대상인 타자를 찾지 못한 데서 비롯한 것이 아닐까.

나에게 생겨난 결핍을 메우기 위해서가 아니라, 기존의 어떤 기준에 따르기 위해서가 아니라 대상 자체에 끌려서 생겨나는 욕망, 다시 말해 그 원인이 내게 있는 것이 아니라 타자에 있는 욕망, 그 타자가 어떠한 존재인지를 확실히 알지 못하더라도 끝내 거부하기 힘든 타자를 향한 욕망——이런 욕망을 우리는 경험하지 않는가. 이것은 좋음에 대한 욕망, 우리가 욕망하기 때문에 좋은 것이 아니라 좋기 때문에 우리가 욕망하지 않을 수 없는 그런 타자에 대한 욕망이다.[24]

다시 촛불시위를 생각해 보자. 앞에서 말했듯, 우리는 촛불시위를 추동하는 욕망을 결핍으로 한정 지어 설명해 볼 수도 있을 것이지만, 그것은 아마 촛불시위가 가져올 새로움을 부수적이고 우연적인 변화로 취급하는 데 머무는 것이 될 것이다. 또 우리는 지금까지 살펴본 들뢰즈·가타리의 견지를 빌려 이 촛불시위의 욕망을 해명해 볼 수도 있을 것이다. 그러나 만일 우리가 그 와중에서 우리를 욕망케 하는 어떤 적극적인 좋음을 발견하지 못한다면, 들뢰즈·가타리가 그러했듯 우리도 역시 욕망의 문제를 중심적인 문제로 계속 붙잡고 있기는 어려울 것이다.

---

24) 이런 욕망에 대한 호소력 있는 논의를 전개한 철학자로는 에마뉘엘 레비나스가 있다. 그의 『전체와 무한』을 참조.

4부 진리와 정의

1장 유물론의 전회?
우발성과 이미지, 그리고 타자

1. 유물론적 태도

스스로 좌파임을 자임하는 미국의 현대철학자 리처드 로티는 동구권 붕괴 이후인 1990년대 초에 다음과 같이 쓴 적이 있다.

> 나는 맑스보다 더 근본적으로 유물론적 radically materialist 일 수 있는 최선의 길은 좌파의 정치적 숙고에서 헤겔적인 가상의 이야기 Hegelian romance 를 벗겨 내는 데 있다고 생각한다. 우리는 '역사' History 라는 말을, 감소된 불행에 대한 우리의 환상을 그 둘레에서 엮어 낼 대상으로 사용하는 일을 그만둬야 한다.[1]

역사에 대한 헤겔적인 관점과 서술, 리오타르 Jean-François Lyotard 식의 이른바 '거대 서사' grand récit 를 비난하는 것은 이제 우리에게도 진부한 이야깃거리다. 그보다도 여기서 우리의 관심을 끄는 것은 로티가 자못 긍정적인 의미로 사용하고 있다고 보이는 '유물론적'이라는 표현이다. 실용주의와 반본질주의anti-essentialism를 표방하는 로티마저도 긍정적으로 받아들일 수 있는 유물론의 함의는 어떤 것일까?

전후 맥락에 비추어 보면 그것은 주어진 사태를 자의적으로 왜곡하지 않고 수용하는 입장을 가리키는 것으로 보인다. 그렇다고 로티가 우리의 인식 행위나 언어와 무관한 객관적인 실재를 전제하는 것은 아니다.[2] 또 주관이 사태에 부여하는 어떤 보편적인 본질이 있다고 보지도 않는다. 따라서 유물론이니 관념론이니 하는 표현이 실재의 어떤 본질적인 특성을 나타내는 것이라면 이는 로티의 '어휘'로는 부적절할 것이다. 그렇다면 로티는 왜 이처럼 부적절한 용어를 사용하고 있는가? 그 주된 이유는 아마, 여기서 로티가 염두에 두고 있는 논의의 상대방이 이른바 유물론적 입장을 취하는 사람들이라는 데 있을 것이다. 즉 로티는 상대방이 모토로 삼고 있는 유물론이라는 표현을 이용하여 그들을 비판하려는 전략을 택하고 있는 셈이다. 로티가 다른 곳에서는 유물론이라는 말을 이렇게 긍정적인 의미로 사용하는 경우를 찾기 어렵다는 점도 이런 짐작을 뒷받침한다. 그러나 이 같은 한계 내에서조차 '유물론'에 부여되고 있는 긍정적 의미가 사소한 것 같지는 않다. 그 의미 내용은 유물론이 지니는 본래의 사회철학적 함의와 관련되어 있다고 보이기 때문이다.

실용주의의 관점을 취하는 로티는 실재나 본질에 대한 논란 대신에 유용함에 대한 고려를 앞세운다. 여기에 따르면 우리의 언어나 개념은 우리에게 유용한 결과를 얻기 위한 행위의 맥락 속에서 평가된다. 그러니까

---

1) Richard Rorty, "The End of Leninism", *Truth and Progress*, New York : Cambridge University Press, 1998, p. 229.
2) 이런 문제에 대해서는 김동식 엮음, 『로티와 철학과 과학』, 철학과현실사, 1997에 실린 리처드 로티, 「상대주의 : 발견하기와 만들기」; 박우석, 「로티와 과학적 실재론」 등 참조.

유물론이라는 개념이 긍정적으로 쓰인다면, 그 까닭은 그것이 우리에게 유용한 결과를 가져다 주기 때문이다. 물론 이런 식의 생각은 맑스주의에서 말하는 유물론의 발상과 크게 다르다. 맑스주의에서는 **좋은 결과를 낳기 때문에** 유물론이 긍정적인 의미를 갖는 것이 아니라 거꾸로 유물론이 참이기 때문에 좋은 결과를 낳는다고 보기 때문이다. 그런데 바로 이 점이 오늘날에는 맑스주의자들에게 불리하게 작용할 수 있다. 맑스주의에서 내세운 유물론, 특히 역사유물론이 함축하는 주장들이 좋은 결과를 낳지 못한 것으로 드러났다면, 그것은 곧 맑스주의 유물론이 참이 아님을 반증한다고 볼 수 있는 까닭이다. 더욱이 로티의 견지에서는 참이냐 아니냐를 먼저 따질 필요가 없다. 역사에 대한 그 주장들을 따를 때, 사람들의 비참함과 고통이 줄고 행복이 늘어나는 것이 아니라는 점이 중요하다. 그러므로 역사유물론의 중심 주장들 대부분은 쓸모없거나 해로운 주장들이다. 헤겔적인 '역사'는 억지로 환상을 엮어 냄으로써만 이러한 결과를 외면할 수 있을 뿐이다. 그렇기에 로티는 이 같은 사태를 인정하고 환상을 걷어 내는 것이 우리에게 유익할 것이라고 보는 것이다. 그런데 로티는 이렇게 유익함을 가져올 수 있는 측면이 또한 유물론에 남아 있는 것처럼, 그것도 맑스의 오류를 넘어설 수 있는 더 근본적인 면에 있는 것처럼 말하고 있다. 그리고 그러한 면은 환상에 반反하는 유물론의 개방성과 수용성을 가리키는 것으로 들린다.

사실 유물론을 세계를 대하는 기본적 관점이나 자세로 해석할 때 그 주요한 특성은 개방성과 수용성에 있다고 할 수 있다.[3] 물질이 우리 의식 밖에 있는 것이고 따라서 우리가 마음대로 할 수 없는 어떤 요소를 지닌 것이라면,[4] 물질을 의식이나 관념보다 우선적·근본적인 것으로 여기는 유물론은 물질적 질서를 받아들이려는 개방적 자세를 취할 수밖에 없지 않겠는가. 그러나 유물론을 표방하는 것과 실제로 이 같은 유물론적 자세를 견지하는 것은 다른 문제다. 이전의 소비에트 철학에서 보듯, 유물론을 일정한 교리체계로 설정해 이를 이데올로기로 활용하는 경우에는 그런 목적에 따른 왜곡과 환상이 끼어들게 된다. 또 만일 이런 왜곡이나 환상이 그 뿌리를 맑스에게서도 갖고 있다면, 우리는 맑스에게서조차 해방된 유물론적 자세를 이야기할 수 있다. 이런 면에서 보면 "맑스보다 더 근본적으로 유물론적"인 태도를 운위하는 것이 그다지 이상한 일인 것만은 아니다. 맑스는 물질적인 역사 현실의 변화를 개방적으로 수용할 수 있는 조건으로 진보적인 계급성을 들었지만, 그것은 역사의 일정한 발전법칙을 전제로 한 것이었다. 이런 법칙성에의 회의가 지배적인 오늘날의 처지에선 오히려 그런 계급성에 대한 집착에서 벗어나는 일이 유물론적일 수 있다.

그렇다면 이렇듯 사태에 대한 개방적 수용성으로 이해된 유물론에 새로 담길 수 있는 내용은 무엇인가? 로티가 '헤겔 식 이야기'라고 부른 역사발전에 대한 맑스주의의 기본 주장들을 현실성 없는 것으로 취급할 때, 또 이른바 변증법적 유물론의 정식들을 낡은 이데올로기적 교리에 불과한 것으로 취급할 때, 이런 왜곡된 환상들이 빠져 버린 유물론의 내용은 무엇으로 채워지는가?

---

3) 나는 전에도 유물론의 개방성 문제를 다룬 적이 있다. 문성원, 「사회인식에서의 경험의 의의」, 『배제의 배제와 환대』, 188쪽 이하 참조. 또 꽤 다른 맥락에서이긴 하지만, 문성원, 「당파성과 철학」, 『시대와 철학』 1호, 특히 82쪽 참조.
4) 주지하다시피 물질에 대한 이런 규정은 레닌의 것이다. 블라디미르 일리치 레닌, 「경험비판론의 인식론과 변증법적 유물론의 인식론 II」(『유물론과 경험비판론』, 정광희 옮김, 아침, 1988)의 1절 참조.

2. 우발성의 유물론

유물론에서 헤겔적인 '환상'을 제거하여야 한다고 생각한 사람이 로티가 처음이었던 것은 물론 아니다. 거슬러 올라가면 20세기 초의 오스트리아 맑스주의자들에서부터 이탈리아의 델라 볼페^{Galvano Della Volpe}와 콜레티 ^{Lucio Colletti}에 이르기까지 많은 이들을 거론할 수 있겠지만, 반反헤겔주의 맑시즘을 주창하여 큰 반향을 일으켰던 인물로는 누구보다도 루이 알튀세르를 꼽지 않을 수 없다. 알튀세르는 1960년대 초부터 맑스와 헤겔 또는 포이어바흐 사이에 이른바 '인식론적 단절'이 존재한다고 주장하고 헤겔로부터 해방된 '과학적' 맑스주의의 재건을 시도했다. 그가 보기에 헤겔적 '환상'의 중심은 역사가 일정한 궤도를 통해 궁극적인 지점으로 나아간다는 목적론적 사고방식에 있었다. 이러한 목적론은 처음부터 종말을 전제하는 폐쇄된 '진리' 체계를 상정하고 현실을 이 구도에 맞추어 자의적으로 재단한다. 헤겔이 절대정신을 향한 도정을 설정하였다면, 소비에트 이데올로기는 이를 공산주의의 궁극적 승리를 향한 도정으로 바꾸어 놓았을 뿐이다. 알튀세르는 이 같은 목적론이 맑스가 정초한 '역사과학'과 무관한 것이라고 보고, '중층결정', '구조적 인과성' 등의 개념을 통해 맑스주의의 '과학적' 유물론의 틀을 분명히 하고자 했다.[5]

알튀세르의 시도가 한때 큰 반향을 일으켰던 배경에는, 그가 차용한 구조주의적 사고방식의 유행과 함께, 현실의 추이와 크게 어긋나는 모습을 보이던 목적론적 맑스주의의 주장들이 있었다. 자본주의에서 사회주

---

5) 알튀세르의 반목적론적 맑스주의에 대해서는 문성원, 『철학의 시추: 루이 알튀세르의 맑스주의 철학』 참조.

의로의 필연적인 이행은 사회주의의 우위를, 특히 생산력상의 우위를 전제하는 것이지만, 현실의 사회주의는 실제로 그런 모습을 보여 주지 못했다. 이런 처지에서 구래의 주장을 고수하려면 현실에 대한 왜곡이, 따라서 유물론으로부터의 실질적인 이탈이 불가피했다. 알튀세르가 내놓은 대안은 사회를 상대적으로 자립적인 구조들의 복합체로 보는 것이었는데, 그러면서 그는 한 사회구성체에서 다른 사회구성체로의 이행을 필연적인 것이 아닌 계급투쟁에 의한 가변적인 변화로 설명했다. 이를테면 자본주의에서 공산주의로의 이행은 계급투쟁 여하에 따라 이루어질 수도 또 그렇지 않을 수도 있는 일이었다. 알튀세르는 이런 식의 파악을 과학적이라고 보았으며 또 그런 의미에서 유물론적이라고 여겼다.[6] 하지만 그가 맑스주의자로서 가지고 있던 자본주의의 극복과 계급투쟁에 대한 기대가 현실에서 충족되기 어렵다는 점이 드러나자, 알튀세르는 맑스주의의 위기를 토로하면서 사회 변화의 계기를 우발적인 대중운동에서 찾았다.

이런 생각이 나중에 존재론의 형태로 표현된 것이 그가 말년에 제시한 '우발성의 유물론'materialisme aléatoire이라고 할 수 있다.[7] 여기서 우발성이란 어떤 것의 발생과 관련하여 우리에게 알려질 수 없는 면이 항상 있음을 가리킨다. 따라서 그것은 알려질 수 있는 연관에 대한 단순한 무지가 아니라 실재에 존재하는 우연성을 뜻하게 된다. 알튀세르는 이런 우발성을 우연한 마주침rencontre과 등치하기도 하는데, 그럼으로써 부각시키려

---

6) 알튀세르는 실재 대상의 존재를 인정하지만 자립적인 생산 구조를 갖는 과학적 지식을 통해서만 이 실재 대상을 전유(專有; approprier; aneignen)할 수 있다고 본다. 이런 점에서 알튀세르의 '유물론'은 반영론을 거부한다.
7) 루이 알튀세르, 『철학과 맑스주의: 우발성의 유물론을 위하여』, 서관모·백승욱 편역, 새길, 1996 참조.

는 것은 우리가 미리 실재의 움직임을 완전하게 포착할 수 없다는 것, 따라서 우리는 이 실재의 운동과 변화를 기다리고 받아들여야 한다는 것이다. 이러한 발상을 뒷받침하기 위해 알튀세르는 우연성의 개입을 중시하거나 미결정 상태의 근원성을 내세우는 모든 사상적 요소들을 자신의 동맹으로 끌어들인다. 원자운동에 대한 에피쿠로스의 설명에서부터 마키아벨리와 루소의 사회이론에 이르기까지, 나아가 하이데거와 데리다, 그리고 들뢰즈와 비트겐슈타인에 이르기까지, 알튀세르는 그럴 만한 소지가 있는 것이라면 모두 동원하여 우연적 사건과 우연적 질서의 실재성 주장에 무게를 주려 한다.

알튀세르가 이렇게 우발성을 강조하는 데에는 필연과 목적을 내세우는 주장들에 대한 강한 회의가 깔려 있다. 우리가 경험한 현실은 한때 많은 사람들이 참으로 받아들였던 주장대로 전개되지 않았다. 그 이유는 현실이 그런 식으로 진행되지 않는데도 우리는 스스로의 목적과 기대를 현실세계에 투사하였기 때문이다. 세계에는 우리의 기대와 예측에 어긋나는 무수한 빗나감이 존재한다. 설사 마땅치 않다고 하여도 이러한 사태를 수용하는 것이 유물론에 합당한 자세다. 세계에는 우리가 반드시 목적을 이룰 수 있다는 보장이 있는 것은 아니며, 유물론자는 이 점을 받아들여야 한다. 알튀세르는 말년에 쓴 자신의 자서전에서, 유물론자란 기차가 어디에서 와서 어디로 가는지 알지 못하면서 움직이는 기차에 올라타는 사람이고 관념론자는 기차의 시발점과 종착점을 아는(실제로는 안다고 생각하는 것에 불과한 것이지만) 사람이라고 비유하여 말한다.[8]

알튀세르의 이러한 생각은 역사에 대한 맑스주의의 기획이 현실에서

---

8) 루이 알튀세르, 『미래는 오래 지속된다』, 권은미 옮김, 이매진, 2008, 287~288쪽.

실패로 돌아간 후 유물론이 처한 궁지를 단적으로 보여 준다. 여기에 남는 것은 실패에 대한 반성과 그에 따른 개방성의 요구, 그리고 여전히 버릴 수 없는 변화를 향한 막연한 기대 정도이다. 아닌 게 아니라, 오늘날 우리에게 역사 현실을 파악하고 예측할 수 있게 해주는 어떤 확실성이 존재한다고 말할 수 있는가? 생물학적 진화 과정이 무수한 우연적 사건에 의해 진행되듯이, 그래서 추후의 설명이나 개략적이고 불확실한 예측만이 가능하듯이, 역사 과정도 예기하기 어려운 사건들에 의해 이루어지는 불확실성을 담고 있는 것이 아닌가? 이런 처지에서는 부정적인 현실에 대한 비판을 통해 소극적인 저항을 하거나, 확실한 전망이 없는 여러 가능성들을 위해 예비적 노력을 기울일 수 있을 뿐이다. 푸코의 지식-권력론이나 들뢰즈의 경계 넘기, 데리다의 해체, 바디우의 사건의 존재론 등에 대한 근래의 관심도 실상 이와 같은 맥락 속에서 조망될 수 있다. 그러나 이러한 시도들은 굳이 유물론이라는 틀을 필요로 하지는 않는 것처럼 보인다. 오히려 전통적인 유물론은 우리의 사유를 일정한 방식으로 제어하고 가두는 억압적 틀의 하나로, 따라서 극복하고 폐기하여야 할 대상으로 취급되지 않을까?

그럼에도 불구하고 만일 유물론을 긍정적인 것으로, 즉 어떤 입장이나 전제를 강요하는 틀이 아니라 주어진 사태에 대한 개방적인 태도를 의미하는 것으로 이해하고자 한다면, 오늘날의 처지에서는 유물론이 관심을 가져야 할 주요 대상이 바뀌었음을 인정해야 할지도 모른다. 이제는 더 이상 역학적인 물체나 날것의 경제만이 문제가 아니다. 지금의 우리 삶에 막대한 영향을 주고 있는 것은 정보이고 이미지이지 않은가. 그렇다면 개방적 수용의 자세를 취하는 유물론은 마땅히 이러한 대상을 다루어야 할 것이다. 하지만 여기서도 한 가지 의문이 생긴다. 정보와 이미지는 물질보다는 관념에 가깝지 않을까? 만일 그렇다면 이러한 대상을 다루는 '유물론'은 차라리 관념론으로 전화되고 마는 것이 아닐까?

3. 실재와 가상

최근에 많은 철학적 논의를 불러일으킨 영화 「매트릭스」는 무엇보다도 실재세계와 가상세계의 문제를 현실감 있게 제기한다. 우리가 보고 느끼는 세계가 사실은 조작된 가상의 세계에 불과할 수 있다는 생각은 여러 사람이 지적해 왔듯 그리 새로운 것이 아니다. 플라톤의 동굴의 비유에서부터, 데카르트의 악마의 가설, 퍼트넘Hilary Putnam의 '통 속의 뇌' 논의에 이르기까지 유사한 발상들이 철학사에는 심심찮게 등장했다. 하지만 이런 생각이 철학자들의 '직업병'에 가까운 것으로 여겨져 왔던 것도 사실이다.[9] 현실성이 없는 비상식적 논의로 보였던 탓이다. 그런데 이 같은 비상식적 생각이 이제 철학자들의 담론이라는 테두리를 넘어 대중영화의 인기 있는 주제로까지 등장한 것이다. 그 배경에는 물론 시뮬레이션 기술의 발전·보급이라는 현실이 놓여 있다. 게임, 광고 등을 통해 우리 경험의 일부가 된 이러한 현실이 현실과 구별되지 않는 가상현실을 있을 법한 일로 여길 수 있게 해주었다. 여기에 오래된 철학적 문제가 현실적 무게를 가지고 다시 등장한다. 가상세계와 실재세계를 구별할 수 있게 해주는 특징은 무엇인가?

　　만일 현실과 구별되기 힘들 정도의 가상을 만들 수 있다면, 우리의 현실 자체가 또 하나의 만들어진 가상일 수도 있지 않을까 하고 의심해 보는

---

9) 배식한, 「반실재론: 철학자들의 직업병」, 『철학연구』 56호, 2002년 봄 참조.

것은 그리 어렵지 않은 일이다. 현실과 구별되기 어려울 정도의 현실감 있는 꿈의 경험이 '이 현실 또한 꿈이 아닐까' 하는 생각으로 쉽게 이어지는 것처럼. 하지만 문제가 이렇게 설정될 경우, 가상과 실재를 원리상 구별하기는 난망해진다. 가상이 현실을 그대로 모사하도록 만들어지는 것이라면, 그 가상이 현실에 미치지 못하더라도 그것은 가상의 불충분성으로 여겨질 뿐이다. 따라서 만일 그 불충분성을 극복할 논리적 또는 기술적 가능성만 상정된다면, 가상과 현실이 원칙적으로 동일시될 수 있는 길이 열린다. 그리고 일단 이런 구조가 마련되고 나면, 어떤 현실도 그 자체가 가상일지 모른다는 의심에서 자유로울 수 없다. 「매트릭스」에서 네오가 깨어난 현실, 매트릭스에서 벗어난 세계가 다시 매트릭스에 불과한 것으로 드러날 가능성이 생기는 것이다.[10] 또 가상이 그토록 완벽해서 현실과 같은 특성을 지니는 것이라면, 그 가상에서 깨어나야 할 이유를 찾기도 어렵다. 게다가 깨어나 봐야 그 현실이 또 가상일 수 있지 않은가.

그러므로 실재와 가상이 구별되기 위해서는 양자가 대칭적 구조를 가져서는 곤란하다. 양자 사이에는 어떤 뚜렷한 차이가 있어야 한다. 그렇다면 그 차이는 무엇일까? 우리는 그것을 무엇보다도 조작 가능성과 관련하여 이해할 수 있다.

「매트릭스」에서 매트릭스의 세계는 프로그램된 정보조작의 결과이고 그렇기에 다양하게 조작될 수 있다. 매트릭스의 세계 속에서 스미스 요원은 여러 인물로 변신하며, 주인공인 네오 역시 총알을 피하거나 심지어

---

10) 「매트릭스」 속편들은 이 점을 시사하고 있다. 여기에 대해 언급한 글로는 이정우, 「매트릭스와 운명의 문제」, 『철학으로 매트릭스 읽기』, 이룸, 2003; 조광제, 「반-매트릭스에서 반-「매트릭스」로」, 같은 책 등을 참조. 또 슬라보예 지젝, 「출구를 찾아서: 매트릭스 해체하기」, 윌리엄 어윈 엮음, 『매트릭스로 철학하기』, 이운경 옮김, 한문화, 2003, 291쪽 참조.

총알을 공중에 멈춰 세우기도 한다. 이 조작 가능성은 가상세계의 매력이지만 또 다른 한편으로는 위험이기도 하다. 누구에 의해 또는 무엇에 의해 조작되고 이용될 수 있음을 함축하는 까닭이다. 가상세계는 실재의 현실보다 더 안락하고 더 즐거울지 모른다. 그러나 그 가상은 조작 여하에 따라 순식간에 깨져 버릴 수도 있고 그 가상의 외부에서 다른 목적으로 이용될 수도 있다. 사실 영화 자체가 이렇게 조작 가능한 가상의 영역이다. 디지털의 이미지 조작 기술은 이 영역의 조작 가능성에 현실감을 한껏 높여 주었고, 그 결과 거꾸로 현실이 같은 특성을 지니는 것일 수 있다는 생각을 그럴듯한 것으로 만들어 주었다. 그런데 이런 생각이 야기하는 모종의 불안감은 우리가 조작되거나 이용되고 있을지 모른다는 느낌에서 비롯한다고 볼 수 있지 않을까. 그리고 이와 같은 가상과 현실의 대칭 구도는 실제로 조작 가능해지고 또 조작되고 있는 현실을 반영하는 것이라고 볼 수 있지 않을까.

하지만 여기에 머문다면 가상과 현실의 대칭 구도가 발휘하는 역할에 대해 일면적으로밖에 이해하지 못하는 셈이다. 더구나 그러한 일면적 이해는 바로 그 대칭 구도의 효과이기도 하다. 다시 말해, 이 같은 구도가 그 구도를 벗어나는 실재의 특성을 가린다는 얘기다. 가상의 거울상인 현실의 상이 실재를 대체하며, 실재에 대한 이해를 가로막는다. 이 점에서 조작 가능성의 문제는 중요한데, 왜냐하면 실재의 매우 중요한 특성이 이 조작에서 벗어나는 데 있다고 여겨지기 때문이다. "실재의 사막에 온 것을 환영하네." 이것은 「매트릭스」에 나오는 유명한 대사 — 매트릭스를 벗어난 네오에게 레지스탕스 지도자 모피어스가 건네는 인사말 — 이다. 세계대전이 휩쓸고 지나간, 기계가 지배하는 황폐해진 세계, 인간들이 누에고치처럼 통 속에 담겨 기계 시스템에 에너지를 제공하는 세계. 이것이 실재의 세계이고 그래서 실재의 '사막'이다. 이것은 우리가 경험하는 세계가 실상은 조작되는 상징세계에 불과하고 그렇게 이용당하는 우리의 실제 세계는 그와는 다른 황폐한 세계일 수 있다는 통찰을 드러내는 것으로 보인다. 그러나 영화 속의 이 '실재의 사막'은 또 다른 조작되는 세계, 상징적 조작의 가상세계이다. 그것이 그려 내는 현실은 가상과 본질적으로 유사하며, 그래서 곧 가상으로 전화할 수 있고, 이런 방식을 통해 실재를 가린다. 실재는 이러한 메커니즘을 통해 걸러지며 변형된다.

"실재의 사막에 오신 것을 환영합니다." 지젝은 9·11테러를 다룬 글에서 「매트릭스」의 이 말을 인용한다.[11] 그의 시각에서 볼 때, 9·11사건은 세계에, 특히 미국인들에게 자신들이 마련해 놓은 상징적 환상을 뚫고 실재의 한 국면이 드러나는 경험이었다. CNN을 통해 전 세계에 생중계된 쌍둥이 빌딩의 붕괴 모습은 정말 할리우드 영화 같은 장면이었지만, 상징의 세계에 대한 실재의 복수처럼 비치기도 했다. 현실을 너무도 그럴듯하게 모사한 가상과 너무도 닮은 현실, 그러나 그것은 가상의 질서를, 그 질서에 의해서 포장된 현실의 겉모습을 여지없이 날려 버렸다. 이것은 다시 깨어날 수도, 되돌릴 수도, 달리 어떻게 조작할 수도 없는 실재의 면모를 담고 있다. 그간 중동에서, 동유럽에서, 아프리카에서 수없이 저질러져 온 지구상의 폭력들, 그 폭력을 자신들과 무관한 일인 양 은폐하거나 조작해 왔던 상징적 체계의 심장부에 그 상징적 가상을 깨는 실재의 내습이 도래한 셈이다.

이러한 해석을 어떻게 받아들이든 간에 여기서 주목할 것은 실재와 조작 가능성의 관계이다. 단적으로 말해 실재는 상징적 질서와 조작 가능

---

[11] 슬라보예 지젝, 「실재의 사막에 오신 것을 환영합니다!」, 『비평』 6호, 2001.

성을 넘어선다. 그렇다고 실재가 상징적 질서와 무관하게 제시될 수 있는 것은 아니다. 9·11사건이 미디어의 매개를 통하지 않고 다루어지는 것이 불가능하듯, 우리가 날것의 실재만 따로 만날 수는 없다. 또 거꾸로 미디어나 상징체계조차 조작 가능성을 넘어서 있는 한에서는 실재의 한 부분을 담고 있다. 심지어 영화에서도 조작 불가능한 실재의 요소가 있기 마련이듯이. 따라서 이러한 실재는, 지젝이 라캉적 관점에 기대어 보여 주는 것처럼, 상징적 현실의 불완전성과 모순성을 드러내는 구멍이나 틈이기도 하다.[12]

4. 이미지의 유물론?

이제 유물론의 문제로 돌아가 보자. 유물론적 견지에서 볼 때, 실재의 이 같은 특성은 바로 물질의 특성이고 따라서 유물론적 특성이라고 할 수 있다. 그런데 언뜻 생각하기에 이런 설정에는 매우 의아스러운 면이 있어 보인다. 그런 식이라면 물질이 조작 불가능하다는 말이 되지 않는가? 하지만 물질이야말로 여러 가지 방식으로, 또 여러 수준에서 조작될 수 있는 것이 아닌가? 실재와 조작 불가능성을 연결 짓는 것은, 이미 플라톤에서도 나타나는 실재의 불변성 규정을 염두에 둔다면, 그 나름으로 납득할 수 있는 일이다. 하지만 물질과 조작 불가능성이 어떻게 함께 놓일 수 있는가? 그렇다면 결국, 실재와 조작 불가능성의 연결이나 실재를 물질로 보는 관점 가운데 적어도 하나는 잘못된 것이 아니겠는가?

그러나 이런 식의 의문은 물질의 법칙성을 생각해 보기만 해도 쉽게

---

12) 지젝, 「출구를 찾아서 : 매트릭스 해체하기」, 『매트릭스로 철학하기』, 292쪽 참조.

해소된다. 이른바 자연법칙은 우리가 바꿀 수 있는 조작 가능한 것이 아니기 때문이다. 여기서 변경되거나 발전될 수 있는 것은 그 법칙에 대한 우리의 인식, 즉 물질세계에 대해 항상 불충분하고 불완전한 것일 수밖에 없는 우리의 인식일 따름이다. 물질에 엄존하는 이와 같은 조작 불가능한 면, 사실 이것이야말로 유물론에서 말하는 물질의 특성, 곧 우리 의식 밖에 있으며 우리의 마음대로 할 수 없다는 특성에 부합하는 것이다. 상상 속에서 그러하듯, 쉽게 조작되는 것은 오히려 관념이다. 반면에 물질의 조작은 조작 불가능한 질서에 따르는 한에서만 가능할 뿐이다. 이렇게 볼 때 조작이나 가상을 넘어서는 실재와 물질을 등치하는 유물론적 관점은 전혀 이상한 것이 아니다.

그렇다면 상징적 현실과 가상은, 또 그것을 이루는 요소인 이미지나 정보는 어떻게 취급될 수 있을까? 이것들이 조작 가능한 영역에 속하는 것이라면, 결국 물질의 영역에 포함되지 않는 것이고, 따라서 유물론에서는 다룰 수 없거나 무시하여야 되는 것이 아닐까? 그래서 이미 언급했던 것처럼, 우리 현실의 중요한 한 부분으로 자리 잡은 이미지나 정보 따위를 다루고자 하는 시도는 불가피하게 유물론을 벗어나게 되지 않을까?

알다시피 전통적으로 유물론은 관념이나 이데올로기의 영역을 물질로부터 파생되거나 물질에 종속된 것으로 또는 물질로부터 본질적인 영향을 받는 것으로 취급하여 왔다. 다른 유물론자들에 비해 이데올로기 영역의 상대적인 자립성을 강조하였던 알튀세르와 같은 경우도 그 근거를 물질적 생산과 유사한 생산의 구조나 이데올로기의 물질성에 돌렸다. 즉 유물론적 견지에서는 물질적 질서에 대한 파악이 비물질적인 영역을 이해하는 기초가 되었던 셈이다. 오늘날에도 이 점은 마찬가지일 수밖에 없다. 이미지나 정보, 가상현실 등의 경우에도 유물론은 이런 영역들이 부각되는 배경을 물질적 질서와 관련하여 해명하려 노력해야 할 것이다. 다만 오늘날에는 물질적 질서에 대한 자의적인 파악과 설정을 더욱 경계하지 않을 수 없다. 이 '자의'는, 과거 소련과 동구권의 정형화된 공식적 물질관이 보여 주었던 것처럼, 특정한 방향의 조작을 가능하게 하는 이데올로기의 요소가 될 수 있기 때문이다. 그렇게 자의에 오염된 '유물론'은 사실상의 관념론이 되고 그래서 다시 그 물질적 배경의 해명을 요구하는 대상이 되고 만다.

다른 한편 유물론의 견지에서 더 직접적으로 이미지나 가상의 문제에 접근하는 방식도 있다. 그 같은 대상에서 드러나는 물질, 즉 조작 불가능한 실재를 다루는 길이 그것이다. 그러나 이는 이미지나 가상, 정보 따위에 대한 자연과학적 작업을 지칭하는 것이 아니다. 그러한 작업은 분명 물질에 대한 탐구이고 따라서 의식적이든 무의식적이든 유물론적 자세를 필요로 하는 것이지만, 거기에는 새삼스레 철학적인 시각에서 유물론을 논의할 만한 여지가 거의 없어 보인다. 자연과학적 작업은 이미지건 가상이건 그 물질적 구조와 법칙을 문제 삼지 않을 수 없는 까닭이다. 논의의 대상이 되는 것은 이미지를, 정보를, 가상현실을 물리적 차원이 아닌 의미나 상징의 차원에서 다룰 때에도 드러나는 물질적 특성이다. 즉 우리가 의도적으로 조작할 수 있는 듯한 그 차원에서조차 우리의 의도와 예상을, 우리의 조작을 넘어서서 출현하는 실재가 문제다.

이를테면 롤랑 바르트가 제시하는 '푼크툼'punctum, '무딘 의미'le sens obtus 따위의 개념이 그 예라 할 수 있다.[13] 바르트에 따르면 '푼크툼'은 사

---

13) 롤랑 바르트·수전 손택, 『사진론』, 송숙자 옮김, 현대미학사, 1994, 31쪽 이하; 바르트, 『이미지와 글쓰기』, 169쪽 이하 참조.

진 이미지에서, '무딘 의미'는 영화 이미지에서 등장하는 것이지만, 이 두 가지는 모두 상식적이고 익숙한 의미를 벗어나고 그것을 깨버린다는 공통점이 있다. 말뜻 그대로를 보면 푼크툼은 뾰족한 것과 관련되어 있고 그래서 무디어진 것^{obtusus}과는 반대된다. 그러나 뾰족한 것이 기존의 의미에 홈을 내고 그 밖을 드러내듯, 무딘 것 또한 기존 의미를 벗어나며 그 확실성을 좌절시킨다. 두 가지 모두 조작되는 상징과 의미 내에 포착되지 않는다. 그러나 이것들이 오류이거나 실패인 것은 아니다. 푼크툼과 무딘 의미는 오히려 의미의 영역을 끝없이 여는 통로라고 말할 수 있다. 그것들은 의미나 상징조작의 한계를 보여 주며, 그 폐쇄성의 틀을 뚫는다. 우리는 카메라의 렌즈에 포착된 상^{像}들에서 의도하지 않고서 이런 부분들을 발견하게 되지만, 이렇게 우리를 '찌르고' 또 '무디게 하는' 요소들은 단순히 카메라의 조작에서 비롯하지는 않는다. 그것들은 분명 이미지 속에 들어와 있지만, 이미지라는 차원에 갇혀 있는 것이 아니라, 고갈되지 않는 새로움의 원천을, 곧 이미지의 바깥을 지시하는 것으로 보인다. 만일 그렇다면 우리는 이와 같은 요소들을 실재 내지 물질의 편린 또는 흔적이라고 할 수 있지 않을까? 그리고 이미지에서 이러한 물질의 개입에 주목하고 그 중요성을 환기시키는 입장을 '이미지의 유물론'이라고 부를 수 있지 않을까?

그러나 이러한 견지는 '우발성의 유물론'이 그러하듯 우선 소극적인 의의를 지닐 뿐이다. 이미지의 물질성을 문제 삼는 것이 '이미지의 유물론'이지만, 이때 이미지 차원의 물질성이 함의하는 것은 조작적 의미를 넘어선다는, 그래서 그 한계를 드러내고 그 폐쇄성을 와해시킨다는 정도에 그치는 것이기 때문이다.[14] 우발성의 유물론이 사회 역사 차원의 유물론, 곧 역사유물론이 물러선 자리에 처한 유물론의 궁색함을 보여 준다면, 이미지의 유물론 또한 물질 일반의 규정을 다루던 '변증법적 유물론'이 사라진 상황에 놓인 유물론의 옹색함을 보여 준다고 할 수 있을지 모른다. 더 적극적인 유물론의 모습은 찾기 어려운 것일까?

5. 유물론과 타자

로티 같으면 이런 질문에 대해 부정적으로 답할 것이다. 그는 유물론이 '역사'History의 자리를 다른 대상으로 메울 수 있다는 발상을 버려야 한다고 생각한다.[15] 근래에 유행하는 '차이'나 '타자', '언어'나 '담론' 따위도 대안이 될 수 없다. 이른바 '포스트-모던'한 사조 속에서 전보다 애매해진 대상, 그러나 마찬가지로 거창하며 포괄적인 또 다른 대상을 찾으려는 시도를 경계해야 한다는 것이다. 그 대신에 로티가 내놓는 방안은 세계를 여러 가지 다양한 사안들의 복합체로 바라보고, 그 다양한 사안들 하나하나를 개선하려는 실용적인 노력을 기울이는 일이다. 여기서 유물론은 그 같은 노력이 효력을 거두는 데 도움이 되는 개방적이고 수용적인 자세로서 의미가 있을 뿐이다. 그러므로 로티의 눈으로 볼 때 '더 적극적인 유물론에 대한 요구'는 사실상 불필요한 요구인 셈이다. 그런 요구는 자칫, 자신이 무엇인가 중요한 일을 이루어야 한다는 지식인들의 갈망에서 비롯하

---

14) 물질성을 감성(感性)과 관련하여 규정하고 그에 따라 이미지의 물질성을 문제 삼을 수 있는 여지는 앞에서 다룬 가상현실의 대두와 더불어 상당히 훼손되어 버렸다. 물론 우리의 감각 내지 감성에 주어지는 물리적·생리적 신호 자체는 물질로서, 자연과학적 대상으로 다루어질 수 있다. 그러나 그렇게 하여 만들어지는 감각과 지각 이미지는 이제 조작 가능한 대상으로 취급될 수 있게 되었다. 이 때문에 우리의 감성에 주어진 것을 물질적 실재와 등치하기는 매우 어려워졌다. 감각-자료(sense-data)나 그러한 것으로서의 이미지를 우리의 의식이나 관념의 조작으로부터 독립된 존재론적 요소로 간주하기가 더욱 힘들어진 것이다.

15) Rorty, "The End of Leninism", p. 242 참조.

는 것으로 비칠 수 있다.[16]

그러나 '거창하고' '자의적인' 유물론에 대한 로티의 우려를 이유 있는 것으로 받아들인다 하더라도, 로티 식의 실용주의와 유물론적 태도 사이에는 넘기 어려운 거리가 있어 보인다. 무엇보다 중요한 차이는 자기중심성의 문제와 관련하여 생겨난다고 여겨진다. 실용주의에서는 어떤 생각이나 행위 결과의 유익함이 관건이기 때문에, 중심이 되는 것은 그 유익함과 결부된 자기일 수밖에 없다.[17] 반면에 유물론에서는 중심이 의식 밖의 물질에 놓이며, 의식에게는 그 물질의 질서에 대한 개방과 수용의 자세가 요구된다. 그러므로 이런 점에서 보면, 유물론은 실용주의와 달리 자기중심적이 아니라 타자중심적이라고 할 수 있다.

물론 이렇게 유물론과 타자를 연결 짓기 위해서는 이 타자의 성격에 제한이 가해져야 한다. 타자가 관념의 연장체로도 설정될 수 있는 까닭이다. 이 경우에는, 비록 타자가 우리의 의식보다 더 크고 우선적인 존재로, 심지어 무한한 존재로 간주된다 하더라도, 그 타자는 우리 관념에 의해 영향을 받을 수 있게 된다. 즉 자의적으로 조작 가능한 여지를 갖게 되는 것이다. 포이어바흐가 신에 대해 지적했던 것처럼, 그러한 타자는 우리 관념의 투사물로 마련된 것이라 볼 수 있다. 하지만 바로 그렇기 때문에 이 같

---

16) *Ibid.*, p. 231 참조.
17) 로티가 내세우는 자기집단중심주의(ethnocentrism : '자문화중심주의'라고 번역되기도 한다)는 이런 자기중심성의 연장이라고 할 수 있다. 여기서는 타자에 대한 관용조차도 자기집단의 성공적인 삶의 방식으로서 가치가 부여된다. 리처드 로티, 『우연성, 아이러니, 연대성』, 김동식·이유선 옮김, 민음사, 1996의 9장 「잔인성과 연대성」, 특히 358쪽 이하 참조. 또 이 개념을 둘러싼 몇 가지 논란에 대해서는 Richard Rorty, "On Ehtnocentrism: A Reply to Clifford Geertz", *Objectivity, Relativism, and Truth*, New York : Cambridge University Press, 1991 참조.

은 관념론적 타자는 우리의 의식에서 출발하는 동일자의 테두리를 벗어나지 못하며, 따라서 진정한 타자의 자격을 갖지 못한다. 반면에 타자의 타자됨이 궁극적인 것이려면, 그 타자가 나의 의식이나 정신 따위로 환원되거나 귀착되지 않아야 한다. 그러므로 이런 의미의 타자는 물질과 마찬가지로 조작을 넘어서 있다는 특징을 가진다. 바로 여기서 타자 논의는 유물론과 긴밀하게 엮일 수 있다. 하지만 이러한 결합이 로티가 우려하듯 또 하나의 폐쇄적인 거대 담론으로 나아갈 가능성은 크지 않아 보인다. 그 같은 결합은 분명 유물론의 폭을 넓혀 주고 초점을 변화시킬 수 있을 것이지만, 조작 불가능한 타자에 대한 관심은 유물론의 개방적 자세를 한층 더 강하게 요구할 것이기 때문이다.

이렇게 타자의 논의와 결합될 때, 유물론과 유물론적 태도의 문제는 다양한 영역에 적용될 수 있다. 타자 자체가 자연에서부터 사회와 윤리, 정신분석에 이르기까지 다양한 영역을 포괄하기 때문이다. 일반적으로 말해, 이 타자(들)의 특성은 나 또는 우리로서의 자기에 우선하며 또 이 자기를 넘어선다는 데 있다. 그래서 가령 자연을 타자이자 물질로 본다는 것은 자연을 이제 동일화와 조작의 대상으로가 아니라 우리가 존중하고 수용하여야 할 자체의 질서를 지닌 존재로 봄을 뜻한다. 우리의 몸의 경우도 길들이고 억압해야 할 대상으로가 아니라 우리 삶의 바탕으로 받아들여야 할 존재로 다가온다. 정신분석의 영역에서조차, 라캉의 대타자^{Autre} 개념에서 보이듯, 타자는 우리의 의식 너머에서 의미를 규정하는 열린 체계로 이해된다.[18] 그러나 무엇보다도 타자 개념은 윤리적이고 사회적인 면에서 큰 의의를 지닌다. 타자와의 관계를 철학이 다루어야 할 가장 우선적인 사안으로 보는 레비나스는 이 관계를 윤리적 관계로, 또 사회성 자체로 간주한다.[19]

레비나스에 따르면, 타자는 나에 앞설 뿐만 아니라 나는 이 타자와의 관계 속에서 비로소 성립한다. 그렇기에 타자와의 관계는 나의 자유보다 더 근원적이다. 레비나스가 말하는 '정의'正義가, 사회성이 나와 나의 세계에 우선하는 것이다. 이렇듯 타자는 나와 비대칭적인 관계를 맺는다. 타자는 나의 유한함을 넘어서며, 나에 의해 완전히 포착되지 않는다. 그렇지만 타자는 나에게 스스로를 드러내고, 내게 말을 건넨다. 이렇게 타자가 나에게 나타나는 모습이 곧 '얼굴'이다. 얼굴은 무방비의 벌거벗은 상태로, 그러나 고갈되지 않는 깊이를 가지고 내게 다가온다. 나는 이 타자의 얼굴에서 일시적으로 눈을 돌릴 수는 있겠지만, 그 헐벗음과의 관계를, 내 세계의 유한성을, 타자와의 관계를 없앨 수는 없다. 다시 말해 이 얼굴의 헐벗음은 내 세계의 불완전함과 유한성을 드러내며, 그럼으로써 나를 타자의 '명령'에 마주서게 하고 타자에게 '응답'하게 하며 타자를 '환대'하게 한다. 타자에 대한 응답réponse은 곧 나와 내 세계에서 드러나는 헐벗음에 대한 '책임'responsabilité을 가리키며, 타자에 대한 환대hospitalité는 타자를 나의 자리에 맞이함을, 즉 내 세계의 규정과 경계를 넘어섬을 뜻한다. 이처럼 레비나스에서는 타자와의 관계가 적극적인 수용과 변화의 자세를 요구하는 것으로 드러난다.

하지만 그렇다고 해서 레비나스의 철학이 적극적인 유물론의 형태라고 주장하기는 쉽지 않다. 레비나스 스스로가 자신의 철학을 어떤 형태의

---

18) 라캉은 이 열린 대타자를 'A̸'로 표시한다. 이는 상징체계가 불완전하며 실재를 향해 열려 있음을, 따라서 실재의 편린 내지 흔적을 담고 있음을 뜻한다. 딜런 에반스, 『라캉 정신분석 사전』, 김종주 외 옮김, 인간사랑, 1998, 202~203쪽 참조. 한편 라캉은 스스로를 유물론자라고 칭하고 기표(signifiant)의 물질성을 강조한다. 같은 책, 249쪽 이하 참조.
19) 레비나스, 『전체성과 무한』 참조.

존재론에도 앞서는 '윤리학'으로서 제시하고 있을뿐더러, 그가 중요하게 다루고 있는 '얼굴'이나 '환대', '책임' 등을 유물론적 개념이라고 강변하기에는 무리가 따를 것이기 때문이다. 그러나 레비나스 철학이 조작 가능한 폐쇄적 '전체'의 밖을 환기하고 있다는 점, 특히 그 밖外在性;extériorité의 우선성이 유한한 '전체'에 어떻게 드러나는가를 살피고 있다는 점은 유물론의 견지에서 크게 주목할 만하다. 더욱이 레비나스가 비판하는 전체성, 그가 타자를 통해 넘어서고자 하는 동일성의 세계는 따지고 보면 근대 이후의 자기중심적 질서이고, 그런 면에서 오늘날 대부분의 좌파 철학이 지향하는 바와도 많이 어긋나지 않는다. 반면 우리가 논의의 빌미로 삼았던 로티의 경우, 유물론을 얘기할 때조차 그 개방성의 폭이 근대 이후의 자유주의 질서 내에 머물러 있다.

만일 유물론이 물질의 우선성이나 조작 불가능성뿐 아니라 인식 가능성까지 함축하는 것이라면, 즉 우리가 물질의 질서나 법칙을 인식할 수 있고 그에 따라 우리의 사회적 삶을 조정措定할 수 있음을 함의하는 것이라면, 레비나스 철학뿐 아니라 유물론을 지향하는 오늘날의 사회철학은 대부분 이 후자의 조건을 만족시키지 못하고 있다고 해야 할 것이다. 과거의 역사유물론을 모델로 할 때, 오늘날 유물론의 처지는 궁색함을 면치 못한다. 그러나 유물론을 조작적 세계의 한계를 넘어설 수 있는 모색의 틀로 생각한다면, 그 유물론의 모습은 우발성의 유물론으로도, 이미지의 유물론으로도, 타자의 얼굴로도 나타날 수 있다. 더욱 적극적이고 힘 있는 유물론의 형태는 이런 모색들의 개방성과 연결되어 있을 것이다.

2장 '진리'냐 '파국'이냐
문화대혁명의 서양철학적 반향에 대한 소고

1. 라 시누와즈

프랑스의 영화감독 고다르가 1967년에 만든 「라 시누와즈」La Chinoise[1]는 문화대혁명이 유럽에, 특히 프랑스의 젊은이와 지식인들에게 미친 영향을 잘 보여 주는 영화다. 영화에는 문화대혁명의 진행 상황을 알리는 베이징과 상하이의 라디오방송이 들리고, 마오쩌둥과 중국인들의 사진이 배경으로 등장한다. 붉은 표지의 마오쩌둥 선집을 읽는 장면이나 그 책자가 바닥에 수북이 쌓여 있는 모습도 나온다. "마오, 마오"를 외치듯 노래하는

---

1) 원제는 "La Chinoise, ou plutôt à la chinoise : un film en train de se faire"이다. '중국적인 것, 아니 중국적인 것을 향하여 : 자신을 만들어 가고 있는 영화' 정도로 번역될 수 있겠다. 현재 통용되는 '중국 여인'이라는 번역 제목은 내용상으로 보더라도 우스꽝스럽다. 영화에는 어떤 '중국 여인'도 등장하지 않는다(국민복 차림의 젊은 중국 여인의 사진이 잠깐 비치는 장면은 있다). '중국적인 것'을, 곧 문화대혁명의 정신을 닮고자 하는 프랑스의 젊은이들이 나올 뿐이다. 여성명사로 표현된 '중국적인 것' ── 사실 당시의 '중국적인 것', 곧 문화대혁명은 남성적이라기보다는 여성적이지 않은가 ── 을 '중국 여인'이라고 옮긴 것이 단순한 부주의 탓이라고는 생각되지 않는다.

음악도 몇 장면에 깔린다. 그러나 문화대혁명은 이 영화의 배경에 그치지 않는다. 주인공 격인 프랑스의 다섯 젊은이, '아덴 아라비'Aden Arabie[2])라는 이름의 소수 혁명 집단이 지향하는 것은 문화대혁명과 유사한 변혁이고, 그들이 받아들이고자 하는 사상은 마오주의이다. 이 영화는 문화대혁명과 마오주의가 프랑스 젊은이들에게 어떻게 수용되는가를 직접 다루고 있다.

왜 중국인가? 고다르가 보여 주는 바에 따르면, 러시아를, 소련을 믿을 수 없기 때문이다. 소련은 미국과 유착해서 제3세계를, 무엇보다 베트남을 외면하고 있다. 영화에서는 아오자이와 농(베트남 삿갓 모자) 차림의 이본느를 장난감 비행기가 공격하고 이본느는 소리 지른다. 무슈 코슈킨, 도와줘요, 도와줘요. 그러나 소련은 미국과 결탁하여 수정주의의 길을 걷는다. 소련과 손잡은 유럽의 공산주의도 마찬가지다. 반면에 중국은 이들과 투쟁한다. 중국은 제국주의 전쟁에 반대하는 참된 공산주의로 남아 있다. 베이징방송은 베트남의 반제국주의 투쟁 소식을 전한다. 프랑스의 젊은이들은 제국주의에 반대하는 '정의로운' 전쟁에 동감을 표시한다.

왜 문화대혁명인가? 영화에는 계급투쟁을 이야기하는 철학도가 등장한다. 참된 사상은 계급투쟁에서 나온다. 계급투쟁은 프롤레타리아트 독재 이후에도 사라지지 않고 형태를 달리할 뿐이다. 문화대혁명은 부르주아지에 대한 프롤레타리아트의 투쟁이고 수정주의에 대한 참된 공산주의의 투쟁이다. 그러나 왜 문화인가? 왜 '문화'대혁명인가? 우리의 일상조

---

[2]) 폴 니장(Paul Nizan)의 책 제목에서 따온 이름. 이 그룹에 속한 다섯은 낭테르대학 학생인 베로니크, 연극배우인 기욤, 화학을 공부하고 과학 지향적인 앙리, 농촌 출신이고 매춘부 생활을 했던 이본느, 프랑스어 발음이 서툰 음울한 인상의 화가 키릴로프 등이다.

차가 이 투쟁의 연장이고 따라서 혁명의 일환이기 때문이다. 여기에 대비되는 것은 경제주의다. 영화에서는 앙리가 이러한 관점을 대변한다. 그는 자본주의가 발전했다는 것을 인정하면서 평화공존을 내세운다. 이렇게 소련과 유사한 입장을 보이는 까닭에 그는 수정주의자로 비난받고, 추방당한다.

반면에 그룹을 이끄는 베로니크는 테러를 계획한다. 부르주아 계급의 문화를 주입하는 대학을 폐쇄하기 위해, 중국을 따라 혁명적 행동을 실행하기 위해. 프랑스를 방문한 소련 문화부 장관을 암살하는 것이 첫번째 계획이다. 자기 파괴 성향을 보이던 화가 키릴로프가 여기에 자원하지만, 실행하기도 전에 자살하고 만다. 베로니크는 연극배우인 기욤과 더불어 이 테러를 감행한다. 그러나 이들의 행위는 어설프고 비현실적이어서 실수로 엉뚱한 사람을 죽이기도 한다. 이후에 그룹은 흩어지고, 이들이 한동안 아지트로 사용했던 ─ '모든 길은 베이징으로 통한다'라는 글귀가 입구에 씌어진 ─ 아파트에는 원래 주인이 돌아와 어지럽게 붙어 있는 인쇄물들을 떼어 낸다.

68사태 직전에 만들어진 고다르의 이 영화는 68사태와 그 결말에 대한 놀라운 예측력을 보여 준다고 평가받는데,[3] 사상적 배경과 사건에 대한 대강의 설정만 보더라도 그러한 평은 결코 과장이 아님을 알 수 있다. 더욱이 고다르의 특색과 탁월함은 이 영화가 영화임을 깨닫게 하는 여러 장치들에서도 드러난다. 여러 번의 인터뷰 장면에서 배우들은 카메라를 똑바로 보고 이야기한다. 질문자의 목소리와 카메라가 장면 속에 그대로

---

[3] 안니 골드만, 『영화와 현대사회』, 지명혁 옮김, 민음사, 1998, 196쪽 이하 참조(유감스럽게도 이 번역은 무성의하고 부정확하다).

들어오기도 하며, 각 장면의 슬레이트를 찍은 부분이 그대로 노출되기도 한다. 이렇게 브레히트적인 '소격효과'를 작동시킴으로써 고다르는 이 영화에 대한 거리 두기와 더불어 문화대혁명에 대한 거리 두기에도 성공하고 있는 듯이 보인다. 즉 문화대혁명은 영화 속에서 봉합된 현실로 전해지는 것이 아니라, 이해하고 평가해야 할 대상으로서, 완결되지 않은 사건으로서 제시된다.[4] 중국에 대한, 문화대혁명에 대한 고다르의 영화는, 문화대혁명을 바라보는 프랑스의 현실을 반영함과 아울러 이러한 현실 자체를 문젯거리로 던져 놓고 있는 셈이다. 이 영화는 영화의 프레임 밖을 지시한다.

2. 계급투쟁 = 역사의 동력?

문화대혁명과 관련이 있는 서양의 철학자를 꼽으라면 단연 루이 알튀세르가 빠지지 않을 것이다. 그 영향력의 전성기가 문화대혁명 시기와 겹치는 데다가 사상적인 면에서도 상당한 친화성이 있기 때문이다. 「라 시누와즈」에도 알튀세르의 이름이 나온다. 인터뷰 장면에서 연극배우 기욤은 자신이 브레히트적 연극에 대한 알튀세르의 논문을 공부했다고 말한다. 그 논문은 틀림없이 『맑스를 위하여』 *Pour Marx*에 실려 있는 「'피콜로', 베르톨라치와 브레히트(유물론적 연극에 대한 노트)」일 것이다. 알튀세르는

---

[4] 알제리 해방전쟁에 참가한 철학자 프란시스 장송(Francis Jeanson)이 실명으로 출연하고 있는 것도 오히려 이러한 효과를 돕는다. 다큐멘터리적 요소를 통한 비판적 거리 두기가 작용하고 있는 셈이다. 이렇게 하여 고다르는 영화의 대사 중에 나오는 대로 이 영화를 현실에 대한 단순한 반영이 아니라 '반영의 현실'(réalité de reflexion)로 만들고 있다. 즉 이 영화 자체가 현실을 비추는 데 그치지 않고, 현실에 대한 문제 제기로서 현실의 봉합을 깨뜨리는 현실의 한 부분으로 작용하도록 하고 있다.

이 글에서, 연극은 미학적 이데올로기라는 투쟁의 장을 통해 관객들의 의식을 '생산'한다고 이야기한다.[5] 특히 브레히트적 연극은 자생적인 이데올로기를 깨뜨림으로써 이데올로기적인 자기 확인의 굴레를 벗어나게 만들고, '자기와는 다른 것'을 발견하게 한다. 알튀세르에 따르면, 이렇게 새로운 의식을 생산하는 것이 유물론적 연극의 특징이다. 그런데 이런 식의 견지에서 보면, 서양의 '자기의식'에 대해 문화대혁명의 중국은 새로운 의식을 낳는 '다른 것'으로 작용할 수 있다.

서양의 '자기의식'이 왜 문제인가? 알튀세르가 비판하고자 했던 자기의식은 일종의 거울의식, 다시 말해 대상에서 자기를 찾는 의식이다. 이 자기 속에는 자신이 목표로 하는 바, 자신이 도달하고자 하는 지점이 이미 들어 있다. 그래서 이 자기의식은 '목적론적'이다. 도달점을 미리 설정해 놓고, 거기에 맞추어 세계를 바라보고 해석한다. 그렇기에 이 세계는 자기가 투영된 세계이고, 거울상 속에 갇힌 세계이다. 알튀세르는 소련공산당의 사고방식이 이렇게 목적론적이고 폐쇄적인 이데올로기에 물들어 있다고 생각한다.[6] 생산력주의가 그 주된 형태이다. 인류의 역사는 생산력이 고도로 발전된 사회를 향해서 나아간다. 그 목표가 실현된 사회가 공산주의 사회이다. 이러한 목표를 달성하기 위해 우리는 '주체'로서 능동적이고 적극적인 노력을 기울여야 한다. 여기서 나오는 '주체성'의 강조, 이를 내세우는 '인간주의'humanism가 생산력주의를 보완한다. 이른바 '생산력주의·인간주의'의 쌍이 작동하는 것이다. 그러나 알튀세르가 볼 때, 이러한

---

5) 루이 알튀세르, 『맑스를 위하여』, 이종영 옮김, 백의, 1997, 178쪽 이하 참조.
6) 이하 알튀세르의 입장과 관점에 대한 자세한 설명은 문성원, 『철학의 시추: 루이 알튀세르의 맑스주의 철학』 참조.

목적론적 이데올로기는 현실을 제 것으로 만들지 못한다. 다만 '상상적으로' 현실을 체험하는 방식일 따름이다.

소련의 견지를 거부하고 비판한다는 점에서 알튀세르는 「라 시누와즈」에 나오는 '아덴 아라비'의 젊은이들과 닮았다. 물론 고다르의 어설픈 젊은이들과는 달리, 알튀세르에게는 나름의 체계적 분석이 있다. 폐쇄적 '자기의식'을 원리로 내세웠던 근대의 서양철학, 특히 헤겔 철학에서 목적론적 이데올로기의 뿌리를 찾고, 그 대안으로 구조주의를 통해 재해석한 '과학적' 맑스주의를 내세운다. 구조주의는 생산력주의가 전제하는 역사적 연속성──이 연속성 덕분에 시원과 종말을 연결하는 목적론이 가능해진다──을 깨는 이론적 틀로 작용한다. 그런데 그 현실적 전거가 되는 것은 중국을 비롯한 제3세계다. 중국이, 쿠바가, 베트남이 사회주의 혁명을 이루어 낸 것은, 또 이들 나라가 사회주의 체제를 유지하는 것은 생산력 덕분이 아니다. 소련의 볼셰비키 혁명조차가 생산력주의로는 설명되지 않으며, 서유럽의 혁명 지연도 마찬가지다. 역사는 생산력-생산관계의 '단일한' 모순에 의해 순차적으로 진전되지 않는다.[7]

그렇다면 역사를 움직이는 것은 무엇인가? 알튀세르와 문화대혁명의 친화성이 뚜렷하게 드러나는 것은 이 대목에서이다. 구조주의(또는 알튀세르 자신의 주장대로 하면 스피노자주의)에 의해서는 만족스러운 해결을 보기 어려웠던 이행론의 문제, 곧 사회혁명의 문제가 여기서 '계급투쟁'이라는 답을 얻는다. 알튀세르가 뒤에 술회한 바에 따르면, 문화대혁명

---

[7] 이런 맥락에서 알튀세르는 모순의 '복합성'을 내세우는데, 이때 그는 마오쩌둥의 '주요모순'과 '부차모순', 모순의 '주요한 측면'과 '부차적 측면'이라는 구별을 받아들인다. 여기에 대한 설명은 문성원, 『철학의 시추: 루이 알튀세르의 맑스주의 철학』, 120쪽 이하 참조.

초기에 그는 「문화혁명에 대하여」[8]라는 논문을 익명으로 발표했는데, 이 글은 문화대혁명을 이끌던 마오쩌둥의 사상을 상당 부분 받아들이고 있다. 사회주의 국가 내부에는 '혁명적 길'과 '퇴행의 길'이 존재하며, 이 같은 진보냐 퇴행이냐의 운명은 계급투쟁에 의해, 특히 이데올로기적 계급투쟁에 의해 결판이 난다고 생각한다. 나아가 중국의 문화대혁명은 이 이데올로기 투쟁을 이끌 대중조직을 만들어 냈다고 보고 있다. 알튀세르의 이러한 견해는 당시 프랑스에서 활동하던 마오주의적 학생들의 견해와 별반 차이가 없어 보인다.[9]

'계급투쟁'에 대한 강조는 그 이후 이른바 '자기비판' 과정[10]에서 공개적으로 천명된다. 알튀세르는 『맑스를 위하여』와 『자본론을 읽는다』 *Lire le Capital* 등을 중심으로 한 자신의 이전 작업이 '이론' 영역을 과도하게 강조했음을 인정하고, 상대적으로 소홀히 다루어 왔던 계급투쟁의 중요성을 새롭게 부각시킨다. 알튀세르의 제자였던 에티엔 발리바르$^{\text{Étienne Balibar}}$의 설명에 따르면, 이러한 변화에는 문화대혁명의 영향이 자리 잡고 있다.[11] 알튀세르에게 문화대혁명은 스탈린주의에 대한 좌익적 비

---

[8] 이 글은 프랑스의 맑스-레닌주의 공산주의 청년 연맹(UJCML)의 이론적 입장을 대변하던 『맑스-레닌주의자 평론』(*Cahiers Marxistes-Leninistes*) 14호(1966년 11~12월)에 실렸다. 그 내용에 대한 소개는 그레고리 엘리어트, 『이론의 우회』, 이경숙·이진경 옮김, 새길, 1992, 297쪽 이하 참조. 알튀세르 자신의 고백과 평가는 알튀세르, 『미래는 오래 지속된다』, 452쪽 참조.

[9] 마오주의적 학생들의 견해는 Patrick Kessel, *Le mouvement "maoiste" en France* (Tome 1~2), Paris: U.G.E., 1972에 실려 있는 1차 문헌들에서 확인할 수 있다.

[10] 알튀세르는 1967년에 쓴 「『맑스를 위하여』의 영어판 서문」에서 '자기비판'이라는 용어를 쓴다. 이후 그는 『자기비판의 요소들』(*Elément d'autocritique*, Paris: Hachette, 1974)이라는 책자를 내놓는다.

[11] 에티엔 발리바르, 「이행의 아포리들과 맑스의 모순들」, 『맑스주의의 역사』, 윤소영 편역, 민맥, 1991, 278쪽 이하.

판——사실 이것이 알튀세르가 의도하던 바였다——의 실례實例였다. 문화대혁명은 계급투쟁의 현실, 사회주의 혁명 이후에도 존속하는 계급투쟁의 현실이다. 그러나 알튀세르의 견지에서 볼 때, 이것은 결말이 정해진 어떤 '목적론적' 과정이 아니다. 계급투쟁은 승리와 패배 양쪽으로 열려 있다. 또 계급투쟁의 계급은 역사 과정을 자신의 의도대로 끌고 나가는 어떤 '주체'가 아니다. 오히려 계급은 계급투쟁의 담지자^{agent}이며, 계급투쟁의 산물이다. 중국의 문화대혁명 과정에서 익명의 대중들이 보여 준 모습은 이러한 '주체 없는 과정'으로서의 계급투쟁에 잘 들어맞는다.[12]

알튀세르는 1970년대 말에 이르기까지 사회주의가 '계급투쟁이 지속되는 불안정한 시기'라는 견해를 계속 피력한다. 사회주의에 대한 이런 관점은 발리바르에 의해 '사회주의=프롤레타리아 독재기'로 정식화되기도 한다.[13] 이 같은 생각은 물론 맑스나 레닌의 고전적 견지와는 다른 것이다. 맑스나 레닌에 따르면, 사회주의는 낮은 단계의 공산주의로서, 이미 공산주의적 생산양식을 갖추고 있는 새로운 사회이며, 기본적으로 무계급사회이다. 반면에 알튀세르나 발리바르의 사회주의 규정은 차라리 마오쩌둥의 견해와 이를 공식화한 중국의 입장에 가깝다.[14] "계급투쟁은 1만 년은 지속되어야 한다"면서 사회주의하의 계속적인 계급투쟁을 강조한 마오쩌둥 견해의 일단一端은, 문화대혁명 이후 오늘날까지도 중국의 사회주의 규정 속에 남아 있다.[15]

---

12) 토니 주트(Tony Judt)는 *Marxism and the French Left*, Oxford : Clarendon Press, 1986, p. 195에서 이런 점을 지적한다.
13) 에티엔 발리바르, 『민주주의와 독재』, 최인락 옮김, 연구사, 1988, 155쪽 참조.
14) 진춘밍·시쉬엔, 『문화대혁명사』, 이정남 외 옮김, 나무와숲, 2000, 36, 73쪽 참조.
15) 1993년 신헌법에도 중국은 "노동연맹에 기초한 인민민주주의 독재의 사회주의 국가"로 규정돼 있다. 노동연맹의 인민민주주의 독재는 프롤레타리아 독재의 변형판이라 할 수 있다.

사실, 현실에 비추어 보면 사회주의가 무계급사회라는 고전적인 규정보다는 사회주의란 프롤레타리아트 독재 내지 인민민주주의 독재라는 규정이 더 설득력이 있다. 현실에 존재한 사회주의 사회는 자본주의를 넘어선 한 단계 더 발전된 사회였다기보다는, 자본주의와의 경쟁에, 또 자본주의로의 회귀 가능성에 노출되어 있던 사회였기 때문이다. 중국을 비롯하여 현재 사회주의를 표방하고 있는 몇몇 나라들도 사정이 다르지 않다. 지난 1980년대 후반에 소련에서 페레스트로이카가 진행되고 있을 무렵, 사회주의에 대한 알튀세르-발리바르의 견해가 뒤늦게 우리 사회에서 주목을 받았던 이유도 이런 데 있을 것이다. 그렇다면 우리는 이 같은 견해를 어떻게 평가해야 할 것인가? 마오쩌둥과 알튀세르가 현실사회주의의 위상과 성격을 제대로 파악했지만, '미리 정해져 있지 않은' 현실의 계급투쟁 과정이 결국 자본주의에 유리한 쪽으로 전개되었다고 보아야 하는가? 아니면 이러한 견해 자체에 심각한 어떤 잘못이 들어 있다고 생각해야 할 것인가?

3. '사건'과 '진리의 윤리'

영화 「라 시누와즈」의 말미에서 베로니크는 다시 학교로 돌아간다. 68사태 이후 대부분의 학생들도 그러했다. 그렇다면 문화대혁명은? 문화대혁명은 마오쩌둥 사후 중국공산당에 의해 중대한 오류였음이 공식 선언된다.[16] 오늘날까지의 중국의 변화 과정을 보면 마오쩌둥이 우려했던 자본

---

16) 중국공산당 11기 6중전회(1981. 6. 27)에서 통과된 「건국 이래의 당의 약간의 문제에 관한 역사적 결의」 참조. 그 일부가 리영희 엮음, 『10억 인의 나라』, 두레, 1983에 번역되어 있다.

주의적 요소의 부활이 두드러진다는 점을 부인할 수 없다. 이 점을 아쉬워하고 비판하는 목소리가 없었던 것은 아니지만,[17] 서구 지식인들도 대부분 문화대혁명이 실패였음을 받아들인다. 계급투쟁이라는 틀 안에서 보면, 부르주아적 요소에 대해 프롤레타리아적 요소가 위축되었다고 이야기할 수 있을 것이다. 하지만 다른 한편, 10년간의 부추김 뒤에 도래한 그 위축은 '계급투쟁'이 자신의 틀 안에서만 존립할 수 없음을, 즉 '계급투쟁'을 규정짓는 다른 현실적 힘들이 엄존함을 보여 준 것으로 해석될 수 있다.

고전적 맑스주의의 관점에서 보아도 '문화대혁명'이라는 발상은 그 자체가 이미 무리를 함축하고 있다. 맑스에 따를 때, 사회혁명의 핵심은 생산관계의 변혁이기 때문이다. 문화적인 변혁은, 또 문화 영역에서의 계급투쟁은 기본적으로 여기에 수반되는 것이다. '문화대혁명'의 이름 아래 계속적으로 주자파走資派적 요소와 싸워야 한다면, 그러한 사태는 토대의, 즉 새로운 생산관계의 취약함을 드러내는 것이기도 하다. 물론 이렇게 하여 유예된 시간 동안 새로운 생산관계를 안정시키려 노력할 수는 있다. 그런데 맑스주의에서 생산관계 안정의 궁극적 요건은 생산력의 발전일 수밖에 없다. 이런 생산력-생산관계의 뒷받침 없이 계급투쟁과 문화혁명을 고집하는 것은 부실한 토대를 지붕에 매달려고 노력하는 꼴이다. 문화대혁명의 실패와 중국의 오늘은 이와 같은 맑스주의의 고전적인 견지가 여전히 유효하다는 실례가 될 수 있다.

그렇다면 문화대혁명은 부정적인 사례로서의 의미만을 가질 뿐인

---

17) 예컨대, 샤를 베틀랭(Charles Bettelheim), 「등소평 이데올로기 비판」, 리영희 엮음, 『10억 인의 나라』 참조.

가? 문화대혁명에 기대를 걸었던 서구의 지식인들 가운데 근래에 문화대혁명에 대해 적극적으로 언급한 예는 찾아보기 힘들다. 말년의 알튀세르는 문화대혁명은 거론하지 않은 채 새로운 대중운동에 대한 막연한 기대만을 피력했을 뿐이다.[18] 보다 급진적인 마오주의의 입장에서 (공산당 조직에 집착한 비대중적 태도를 보였다는 이유 등으로) 알튀세르를 공박했던 랑시에르[19]의 경우도 그후에는 문화대혁명에 대해서 침묵하고 있다. 오늘에 이르기까지 문화대혁명을 자신의 철학적 견해와 결부시켜 논의해 온 비중 있는 서양철학자로는 아마 바디우[20]가 유일할 것이다.

바디우는 비교적 최근에 쓴 글에서도 문화대혁명기의 문헌인 「프롤레타리아 문화대혁명에 관한 결정」(일명 「16조」) 가운데 일부를 매우 긍정적인 맥락에서 인용하고 있다.

…… 우리는 동일한 원칙을 중국 문화혁명 동안, 예를 들면 1966년 8월 8일의 16조 결정 가운데서 발견한다: 위대한 혁명운동 속에서 대중이 스스로를 교육하게 하라. 대중 스스로가 무엇이 정의이고 무엇이 정의가 아닌지의 구별을 결정짓게 하라.[21]

---

18) 문성원, 『철학의 시추: 루이 알튀세르의 맑스주의 철학』, 204쪽 이하 참조.
19) Jacques Rancière, *La leçon d'Althusser*, Paris : Gallimard, 1974 참조. 여기에 대한 알튀세르의 변론은 알튀세르, 『미래는 오래 지속된다』, 299쪽 이하 참조.
20) 바디우는 랑시에르와 마찬가지로 알튀세르의 제자였고, 68년을 전후해서 열성적인 마오주의자로 활동했다. 파리 8대학 교수를 거쳐 현재 파리고등사범학교 철학과 주임 교수로 있다. 『존재와 사건』(*Être et Événement*)이 주저이다.
21) Alain Badiou, "Philosophy and Politics", *Radical Philosophy* 96(July-August 1999), p. 29. 인용된 문헌은 중국공산당 8기 11중전회에서 통과된 문건이다.

여기서 '동일한 원칙'이란 '인민이 진리를 가질 수 있다'는 원칙이다. 바디우는 이 원칙이 평등주의적 원칙이며, 이런 평등주의적 원칙에 기초를 둘 때에만 어떤 정치적 방향은 진리로울 수 있다고 말한다. 그러니까 위에 인용된 문화대혁명의 조항은 평등주의적이고 진리로운 정치적 방향을 보여 주는 예가 되는 셈이다. 또 바디우는 자신이 말하는 '평등'을 설명하면서 다시 문화대혁명기의 중국을 거론한다. 이때의 평등은 지위나 기능 따위의 어떤 객관적인 지표에 따른 평등이 아니라 '주체적인' 것이고 이른바 '사건' 속에서 드러나는 것인데, 그 예 가운데 하나가 문화대혁명의 정치적 대중운동이라는 것이다.[22]

바디우는 이전에도 문화대혁명을 '사건'의 예로 취급했다.[23] 바디우에 따르면, 사건이란 기존의 상황이나 제도화된 지식과는 '다른 것'이 생겨나게 하는 것이고, 그래서 우리로 하여금 새로운 삶의 방식을 갖추도록 요구하는 것이다. 즉 이전과는 다른 새로움의 도래가 사건의 특성이다. 그래서 사건은 세계가 닫힌 것이 아닌 열려진 것임을 보여 준다. 바로 이런 개방성을 가지고 있는 탓에 존재는 여럿이고 다양일 수 있다. 그러니까 사건은 다양을 가능하게 하는 개방적인 세계의 됨됨이가 드러나는 것이자 그 됨됨이의 일부인 셈이다. 이렇듯 다양과 개방성을 내세우는 바디우의 철학에서 '사건'은 매우 핵심적인 개념이다.

바디우에 따르면 이런 사건의 예들은 여러 영역에서 찾을 수 있다. 갈

---

22) Badiou, "Philosophy and Politics", p. 30.
23) 알랭 바디우, 『철학을 위한 선언』, 서용순 옮김, 길, 2010, 124쪽; 알랭 바디우, 『윤리학』, 이종영 옮김, 2001, 동문선, 56쪽 등 참조. 이하 바디우의 철학에 대한 설명은 문성원, 「불멸의 것에 대한 충실성으로서의 윤리」, 『진보평론』 11호, 2002년 봄 참조. 좀더 자세한 소개로는 알랭 바디우, 『들뢰즈: 존재의 함성』, 박정태 옮김, 이학사, 2001의 부록으로 실린 「『존재와 사건』 용어사전」과 옮긴이의 「알랭 바디우의 『존재와 사건』 소개」를 보면 좋다.

릴레이의 물리학이나 아인슈타인의 상대성 이론의 등장은 학문에서의 사건의 예이고, 하이든의 고전음악과 쇤베르크의 12음계법 창조는 예술 영역의 예이다. 너와 나의 개인적인 열정도 하나의 사건, 사랑의 사건이 될 수 있다. 이 모든 사건은 사건인 한에서 이전의 상황이나 사고를 넘어선다. 그런 까닭에 사건은 이전의 방식으로 설명되거나 명명될 수 없다. 문화대혁명이나 68년 5월 사태는 정치 영역에서의 이런 사건의 예이다. 바디우는 이렇게 말한다.

> 68년 5월이나 문화대혁명은 공통적으로 맑스-레닌주의에 의거하고 있었고, 맑스-레닌주의의 ― 정치적 재현의 체계로서의 ― 붕괴는 그 사건들의 본질 속에 정확하게 기입되어 있었다는 것이 곧 드러났다. 비록 이 체계 속에서 사유되었다고 하더라도, 일어난 사건들은 이 체계 속에서 사유 가능한 것이 아니었다.[24]

바디우가 볼 때, 철학이 새롭게 해야 할 일은 이런 불투명한 사건을 고찰하고 그것을 통해 새롭게 열리는 가능성을 사고하는 것이다. 사실 바디우의 철학, 즉 다양의 존재와 사건에 대한 그의 이론은 이와 같은 노력의 결과라고 할 만하다. 그가 경험했지만 이전의 틀로는 해명되지 않는 미증유의 사건들, 특히 문화대혁명과 68사태 등이 바디우의 철학에 중요한 동기를 제공했고 그 철학의 특징을 규정했다는 얘기다. 사건은 왜 생겨나며, 어떤 성격을 갖는가? 또 이 사건들을 통한 현실의 변화 가능성은 어떻게 이론화할 수 있을 것인가?

---

24) 바디우, 『철학을 위한 선언』, 124쪽.

바디우는 여기에 대해, 존재가 하나의 전체로 봉합될 수 없음을 보여 주고자 한다. 그는 칸토어Georg Cantor의 집합론에 기대어 이러한 존재론을 정당화하는데, 이때의 초점은 집합 a의 모든 부분집합들로 이루어진 집합 p(a)의 원소이지만 본래의 집합 a의 원소는 아닌 집합이 적어도 하나 이상 존재한다는 것, 따라서 모든 하나는 하나 자신을 초과하는 다수를 언제나 적어도 하나 이상 지니고 있다는 것이다. 이러한 사태는 모든 것을 하나의 질서로 셈하려는 사고방식의 궁지를, 그러한 사고방식이 포함할 수 없는 공백을 보여 준다. 그런데 이 공백에서 비롯하는 것이 사건이다. 따라서 사건은 이미 파악한 것들로는 현시하거나 재현할 수 없다. 사건은 비정규적인a-normal 것이며, 독특한singulier 것이고, 그런 의미에서 역사적인historique 것이다. 이 역사적인 것은 덧없이 사라져 가는 것이 아니라 불멸의 것으로서의 지위를 갖는다.[25]

여기서 중요한 것은, 일단 사건이 발생하면 그 상황에 충실하는 한에서 우리는 더 이상 이전과 같을 수가 없다는 점이다. 사건은 이전에 볼 수 없던 새로운 '잉여'를 부가하는데, 바로 이 잉여의 관점에서 상황에 관계하는 것이 '충실성'fidelité이다. 즉, 충실성이란 사건에 따라 사고하고 실천하는 것을 뜻한다.[26] 바디우는 '진리'가 이 충실성의 과정에서 생겨난다고 주장한다. 말하자면, 사건적 상황 속에서 충실성이 생산하는 것이 진리이다. 또 '주체' 역시 이러한 과정에서 생겨난다. 바디우는 "충실성의 지지자, 즉 진리과정의 지지자를 '주체'라고 부른다."[27] 이렇게 진리와 주체는

---

25) 수적인 것(수학소)들이 그러하듯이. 이런 식의 관점 때문에 바디우는 현대의 플라톤주의자라는 평을 듣는다. 바디우 자신이 다양의 플라톤주의를 주창하는 대목은 『철학을 위한 선언』, 143쪽 이하 참조.
26) 바디우, 『윤리학』, 55쪽 참조.

새로운 과정을 통해, 사건에 대한 충실성을 통해 발생하는 것이니까, 진리와 주체 역시 이전과 '단절'된다. 이를테면 아인슈타인 이전의 지식으로 그 이후의 진리를 파악할 수 없고, 프랑스혁명 이전의 상황을 바탕으로 그 혁명에 의해 생겨난 주체를 포착할 수 없다.

바디우는 윤리의 문제도 이와 관련하여 이해한다. 윤리는 사건과 진리에 대해 어떤 태도를 취하느냐와 관계가 있다. 사건에 대한 충실성을 지키는 것, 즉 진리과정에 대한 충실성이 곧 '선'이다. 바디우는 이런 일관된 충실성인 선을 고수하고자 하는 윤리가 진정한 윤리라고 본다. 이렇게 진리과정에 참여하는 것이야말로 우리가 불멸의 것에 참여하는 방식이므로, 이 '진리의 윤리'는 곧 불멸의 것에 대한 충실성을 뜻하는 것이기도 하다. 그러나 이때 일관된 충실성을 유지하기란 결코 쉬운 일이 아니다. 사건에서 부가되는 잉여는 알려지지 않은 것이고, 따라서 진리과정은 "알려진 것과 알려지지 않은 것을 결합시키는"[28] 매번 새로운 과정이기 때문이다. 우리의 관성과 동물적인 이해 관심이 이 일관성을 방해한다. 그러므로 진리에 대한 충실성을 유지하기 위해서는 관성과 이해관계의 유혹을 물리치고 기존의 것들을 넘어서려 노력해야 한다. 그래서 바디우가 말하는 '진리들의 윤리'는 "충실성에의 충실성이라는 일관성의 원리" 또는 "'계속하시오!'라는 준칙"[29]이 된다.

이렇듯 바디우가 목표로 하는 것은 어떤 고정된 질서나 이상적 상태가 아니다. 반대로 우리는 여기서 현실의 자기 초월 움직임을 끊임없이

---

27) 같은 책, 56쪽.
28) 같은 책, 61쪽.
29) 같은 책, 83쪽.

추동하고자 하는 지향을 읽을 수 있다. 이런 점에서 바디우는 68세대의 혁명적 자세를 여전히 그 이론에 담아내고 있다고 보인다. 68사태 당시에 전투적 마오주의자였던 경험이 그 이후의 이론적 작업에까지 이어지고 있는 셈이다. 사실 그의 이론에 비추어 볼 때, 바디우가 문화대혁명을 사건으로 본다는 것은 문화대혁명이 '진리의 과정'일 수 있다는 것, 그리고 그 속에서 '선'이 실현될 수 있다는 뜻이다. 또 이른바 '진리의 윤리'에 따를 때, 사건으로서의 문화대혁명 과정에서 취해야 했던 바람직한 자세는 문화대혁명이 초래한 새로움에 대해 충실성을 유지하는 것, '계속하시오!'라는 준칙에 따라 그 충실성을 지켜 나가는 것이 된다.

그러나 그렇다면, 바디우는 문화대혁명이 낳은 폐해에 대해서는, 이를테면 문화대혁명에 그토록 열정적이었던 홍위병들에 대해서는 어떤 생각을 가지고 있는 것일까? 그의 견해에 의하면, 이들도 진리의 과정 속에서 '선'을 추구하고 구현했던 주체들로 보아야 하는 것일까? 또 「라 시누와즈」에서 '아덴 아라비'의 젊은이들이 보여 주는 테러 행위는 어떠한가? 그들의 행위도 문화대혁명에 대한 나름의 충실성에서 나온 것으로 볼 수 있다면, 그들 역시 '선'을 실행하는 것이라고 할 수 있을까?

4. '배반'과 '파국'

나는 하이데거가 범했던 잘못을 막아 줄 어떤 것도 이 [바디우의] 체계 안에서 찾을 수 없다. 하이데거는 나치 '혁명'을 사건이라고 보았고, 새로운 진리의 과정이 시작되었다고 생각했다. 위험은 사건의 사건성이 결국 주관적인 결정에 맡겨진다는 점이다. 바디우에게는 중국의 문화대혁명이 하나의 사건이었다. 나는 그것이 사건이라는 데 동의할 수 없다.[30]

바디우의 견해는 위와 같은 비판에 부딪히기 쉽다. 도대체 어떤 것이 사건인지를 누가 어떻게 결정하는가? 나치가 야기한 사태는 사건이 아니고 문화대혁명은 사건이라고 할 수 있는 이유는 어디에 있는가?

이미 언급했던 것처럼, 기존의 방식으로는 해명할 수 없는 새로움이 사건을 판가름할 수 있는 지표다. 하지만 이것이 논의의 여지가 없는 분명한 기준이 되기는 힘들다. 어떤 사태를 받아들이는 방식에 따라 그 사태의 '새로움'에 대한 판단이 달라질 수 있기 때문이다. 더욱이 바디우에 따르면 '사건'에 수반되는 '진리과정'은 이 사건에 대한 '충실성'에서 비롯한다. 즉 진리는 충실성을 통해서만 생겨나는 것이고 사건은 이 진리를 통해서만 사건으로서 파악되는 것이므로, 이 과정에서 어떤 객관적인 면만을 분리해 낼 수는 없다. 어떤 사태가 사건인가 아닌가는, 여기에 개입하여 진리와 함께 스스로를 주체로 산출해 내는 능동적인 행위를 통해 드러난다. 그리고 이것이 또한 선을 실행하는 과정이기도 하다. 따라서 바디우에게 어떤 것이 사건인가를, 어떤 것이 선인가를 판별할 수 있는 '객관적인' 기준과 절차를 요구한다면, 만족할 만한 답을 얻기는 어렵다.

하지만 바디우는 이 과정이 잘못될 수 있는 가능성을 이야기한다. 이것은 선이 아니라 악이 생겨나는 경우이다. 바디우에 의하면, 악은 선에 대한 추구가 빗나가는 데서 비롯한다. 선의 추구는 진리과정과 결부되므로, 결국 악은 진리과정의 잘못된 양상에서 생겨난다. 진리와 선이 없으면 악도 없다. 동물적인 약탈 행위는 선악의 개념으로 논의할 차원 이전의 것이다. 정말 문제가 되는 악은 선과 맞닿을 수 있는 "진리들의 이면 또는 어

---

30) Jean-Jacques Lecercle, "Cantor, Lacan, Mao, Beckett, même combat : The Philosophy of Alain Badiou", *Radical Philosophy* 93(January-February 1999), p. 12.

두운 면"[31]이다. 사건이냐 아니냐가 논란이 될 수 있는 세계사적 사태에서, 자신들의 행위가 선이 아니라 악을 지향한다고 주장하는 자들은 없다. 9·11테러를 행한 사람들도 자신들이 선을 추구하고 있다고 생각한다. 나치라고 해서 예외가 아니다. 문화대혁명 당시 대부분의 홍위병들도 자신이 진리의 과정 중에 있으며 선을 추구한다고 여겼을 것이다. 그러나 바디우가 볼 때에도 이들의 행위가 선을 이룬 것은 아니다. 테러와 나치의 유태인 학살은 악이고 홍위병들의 행위도 오류와 악에 물들고 말았다. 그것은 왜인가?

바디우에 따르면 테러는 진리가 아니라 진리의 모사, 즉 '시뮬라크르'에서 나타나는 양상이다. 이 시뮬라크르는 보편성과 영원성을 추구하는 사건과 진리의 외양을 빌리지만 실제로는 특수한 실체에 매달린다. 예컨대 나치는 '혁명'이라는 불멸의 것에 호소하는 척하면서도 실상은 게르만인이라는 닫혀진 특수성을 내세웠다. 그 때문에 이 특수한 실체를 부각시키기 위해 유대인이라는 절멸 가능한 대상이 필요했던 것이다. 진리의 과정은 인간에게서 불멸의 존재에 이를 수 있는 가능성을 보며, 그래서 이러한 인격을 투쟁의 대상으로 삼지 않는다. 반면에 시뮬라크르의 경우에는 다른 인간 집단을 자신이 내세우는 특수한 실체를 위해 없어져야 할 존재로 설정한다. 이 때문에 시뮬라크르에 대한 충실성은 전쟁과 학살, 테러로 나타난다.

한편, 악은 '테러'말고도 '배반'trahision과 '파국'désastre이라는 모습을 띠기도 한다. 배반이란 진리과정에 대한 충실성을 포기하는 것을 일컬으며, 파국은 진리가 개방성을 잃어버리고 전능한 것처럼 취급되는 사태를

---

31) 바디우, 『윤리학』, 108쪽.

말한다. 배반은 진리과정의 위기에서 우리를 유혹한다. 흔히 말하는 변절이 배반의 악인 셈이다. 또 파국은 모든 것을 장악하려는 전체주의적 악의 형상이다. 바디우에 따르면 선이 세계를 전부 포획하는 것은 불가능하다. 그것은 공백을 없애고 다양의 가능성을, 사건의 가능성을 봉쇄하는 일이기 때문이다. 선은 사건에 따르는 선일 때, 독특성을 지닐 때에만 선일 수 있다. '전체의 선'을 내세우는 것은 곧 파국으로서의 악을 초래한다. 문화대혁명 때 홍위병들이 저지른 잘못이 이것이다. 그들은 이기주의를 완전히 제거할 것을 천명했지만, 엄청난 파괴를 행한 후 총살되거나 감옥에 갇히거나 그들 고유의 충실성을 배반해 버렸다.[32]

문화대혁명은 진리의 과정이었을 뿐 아니라, 파국이라는 중심적 양상 아래 테러와 배반이라는 형태의 악도 드러나는 과정이었다. 하지만 바디우는 문화대혁명의 주된 모습을 전자에서, 즉 진리를 가능케 한 사건의 면모에서 찾는다. 특히 국가와 당의 지배를 뒤흔든 대중운동에 초점을 둔다. 마오쩌둥을 언급할 때에도 '국가의 마오'와 '반역의 마오'를 구별하기도 한다.[33] 그 이유는 바디우가 새로운 '정치'의 가능성을 국가의 차원이 아닌 곳에서, 국가를 넘어선 곳에서 찾고 있기 때문일 것이다. 또 이 점이 그가 문화대혁명을 나치의 등장과 전혀 다른 것으로 보는 이유 가운데 하나일 것이다.

바디우는 20세기 말 사회주의권의 붕괴를 '국가' 공산주의의 붕괴로 간주하고 있으며, 그 붕괴 위에 유입되는 서구의 민주주의도 자본-의회

---

32) 같은 책, 102~103쪽.
33) Alain Badiou, *D'un désastre obscure : sur la fin de la vérité d'état*, La Tour d'Aigues : Éditions de l'Aube, 1998, p. 14.

주의capitalo-parlementarisme[34])에 불과한 것, 따라서 역시 국가의 변종에 지나지 않는 것이라 생각한다. 이것은 다양의 정치가 아니며, 개방된 정치가 아니다. '인민이 진리를 가질 수 있다'는 평등주의의 정치가 아니다. 바디우가 볼 때, 문화대혁명이 오늘날까지도 여전히 의미가 있는 것은 바로 이런 국가 중심의 상황을 넘어서는 사건이기 때문이다. 비록 문화대혁명의 진리과정이 빗나간 양상 아래에서 중단되었을지라도, 대중운동의 실천은 이제 다시 새로운 시작을 기다리고 있다.

5. '타자'로서의 가능성

"나는 내가 큰 전진을 했다고 믿었지만, 이제 겨우 아주 긴 행진의 첫번째 미미한 발걸음을 내디뎠을 뿐이라는 것을 이해했다."「라 시누와즈」의 끝부분에서 베로니크는 이렇게 말한다. 문제가 살아 있는 한, 어떤 시도가 실패로 끝났다고 해서 그 사태 자체가 종국을 맞는 것은 아니다. 오히려 실패는 새로운 시작을 의미할 수도 있다. 그러나 문화대혁명도 그럴까?

문화대혁명이 초기에 서구의 관심을 끌었던 것은 이 낯선 사태가 소련의 모델과는 다른 대안으로, 서구적 질서와 발상의 틀을 깨는 충격으로 여겨졌던 탓이 크다. 특히 이제껏 경험하지 못했던 대중운동의 양상은 대중정치와 민주주의의 새로운 가능성을 보여 주는 것으로 받아들여지기도 했다. 물론 이제 대부분의 서구 지식인들은 문화대혁명을 하나의 실패한 시도, 전체주의의 동양적 변종쯤으로 취급한다.[35]) 아직까지도 문화대혁명에서 반국가주의적인 평등주의의 가능성을 보는 바디우와 같은 목소리

---

34) Badiou, *D'un désastre obscure : sur la fin de la vérité d'état*, p. 37.

는 오히려 예외적이다. 무수한 사람들이 입은 피해, 특히 수백만에 이른다고 하는 실종자들의 수는 문화대혁명을 일종의 재난이나 범죄로 취급하게 하는 데 충분해 보인다. 서구의 자본주의적 산업화를 따라가기에 바쁜 중국의 현재 모습도 문화대혁명에 대한 긍정적 평가를 가로막는다. 생산력-생산관계의 뒷받침이 취약한 계급투쟁이나 문화의 혁명이 성립하기 어렵다는 점도 앞서 언급한 바 있다.

하지만 애당초 그랬듯 서구인들에게는, 그리고 우리에게도 문화대혁명은 '타자'로서의 지위를, 이제는 역사 속의 타자로서의 지위를 지닌다. 타자는 나의 세계 속에 동화되지 않은, 낯섦과 새로움을 지닌 존재이다. 이 타자는 내게 익숙한 세계의 밖을 지시하며, 그 세계의 한계를 보여 준다. 물론 우리는 타자를 선별하여 동화하려 하거나 무시하고 내칠 수도 있다. 그러나 내 세계의 변화가 불가피함을 인정하고 또 그 세계의 변화를 지향한다면, 타자의 낯선 면모는 내게 자극과 출발점이 될 수 있다. 바디우 식으로 보면, 이 타자는 봉합을 깨뜨리고 다양을 가능하게 하는, 명명되지 않은 존재이다. 문화대혁명은, 적어도 바디우 같은 철학자에게는, 세계의 됨됨이를 새롭게 해석하도록 하는 계기이자 그렇게 해석된 세계를 드러내는 주요한 예가 되었다.

바디우에게 문화대혁명은 기존의 상황에 새로움을 가져온 '사건'이었고, 여기에 대한 충실성으로서의 '진리'와, 전체주의화가 초래한 '파국'

---

35) 이런 평가의 변화에 대해서는 예컨대 Perry Anderson, *In the Tracks of Historical Materialism*, London : Verso, 1983, pp. 72f; Jean-Luc Domenach, "Altérités chinoises", *L'autre*, éds. Bertrand Badie & Marc Sadoun, Paris : Presses de la Fondation Nationale des Sciences Politiques, 1996, pp. 269f 참조(페리 앤더슨, 『사적 유물론의 궤적』, 김필호 옮김, 중원문화사, 2010, 113쪽 이하).

을 함께 수반한 복합적인 사태였다. 그 진리의 과정이 파국으로 중단되었다는 점에서 문화대혁명은 '아주 긴 행진의 첫번째 발걸음'에 해당되는지 모른다. 바디우에게서 문화대혁명의 진리과정은, 평등주의적 정치는 다시 시작될 수 있을 것이고, 아마 그 행진에서 '진리'와 '파국'의 가능성은 여전히 열려 있을 것이다. 그렇다면 우리의 경우는 어떠한가? 우리에게 문화대혁명은 과연 무엇인가? 타자로서의 문화대혁명은 우리의 응답을 기다리고 있다.

3장 자유주의와 정의의 문제
세계화 시대의 자유주의 정의관

1. '만민법'과 정의

자유주의에 관한 오늘날의 아이러니 중 하나는, 자유경쟁을 강조하는 자유주의가 정작 자신은 실질적인 경쟁 상대 없이 사회이념의 지평에 군림한다는 점이다. 이런 사태가 생겨난 것은 현실사회주의가 몰락함과 함께 자유주의와 사회주의 사이에 이루어지던 이념적인 길항작용이 현저히 약화된 탓이 크다. 그 덕택에 자유주의는 그야말로 자신의 '자유'를 마음껏 구가하고 있는 것처럼 보인다. 그런데 이 자유는 과연 정의로운 것일까?

프랑스의 사회학자 알랭 투렌Alain Touraine은 『어떻게 자유주의에서 벗어날 것인가?』라는 책에서 자유주의를 금융자본주의가 내세우는 시장제일주의의 이데올로기로 파악하고, 이러한 금융자본의 이해관계에 굴복한다면 우리는 20세기에 경험했던 것보다 더 폭력적이고 호전적인 21세기를 맞이하게 되리라고 경고한 바 있다.[1] 자유주의의 전횡이 새로운 갈

---

1) 알랭 투렌, 『어떻게 자유주의에서 벗어날 것인가?』, 고원 옮김, 당대, 2000, 40쪽 이하 참조.

등의 불씨가 되리라는 것이다. 아닌 게 아니라 21세기 벽두부터 미국이 취하고 있는 정책이나 행동방식을 보면, 이 같은 경고의 현실성을 입증하려고 애써 노력하고 있는 것이 아닌가 의심스러워지기도 한다.

하지만 이러한 견해는 자유주의를 너무 좁게 취급하는 것이라는 불만을 살 만하다. 시장경제 논리의 신자유주의를 자유주의와 동일시하는 것은, 자칫 근대 민주주의의 발전과 결부된 자유주의의 긍정적인 성과마저 무시하는 것일 수 있다는 얘기다.[2] 거대 금융자본의 이해를 반영하는 신자유주의의 정책이야 때로 부정의한 것일 수 있다 하더라도, 민주주의와 결합된 자유주의의 관점은 오히려 이러한 부정의를 교정하고 제어할 정의로운 기준을 제공할 수도 있지 않겠는가.

잘 알려져 있다시피 존 롤스John Rawls는 자유주의의 바탕 위에서 정의의 보편적인 규범을 제시하려 한 대표적인 인물이다. 그는 자신의 『정의론』*A Theory of Justice*, 1971의 발상을 『정치적 자유주의』*Political Liberalism*, 1993로, 『만민법』*The Law of Peoples*, 1999 으로 이어가면서, 그 적용 범위를 한 사회 내의 문제에서부터 여러 사회 내지 국제 간의 문제로까지 넓히고 있다. 그리하여 롤스는 자유주의를 바탕으로 성립한 정의관[3]이 자유주의

---

[2] 예컨대 앙드레 토젤(André Tosel)은 자유주의에는 이렇게 시장 위주의 경제 이념과, 민주주의를 중심으로 한 정치 이념의 양면이 있다고 보고 있다. 그에 따르면, 이 두 가지는 결코 조화롭게 결합되어 있는 것이 아니라 끊임없는 긴장 관계 속에 있어 왔다. 그러므로 자본주의 시장경제의 야수적인 논리가 부정적이라고 해서, 모든 시민에 공통된 자유를 내세우는 민주주의의 긍정적인 면이 무시될 수는 없다. André Tosel, *Démocratie et Libéralisme*, Paris : Kimé, 1995 참조. 한편, 민주주의와 자유주의는 정반대의 성격을 갖는 이념이라고 보는 견해도 있다. 월러스틴은 자유주의는 민주주의에 맞서기 위해 고안된 것이라고 주장한다. 이매뉴얼 월러스틴, 『자유주의 이후』, 강문구 옮김, 당대, 1996, 61, 357쪽 이하 등 참조. 언뜻 보기에 엉뚱하고 극단적인 견해처럼 들리는 이런 주장에는, 그러나 그 역사적인 근거가 없지 않다. 인민에 의한 통치라는 본래 의미의 민주주의는 근대의 자유주의자들에게 '폭도의 정치'로 인식되는 경우가 흔했다. 노명식, 『자유주의의 역사』, 책과함께, 2011, 90쪽 이하 참조.

사회의 내부뿐만 아니라 자유주의 사회와 비자유주의 사회 사이의 관계에도 확대·적용될 수 있음을 보이려고 한다. 이러한 시도는 오늘날과 같은 세계화 시대에, 특히 '자유주의' 미국을 제외한 초강대국이 없는 시대에, 자유주의의 보편적 적용을 '정의롭게' 규율하고 정당화하려는 작업으로 여겨질 법하다.

그런데 여기에서 우리의 관심을 끄는 점이 몇 가지 있다. 먼저 언급하고 싶은 것은 롤스가 사회 간의 관계에는 평등주의적인 '차등의 원칙'을 적용하기 어렵다고 본다는 점이다.[4] 차등의 원칙은 자유주의 사회 내부의 분배 문제를 다루기 위한 것이어서, 비자유주의 사회를 포함하는 다양한 사회들 사이의 관계를 문제 삼기에는 적합하지 않다는 것이다.

그렇다면 여러 사회들 사이의 관계를 규율하는 이른바 '만민법'은 무엇을 통해 마련되는가? 이때 여전히 중요한 역할을 하는 것은 일찍이 『정의론』에서도 큰 비중을 지녔던 '원초적 입장'의 설정이다. 물론 이 경우에도 '무지의 베일'이 그 핵심적인 장치를 이룬다. 만민을 구성하는 각 인민 people의 대표들은 자신들이 속하는 사회의 영토나 인구의 규모, 그 국민의 상대적 힘 따위를 알지 못하게 되어 있다. 이러한 조건 위에서 만민(모

---

3) 롤스는 자신이 제시한 '공정으로서의 정의'가 "민주적인 사회를 위한 정치적 정의관으로서 의도"되었으며, "입헌민주체제의 정치제도들과 이에 대한 해석의 공공적인 전통 속에 뿌리박힌 기본적인 신념들만을 추출하여 만들어졌다"고 말한다. 즉, "공정으로서의 정의는 특정한 정치적 전통 속에서 출발"한다는 것이다. 존 롤스, 『공정으로서의 정의』, 황경식 외 옮김, 서광사, 1988, 109쪽 이하. 이러한 언급은 그의 정의론이 무차별적 보편성을 지니는 것이 아니며, 비자유주의 사회에는 그 나름의 '합당한'(reasonable) 정의관이 있을 수 있음을 받아들이는 것으로 해석할 수 있다.
4) 존 롤스, 『만민법』, 장동진 외 옮김, 이끌리오, 2000, 71쪽, 181쪽 이하 참조. 또 존 롤스, 「만민법」 스티븐 슈트·수잔 헐리 엮음, 『현대사상과 인권』, 민주주의법학연구회 옮김, 사람생각, 2000, 98쪽 이하 참조.

든 인민)은 그 대표들의 합의를 통해 만민법의 원칙들을 도출해 낸다. 각 인민의 독립성에 대한 존중이라든가, 인권 존중의 의무라든가, 자기 방어의 권리라든가, (심대한 인권 훼손을 범하거나 무법적 국가 행동을 하지 않을 경우) 다른 인민에 간섭해서는 안 된다는 의무 등등이 그 원칙들이다.[5]

여기에 분배 문제와 관련된 사항이 전혀 없는 것은 아니다. 어떤 사회가 도저히 '질서정연한' 상태를 유지할 수 없는 물질적 조건에 놓여 있다면, 만민은 이를 도와줄 의무가 있다. 하지만 사회가 일단 그 상태를 벗어나면, 다른 사회와의 사이에 현저한 물질적 불평등이 있더라도 그것 자체가 문제되지는 않는다. 각 국민은 자력으로 그 사회의 부를 조정할 수 있으며, 또 그래야 하기 때문이다. 롤스는 다음과 같이 말한다.

> 많은 경우에 자연자원의 부족은 문제가 되지 않는다. 열악한 조건에 처해 있는 많은 사회들은 자원을 결하고 있지는 않다. 반대로 질서정연한 사회들은 매우 적은 자원을 가지고도 잘 해나갈 수 있다. 그들의 부는 다른 곳에서 연유한다. 즉 그들의 정치적·문화적 전통·인적 자원 및 지식 그리고 그들의 정치적·경제적 조직화의 능력에서 연유한다. 따라서 문제는 오히려 일반적으로 정치적 문화의 특성, 그리고 그러한 제도의 바탕에 있는 종교적·철학적 전통의 특성에 있는 것이다. 빈곤한 나라들의 가장 큰 사회적 악은 억압적인 정부이며 부패한 엘리트 집단이다. 그리고 부당한 종교에 의해서 강요된 여성의 예속과 그에서 비롯하는 과잉인

---

[5] 이 대체적인 목록에 대해서는 롤스, 『만민법』, 65쪽; 롤스, 「만민법」, 71쪽을 보라. 롤스는 원초적 입장에 의한 이 합의를 자유주의 사회들 사이에서의 합의와, 적정수준의(decent) 비자유주의적 사회를 포함한 합의의 두 단계로 나누어 설명한다. 하지만 그 합의 내용은 같을 것이라는 것이 롤스의 주장이다.

구, 즉 그 사회의 경제가 감당할 수 있는 것보다 훨씬 많은 인구 때문이기도 하다. 아마도 합당하고 합리적으로 통치되며 그 인구가 그 나라의 경제와 자원의 규모에 맞추어 적절하다면, 품위 있고 가치로운 삶을 영위할 수 없는 사회란 지구상에 존재치 않을 것이다.[6]

여기에서 알 수 있듯이, 롤스는 어떤 사회가 겪는 어려움이 여러 사회들 사이에서 나타나는 부의 불균형 때문이라고 생각하지 않는다. 또 그러한 불균형이 그 사회들 사이의 관계에서 비롯한다고 생각하지도 않는다. 따라서 그가 국제 간 정의 문제의 초점이 여러 나라들 사이에 존재하는 부의 불균형을 시정하는 데 있다고 보지 않는 것은 당연한 일이다. 오히려 롤스는 마치 로버트 노직Robert Nozick이 부의 재분배에 반대할 때 썼던 논법[7]과 유사한 방식으로 국가들 간에 부를 재분배하려는 시도가 용인될 수 없다고 주장하고 있다. 이를테면 어떤 국가가 저축률을 높이거나 인구 증가율을 낮추려고 노력한 결과, 그런 노력을 기울이지 않은 다른 국가에 비해 많은 부를 가지게 되었다면, 이렇게 생긴 부의 불균형을 다시 조정해야 할 이유는 없다는 것이다.[8] 이렇듯, 여러 사회 간의 정의를 다루는 『만민법』의 견지에서는 롤스가 이전에 『정의론』에서 보여 주었던 평등주의

---

6) 롤스, 「만민법」, 100쪽. 『만민법』에도 유사한 구절이 많이 있다. 예컨대 『만민법』, 173쪽 이하를 보라. "한 국민이 누리는 부의 원인과 그 부의 형태들은 그들의 정치 문화에, 또 그들의 정치적·사회적 제도들의 기본 구조를 뒷받침하는 종교적·철학적·도덕적 전통들에, 그리고 물론 그 구성원들의 근면함과 협동적인 능력에 있다고 믿는다." 번역의 표현은 약간 바꿨다. 원문은 John Rawls, *The Law of Peoples*, Cambridge: Havard University Press, 1999, p. 108.
7) 로버트 노직, 『아나키에서 유토피아로』, 남경희 옮김, 1983, 204쪽 이하 참조.
8) 존 롤스, 『만민법』, 186쪽 이하.

적 정신을 찾아보기 어렵다.

또 롤스는 무지의 장막하에서 만민은 시장을 자유경쟁적으로 유지할 수 있게 하는 공정한 무역 기준에 합의할 수 있을 것이라고 봄으로써,[9] 자유무역을 주창하는 세계화 추진 세력을 옹호하는 듯한 인상을 준다. 물론 여기서 그는 경제 강국에 의한 독과점이 일어나지 않는다든지, 장기적으로 볼 때 자유경쟁의 시장 구조가 모든 사람에게 이익이 된다고 가정한다든지 하는 조건을 달고 있긴 하다. 하지만 이러한 가정은 안정된 자유주의 사회들 사이의 관계를 출발점으로 삼고 있음이 분명하다. 이론 구성 순서를 보아도, 만민법은 자유주의 사회들 사이의 합의에서 출발하여 이를 비자유주의 사회들로까지 확장해 가는 것으로 설정되어 있다. 그런데 이런 방식은 의도하건 의도하지 않건 간에, 현실에서 일어나는 불균등한 관계, 곧 여러 사회들 사이의 힘의 불균형에서 비롯하는 관계들을 가릴 위험이 있다. 그런 탓에 롤스가 말하는 만민법은 힘 있는 자유주의 사회의 행위를 규율한다기보다는 그 사회 중심의 질서를 다른 사회에 대한 관계에 덮어씌우는 데 일조할 가능성이 있다고 보인다.

이러한 우려를 떨쳐 버리기 힘들다는 점은 롤스가 비자유주의 사회, 특히 그가 '무법적 국가들'outlaw states이라고 부르는 사회를 취급하는 방식에서도 확인할 수 있다.

롤스는 만민법의 질서 아래 포섭될 수 있는 비자유주의 사회를 '질서 정연한'well-ordered 사회로 한정하고, 이를 '카자니스탄'이라는 가상의 예를 통해 설명한다.[10] 카자니스탄은 이슬람을 신조로 하는 비자유주의 국

---

9) 롤스, 『만민법』, 74쪽.
10) 같은 책, 123쪽 이하.

가이다. 카자니스탄의 법체계는 국가와 교회를 제도적으로 분리하지 않고 있으며, 그래서 이 나라에서는 이슬람교도만이 정치의 고위직을 차지할 수 있다. 그렇지만 다른 종교를 믿는 것도 허용된다. 국민들은 우선 어떠한 집단의 구성원으로서 받아들여지고, 그 집단들의 상호 협의 체계를 통해 사회 전체와 관계를 맺는다. 무엇보다도 카자니스탄의 통치자들은 전쟁을 일으키거나 영토를 확장하려 하지 않는다. 요컨대 '질서정연'하다는 것은 평화를 애호하며 팽창주의적이지 않다는 것, 그 사회의 구성원들로부터 정당성을 인정받는 공동선의 관념과 법체계를 가지고 있다는 것, 그리고 다른 주의나 견해들에 대해, 특히 다른 종교적 입장에 대해 관용적이라는 것 등을 뜻한다. 이런 국가들은 자유주의 국가들과 함께 만민법의 질서 안에서 안정을 누릴 수 있다.

반면에 무법적인 국가란 이 같은 특징들을 벗어나는 국가들이다. "무법적 국가들은 공격적이며 위험하다."[11] 롤스에 의하면, 이런 국가들은 만민법의 질서 속에서 관용될 수 없다. 이 무법적 국가들은 '질서정연함'이 유지되는 데 필요한 인권을 침해하는 경우가 많다. 이럴 때 그 국가는 "비난받아야 하며, 중대한 경우에는 강제적 제재와 심지어 내정간섭을 받을 수도 있다."[12] 롤스가 이런 생각을 피력하면서 어떤 특정한 국가를 지칭하고 있지는 않지만, 우리는 여기서 자연스럽게 이라크나 북한 등을 그 예로 떠올릴 수 있다. 롤스는 이 같은 무법적인 국가들이 존재하기 때문에 핵무기를 보유해야 할 필요가 있다고까지 말한다. 그 목적은 무법적 국가들을 꼼짝 못하게 하고 이런 무법적 국가들이 핵무기를 보유하여 질서정

---

11) 같은 책, 132쪽.
12) 같은 책, 131쪽.

연한 국가들에 사용하지 못하게 하기 위해서이다.[13]

롤스는 자유주의 국가들 및 질서정연한 비자유주의 국가들 사이에는 전쟁을 일으켜야 할 이유가 없으며, 또 실제로 1800년 이후 자유주의가 확고하게 정착된 나라들 사이에서는 전쟁이 일어난 바가 없다고 보고 있다.[14] 하지만 자유주의를 표방하는 미국이 칠레의 아엔데, 과테말라의 아르벤스-구스만, 이란의 모사데크, 니카라과의 산디니스타 등 민주적 정권을 전복시킨 사례들에 대한 롤스의 설명은 매우 궁색하다. 「만민법」을 번역한 정태욱 교수가 지적하고 있듯이,[15] 롤스가 이러한 미국의 행위를 '무법적'인 것으로 다루고 있지 않은 것은 분명 편파적이라 할 수밖에 없다. 롤스는 현실의 사회들이 결함이 있는 사회인 만큼, 그 사회들이 이상적 상태에 가까이 갈수록 민주적 인민들 사이의 충돌이 사라질 것이라고 말하고 있다.[16] 하지만 그렇다면, 때로 '무법적'인 양상을 보이는 현실의 여러 사회들에 '질서정연한 사회'니 '무법적인 사회'니 하는 분류 기준을 적용하는 것 자체가 무리이고 자의적일 수 있다.

이처럼 롤스가 현실과 이상적 상태 사이를 오가면서 제시하고 있는 '만민법'의 질서는, 사실상 미국을 중심으로 하는 이른바 선진 자본주의 국가들의 자유주의를 비중립적으로 옹호하고 있다고 볼 만한 소지가 많다. 이 '만민법'의 발상이 과연 롤스가 말하는 '정치적 자유주의'의 특성대로 모든 '포괄적인 교리' comprehensive doctrine 로부터 자유롭게 적용될 수

---

13) 롤스, 『만민법』, 23쪽.
14) 롤스, 「만민법」, 75쪽; 롤스, 『만민법』, 87쪽 이하 참조. 롤스는 마이클 도일(Michael Doyle)의 주장에 기대고 있다.
15) 롤스, 「만민법」, 78쪽.
16) 롤스, 『만민법』, 92쪽 참조.

있는 것인지는 몹시 의심스럽다는 얘기다. 오히려 이 같은 시도는 일반적이고 보편적인 기준을 제공한다는 구실 아래, 불균등한 힘의 관계 속에 있는 약소국이나 주변적인 사회의 현실을 덮어 버릴 위험이 있지 않을까.

2. '두꺼운' 비판과 '얇은' 연대

이상의 논의와 관련해 우리는 롤스가 이론 전개의 출발점으로 삼고 있는 '원초적 입장'original position 자체를 문제 삼을 수 있다. 자신들의 이해관계가 걸린 특수한 상황과 처지에 눈을 감는다는 것이 과연 가능할 것인가? 비록 롤스의 설명대로 이 원초적 입장을 가설적인 '대표장치'device of representation 로 여긴다 해도,[17] 이런 발상은 각 사회의 특수한 관계에서 비롯하는 문제와 갈등을 무시할 가능성이 있어 보인다. 언제나 일정한 보편적 합의가 이루어질 수 있다고 전제하기 때문이다. 그는 원초적 입장이 지니는 특징으로 상호성을 강조하지만, 이 상호성이 현실의 특수한 처지와 관계들을 없앨 수는 없는 노릇이다. 게다가 이렇게 상정된 '보편적' 합의 속에 사실상 특수한 관점이 숨어 있지 않다고 어떻게 단언할 수 있겠는가?

'자유주의-공동체주의' 논쟁의 대표적인 논자 가운데 한 사람인 마이클 월저는 '두꺼움'과 '얇음'이라는 자못 흥미로운 구별 방식을 통해, 롤스의 '만민법' 시도와는 그 함의가 상당히 다른 견해를 제시한다.[18] 그는 롤스가 무지의 장막을 통해 가려 버리고자 하는 '특수함'에서부터 출발한

---

17) 롤스, 『정치적 자유주의』, 장동진 옮김, 동명사, 1998, 27쪽 이하; 롤스, 『만민법』, 24쪽 참조.
18) Michael Walzer, *Thick and Thin: Moral Argument at Home and Abroad*, Notre Dame: University of Notre Dame Press, 1994.

다. 이 특수함이 '두꺼운'thick 것이다. 현실의 모든 사회는 다 나름의 특수함을 지닌 '두꺼운' 사회이다. 바로 이러한 특수함을 바탕으로 해서만 공통적인 것, 보편적인 것이 자리 잡을 수 있는데, 이때의 보편성이 '얇은' thin 것이다. 무엇이 두꺼운 것이고 무엇이 얇은 것인가 하는 점은 다음과 같은 예를 통해 쉽게 알 수 있다.[19]

1989년 중국의 베이징 톈안먼天安門 광장에서 있었던 데모를 생각해 보자. 이 장면이 텔레비전 화면을 통해 비춰지고 다른 나라의 많은 사람들이 그 광경을 본다. '자유'·'민주'와 같은 구호가 등장하고, 이것이 번역을 통해 소개된다. 그곳에 있지 않은 많은 사람들도 이런 상황을 보고 데모에 동조할 수 있다. 가령 어떤 미국 시민이 동조한다고 해보자. 이 사람은 중국 내부의 사정은 잘 모른다. 그러나 '자유'·'민주'에 대한 자기 나름의 견해, 즉 미국에서 살면서 갖게 된 이해와 관심이 있다. 이 사람은 그런 이해와 관심을 중국 사태에 적용한다. 세부적인 면에서 보면, 이 미국인의 이해에는 톈안먼 광장에서 실제로 데모를 하는 중국인들의 생각과 다른 부분이 있을 수 있다. 물론 서로 겹치는 부분도 있을 것이다. 만일 톈안먼 현장의 이해와 관심이 자신의 견해와 판이하게 다르다는 점이 드러나면, 이 미국 사람은 아마 동조 행위를 멈출 것이다. 적어도 같다고 여기는 부분이 있어야 이 동조는 지속될 수 있다. 이처럼 같은 부분, 또는 같다고 생각하는 부분은 각자가 가지고 있는 민주·자유에 대한 이해와 관심의 일부다. 이것이 '얇은' 것이다. 이 공통된 부분은 '보편적'이지만, 완전히 보편적이지는 않다. 예를 들어 한국 사람이 동조하는 것과 미국 사람이 동조하는 것이 부분적으로 다를 수 있는 까닭이다. 한국 사람이건 미국 사람이건

---

19) 이 예는 위의 책 첫머리에서 월저가 든 예를 약간 변형한 것이다.

중국 사람이건 이들은 모두 그 나름으로 자유와 민주에 대한 관심과 이해를 가지고 있다. 이 관심과 이해에 공통 부분이 있다고 하더라도 그 전체가 겹쳐지지는 않는다. 이렇게 서로 다른 관심과 이해, 각각이 지닌 특수한 전체. 이것이 '두꺼운' 것이다.

그런데 여기서 중요한 것은 두꺼운 것 즉 특수한 전체가 얇은 것 즉 공통된 부분에 앞선다는 점이다. 월저에 의하면, 얇은 것, 보편적인 것이 우선하고 거기에서부터 두꺼운 것, 특수한 것이 생겨나는 것이 아니라, 특수하고 두꺼운 것들이 먼저 있고, 상황에 따라 그 가운데서 얇게 겹치는 공통된 부분들이, 즉 그런 의미에서 보편적인 부분들이 드러나는 것이다. 월저는 두꺼운 것을 '최대적'maximal인 것으로, 얇은 것을 '최소적'minimal인 것으로 놓고, 전자의 관점을 '최대주의'maximalism, 후자의 관점을 '최소주의'minimalism라고 부른다. 이렇게 볼 때, "최대주의는 최소주의에 앞선다".[20] 이를테면 중국 사람과 미국 사람이 각각 자유·민주에 대해 지니는 관심과 이해가 최대적인 것이고, 이것이 그 공통된 부분인 최소적인 것에 앞선다는 얘기다. 중국 사람과 미국 사람은 각각 자기네들의 두꺼운 이해와 관심에 따라 행동하는 것이지, 처음부터 공동되고 보편적인 출발점에 따라 행동하는 것은 아니다. 공통된 것은 서로의 행동이 겹쳐지고 반복됨으로써 드러나는 얇은 것일 뿐이다.

따라서 이와 같은 월저의 견지에서 보면, 최소적인 것인 '보편'을 내세워 최대적인 것인 '특수'를 규율하려는 태도는 잘못이다. 말하자면 롤스의 시도처럼, 어떤 특수한 이해관계에도 봉사하지 않는 보편적인 원칙을 찾아내서 이를 통해 모든 사회의 행동을 일률적으로 규율하겠다는 것은

---

20) Walzer, *Thick and Thin: Moral Argument at Home and Abroad*, p. 13.

애당초 잘못된 발상이라는 얘기다. 월저에 따르면 최소적인 것으로서의 보편은 사실상 중립적일 수 없다. 왜냐하면 어떤 최소적인 것(얇은 것)이든 최대적인 것(두꺼운 것)에서 비롯하기 때문이다.[21] 흔히 보편적인 정의의 기준으로 제시되는 도덕적 보편은 어떤 두꺼운 도덕들 가운데에서 반복되는 특징을 나타내는 것일 뿐이다. 그런 까닭에 이 보편을 내세워 여러 사회 사이의 연대를 확인하고 증진할 수는 있지만, 이를 통해 다른 사회를 비판할 수는 없다. 그런 식의 비판은 최소적인 것으로 그에 앞서는 최대적인 것을 재단하려는 것이기 때문이다. 이런 일은 실제로는 불가능하다. 실제로 가능한 것은 최소적인 것을 앞세운 최대적인 것으로 다른 최대적인 것을 비판하는 일뿐이다. 이것이 보편을 내세우는 비판의 실상이다.

예컨대, '민주'라는 구호에 동조한다고 했을 때, 이것은 독재에 반대한다는 공통된 특징을 가질 수 있다. 그러나 이 구호에 동조하는 사람들이 그것을 통해 어떤 대안적 가치를 수호하고자 하느냐의 문제에 이르면 그 사정은 사회마다 각기 달라진다. 어떤 경우는 사회민주주의를 그 비판의 기준으로 내세울 수도 있고, 또 어떤 경우는 중앙권력의 분산과 지방자치의 강화를 그 비판의 초점으로 삼을 수도 있다. 이 각각의 입장은 구체적인 맥락과 역사 속에서 작용하는 두꺼운 것이다. 이처럼 비판은 구체적인 '두꺼움'과 결부되기 때문에, 우리는 비판 행위와 더불어 공통적인 '얇음'을 넘어서서 나름의 두꺼운 도덕을 들이밀게 된다. 그러니까 월저에 따르면, 어떤 보편을 내세워 다른 사회를 비판하려 할 경우, 우리는 우리의 특수한 입장을 거기에 가지고 들어가지 않을 수 없다.[22]

물론 다른 사회에 대한 비판이 불가능한 것은 아니다. 그러나 그 비판

---

21) Walzer, *Thick and Thin: Moral Argument at Home and Abroad*, pp. 9f 참조.

은 두껍다. 즉 서로 다른 두꺼운 관점을 전제로 한다. 그러므로 이것은 연대solidarity의 방식은 아닌 셈이다. 서로 같이 겹치는 얇음에 주목하는 최소주의, 이것이 연대의 방식이다. 이럴 경우, 비판은 일단 그 해당 사회 내부에 맡겨야 한다. 다른 사회와 연대하려면 자신의 잣대로 섣부르게 비판하는 일은 삼가야 한다는 얘기다. 미국 사람이 중국 사람과 대화하고 연대하기 위해서는 중국 내부에 대한 섣부른 비판을 앞세워서는 곤란하다. 그것은 자칫 두꺼운 미국의 모습을 중국에 강요하는 일이 되기 쉽다. 비판

---

22) 우리 사회에 소개된 월저에 대한 이해, 예컨대 이진우의 월저 해석(「민주적 공동체의 '관계적 이성': 하버마스와 월쩌를 중심으로」, 『철학연구』 49집, 2000년 여름)은 이런 면에 대해 제대로 주목하지 않은 것 같다. 이진우는 하버마스와 월저의 연결을 염두에 두고 월저가 말하는 '얇음'을 해석한다. 예를 들면 그는 "모든 사람이 동의할 수 있는가 하는 관점에서 이루어지는 담론을 통해 타당성을 인정받은 규범들은 실제로 인격들 상호 간의 호혜적 인정 관계를 가능케 하는 '얇은'(thin) 언어를 발전시킨다"(같은 책, 143쪽)고 쓰고 있으며, "사회 비판가는 역사적으로 형성된 공동체의 '두꺼운'(thick) 언어를 사용하지만, 실질적으로는 이 공동체 속에 내재하고 있는 '얇은'(thin) 도덕적 기준에 호소하는 것이다"(같은 책, 149쪽)라고 말한다. 이런 식의 관점은 월저가 말하고자 하는 바를 왜곡하는 면이 크다. 월저에게서 초점은 구체적 맥락이나 가치로부터 보편적인 언어나 원리를 끄집어내는 데 있지 않기 때문이다. 오히려 보편적인 원리라고 제시되는 것들이 사실은 두껍고 특수한 복합체들에서 반복되고 겹쳐지는 것에 불과하다는 점을 분명히 하는 것이 월저의 목표이다. 따라서 이진우가 "월저는 공유되고 반복될 수 있는 보편적 원리들을 구체적 가치들로부터 끄집어내는 '반성'의 방법을 제시"(같은 책, 152쪽)한다고 보면서 이를 '해석학적 보편주의'와 연결하는 것도 월저 자신의 견해에서 벗어난 무리한 해석이라고 보인다. 이는 월저가 주된 비판의 대상으로 삼고 있는 하버마스 식의 보편주의를(Walzer, *Thick and Thin*, pp. 12f 참조) 억지로 월저 자신과 결합하려는 데서 빚어진 결과라고 할 수 있다. 이 덕택에 하버마스에 대한 월저의 비판도 왜곡된다. 이진우에 따르면 월저는 "하버마스가 제시한 얇은 보편주의가 지나치게 강하기 때문에 현실에서 실현될 가능성이 없다고 비판"한다고 하는데, 실상 이진우가 출처로 지적하고 있는 곳(*Ibid.*, p. 12)에 나오는 월저의 논지는, 하버마스가 내세우는 절차적 최소주의가 사실은 최소한의 것 이상이라는 점, 즉 서구 자유민주주의의 두꺼움을 수반하고 있다는 점을 밝히는 것이다. 이진우는 하버마스와 월저가 상호 보완적이라는 결론을 끌어내지만, 보편적 "정의에서 유대성으로 이르는 길과 유대성에서 정의를 실현하는 길이 만나는 점은 민주적 공동체임에 틀림없다"(이진우, 「민주적 공동체의 '관계적 이성': 하버마스와 월쩌를 중심으로」, 153~154쪽)는 이런 식의 유화적이고 상투적인 귀결이 치러야 하는 오해의 대가는 만만치 않아 보인다.

은 일단 중국 사회 내부의 일로 보아야 한다. "중국의 민주주의는 중국인들 자신에 의해 그들의 역사와 문화의 용어로 정의되어야 한다."[23] 우리의 경우 북한과의 관계도 마찬가지로 생각해 볼 수 있다. 대화하고 연대하기 위해서는 북한에 대한 비판은 우선 그 사회 내부에 맡겨야 한다. 그것이 두껍게 대립하는 대신, 얇게 연대하는 방식이다. 두꺼움만 고집하지 않는다면, 서로 다르면서도 같이할 수 있다.

이와 같은 생각은 롤스의 만민법 구상과 분명히 다르다. 롤스가 자유주의적 정의관을 모든 사회에 확대·적용하려 한다면, 월저는 그러한 시도가 야기할 수 있는 보편의 횡포를 경계하는 쪽이다. 월저는 자유주의적 발상의 보편화를 꾀하기보다는 그런 발상 역시 역사적으로 특수한 것임을 강조하고자 한다. 특히 정의의 문제는 각 사회의 특수한 문화를 반영하는 두꺼운 도덕적 관념들의 문제이므로, 어느 한 유형의 정의관을 다른 사회에까지 적용하는 것은 무리라고 본다. 그렇다고 월저가 여러 사회들이 다원주의를 받아들여야 한다고 주장하는 것은 아니다. 문화적 다원주의도 일종의 두꺼운 최대주의에 해당하는 관념이기 때문이다. 다원주의는 발전된 자유주의 정책의 산물이며, 그러한 한 그것을 다른 사회에 강요할 수는 없는 노릇이다.[24] 최소주의가 요구하는 바는 이보다 훨씬 적다고 할 수 있다. 다른 사회의 행동이나 기대가 우리의 행동이나 기대와 겹칠 수 있으면 족하다. 그 같은 행동이나 기대의 바탕에 똑같은 사고방식과 가치관이 깔려 있지 않아도 상관없는데, 왜냐하면 여기서의 같음을 이루는 "최소는 최대의 기초가 아니라, 그 최대의 조각일 뿐"[25]이기 때문이다.

---

23) Walzer, *Thick and Thin: Moral Argument at Home and Abroad*, p. 60.
24) *Ibid.*, pp. 17f 참조.

한편 월저 자신은 다원주의자이다. 그는 자유주의의 한 산물인 다원주의의 관점에서 자유주의 사회의 그렇지 못한 면들을 비판한다. 예컨대 시장논리를 앞세워 사회 영역을 하나의 거대한 교환체계로 취급하려는 것은 각 영역의 자율성을 해치는 전제적專制的인 자세이다.[26] 이러한 자유주의는 편협하고 지배 지향적인 자유주의일 따름이다. 반면에 월저의 다원주의적 시각에 따르면, 사회의 각 영역들은 나름의 자율성과 가치 기준을 지녀야 한다. 정치, 경제, 교육, 복지 등등의 사회 영역은 다른 영역의 지배를 받아서도 안 되며, 다른 영역을 지배해서도 안 된다. 사회는 이 각각의 영역이 상대적 자율성을 가지는 한에서만 복합적 평등complex equality을 이룰 수 있다. 월저가 볼 때, 이 복합적 평등이야말로 자유주의 사회의 바람직한 정의 형태이다. 그러나 이 같은 다원주의적 잣대로 사회를 비판하는 것은 어디까지나 한 사회 내부에서의 일이다. 이러한 비판 역시 두꺼운 것이기 때문이다.

이 같은 월저의 다원주의가 여러 사회 간의 관계 문제를 판단하는 데에 영향을 미치지 않았다고 볼 수는 없을 것이다. 한 사회 내의 여러 영역들이 각기 자율성을 가져야 한다는 생각이, 서로 다른 여러 사회들도 나름의 독자성을 유지할 수 있어야 한다는 생각으로 이어졌을 법하다. 그렇다고 해서 월저가 각 사회의 변화 가능성을 염두에 두지 않은 것은 아니다. 월저에 따르면, 사회는 무엇보다도 그 내부의 비판을 통해, 그 내부의 갈등과 긴장을 통해 변화해 나간다.[27] 사회는 각기 독특한 역사와 기억을 지

---

25) *Ibid.*, p. 18.
26) *Ibid.*, p. 35 참조. 또 마이클 월저, 『정의와 다원적 평등』, 정원섭 외 옮김, 철학과현실사, 1999, 52쪽 이하, 189쪽 이하 등 참조.
27) *ibid.*, p. 47.

닌 여러 영역의 복합체이며, 바로 이런 요소들이 그 사회의 두꺼움을 형성하고, 그 두꺼움 내부에서 변화의 움직임을 만들어 낸다. 물론 모든 사회는 외부의 영향을 받는다. 그러나 비판과 변화는 궁극적으로 그 사회 내부의 문제이고 또 그래야 한다는 것이 월저의 생각이다. 외부의 역할은 얇은 연대에 그쳐야 한다. 이를 넘어서는 두꺼운 간섭은 자칫 강요이고 지배이기 쉽다. 가령 미국인이 톈안먼 광장의 데모에 대해 동조를 표하는 것은 좋지만, 그 데모를 지원하기 위해 군대를 보내서는 곤란하다.[28] 중국인의 문제와 미국인의 문제가 두껍게 겹칠 수는 없는 탓이다.

이렇듯 월저는 사회들 사이의 관계에서 바람직한 것은 비판보다는 연대이며, 보편적 규율보다는 특수성의 인정이라고 본다. 각자의 두꺼움을 존중하면서 공통의 얇음을 통해 서로 연대해 나가자는 생각이다. 국제관계에서는 도덕적 최소주의가 필요하고 그 원칙은 '자결'self-determination이 되어야 한다는 것이다.[29] 이런 탓에 월저는 분리나 독립을 주장하는 세력에 대해서도 상대적으로 호의적인 편이다. 해당 주민 대다수가 원한다면 분리·독립을 허용하는 것이 바람직하다는 것이다.[30] 어찌 보면 이와 같은 월저의 견해는 특수성을 지나치게 강조함으로써 분쟁을 부추기는 상대주의라고 비난받을 수 있을지 모른다. 하지만 어떤 질서를 보편적으로 관철시키려 하고 그 속에서의 평화를 이야기하는 사람들은 대체로 그 안정된 보편 속에서 이득을 얻는 힘 있는 사람들인 경우가 많다. 월저의

---

28) 월저도 학살이나 노예화 따위가 행해지는 경우에는 군대를 통해 개입할 수 있다고 생각한다. 그러나 월저에 따르면, 이러한 경우의 개입도 일종의 '연대' 행위일 수 있다. 학살이나 노예화로부터 사람들의 생명과 자유를 지켜야 한다는 것은 어디에서나 반복적으로 나타나는 가치이기 때문이다. Walzer, *Thick and Thin: Moral Argument at Home and Abroad*, p. 16 참조.
29) Ibid., p. 67.

이론이 무엇보다 '세계화'의 질서를 확장하려는 자유주의 또는 신자유주의에 대한 견제 논리로서 우리에게 다가오는 이유도 아마 이런 사정 때문일 것이다.

3. '동일자'의 정의와 '타자'의 정의

그러나 전반적인 면에서 사회들 사이의 관계에 대한 월저의 견해는 다분히 소극적이라고 할 수 있다. 그가 내세우는 얇은 연대는 강한 추진력을 발휘하기에는 많이 부족해 보인다. 다른 사회에 대해 두꺼운 간섭을 삼가야 한다는 주장은 비중립적인 보편화에 저항하는 데에는 도움이 되겠지만, 기왕의 문제나 잘못된 관계들을 바로잡는 데에는 크게 힘을 낼 수 있을 것 같지 않다. 이를테면 현재의 세계화 추세와 관련하여 날로 확대되어 가는 빈부격차를 어떻게 다시 조정할 수 있을까 하는 따위의 문제에 대해서는 어떤 적극적인 답을 줄 수 있을 것 같지가 않다. 서로 겹치는 부분만으로 연대하자고 해서는, 불리한 처지에 놓인 집단이나 약소국의 요구를 어떻게 수용할 수 있겠는가.

사실 월저는 이런 식의 문제를 국제 간의 문제로 다룰 수 있다고 생각

---

30) 물론 여기에는 고려해야 할 복잡한 사안들과 상이한 경우들이 있다. 여기에 대한 고찰은 *Ibid.*, pp. 71f 참조. 한편 하버마스나 롤스 같이 보편을 중시하는 사상가들은 분리주의에 대해 비판적이다. 하버마스는 어떤 사회가 그 사회 속의 모든 사람에게 동일한 권리를 부여하고자 하지 않을 때에만, 곧 어떤 집단에 대한 권리상의 차별이 현저하게 인정될 때에만, 독립의 권리는 정당화될 수 있다고 말한다. 문화적 차이나 기타 이유는 분리·독립을 허용할 정당한 사유가 되지 못한다는 것이다. Jürgen Habermas, "The National Principle : A Right to Secession", *Seminar on political theory*, Paris : Collège International de Philosophie, January 1997, pp. 73f 참조.

하지 않는 것처럼 보인다. 이것도 일종의 분배와 관련된 정의의 문제라고 할 때, 월저처럼 정의를 한 사회 내부의 두꺼운 문제로 보는 입장에서는, 여기에 대해 여러 나라가 서로 겹치는 뚜렷한 방안을 내놓을 수 있으리라고는 생각하기 어려울 것이다. 그렇다면 우리는 사회들 사이에 불균등한 관계가 생겨나고 그로 인해 갈등과 충돌이 발생할 경우, 모든 사회는 다른 사회의 자율성을 침해해서는 안 된다고 주장하는 정도로 만족해야 할 것인가? 이런 의문은 월저의 견해에 근본적인 문제를 제기하는 것으로 보인다. 그런데 이런 문제는 비록 그가 자유주의의 자기 확장적이고 팽창주의적 경향을 비판하기는 하지만, 크게 보아 여전히 자유주의적 발상의 한계를 넘어서지 못하고 있는 것과 관계가 있지 않을까?

자유주의를 논란의 여지 없이 규정하기는 어렵겠지만, 그 본질적 특징 가운데 하나가 개인주의라는 데는 누구도 큰 이의가 없을 것이다.[31] 개인의 자유를 가장 중요한 사회적 가치로 놓는 사고방식과 이념이 자유주의라고 할 만하다. 그런데 이 자유가 안정적이려면 확고한 자기 경계와 틀을 지닐 필요가 있다. 자유주의에서의 자유가 개인의 '권리'라는 형식을 취하는 것은 이러한 안정성을 확보하기 위한 장치인 셈이다. 자유주의의 역사를 돌이켜 볼 때, 이 권리에서 소유권이 핵심적인 위치를 차지한다는 점은 부인하기 어렵지만, 오늘날의 자유주의에서는 '보편적 인권'이라는

---

[31] 노명식, 『자유주의의 역사』의 1장 「자유주의의 철학적 기반: 자유주의」 참조. 한편, '자유주의-공동체주의' 논쟁에서 공동체주의의 입장에 섰던 월저나 찰스 테일러 같은 사람도 '옹호론적으로는' 개인주의적이고 자유주의적인 견해를 지닌다고 할 수 있다. 이들은 '존재론적'으로 개인을 사회 내지 공동체에 앞세우는 자유주의의 '원자론적' 관점을 주로 비판한다. '옹호론'과 '존재론'의 구별에 대해서는 Charles Taylor, "Cross-Purposes: The Liberal-Communitarian Debate", *Philosophical Arguments*, Cambridge: Harvard University Press, 1995, pp. 181f 참조.

보다 확장되고 발전된 형태가 그 중심에 놓여 있다. 아무튼 자유주의는 이 권리를 통해 개인의 자유로운 활동 영역을 확보하고 또 여러 개인들 사이의 관계를 규율한다. '나'는 일정한 권리를 지닌 주체이고 그 안에서 자유를 누리며, '너' 또한 마찬가지이다. 그러므로 이 자유를 안정적으로 유지하려면 '너'와 '나'는 서로 동일한 권리를 인정해야 한다. 주지하다시피 이같은 상호성과 그 형식상의 평등성은 자유주의의 중요한 특징이다.

그런데 자유주의의 이런 틀이 쉽게 적용되는 것은 물론 자유주의적인 세계 안에서이다. 그래서 자유주의가 지배적이지 않은 곳에서는 어떤 방식을 취해야 하느냐가 문젯거리가 된다. 자유주의적인 활동, 특히 자유로운 상품교환을 핵심 요소로 하는 자본주의 경제활동이 그 자유를 마음껏 누리기 위해서는 비자유주의적 지역과 영역을 자유주의화할 필요가 있을 것이다. 그러나 실질적으로는 사정이 어떠하던 간에, 오늘날의 처지에서 노골적으로 자유주의의 이념과 문화를 강요하는 일이 정당성을 얻기는 어렵다. 그것은 자유주의적이 아닌 사회 및 그 구성원들의 자유를 침해하는 것이고, 따라서 자유주의의 보편적 적용에 처음부터 모순되는 비자유주의적인 방식이기 때문이다. 그것보다는 비자유주의 사회가 적어도 잠재적으로 가지고 있을 자유주의적 요소, 또는 자유주의와 공통된 요소를 찾아내어, 이를 매개로 그 사회를 규율하고자 하는 편이 낫다. '인권'은 자유주의가 흔히 앞세우는 그런 보편적 요소이며, 롤스가 제시하는 '만민법'도 그런 보편성을 내세우고자 하는 시도라고 볼 수 있다.[32]

---

[32] 롤스는 인권이 가진 보편적 성격을 강조한다. 인권은 특정한 포괄적 견해에도 의존하지 않는다는 것이다. 롤스, 『만민법』, 112쪽 참조. 하버마스도 인권이 특정한 체제나 이념에 국한되지 않는 보편적인 것임을 주장한다. 이 점에 관한 논의는 문성원, 「현대성과 보편성(1): 인권, 자유주의, '배제의 배제'」, 68쪽 이하 참조.

월저의 경우는 조금 다르다. 비자유주의 사회와 맞부딪혔을 때, 그 속에 자유주의를 이식하거나 자유주의와 공통의 틀을 부과하려 노력하기보다는 그 사회를 자유주의와 다른 그대로 인정하자는 쪽이다. 물론 서로 공통되는 부분을 통해 연대를 맺을 수 있지만 그 공통 부분에 어떤 본질이 있는 것도 아니고, 이 연대가 지속되리라는 보장이 있는 것도 아니다. 각자에겐 각자의 사정이 있는 법이고, 공통적인 것은 우연의 소산이다. 말하자면 '나'는 '나'고 '너'는 '너'이니 서로의 개성과 권리를 존중하자는 식이다. 그렇다면, 비록 월저가 사회 상호 간에 자유주의적 틀을 고집하지 않는다고 하지만, 이것 역시 서로 간섭을 배제하는 자유주의적 개인들 간의 관계를 사회 사이에 적용하는 것이라고 할 수 있지 않을까?

간섭을 하지 말아야 한다는 것은 또한 간섭당하지 않겠다는 뜻이고, 그 바탕에는 뚜렷한 자기 경계를 지닌 개체들이 상정되어 있다. 이런 사고 방식 자체에 대해서도 몇몇 공동체주의자들이 그러하듯 문제를 제기할 수 있을 것이다.[33] 그러나 그것보다도 더 중요한 것은 앞서 말했던 것처럼 이미 관계가 맺어져 있거나 불가피하게 관계를 맺지 않을 수 없는 경우의 일이다. 이런 경우에 상호 무간섭이나 상호 인정을 주장하는 데 머무는 것은 무책임하거나 무력한 태도라고 할 수 있다.

다른 사회를 인정하고 존중한다고 하지만 월저의 견해에는 여전히 자유주의의 자기중심성이 깔려 있다. 여기서 다른 사회는 자유주의 사회

---

[33] 잘 알려진 것은 매킨타이어(Alasdair MacIntyre)의 비판이다. 그의 『덕의 상실』(이진우 옮김, 문예출판사, 1997)을 보라. 찰스 테일러도 부분적이긴 하지만 현대 개인주의의 파편화된 모습을 비판한다. 그의 "Liberal Politics and The Public Sphere", *Philosophical Arguments*, pp. 283f; 『불안한 현대 사회』, 송영배 옮김, 이학사, 2001, 10장 「파편화를 반대하며」 참조.

와 마찬가지로 자율적 개체로 여겨질 뿐, 그 사회들 사이의 관계가 적극적인 관심의 대상이 되지 못한다. 이런 점에서 보면 월저 식의 사고에도 타자를 자신으로 환원하거나 자기 영역에서 배제해 버리는 동일자 중심의 전략[34]이 배어 있다고 할 수 있다.[35] 사실 개체의 자유를 최고의 가치로 삼는 자유주의에서는 이런 동일자 중심의 발상을 피하기 어렵다. 무릇 자유란 자기가 관장할 수 있는 영역에서, 즉 자신의 통제를 넘어서는 타자를 배제한 동일자의 영역에서 성립하기 때문이다.

이런 면의 일단은 월저에 대한 로티의 해석을 통해서도 드러난다.[36] 로티는 '두꺼움'이 '얇음'에 앞선다는 월저의 견해를 받아들이면서, 보편적인 합리성을 우선시하는 입장을 공박한다. 자유주의 역시 특수한 역사적 산물임을 주장하고, 자유주의에 속하는 특성들을 보편적인 것으로 내세우려는 시도를 비판한다. 그러나 로티는 이와 같이 월저와 유사한 견지에 서면서도 단순히 비자유주의 사회를 인정하는 데 그치지 않고 그들에게 자유주의를 선전하고 전파하고자 한다. "충실한 서구인의 한 사람으로서"[37] 자유주의 사회를 본받으면 '우리'처럼 좋은 결과가 있을 수 있다고 비자유주의를 설득하고자 하는 것이다. 로티는 자신의 이러한 입장을 자기집단중심주의ethnocentrism[38]라고 부르는데, 바로 이 자기집단중심주의

---

34) Lévinas, *Totalité et infini*, p. 37 참조.
35) 이야기를 공평하게 하기 위해서는 월저가 사회나 개인의 자아를 단일한 통일체로 보고 있지 않다는 점을 지적해야 하겠다. 월저는 사회가 여러 영역들의 복합적인 결합체이듯, 자아도 여러 부분들로 구성되어 있는 복합체라고 생각한다(Walzer, *Thick and Thin*, Ch. 5 참조). 하지만 이 복합체들도 하나의 단위로 여겨지고 있으며, 자기 내부의 관계가 자기 밖과의 관계보다 중시되고 있다.
36) 리처드 로티, 「확장된 충실성으로서의 정의」, 김동식 엮음, 『로티와 사회와 문화』, 철학과현실사, 1997.
37) 같은 책, 35쪽.

의 근거로 월저의 '두꺼움'이 원용되고 있다. 자신의 두꺼움이 출발점이 될 때, 이 출발점은 다른 두꺼움을 인정하면서 자신의 두꺼움을 확장하는 쪽으로 나아갈 수 있다. 그것은 아마 이런 식이 될 것이다. '우리는 우리의 집단이 자기중심성과 자율성을 가지고 있듯이 당신들 집단도 그러하다는 것을 인정한다. 그래서 다만 우리는 강제적이 아닌 방식으로 우리 집단의 문화와 이념이 더 낫다는 것을 당신들에게 설득하려 한다. 당신들도 물론 그럴 수 있다.'

언뜻 보기에 공평한 것처럼 보이는 이런 관점의 문제는 겉보기의 상호성이 사실상 동등하지 않은 현실의 역관계를 가려 버린다는 점에 있다. 이것은 기술 수준에서 상당한 차이가 나는 두 나라를 놓고 상호 간에 공평한 거래 조건으로 경쟁을 하자는 것과 비슷한 논리인 셈이다. 이보다는 월저의 경우가 조금 나을지 모른다. 서로 겹치는 부분에서만 관계를 맺자는 식이기 때문이다. 같은 비유로 하자면, 각자가 희망하는 품목에 대해서만 서로의 조건이 맞는 한에서 거래를 하자는 얘기가 될 수 있을까. 하지만 이런 방식도 이미 주어져 있는 불균등한 조건과 힘의 격차를 바로잡는 데에는 이르지 못한다. 그런데 모름지기 정의란 바로 이 같은 바로잡음에서 성립하는 것이 아니겠는가.

그렇다면, 우리가 월저 식의 자유주의마저 넘어서서 이러한 바로잡음에 이를 수 있는 방도는 무엇일까? 여기에서 이 어렵고 복잡한 문제를 본격적으로 논의할 수는 없을 것 같다. 이 자리에서는 단지 몇 가지 생각해 볼 점만을 간단히 언급하는 데 그치기로 한다.

---

38) 흔히 '자문화중심주의'라고 번역하지만, '자기집단중심주의'라는 번역이 원래의 뜻에 조금 더 근접하는 것 같다.

첫째, 불균형을 바로잡기 위해서는 그 불균형을 뒷받침하고 있는 기존의 틀을 계속해서 깨 나가는 노력이 필요하다. 롤스의 만민법처럼 어떤 보편을 구축하려는 시도에 앞서, 또 월저처럼 소극적이고 얇은 연대에 만족하는 것을 넘어서서, 이미 편파적인 보편으로서 큰 위력을 발휘하고 있는 틀을, 예컨대 선진국 중심의 자본이동과 상품무역의 틀을 깨 나가는 일이 필요하다. 특히 철학의 영역에서는 보편적인 체계를 구축하려는 시도가 이와 같은 틀과 어떤 관련을 맺을 수 있는 것인지 면밀하게 검토해 볼 필요가 있다. 이런 견지에서 보면 갈등과 충돌을 회피하려는 것만이 정의를 위한 노력은 아닐 것이다. 때로 알력과 분쟁이, 즉 기존의 틀에서 보면 부정으로 비칠 수도 있는 행위가 새로운 정의의 성립에 기여할 수 있다.[39]

둘째, 그렇다고 이러한 노력이 무정향적인 것일 수는 없다. 그 형식적인 방향은 '배제의 배제'라는 형태, 즉 침탈과 지배를 위해 이미 이루어진 배제를 배제하는 것[40]으로 규정될 수 있겠지만, 그 내용적인 방향은 센Amartya Sen이 이야기하듯 '능력의 평등'을 지향하는 것으로 잡힐 수 있을 것이다. 센은 "불리한 입장에 처한 사람들이 실질적 기회를 체계적으로 박탈당함으로써 겪게 되는 고통에 전혀 개의치 않는" 자유주의자들을 비판하면서, 정의와 발전을 위해서는 '능력'의 확장에 주의를 기울여야 한다고 말한다.[41] 그는 '능력'을 '실질적 자유'와 등치하고 이 실질적 자유의 평

---

39) 정의에 대한 이런 생각은 Jacques Rancière, "Le tort", éd. Jacques Poulain, *Qu'est-ce que la Justice?*, Paris: Presses Universitaire de Vincennes, 1996에 잘 드러나 있다. Rancière, *La Mésentente*, Paris: Galilée, 1995도 참조. 또 Alain Badiou, "Verit s et justice"(*Qu'est-ce que la Justice?*)도 비슷한 발상을 담고 있다.
40) 문성원, 「현대성과 보편성(1): 인권, 자유주의, '배제의 배제'」, 84쪽 이하 참조.
41) 아마르티아 센, 『자유로서의 발전』, 박우희 옮김, 세종연구원, 2001, 37쪽. 또 그의 『불평등의 재검토』, 이상호·이덕재 옮김, 한울, 1999도 참조.

등한 실현을 사회발전의 목표로 놓는데, 이렇게 되면 자유는 자유주의의 형식적 틀을 벗어나 타인에 대한 배려 및 원조와 연결될 수 있다. 이러한 센의 생각은 우선 한 사회 내에 대한 것이지만, 사회와 사회 사이에도 같은 발상을 적용할 수 있을 것이다.

셋째, 이와 관련하여 우리는 '정의'를 '타인의 선'이라는 의미로, 나아가 '약자를 돕는 것'이라는 의미로 다시 생각해 볼 수 있다. 이럴 때, 정의는 '나' 또는 '나의 집단'에서가 아니라 타자와의 관계에서 출발한다. 레비나스가 말하듯, 이럴 때 정의는 자유에 앞서는 것으로 드러난다.[42] 다시 말해, 그때의 정의는 많은 '나'들의 형식적 자유를 보장하는 법적 규범으로가 아니라, 이미 언제나 타자와 대면해 있는 나의 상황에서 타자를 받아들이고 '환대'하는 것으로, 즉 타자에게 내가 이미 차지한 나의 자리를 내어 주는 것으로 나타난다. 오늘날과 같이 냉혹한 경쟁이 삶의 조건으로 인식되고 있는 시대에 이러한 생각은 너무 비현실적인 것으로 보일지 모른다. 그러나 만일 우리가 "개인과 개인, 집단과 집단, 국가와 국가 사이에 가진 자와 없는 자의 격차를 확대"하는 세계화[43]와, 그 세계화에 편승하거나 소극적인 대응밖에 할 수 없는 자유주의적 발상에 안주할 수 없다면, 바로 그러한 못마땅한 현실이 우리를 이토록 오랜 세월 동안 버텨 온 정의의 관념, 즉 정의는 타자의 선이요, 약자를 돕는 것이라는 관념으로 이끌어 간다는 사실을 받아들이지 않을 수 없을 것이다. 만일 그렇다면, 우리에게 남는 과제는 먼저 이러한 정의관을 비현실적인 것으로 만드는 조건들을 제대로 궁구해 보는 일일 것이다.

---

42) Lèvinas, *Totalité et infini*, pp. 33f 참조.
43) 유네스코의 「21세기 윤리를 위한 공동의 틀」, 1999, 4장 "정의"의 2항.

4장 개인적 인권과 집단적 인권
자유주의 인권 개념의 한계를 넘어

1. 인권의 운동과 인권의 보편성

여기서 나는 '인권의 운동'이라는 말을 '인권운동'과 그 의미를 좀 달리해서 쓰려고 한다. 후자가 인권의 신장과 보호를 목표로 삼는 사회운동을 일컫는 것이라면, 전자는 인권이라는 개념과 그 제도적·물질적 영향력이 움직여 온 추이를 지시하는 것이라고 할 수 있다. 즉 인권의 운동이란 말 그대로 인권의 변화·운동 과정을 가리키는 표현인 셈이다. 그리고 이럴 때 인권의 운동은 인권운동을 그 현상의 한 부분으로서 포함하게 된다.

이처럼 '인권의 운동'이라는 표현을 내세우는 이유는 우선 인권의 역사성을 부각시키기 위해서이다. '인권'human rights ; rights of man이라는 용어 자체가 등장한 것이 18세기 말부터이고 보면, 인권의 역사는 이제 2세기 남짓에 불과하다고 할 수 있다.[1] 인류 역사의 지평에서 볼 때 비교적 최근의 현상인 것이다. 그렇다면 인권은 영원하고 보편적인 가치나 문젯

---

1) 이봉철, 『현대인권사상』, 아카넷, 2001, 25쪽 참조.

거리였다기보다는 한 특정한 시대의 역사적 산물이라고 해야 할지 모른다. 또 한 가지 '인권의 운동'이라는 표현을 쓰는 이유는, 인권과 결부된 사회적 역학 관계의 변화에 주목할 필요가 있다고 여겨서다. 인권이 고정된 것이 아니라 운동하는 것이라면, 우리는 그러한 운동의 이면에 어떠한 힘들이 작용해 왔으며 또 작용하고 있는지를 따져 물을 수 있다. '인권'이 서구의 근대 질서를 확산하고 그 지배를 공고히 하는 데 기여해 왔다는 지적은 오늘날에도 그리 드문 것이 아니다.[2] 나아가 몇몇 강대국이 '인권'을 자신들의 이해관계에 따라 약소국을 압박하는 자의적 방편으로 이용한다는 비판도 흔히 들리는 일리 있는 지적이다.

하지만 여기서 '인권의 운동'을 운위하는 의도가 인권의 상대적이고 부정적인 면모에만 초점을 맞추어 인권 자체를 공박하겠다는 데 있지는 않다. 오히려 인권을 보편적이고 당연한 것으로 전제할 때 생겨나는 문제점들을 짚어 보고 인권 논의에서 흔히 간과하기 쉬운 면을 보완해 보겠다는 것, 특히 원자론적 사회관에 입각한 자유주의 인권관의 문제점을 밝히고 그럼으로써 인권의 운동 방향을 제대로 정립하는 데 조금이라도 기여해 보겠다는 것이 이 글의 의도이다. 그러므로 '인권의 운동'이라는 설정은 궁극적으로 '인권운동'의 바람직한 전개를 위한 것이기도 하다.

그러나 이렇게 인권이 운동·변화해 왔다는 관점에서 바라볼 경우, 인권의 보편성을 단적으로 내세우기는 힘들어진다. 무엇보다도 자연권 사상에 바탕을 둔 인권의 보편성 주장은 그 정당성을 인정받기 어렵다.[3] 하지만 그렇다고 해서 인권의 보편성을 주장할 수 있는 길이 없는 것은 아니다. 그 가능한 방식 가운데 하나는 헤겔 식의 보편성 또는 후쿠야마 식의 보편성을 통해 인권을 이해하는 것이다. 비록 처음부터 보편적인 모습으로 존재하는 것은 아니지만 역사의 전개 과정을 통해서 드러나고 발전하여 마침내 완성에 이르는 보편성. 이런 종류의 틀을 적용해 본다면, 인권은 근대 이후에 비로소 개화하여 현대에 이르러 완성 단계에 도달한, 그렇지만 애초부터 이런 발전의 싹을 역사 안에 가지고 있었던 보편적 규정이나 원리가 된다.

물론 이 같은 파악 방식은 도달점을 미리 설정해 놓은 목적론이라는 비판을 피할 수 없다. 이 목적론적 도정 대신에 규범성을 강조하는 것도 보편성의 근거를 마련하는 한 길이다. 인권을 우리가 도달해야 할 규범적 목표로 본다면, 인권의 등장이 비교적 최근의 일이라고 해서 그 보편성을 주장하지 못할 까닭은 없다. 다만 그 경우 보편성 문제는 규범적 정당성의 차원으로 옮겨갈 것이다.

그런데 이 규범적 정당성의 문제는 규범의 실정성實定性 내지 사실성의 문제와도 얽혀 있다. 여기서 이 점을 상론할 수는 없지만, 오늘날 인권이 거의 모든 국가의 헌법에 명시된 실정적 힘을 지니고 있다는 사실, 그리고 유엔인권선언 Universal Declaration of Human Rights과 같은 초국가적 차원의 헌장이 존재한다는 사실은 인권의 보편성과 관련하여 매우 중요한 점이다. 하지만 현재에도 인권은 완전한 보편화에 이른 것이 아니며, 게다가 이러한 현실 위에서 이루어지고 있는 인권의 운동도 긍정적인 방향으로만 작용하고 있는 것은 아니다.

나는 전에 근대적 인권의 보편성이 지니는 긍정적 의의를 '배제의 배제'라는 틀을 통해 정리해 본 적이 있다.[4] 이 틀에 따르면, 근대적 인권의

---

2) 최근 우리에게 소개된 논의의 예로 바디우, 『윤리학』(특히 8, 14쪽 등) 참조.
3) 나는 전에 자연권 주장이 지니는 난점과 인권의 보편성 문제에 대해 간단히 논한 바 있다. 문성원, 「현대성과 보편성(1): 인권, 자유주의, '배제의 배제'」, 64쪽 이하 참조.
4) 같은 글, 같은 곳 참조.

긍정성은 배제와 억압의 기제였던 신분적 특권을 다시 배제하고 동등한 권리 설정을 통해 인간들 사이의 평등을 지향했다는 데 있다. 그러므로 이 '배제의 배제'는 비록 소극적 형식 면에서이긴 하지만 인권의 운동에 뚜렷한 규범적 방향성을 제시해 준다. 이런 기준에서 볼 때, 인권과 관련된 움직임 가운데 부정적으로 평가받아야 할 것이 있다면, 그것은 우선 배제와 억압의 방향으로 작용하고 있는 힘과 운동일 것이다. 나아가 이 기준은 인권 문제의 조건과 성격을 분명히 하는 데에도 기여할 수 있다고 생각한다. 만일 인권이 배제의 배제와 평등의 구현이라는 요구를 채우지 못하고 있는 경우, 그 이유가 무엇인가를 따져 물을 수 있을 것이기 때문이다.

오늘날의 인권은 이런 기준에서 보더라도 많은 한계와 문제점을 가지고 있다. 여기에는 인권의 확산과 그 실현 정도라는 양적인 진전의 문제 말고도 인권에 대한 이해 자체와 관련된 개념적 차원의 문제들도 있다. 물론 이 두 가지 면이 서로 분리되어 있는 것은 아니지만, 이 자리에서는 주로 후자의 측면에 초점을 두고 몇 가지 사안을 검토해 보고자 한다.

2. 자유주의적 인권 개념의 한계

탈북자들의 문제가 신문 지상에 오르내린 지도 꽤 되었다. 그런가 하면 중국 동포나 외국인 노동자의 불법체류 문제도 중요한 현안이다. 나는 오늘날 인권의 한계를 보여 주는 중요한 한 단서를 이런 문제들에서 찾을 수 있다고 생각한다. 탈북자들이 북한에서 받은 억압이나 불법체류 노동자들이 국내에서 당하는 부당한 대우만을 이야기하는 것이 아니다. 다소 엉뚱하게 들릴지 모르지만, 여기서 짚어 보고 싶은 것은 이주와 거주의 자유에 가해지는 제한 문제, 보편성을 내세우는 인간의 권리가 넘지 못하고 있

는 실제 장벽의 문제이다.[5]

얼핏 생각하더라도 인간이 행복을 추구하기 위해서 보장받아야 할 기본적인 권리 가운데에는 당연히 이주 및 거주의 자유가 포함되어야 할 것 같다. 하지만 실제로 그 같은 자유가 허용되는 것은 대개 제한된 국경 내에서일 뿐이다. 우리는 탈북자의 곤경이나 불법체류 노동자의 처지를 안타까워하면서도 정작 이런 문제와 관련된 법적·제도적 제약은 당연한 것으로 받아들이곤 한다. 그러나 이주 및 거주의 자유가 보편적인 개인의 권리라는 견지에서 다루어질 수 있다고 한다면, 이 권리가 국가 내에서만 허용되고 국가 간에는 제약되어야 할 이유는 무엇인가?

물론 현실 속에서 이주 및 거주의 권리는 한 사회의 시민권 내지 성원권成員權과 관계되어 있다. 그래서 일정 범위를 넘어서면 국적 전환이나 이민 등의 문제와 결부되지 않을 수 없다. 한편, 우리는 인권의 이름 아래, 생존을 위협받거나 다른 권리가 심대하게 침해받는 상황이라면 망명이나 국적 변경을 할 수 있는 권리가 일반적으로 인정되고 있음을 알고 있다.[6] 하지만 보통의 경우는 거주와 이주의 자유가 국경을 넘어가기 어렵다. 나는 이와 같은 현실이 오늘날 통용되는 '인권'에서 우리가 자칫 간과하기 쉬운 문제를 드러내 준다고 생각한다.

우리는 보통 인권이란 인간으로서의 개개인이 지닌 보편적 권리라고 본다. 그런데 이런 생각의 바탕에는 권리를 지닌 개인들이 사회에 우선한다는 관념, 또 이 개인들이 자신들의 이익을 위해 사회를 구성하는 것이라

---

5) 지금의 맥락과 조금 다르긴 하지만 이 문제 역시 전에 잠시 다루었던 적이 있다. 문성원, 「현대성과 보편성(2): 자유주의와 공동체주의」, 92쪽 이하 참조.
6) 탈북자의 망명 요청을 대사관이 묵살했다는 것이 인권 문제가 되는 까닭은 여기에 있을 것이다. 일례로 『한겨레신문』, 2002년 5월 24일자 기사("한국대사관이 망명신청 묵살") 참조.

는 근대적 발상이 깔려 있는 경우가 많다. 오늘날 큰 힘을 발휘하고 있는 원자론적 자유주의 내지 절차적 자유주의의 기본 전제도 바로 이런 것이다.[7] 하지만 우리가 이 같은 관점을 곧이곧대로 받아들일 때, 개인의 거주 및 이주의 자유를 제한할 정당한 근거는 어디에서 찾을 수 있을까?

모든 인간을 동등한 권리의 소유자로 보는 관점만으로는 여기에 대한 답을 내놓기가 쉽지 않아 보인다. 특정한 사회가 다른 사회에 비해 살기 좋은 환경을 지니고 있다고 할 경우에도, 그 환경을 현 거주민이 독점해야 할 정당한 이유가 있는 것 같지는 않다. 비록 그 환경이 주민들의 몇 세대에 걸친 노력의 결과로 마련된 것이라고 하더라도, 현재의 거주민들은 그 환경의 직접 조성자가 아니라 수혜자에 불과할 수가 있다. 또 한 사회의 구체적 규약이 다른 사회와 다르다고 할지라도, 이주를 원하는 자들이 그 규약을 받아들여 거기에 따른 의무를 행하기로 한다면 이들을 내칠 근거는 없지 않을까 싶다. 한 나라 안에서의 경우에는, 우리의 예를 들어 보면, 가령 부산 사람이 서울로 이주하는 것을 막을 정당한 이유는 없다고 생각한다. 그렇다면, 예컨대 멕시코인이 미국으로 이주하는 것을 막을 정당한 근거는 어디에 있는가? 그 까다로운 이민 절차와 심사 기준은 과연 어떤 정당성을 지니는 것인가?

여기서 이런 문제를 제기하는 의도는 각 나라의 성원권과 거주권의 배타성을 공박하는 데만 있지 않다. 현재의 논의 맥락에서 보면 오히려 인권과 이러한 배타성 사이의 관계가 관심의 초점이다. 보편성을 내세우는

---

7) 원자론적 자유주의 또는 절차적 자유주의에 대한 흥미로운 비판으로 Taylor, *Philosophical Arguments* 안의 "Irreducibly Social Goods", "Cross-Purpurses : The Liberal-Communitarian Debate" 등 참조.

'인권'의 견지에서는 이런 배타성의 문제를 정면에서 돌파하든지 아니면 인권의 범위 밖으로 밀어 놓든지 해야 할 것이다. 오늘날의 '인권'이 후자의 길을 택하고 있음은 분명하다. 이 경우 성원권의 문제는 특정한 지역의 특정한 사람들이 그 기준을 정해야 할 '특수한' 문제가 되어 버리고[8] '보편적' 인권의 내용에서는 빠져 버린다. 그 결과 '인권'은 실질적으로 중요한 배제의 틀을 자기 밖에 방치하게 되며, 나름의 이해관계를 지닌 구체적인 인간 집단 속의 개인들과 오직 추상적 방식으로만 관계하게 된다. 즉 이때의 '인권'은 각각의 집단 속에서 맺고 있는 사회적 관계를 사상한 채, 개체에 부여되는 '보편'으로 취급되고 마는 것이다.

그런 까닭에 이런 형태의 추상적 인권은 개체를 앞세우는 자유주의의 관점과 쉽게 결합한다. '보편적' 인권은 이제 개체 위주의 권리 설정으로는 해결하기 어려운 난관——우리가 예시한 거주와 이주의 자유 문제 따위——을 피해 가면서 다시 추상적 개체들과 연결되는 것이다. 일면 역설적으로 보이는 이러한 만남은 사실 당연한 귀결이라고 할 수 있다. '인권'과 '자유주의적 개체'는 집단적 이해관계와 거기에서 비롯하는 문제들을 도외시한다는 점에서 같은 지평 위에 놓여 있기 때문이다. 게다가 이 같은 연결 관계는 두 추상적 항 사이에 존재하는 현실의 중요 영역을 인식상의 공백으로 남겨 놓음으로써, 이 공백의 자리에서 작용하는 힘이 은폐되거나 무시될 수 있는 여지를 마련해 준다.[9]

---

8) 성원권의 문제에 대해서는 월저, 『정의와 다원적 평등』의 2장 「성원권」 참조.
9) 이때 이 숨겨진 자리에서 영향력을 발휘하는 것은 무엇보다도, 개체를 앞세운 자유주의가 추상해 버린 바로 그 집단적 이해관계의 현실일 것이다. 그리고 이 이해관계가 추상적 인권을 이용하는 강대국의 이익 따위일 때, '보편'과 '개체'를 잇는 '인권의 운동'이 배제의 부정적 힘으로 나타날 수 있는 가능성이 생겨난다.

이런 점에서 보면, 인권에 대한 개체중심적이고 자유주의적인 이해 방식을 그대로 받아들이는 것은 자칫 개체적 삶의 터전인 집단적 현실의 문제를 놓치고 말 위험이 있는 것 같다. 사실 이 집단적 현실은 권리를 지닌 개개인들에 의해 구성되는 것 이상의 것이다. 사회의 성립을 계약론적 견지에서 설명하려는 시도는, 정치-사회적 구성원리로서 제시될 경우, 적어도 근대 이후의 세계에서는 분명 큰 힘을 지닌다. 하지만 이런 방식이 역사적 실재와 현실의 사회를 충분히 설명할 수 있는 것은 아니다. 사회를 이해하기 위해서는, 또 개인을 제대로 이해하기 위해서도, 개체를 넘어서는 집단성의 차원을 비환원적인 방식으로 고려할 필요가 있다. 인권의 경우에도 마찬가지이다. 집단적 지평을 떠나서 인간을 이해하기 곤란하다면, '인간의 권리' 역시 그러할 것이다.

3. 집단적 가치와 집단적 권리

자유주의-공동체주의 논란에 개입하면서 찰스 테일러는 '우리에 대한' 가치와 '나에 대한' 가치를 구별한다. 인간 집단이 공동으로 가지는 가치가 인간 개체 각각이 가지는 가치들의 단순한 합이 아니라는 점을 보여 주기 위해서이다. 그에 따르면, '나에 대해 있는 것'과 '너에 대해 있는 것'을 단순히 합한다고 해서 '우리에 대해 있는 것'이 되지는 않는다. 내가 혼자서 듣는 모차르트와 네가 혼자서 듣는 모차르트를 합한다고 우리가 같이 듣는 모차르트가 되지는 않는다는 얘기다.[10] 이렇게 일상적인 예를 드는

---

10) Taylor, "Cross-Purposes", pp. 189f 참조. 나는 이미 문성원, 「현대성과 보편성(2)」, 98쪽 이하에서 이 내용을 소개한 적이 있다.

것에서부터 시작하여 테일러는 개개인의 선$^{individual\ good}$으로 환원될 수 없는 이른바 공동선$^{common\ good}$이 있다는 주장을 편다. 그런데 이런 생각은 권리에 대해서도 적용될 수 있지 않을까?

나는 개인의 권리로 환원되지 않는 '집단적 권리'가 엄연히 존재하며, 이 집단적 권리는 당연히 인권과 관련을 맺는다고 생각한다. 사실 인권이란 다른 어떤 동물의 권리가 아니라 '인간의 권리'이며, 그런 면에서 인권은 이미 인간을 집단적으로 문제 삼고 있다고 할 수 있다. 즉 인권은 다른 존재와 구별되는, 인간 집단에 권리를 부여하거나 인정함으로써 성립되는 것이다. 애당초 인권이 논의되었던 맥락을 생각해 보더라도 이 같은 집단의 역할을 분명히 알 수 있다. 인권의 중요한 의의는 신분질서를 통해 권리상의 차별을 받던 이들이 자신들도 인간임을, 즉 같은 인간 집단에 속하는 존재임을 선언하고, 이를 통해 그네들도 동등한 권리행사의 자격이 있음을 내세운 데 있었다.[11] 그러니까 '인권' 주장의 바탕에 놓인 사태는, 일정한 권리를 지닌 개개인들이 먼저 존재하고 이들이 모여 어떤 집단을 이루는 것이었다기보다는, 일정한 권리를 지닌 집단이 존재하고 거기에 개체가 속함으로써 그 권리를 공동으로 누리는 것이었다고 보아야 할 것이다. 무릇 권리란 원래 특정한 집단에 속하는 특권으로 출발한 것이었음을 염두에 두자. 이런 점에서 보면 인권의 성립은 사실상 시민권 외연의 확장이었고, "인간=시민"이라는 등식의 확립이었으며, 인권운동의 역사

---

11) 로티는 인권 개념을 비판하고 그 효용성을 부정하기는 하지만, '인권'이 지닌 집단적 성격의 일면을 역설적으로 잘 드러내 준다. 그는 오늘날에도 대립하는 인종들 간이나 문화집단 간에는 적대시하는 상대방 집단을 인간으로 취급하지 않는 경우가 있음을 지적한다. 예컨대 보스니아에서 세르비아인들은 이슬람교도들을 인간으로 생각하지 않았고, 따라서 자신들의 행위를 '인권'의 침해로 여기지 않았다는 것이다. Richard Rorty, "Human rights, rationality, and sentimentality", pp. 167f 참조.

는 이 같은 확장과 확립의 역사였다고 할 수 있다.[12]

그러므로 권리를 갖는 주체는 어디까지나 개인일 뿐이고 집단이 권리를 가질 수 없다고 보는 것은 대단히 피상적인 생각이다. 비록 낱낱의 권리행사 행위가 언제나 개개인들의 행위일 수밖에 없다고 하더라도, 이 개인들을 규정하는 것은 바로 이들이 속해 있는 집단의 성격이기 때문이다. 이 집단이 무엇이냐는 그 각각의 개인들로 환원하여 규정할 수 없다. 이런 점은 우리의 언어현상과 유비하여 설명할 수 있을 것이다. 언어를 사용하는 자는 언제나 개인들이지만, 언어가 만들어지고 유지되는 것은 지속적인 교섭이 이루어지는 특정한 언어공동체 속에서이다.[13] 그런 면에서 특정한 언어는 그 언어를 사용하는 개체들 각각의 언어라기보다는 특정한 공동체의 언어이다. 어떤 경우에 한 개인은 그 언어공동체에 들어갈 수도 있고 나올 수도 있다. 심지어 그 언어에 얼마간의 변화를 가져올 수도 있다. 하지만 그 언어가 그러한 개인들 각각에게 귀속된다고 하기는 곤란하다. 권리의 경우에도 비슷한 말을 할 수 있다. 개인이 이런 권리 저런 권리를 갖는 것은 그 개인이 이런 집단 저런 집단에 속하기 때문이고, 그 집단 내에서 이런 자리 저런 자리를 차지하기 때문이다. 언어에 초개인적인 구조와 질서가 있는 것과 마찬가지로 권리에도 초개인적인 틀과 위치가 있다. 이런 점에서 보면 권리란 워낙 집단적인 것이라고 할 수 있다. 그리고 개체의 권리는 그 집단적 권리를 바탕으로 발현되는 것이다.

---

12) 에티엔 발리바르, 「"인간의 권리"와 "시민의 권리": 평등과 자유의 근대적 변증법」, 윤소영 편역, 『맑스주의의 역사』 참조. 또 Étienne Balibar, "Qu'est-ce qu'une politique des droits des droits de l'homme?", *Les frontières de la démocratie*, Paris : Découverte, 1992도 참조.
13) Taylor, "Irreducibly Social Goods", p. 134. 테일러는 비트겐슈타인(Ludwig Wittgenstein)의 의미론을 통해, 또 소쉬르의 '랑그/파롤' 개념을 통해 언어의 공동성을 설명한다.

물론 오늘날에는 이 권리의 틀 내지 구조가 내적 집단 및 위치의 구획을 줄이거나 없앤 상태에서 작용하는 경우가 많다. 이를테면 정치공동체의 경우 일정 연령 이상의 성원들에게 일단 차별이 없는 위치를 부여하는데, 이 때문에 우리는 자칫 권리의 집단성을 간과하기 쉽다. 그러나 현실적 효과 면에서도 집단의 역할은 분명 남아 있다. 예컨대 지역적 집단은 아직도 중요한 정치적 권리 단위로 작용한다. 이 집단 단위의 권리가 환원적 방식으로 설명되기 어렵다는 점은 그 권리가 단순히 집단을 이루는 개체의 수에 의해 좌우되는 것은 아니라는 사실을 통해서도 알 수 있다.[14] 특히 집단의 생존 조건에 큰 영향을 미치는 사안 —예를 들어 환경 문제나 인종 문제, 문화적 정체성 문제 등— 이 문제될 때에는 공공연히 집단적 권리가 거론되곤 한다.[15] 집단적 권리가 그 자체로 부각되지 않는 경우라 하더라도, 집단은 권리의 지평으로서 항상 전제된다고 할 수 있다. 개체의 권리가 초점이 되는 것은 오히려 특수한 경우, 즉 집단의 특수한 상황하에서 나타나는 경우라고 해야 옳을지 모른다.

'인권'이라고 해서 사정이 근본적으로 다른 것은 아니다. 다만 우리가 주목해야 할 것은 '인권'이 관계하는 인간 집단의 특성이나. 동물과의 대비가 문젯거리가 아니라면[16] 적어도 오늘날 인권이 구획하는 집단적 경계는 없는 것 같다. 오히려 인권은 그러한 집단적 경계를 넘어서서 그 폭을 최대한으로 넓힌 인간 집단과 관계한다. 이렇게 내부의 집단적 경계를

---

14) 양원제(兩院制)를 쓰는 정치체제에서 상원의 권리는 이런 점을 더 잘 보여 준다. 지역적·계층적 집단의 형태가 공고할수록 이런 종류의 집단적 권리가 더 중요하게 작용한다.
15) 공공연히 집단적 권리(collective rights)를 내세우는 예로 Taylor, "Irreducibly Social Goods", p. 140 참조.
16) 피터 싱어(Peter Singer)에서 보듯 인권과 대비하여 동물의 권리를 문제 삼을 수 없는 것은 아니다. 그의 『동물 해방』(김성한 옮김, 인간사랑, 1999) 참조.

넘어서고자 한다는 점 때문에 인권은 아예 집단과 아무런 관련도 없는 듯이, 개체들에게만 관련되어 있는 듯이 보인다. 하지만 따지고 보면 이렇게 인간을 개체들로 취급하는 것조차 인간 집단에 대한 어떤 규정이고, 또 이런 시각이나 규정 자체도 인간 집단의 특수한 조건에서 나오는 것이라고 볼 수 있다. 더욱이 이 특수한 조건이 전체를 포괄하지 못하는 인간 집단 일부에게만 해당하는 것일 수도 있다. 물론 내적 집단의 경계를 두지 않으려는 발상은 앞에서 언급했던 것처럼 배제의 경계선을 배제하려는 평등 지향적인 방향을 보여 주는 것이라 말할 수 있다. 그러나 이런 긍정적인 방향도 현실에 엄존하는 집단적 조건을 제대로 고려하지 못하면 부정적인 효과를 초래할 위험을 안고 있다. 지극히 상식적인 것처럼 보이는 '개인적 인권'에 대비하여 '집단적 인권'을 운위하는 까닭은 여기에 있는 것이다.

4. 집단적 인권과 인권의 운동

1999년 노벨상 수상 작가인 독일의 귄터 그라스Günter Gras는 내한해서 가진 한 인터뷰에서 남한이 북한을 도와주어야 할 이유를 설명하는 가운데, "북한 경제가 무너져 주민들이 대거 남으로 밀려들면 비극이 될 것"이라고 지적한 바 있다.[17] 이런 지적이야 그리 새삼스러운 것이 아니지만, 나는 이와 같은 사안을 인권의 문제와, 특히 집단적 인권의 문제와 연결해서 볼 수 있다고 생각한다. 먼저 이런 질문을 던져 보자. 북한의 경제와 함께 전체주의적 색채가 강한 정권이 무너지고 나면, 다른 면들이야 어떻든

---

17) 『한겨레신문』, 2002년 5월 30일자 인터뷰 기사("귄터 그라스 '대북지원 무조건 바람직'").

북한 주민 개개인의 인권 상황은 한결 나아지지 않겠는가? 그런데 이런 질문에 대해 쉽게 고개가 끄떡여지지 않는다면, 그 이유는 무엇일까?

인간 개개인이 자율적으로 자신들의 사회와 집단을 선택하고 구성할 수 있다는 것은 자유주의의 이론적 가정일 뿐이다. 알다시피 이 가정이 들어맞을 수 있는 사회적 조건과 범위는 매우 한정되어 있다. 대부분의 경우에 개인들은 그네들의 사회와 집단을 상당 부분 주어진 것으로서 받아들일 수밖에 없으며, 또 이 개인들의 삶은 이렇게 주어진 사회 내지 집단의 운명에 깊게 결속되어 있기 마련이다. 북한의 현 정권이나 체제가 무너진다 하더라도 북한 주민들의 처지는 여전히 주어진 집단적 상황을 벗어나기 힘들 것이며, 그들의 권리는 그러한 집단적 상황 속에서 규정될 것이다. 남한을 포함하여 다른 사회가 북한 주민들을 그 구성원으로 쉽게 받아들일 리가 없다고 할 때,[18] 이들이 다른 집단에 들어가 그곳에서 권리 규정을 받을 가능성은 극히 적다. 인권 상황 역시 마찬가지일 것이다. 그렇다면 인권의 개선은 주어진 집단 속에서 그 집단의 처지 개선과 함께 이루어질 수밖에 없다. 혹시 북한의 주민들이 대거 남한에 편입된다고 하더라도, 이들이 남한 사회 내부의 주변집단으로 차별을 받을 공산이 매우 크다. 형식상의 권리 규정은 이런 실질적 집단 구획의 영향을 없애지 못할 것이 뻔하다. 요컨대 북한 주민의 인권은 주로 그네들 집단 속에서 규정되는 것이며, 그러한 한 그들의 인권은 집단적 성격을 지니는 집단적 인권인 것이다.

---

18) 나는 이런 사태의 가능성과 관련하여 '환대'의 자세가 가지는 의미를 생각해 본 적이 있다. 문성원, 『배제의 배제와 환대』, 13쪽. 이런 윤리적 방향은 타자와 약자를 바라보는 자세와 관점의 변화를 촉구한다. 하지만 윤리의 강조는 역설적으로, 여기에 맞서는 현실적 이해관계의 강고함에 대한 인정을 전제한다.

이런 까닭에 한 집단의 외부에서 그 집단 내부의 인권 문제를 거론하는 것은 무척 조심스러운 일이 아닐 수 없다. 인권에 대한 논란은 곧 그 집단에 대한 문제 제기나 비판으로 이어지기 쉬운데, 이 문제 제기가 그 집단의 처지와 그 처지의 개선 조건을 진지하게 고려하지 않은 것일 경우, 자칫 무책임한 논의가 되거나 다른 외적 의도의 수단 역할을 하는 데 그칠 수 있기 때문이다. 특히 집단의 조건을 추상한 개인의 차원만을 기준으로 놓고 비판의 잣대로 삼는 것은, 사실상 특수한 개인주의 사회의 기준을 다른 사회에 보편적인 것으로 덮씌우는 행위가 될 위험이 있다. 그러므로 타 집단에 인권의 문제를 제기할 때에는 언제나, 어떠한 맥락에 놓인 어떠한 인권이 문제가 되는 것인가를 분명히 적시할 필요가 있는 것이다.

이런 점에서 보면, 앞의 글[19]에서 살펴보았듯이 '두꺼움'과 '얇음'이라는 용어를 통해 '특수'와 '보편'의 관계를 설명하는 마이클 월저의 견해는 시사하는 바가 크다. 월저에 따르면, 현실의 모든 사회는 다 나름의 특수함을 지닌 '두꺼운' 사회이고, 바로 이 특수함을 바탕으로 해서 '얇은' 보편성이 자리 잡는다. 즉 보편이란 여러 사회의 특수한 '두꺼움'들의 일부가 겹쳐서 이뤄지는 공통된 '얇음'인 셈이다. 따라서 우선성 면에서도 '특수'가 먼저이고 '보편'이 나중에 오는 것이다. 또 이 특수들의 공통 부분인 보편은 고정되어 있는 것이 아니라, 어떤 특수들이 겹쳐지는가에 따라 달라질 수 있는 가변적인 것이다. 이 같은 생각의 바탕 위에서 월저는 다른 사회에 대한 비판은 자신의 특수한 입장을 수반할 수밖에 없는 '두꺼운' 것이라는 점을 지적한다. 상대 집단에 대한 비판은 서로 겹치는 공통 부분을 넘어서서 자신의 특수한 잣대를 들이대는 것이다. 그러므로 월

---

19) 이 책의 4부 3장 「자유주의와 정의의 문제」의 2절 "'두꺼운' 비판과 '얇은' 연대"(335쪽).

저에 따르면, 우리가 다른 사회나 집단과 연대하려고 할 경우에는 비판을 앞세워서는 곤란하다. '두꺼운' 비판은 일단 그 사회 내부에 맡기고 서로 겹치는 '얇음'을 통해 협력해 나가는 일이 중요하다. 물론 한 사회나 집단은 그 자체가 복합적인 것이므로 얇은 연대와 두꺼운 비판을 나누어 생각하기가 쉽지는 않다. 특히 한 사회가 여러 부분으로 나뉘어 갈등이나 투쟁에 휩싸여 있을 때는 더욱 그러하다. 하지만 그 사회 내부의 어느 부분과 연대하든, 이 연대는 섣불리 간섭으로 이어져서는 안 된다는 것이 월저의 생각이다.

이와 같은 관점에서 보면 인권 문제의 경우도 서로 겹치는 '얇은' 부분을 통해 접근하는 것이 바람직할 것이다. 이를테면 북한과의 관계에서도 서로 간에 공통된 인권 개념에 바탕을 둔 교류가 우선되어야 한다. 이 겹치는 부분이 고정되어 있는 것은 아니니까, 공통 부분을 확대해 나가려 노력하는 것은 가능한 일이며 또 필요한 일이다. 하지만 이 노력이 일방적으로 이루어져서는 곤란하다. 그 집단에 대한 외적 강요와 간섭으로 여겨질 공산이 큰 까닭이다. 당하는 쪽에서 볼 때에는 이런 강요나 간섭은 특수한 집단적 조건에서 비롯한 관점과 규범을 그 실현 가능성과 관계없이 다른 집단에 부과하려는 횡포로, 그럼으로써 그 나름의 특수한 이익을 추구하려는 술수로 비칠 수 있다. 그렇다고 해서 인권과 관련된 모든 비판이나 간섭이 불가능하다는 것은 아니다. 오늘날의 상황에서는 거의 모든 인류 집단에 공통된 규범들도 있기 때문이다. 즉, 대부분의 사회에 겹치는 것이어서 인류 집단 자체의 '두꺼운' 규범으로 작용할 수 있는 규범들도 있다. 이를테면 어느 나라에서 대량학살이 벌어지는 경우에, 이를 특정 집단의 내적 문제로 두고 방관할 수는 없을 것이다. 하지만 이슬람의 정교일치政教一致 문제나 중국, 북한의 형법 따위를 간섭의 대상으로 삼기는 어렵다.[20] 이런 문제들에 대해서는 일단 '얇은' 연대를 바탕으로 서로의 조건을 이해하려 노력하는 것이 중요할 것이다.

* * *

근대 이후 인권의 운동은 자유주의의 확산과 밀접한 관련을 가지고 진행되어 왔다. 그 덕택에 오늘날 일반적으로 통용되는 인권의 내용은 자유주의의 특성을, 따라서 개인주의적 특성을 강하게 띠고 있다.[21] 알다시피 이 배경에는 개인적 소유권의 확립을 필수적으로 요구하는 자본주의 체제의 확산과 공고화 과정이 놓여 있다. 자유주의가 개인적 권리 차원의 평등을 확립해 나가는 데 큰 기여를 한 것은 사실이며, 또 이 와중에서 인권 개념이 핵심적인 역할을 한 것도 사실이다. 하지만 이처럼 자유주의와 결부된 인권 개념은 불균등하고 다양한 집단적 조건의 차원을 추상해 버림으로

---

20) 그렇다면 군사독재 시절 우리 사회에 존재했던 악법들이나 현재도 시비 속에 존속하고 있는 국가보안법 등에 대해 인권 침해라고 비판하는 국외의 목소리들은 어떻게 보아야 하는가? 여기에 대해서도 간섭 불가의 태도를 취해야 할 것인가? 나는 이 문제에 이미 언급했던 여러 차원이 개입되어 있다고 생각한다. 무엇보다 중요한 것은 그 법률이나 제도가 해당 사회 내부의 지지를 얻고 있는가 아닌가 하는 점이다. 만일 그것들이 다수 민중의 저항에 봉착해 있다면, 집단과의 연대는 소수 지배집단이 아니라 이 저항세력과 맺어져야 마땅할 것이다. 월저 식으로 보더라도 이들에 대한 동조와 지지는 연대이지 간섭이 아니다. 하지만 이런 억압적 법률에 대한 비판을 빌미로 지배집단으로부터 이익을 취하려는 타국의 행위는 결코 환영할 만한 것이 못된다.
21) 인권의 중립성을 강조하는 대표적인 사상가 가운데 한 사람인 롤스는 인권이 "자유주의적 시민의 권리와 구분된다"고 말한다. 존 롤스, 『만민법』, 129쪽. 하지만 그가 "인권이라고 부른 것들은 자유입헌민주정체의 시민들이 가지는 권리들 또는 적정한 위계적 사회의 구성원들이 가지는 권리들의 적정한 부분집합이다." 같은 책, 131쪽. 오늘날의 인권 개념이 자유주의 사회의 범위를 넘어서는 외연을 가지고 있다고 하더라도, 그 지배적 형태가 자유주의적 연원과 내용을 지니고 있다는 점을 부인하기는 어려울 것이다.

써, 인권의 운동이 인간 집단 내부의 실질적 배제를 배제하는 방향으로 나아가도록 하는 데에는 뚜렷한 한계를 드러내었다. 오늘날에도 인권의 운동이 보여 주는 주된 흐름은 개체 중심의 인권 규정을 확산하고 정착시키려는 쪽이다. 권리의 집단적 성격과 각 집단의 특수한 조건을 인정하고 배려하는 일은 여전히 뒤로 밀려나 있는 상황이다. 의도적으로건 비의도적으로건 이런 점들 때문에 마찰과 갈등이 일어나는 일이 적지 않아 보인다. 인권의 집단적 성격 또는 '집단적 인권'은 이와 같은 면을 바로잡기 위해서 강조되어야 한다.[22] 인권의 실질적 개선을 이루기 위해서도 인권의 운동이 지닌 자유주의적 편향을 교정하려는 노력은 반드시 필요할 것이다.

---

22) '집단적 인권'이라는 발상이 한 사회 내의 지배층에 의해 체제 유지의 수단으로 악용될 소지가 있다는 점도 유의하여야 한다. 현대 중국의 예를 통해 이런 점을 잘 지적하고 있는 글로, 조경란,「유교·민족·인권: 중국의 근대성 문제—개인과 국가를 넘어서」,『철학연구』53호, 2001년 여름 참조. 하지만 이것이 근본적으로 그 사회 내부의 문제라는 점 또한 잊어서는 곤란하다. 억압적 정권의 인권 탄압에 대한 외부의 비판과 도움도 그 집단 내부의 운동이 주가 되지 못할 때에는 간섭의 부정적 효과를 낳을 가능성이 있다.

5장 철학의 기능과 이념
1980년대 이후의 한국 사회철학에 대한 반성

1. 시대와 철학

철학을 시대와 관련짓는 것은 철학이 어떤 보편적인 원리나 이념을 추구하는 것이 아니라는 생각을 보여 주는 것일까? 딱히 그렇지는 않을 것이다. 보편적인 원리나 이념이 각 시대를 통하여 펼쳐진다고 생각할 수 있는 까닭이다. 시대의 사명이나 시대의 목표는 그 시대 안에 다 담길 수 없는 보편자에 귀속될 수 있다. 원래 시간이란 유한자가 자신보다 더 큰 것을 나누어 담아내는 방식이 아닌가. 이렇게 이해할 경우 각 시대는 역사 전체를 관통하는 이념을 순차적으로 이룩하는 계기들이 된다. 시대와 철학을 함께 놓을 때 전제한 것은 이러한 사고방식이 아니었을까. 여기에서 부정되었던 것은 시대와 무관하게 초시간적인 보편성을 내세우는 견지였지, 보편성 자체는 아니었다. 오히려 보편적 이념의 계기적 실현이 강조되었다고 해야 옳을 것이다. 철학을 '시대의 혼'이라든지 '시대의 모순에 대한 반역'이라고 규정할 수 있었던 것은 이런 맥락에서다.[1]

그러나 지난 2, 30년을 돌이켜 보면 우리의 사회철학은 시대를 부분적으로 반영하고 추수해 온 데 그치지 않았나 싶다. 시대와 철학 사이의 관련이야 물론 부인할 수 없다. 문제는 시대의 변화가 압축적이고 중첩적이어서 철학이 제대로 담고 추스르기 어려웠다는 데 있다. 철학은 애써 자신의 시각을 가다듬어 전체를 조망하고자 했으나, 그 시야에 들어온 것은 나름의 시점과 틀을 중심으로 봉합되고 전체화한 부분이었다. 그렇기에 철학이 잡아낸 시대의 상像은 왜곡을 면하지 못했다. 이른바 과학적 세계관을 내세운 맑스-레닌주의 철학의 경우가 그랬고, 식민지적 현실의 극복과 민족의 자주성을 강조한 주체철학의 경우도 그랬다. 1989년 이래 소련과 동구권의 몰락은 우리에게 큰 충격을 던져 줌과 아울러 이런 변화를 설명하고 헤쳐갈 수 있는 철학을 요구했지만, 뒤늦게 수입되고 수용된 여러 사조들은 여기에 부응하지 못했다. 알튀세르의 맑스주의는 구조주의의 과학성에 대한 강조와 포스트-구조주의의 해체적 지향을 급속히 타고 넘으며 불과 몇 년 만에 단명短命했다. 이 매개를 거쳐 들어온 푸코, 들뢰즈, 라캉, 데리다 등 일견 다양해 보이는 포스트-구조주의 계열의 철학은 서구와 한 세대 정도의 시차를 두고, 계급의 의미가 퇴색해 가는 포스트-산업화의 공간을 파고들었다. 이들 철학은 현실에 대한 전체석이고 고정적인 규정을 경계하면서 유동적인 다양성을 강조하지만, 바로 그것과 연관된 불확실성 때문에 시대의 갈증을 채워 주지 못했다.

    이러한 과정을 통해서 철학의 역할에 대한 기대와 보편적 이념이나 원리에 대한 믿음이 심대한 타격을 받았음은 부인할 수 없다. 하지만 이와 더불어 확인할 수 있는 몇 가지 사실이 있다. 그 하나는 철학이 반영하

---

1) 시대와 철학 편집부, 「철학은 시대의 혼이다」, 『시대와 철학』 1호, 한국철학사상연구회 엮음, 1990 참조.

고 개입하는 중심 영역이 변해 왔다는 점이다. 대략적인 경향으로 볼 때, 사회구성체 또는 경제 영역에서 정치 영역으로, 이어서 문화·예술 영역으로 그 초점이 이동해 왔다. 또 다른 한 가지 특징은 이제껏 부각된 철학들이 대부분 수입된 것들이었다는 점이다. 사실 이 두 가지는 무관하지 않은데, 왜냐하면 '경제·정치·문화'의 추이推移조차 서구에서의 전개 양상을 답습하는 모습을 보이기 때문이다. 이 두 측면을 함께 이해할 수 있는 손쉬운 길은, 우리의 사상적 지평과 우리가 차용하고 모방한 사상적 지평 사이의 관계를, 유사한 경로를 밟은 역사 과정을 바탕으로 설명하는 것이다. 이와 같은 방식은, 오늘날 환영받지 못하는 다분히 환원주의적인 발상임에도 불구하고, 실질적으로 포기하기 어려운 호소력을 지니고 있다. 한국의 산업화 과정과 민주화 과정, 문화의 전개 과정이 서구가 밟아 온 역사를 (나름의 특성과 변형이 있음을 인정한다 하더라도) 압축적으로 되풀이한 것이었다면, 사상적인 면에서도 비슷한 양상이 나타나는 것은 전혀 이상한 일이 아니지 않겠는가.

그런데 이런 생각을 받아들일 때 우리가 감수해야 할 부담 가운데 하나는 그러한 발상이 후쿠야마의 '역사의 종말'과 같은 주장이나 사고방식과 만나기 쉽다는 것이다. 흔히 후쿠야마의 주장은 현실사회주의권의 몰락을 반기는 보수 진영의 얄팍하고 일시적인 반응이자 이데올로기적 압박이었다고 치부되곤 했다. 하지만 20년 가까운 그간의 사정을 돌아보면, 또 그 주장에 깔린 역사관의 특성을 생각해 보면, 후쿠야마가 말하는 사태를 그렇게 간단히 처리하고 말기는 어렵다. 사실 종국적 도달점에 관한 구상을 빼면 헤겔과 맑스, 후쿠야마의 역사관은 대체적인 골격 면에서 어떤 점이 얼마나 다른가? 맑스가 말하는 전사前史의 종결을 후쿠야마의 역사의 종말로 대체할 때 빠져나가는 것은 자본주의의 극복(지양)이라는 국면이다. 맑스의 공산주의에 비견할 만한 전망이 제시되지 못하는 현실에 비추어 보면, 후쿠야마의 주장은 맑스적 이탈을 자기 내로 흡수하고 다듬은 헤겔적 역사관의 복귀라고 할 만하다.

자본주의의 완고한 생명력을 바탕으로 한 이 같은 생각에 대해 이른바 진보 진영의 철학은 어떤 적극적인 대응을 해왔는가? 그 주된 줄기는, 역사발전의 도달점으로 내세워지는 자본주의적 또는 자유주의적 세계가 여전히 내적 모순이나 이질적 요소들과 함께 존속하고 있으며, 따라서 현재의 국면을 결코 폐쇄적이고 종국적인 것으로 파악할 수 없다는 점을 강조하는 것이었다. 하지만 이제껏 어떤 철학도 이 모순이나 이질성이 초래할 새로운 시대의 모습을 설득력 있게 제시하지 못했다. 기껏 개방적 여지와 변화의 가능성을 존재론적으로 확보하려 하고 예기하기 어려운 '사건'의 도래에 대한 기대를 앞세웠을 뿐이다. 경제구조나 사회구성에 대한 논의 지평에는 특기할 만한 어떤 변화도 생겨나지 못했다.[2] 그러한 한, '역사의 종말' 주장이 현 시대의 특징을 잘 드러내고 있다고 말한다 해서 이를 지나치다고 할 수 있을까? 그리고 바로 이런 특징이 오늘날 철학이 놓인 처지를 잘 보여 준다고 말한다 해도 그것을 잘못이라고 할 수 있을까?

이렇게 볼 때, 비록 역설적이지만 오늘날에도 시대와 철학 사이에는 밀접한 연관이 존재한다고 이야기할 수 있을 법하다. 철학에 대한 시대의 규정력은 매우, 그리고 여전히 강력해 보인다. 변화를 향한 열망은 살아 있으나, 철학적 관심이 집중되는 부문은 그나마 그 열망이 숨 쉴 여지가 남아 있는 영역이다. 문화·예술에 쏠리는 근래의 관심은 일면 사유의 쇄신을 모색하고 준비하기 위한 것이라고 여겨질 수 있겠지만, 그러한 모색

---

2) 페리 앤더슨, 「21세기 세계는 어디로 가는가」, 『뉴레프트리뷰』, 길, 2009 참조.

이 여타의 영역으로 뻗쳐 나가기 어렵다는 일종의 궁지를 드러내는 것이라고 볼 수도 있다.

그렇다면 이제 '시대의 혼'으로서의 철학, '시대의 모순에 대한 반역'으로서의 철학은 어떻게 되는 것일까? 애초에 이러한 규정은 과도한 것이었음을 인정해야 할 것인가? 지난 한 세대 동안 우리 사회에서 드러난 철학의 역할을 중심으로 살피면 아마 그렇다고 해야 할 것이다. 무엇보다 철학은 시대를 선도하지도, 시대의 모순에 대한 반역을 성공시키지도 못하지 않았는가. 하지만 따지고 보면 '혼'이 꼭 우리의 삶을 이끄는 것은 아니며, '반역'이 늘 성공하는 것도 아니다. 상황과 조건에 따라 혼과 기백은 위축되고 수동적이 될 수 있으며, 반역의 시도도 실패만을 거듭할 수 있다. 사실 철학의 자기규정은 그 실제 기능을 정확히 반영하는 것이라기보다는 그것을 넘어서서 이념적인 것을 추구하는 데서 주어진다고 해야 옳을 것이다. 실제의 기능이 언제나 이념에 미치지 못한다 하더라도, 이념을 제시하고 그것을 좇게 하는 것 자체가 철학의 중요한 기능이다. 철학의 자기 자신에 대한 반성은 실제의 자기 역할에 딱 맞는 규정을 내리기 위해서가 아니라 각 시대에 맞는 이념을 찾고 제시하기 위해서 더 필요한 일인지 모른다. 철학이란 원래 문제를 해결하고자 하는 열망과 적어도 당시로선 명확한 해결이 불가능한 문제의 조건이 부딪혀 빚어내는 사유의 모험이 아닌가. 철학은 자신이 할 수 있는 것보다 더 큰 것을 꿈꾼다.

2. 철학과 이념

시대를 통해 전개되는 것으로 여겨지는 이념뿐 아니라 초시간적이고 초시대적인 것으로 내세워지는 이념이라 하더라도 실제로는 시대와 무관하기 어렵다. 이념은 부분의 한계에 머물지 않고 전체를 포괄한다는, 사실상 도달 불가능한 목표를 추구하는 것이어서, 그 이념에는 그러한 시도를 추동한 조건이 반영되지 않을 수 없는 까닭이다. 철학이 운명적으로 시대와 관련을 맺는 것은 바로 이 이념적 지향의 조건 때문이라고 할 만하다. 오늘날처럼 이념에서 벗어나고자 하는 역설적인 이념이 부각되는 경우도 예외가 아니다. 무엇보다도 거기에는 노골적인 전체화의 구도를 지녔던 대규모의 기획이 실패했다는 사태, 그래서 그러한 기획에 대한 반발과 비판이 불가피해졌다는 사태가 그 조건으로 깔려 있다. 하지만 여기에서 비롯한 탈이념의 견지 역시 자신의 근본적인 근거를 제시하고 그것을 통해 스스로를 정당화하고자 하는 한, (비록 그 자신은 전체화가 불가능함을 역설한다 할지라도) 이념적 면모를 완전히 벗어날 수는 없다. 상대주의의 역설에서처럼, 철학이 면하기 힘든 보편화와 전체화의 굴레에 걸려드는 것이다.

우리 사회에는 비교적 최근에 이르기까지 이념에 대한 요구와 이념적 지향이 강하게 나타났다. 그 이유는 역시 우리가 매우 짧은 기간에 압축적인 산업화와 그 폐해를 경험한 데, 또 냉전의 입심이 강했던 분단의 현실을 살아온 데 있을 것이다. 서구의 경우 전체론적인 기획에 대한 반성이 상당 기간에 걸쳐 이루어질 수 있었음에 반해, 우리의 경우에는 강력한 이념의 공백을 소화하기에 충분한 시간이 주어지질 않았다. 그래서 탈이념의 경향이 유입되는 시기와 양상도 서구와 달리 나타난다. 탈전체화와 탈이념의 큰 흐름 속에 있는 서구의 여러 철학 지류들이 늦게나마 우리 사회에 본격적으로 소개되기 시작한 것은 주로 1990년대 이후였다. 그리고 그 가운데서도 대중적인 환영을 받은 것은 그나마 이념의 공백을 메우는 데 적합해 보이는 철학이었다.

대표적인 것이 들뢰즈의 경우가 아닌가 한다. 그의 저작들은 일견 난삽해 보임에도 불구하고 이념화의 견지에서 상당한 강점을 가지고 있다. 존재론적 논의를 피하지 않을 뿐 아니라 일관된 관점을 온갖 영역에 적용하는 전방위의 분산적 체계성을 드러내기 때문이다. 여기에 비하면 푸코나 데리다 같은 이들은 탈이념의 방향에 더 충실한 편이다. 이들은 주로 언설이나 사고방식, 제도 등을 문제 삼았지, 들뢰즈처럼 이념을 직접 거론하거나 강도^{intensité}, 다양체^{mutiplicité} 등을 내세워 이를 존재론적 차원에서 일관성 있게 뒷받침하려고 애쓰지 않았다. 이런 면에서 볼 때, 바디우나 지젝이 지적하는 것처럼,[3] 들뢰즈는 자신이 주로 비판하는 플라톤이나 헤겔과 생각보다는 많이 닮아 있다. 여기에 더하여 한 가지 흥미로운 것은 들뢰즈의 경우도 그 저술 활동 기간에 걸쳐 주요 논의 영역이 변화하는 추이를 보여 준다는 점이다. 초기에는 철학사를 매개로 존재론적 구도를 마련하는 데 힘을 쏟았다면, 중기에는 가타리와 공동작업을 하면서 정치적 관여의 색채를 강화하는 모습을 보이다가, 말년에는 주로 예술과 문화 영역으로 논의의 초점을 옮겨 간다. 이런 추이 또한 1960년대 후반에서 1990년대 초에 이르는 유럽의 정세 변화와 무관하지 않을 것이다. 그러나 우리로서는 그런 사정에까지 관심을 돌릴 여유는 없었던 것 같다.

현재는 우리 사회도 이념적 목표에 대한 요구와 열정이 많이 사그라진 상태여서, 상대적으로 과도해 보였던 들뢰즈 철학에 대한 관심조차 아쉽게 느껴질 정도다. 이 같은 모습은 사회철학, 나아가 철학 일반에 대한 관심의 퇴조와 이어져 있다. 철학에서 이념적 면모가 갖는 비중을 다시 생각해 보지 않을 수 없게 하는 사태다. 사실 철학이 중요하게 부각되는 시

---

[3] 바디우, 『들뢰즈: 존재의 함성』; 지젝, 『신체 없는 기관』 참조.

기는 철학의 이념적 특성이 두드러지게 나타나는 때이고, 사회 및 사회적 삶의 역동적 변화가 요구되며 또 가능해 보이는 때이다. 우리 사회의 경우 1970년대와 80년대가 그런 시기에 해당했다면 이제는 상대적 침체기에 들어와 있다고 할 만하다. 우리 역시 20세기의 거대한 사회적 실험이 실패로 돌아간 여파를 그 마무리 국면에 이르기까지 경험하고 있는 셈이다. 이런 침체의 시기에는 상대주의적 관점과 해체적 지향이 새로움에 대한 갈구와 함께 번져나가기 마련이다. 기존의 질서에 대한 마땅한 대안이 잘 보이지 않는 상태에서 사유를 통한 모색이 나아가기 쉬운 길이다. 겉으로는 꽤 다양해 보이는 여러 철학들이라도 크게 보아 이런 조류 속에 있다고 볼 수 있을 것이다.

이와 같은 모습은 철학사를 기준으로 볼 때 시대를 거슬러 올라가는 반성의 흐름으로 나타난다. 자본주의와 자유주의의 승리를 노래하는 것이 헤겔적 총체성과 사유의 모델을 따라 역사의 종말을 내세우는 일과 합치한다면, 이런 상황에 돌파구를 마련하고 변화의 여지를 찾고자 하는 노력은 헤겔 이전의 사유로 소급해 보려는 시도를 낳는다. 서양의 근대적 사고방식을 비판하기 위해 그리스 철학, 그것도 소크라테스 이선 철학에서부터 다시 시작하고자 했던 니체나 하이데거의 퇴행적退行的 노력은, 그와 유사한 동기를 지닌 오늘날의 '포스트-모더니티' 사유의 주요한 기반이 되고 있다. 그렇게까지는 아니더라도 헤겔로부터 칸트로, 또 스피노자로 거슬러 올라가려는 경향은 전체론과 목적론을 넘어서려는 자연스러운 시도로 보인다. 아무것도 없는 처음부터가 아니라 잘못된 지점을 찾아 바로 그 이전부터 재출발하는 것이 효율적일 것이기 때문이다. 그러므로 이런 맥락에서 칸트가 거론될 때 주로 부각되는 면은 근대적 사고방식을 정초하고 정당화하는 대목이 아니라 오히려 그 한계를 지적하는 부분이다.

또 그런 한계를 받아들이는 가운데, 미리 주어지지 않은 통일성과 목적을 찾아가는 방식 자체가 관심의 대상이 된다. 칸트에게서 미학적 판단과 관련된 논의가 새삼 주목받을 수 있는 이유다. 스피노자의 철학은 여기서 한 걸음 더 나아가, 주관이 설정하는 목적의 자의성을 비판하고 그러한 목적이 없는 객체적 질서를 출발점으로 삼고자 할 때 적합해 보인다. 실체가 곧 주체임을 알지 못했다고 헤겔이 비판했던 미주체未主體의 세계이해가 탈주체의 반목적론 분위기 속에서 도리어 장점으로 등장하는 것이다.

확실한 앎으로 대접받지 못하는 이념, 기껏 규제적이거나 미학적일 뿐인 이념, 또는 주체와 목적이 제거된 세계상으로서의 이념은, 이념의 규모나 힘이라는 견지에서 볼 때 약한 모습임이 틀림없다. 그러나 이러한 형태로의 회귀와 반성은 한껏 부풀고 힘을 키웠던 이념의 과잉성에 대한 대가라고 할 수 있다. 이를테면 이념의 거품이 폭발한 데 따른 귀결인 셈이다. 철학이 안정적 지식의 테두리와 우리 삶 사이의 간극을 메우려고 노력하는 한, 철학은 이념적 특성을 갖기 마련이고, 이 간극을 메울 만한 사유의 단초가 당면한 현실의 요구에 부응하는 한, 그것을 내용으로 하는 이념은 성장하기 마련이다. 하지만 우리가 놓인 특수한 현실의 상황이 세계 전체로 연장될 수 없는 것처럼, 특정한 방식으로 체계화된 이념적 사유가 세계 전체를 포섭할 수는 없다. 그렇기 때문에 국지적인 데서 출발하여 전체로 증폭해 나가는 이념은 실제의 세계와 괴리를 이루게 되며, 이념의 규모나 기능과 함께 그 괴리가 점점 커지면 마침내 폭발하지 않을 수 없다.

물론 모든 이념이 폭발에 이르기까지 성장하지는 않을 것이다. 현실의 요구와 잘 들어맞지 않는 탓에 상대적으로 단기간에 사멸해 버리는 경우도 많다. 그러나 한 시대를 대표할 만한 이념은 그 시대와 더불어 성쇠를 경험하며, 설사 폭발해 버렸다고 해도 그 여파가 오래가는 법이다. 반성과 침체의 국면이 이어지는 것은 불가피하다고 할 수 있다. 이념의 부침 浮沈을 경제의 경기순환과 견주는 것은 어디까지나 비유에 그쳐야 하겠지만, 경기의 대순환이 새로운 생산력에 힘입어 이루어진다는 생각이 맞다면, 이 생산력의 등장을 새 이념의 단초와 비견해 볼 수 있을 것이다. 경기가 침체돼 있다고 해서 경제활동의 의욕이 완전히 사라지는 것은 아니듯, 철학의 침체기라고 해서 삶과 세계를 사유로 전유하고자 하는 노력이 전적으로 방기되는 것은 아니다. 과잉 설비와 생산이 정리되면서 새로운 성장을 뒷받침할 부문이 혁신된 생산방식이나 기술을 통해 등장하면 곧이어 새로운 상승의 사이클이 시작되듯이, 과도했던 사유의 확장을 반성함과 아울러 지식의 변화된 지형과 달라진 삶의 양식에 바탕을 둔 사유방식의 단초가 제시되면 곧바로 새로운 이념의 성장을 목도할 수 있을 것이다.

문제는 침체의 국면을 살아가는 지혜다. 철저한 자기 점검과 꾸준하고 끈기 있는 모색이 필요한 시기라면 이를 건너뛸 방도는 없다. 일단은 과거에 대한 미련과 당장의 역할에 대한 과도한 기대를 접고, 익숙했던 '안'에 안주하기보다는 낯선 새로움이 기다리고 있을 '밖'으로 눈을 돌려야 한다. 인간의 삶 자체가 그러하듯, 철학은 원래 사족적이라기보다는 다른 국면과 분야에 기생하는 것이기 때문이다.

3. 안과 밖, 그리고 경계

'안과 밖, 그리고 경계'란 이미 진부해진 논의 틀일까? 이 틀은 근래에 아감벤Giorgio Agamben 등을 통해 새삼스레 부각된 듯하다.[4] 특히 밖을 받아

---

4) 조르조 아감벤, 『호모 사케르』, 박진우 옮김, 새물결, 2008 참조.

들이고 안을 새롭게 하는 '경계영역'이 주목을 받는다. 들뢰지언들은 애써 부인할지 모르지만, 철학적 사유에서의 밖은 초월적인 지대와 연결되기 쉽다. 무엇보다 밖은 미지의 위험 지역이다. 안에 새로움을 주고 안을 넓히는 원천이 될 수 있으나 이해하고 장악할 수 있는 한에서만 그러하며, 그렇게 될 때 밖은 이미 온전한 밖이 아니다. 이런 밖의 별칭은 물자체(칸트)일 수도, 실재(라캉)일 수도, 타자(레비나스)일 수도 있다. 이렇게 해서 밖은 미지의 것인 채로 철학적 이념의 틀 내로 들어온다. 철학적 사유에서 밖은 보통 우리가 잘 아는 영역 너머를 가리킨다. 그럼에도 불구하고 밖을 지향하는 까닭은 대개 안이 비루하고 답답해져 견디기 어렵기 때문이다.

밖을 지향하는 것은 '밖에서 안으로 오는 영향을 부인할 수 없어서'라는 식으로 이유를 댈 수도 있다. 그러나 예로부터 우리는 이러한 영향을 이해하고 내적 전체의 일부로 소화하기 위하여 신화적인 것을 위시해서 온갖 설명 방식을 강구해 왔다. 아예 낯선 것이 우리에게 좋을 수 있다는 보장이 없는 까닭이다. 초월적인 신의 수용을 내세우는 종교조차 신과의 거래를 매개로 사람들에게 받아들여지며, 낯설음은 이러한 거래 가능성만큼 지워진다. 맹목적인 타자의 수용을 내세우는 것은 내부가 완전히 무력해지고 무가치해졌음을 드러낼 뿐이다. 좋음을 타자 또는 타자의 수용과 관련짓는 레비나스의 철학은 그러니까 내적 궁지에 대한 자각을 동반하는 것이라 할 수 있다. 그렇지만 레비나스적 견지라고 해서 왜 거기에 낯설음을 삭감하는 일종의 거래가, 내부의 의도에서 비롯하는 작위作爲가 없겠는가.

레비나스에서 타자는 약자로 여겨진다. 약자인 한에서만 그는 타자다.[5] 이것은 사실 밖에 대한, 타자에 대한 자의적인 한정이고, 타자가 초래할 수 있는 치명적 위험성의 관념적 소거다. 하지만 동시에 레비나스의 타자는 지고하다. 그 타자는 우리의 한계를 넘어서 있는 밖인 까닭이다. 타자가 약자인 것은 안에서 볼 때, 우리 내부의 규정들에서 볼 때다. 그런 한에서 타자는 헐벗었지만, 그 규정들 밖에 있음으로 해서 타자는 장악될 수 없고 무한히 높다. 헐벗은 약자이자 무한히 높은 타자──이런 대비에 레비나스 사상이 지니는 매력의 큰 부분이 있다.

그러나 이러한 타자의 철학, 밖의 철학에서 타자의 현현 문제는 일종의 딜레마를 낳는다. 타자가 우리에게 나타났다면 그는 우리의 시각과 견지에 의해 파악되어야 할 것이다. 하지만 그럼에도 불구하고 그가 타자라면 그는 그런 한에서 우리에게 드러나지 않아야 할 것이다. 그렇다면 현현하는 타자는 양면성을 가진다고 해야 마땅하다. 그는 타자이며 동시에 타자가 아니다. 그는 밖에 속하며 동시에 안에 속한다. 말하자면 그는 경계영역에 놓인다. 아감벤에 따르면 경계에 놓인 자는 신성하게 여겨진다. 일상적이고 정상적인 삶의 틀 안으로 잡히지 않기 때문이다. 그는 배제되고 소외되는 자이다. 하지만 일정한 질서들로 무장한 안의 삶은 그 전체로서의 안이 포섭하지 못하는 밖이 있다는 것을 느끼며, 한계를 모면할 수 없는 이 전체의 특성 때문에 때로 밖을 기웃거린다. 그래서 밖에 닿아 있는 자, 경계에 놓인 자는 가치를 부여받는다. 밖을 향한 시선은 안에서 주어지지만 그 가치는 안의 척도로는 잴 수 없다. 신성함은 그런 가치의 특성이다.

확실한 보장이 없이 밖을 기웃거리는 것보다는 가능하면 안을 추스르고 정비하여 거기서 해결을 보는 것이 안전한 길이다. 안을 넓히고 구

---

5) 레비나스에 대해서는 무엇보다 그의 대표 저작인 『전체성과 무한』을 참조하라. 아쉽게도 아직 우리말 번역본은 나오지 않았다. 강영안의 『타인의 얼굴』은 레비나스 철학에 대한 쉬운 소개서에 값한다.

조를 바꾸더라도 이를 전유할 프로그램이 있어야 한다. 그러한 한, 혁명을 지향하는 사유도 안의 사유가 아닐까? 맑스나 맑스주의도 그렇다. 맑스의 프로그램이 19세기적인 것이었음을 에서 부인할 필요는 이제 없을 것이다. 시간의 안과 밖을 시대성을 통해 구분한다면 우리 시대는 맑스와 동시대적인가, 비非동시대적인가? 아마 우리는 우리 시대가 맑스의 시야 밖으로 삐져나와 있다는 점을 받아들여야 할 것이다. 자본주의의 온존에도 불구하고, 또 그 온존 때문에 맑스의 시각은 현시대를 충분히 포착하지 못한다. 맑스의 시간과 우리의 시간은 다르다. 사실 이 다르다는 것이 오늘날 부각되는 시간의 핵심적인 의미다. 비동시성이야말로 철학에서 시간이 문젯거리가 되는 중요한 이유라 할 만하다.

    비동시적인 것의 동시성을 논했던 구조주의적 시각은 여전히 안의 시간에 머문 것이었다. 비교 대상인 각각의 시간성이 내적 구조나 특질에 의해 포착되는 것이었기 때문이다. 비동시적인 것의 예측하기 어려운 발생에 주목할 때, 비로소 밖의 시간이 다루어진다고 할 수 있다. 바디우의 사건 개념이나 데리다의 메시아적 시간 따위가 여기에 해당할 것이다(들뢰즈가 말하는 사건은 밖의 시간을 지시한다고 하기 어렵다).[6] 물론 여기서도 안과 밖의 딜레마는 침묵하지 않는다. 밖의 시간은 안으로 들어와야 드러나는 까닭이다. 우리는 이질적인 것이 발생해야 비로소 그것을 인지할 수 있다. 더구나 그 이질적인 것이 정말 이질적인 것인지에 대한 판단도 헷갈리기 쉽다. 무엇이 이질성을 초래하는 혁명인가? 중국의 문화대혁명에 대한 오늘의 평가는 그것을 과연 사건으로 볼 수 있게 하는가? 나아가, 볼셰비키 혁명은 근본적인 면에서 볼 때 이질적인 시간성을 도입한 것인가, 아닌가?

    데리다는 시간성 자체 안에 비동시성을 구겨 넣는다. 이렇게 하면 시간은 단선적이지 않은 것으로, 끊임없이 되돌아오는 과거를 지닌 것이자 다가올 시간인 미래를 이미 담고 있는 것으로 여겨진다. 유령성과 메시아성을 지닌 시간, 현존하는 것들의 연속성을 넘어서는 시간이 제시되는 것이다. 이것은 시간 면에서 밖의 특성을 안으로 들여온 것이라 할 수 있을까? 안을 유동流動하게 만든다는 점에서는 그렇게 볼 수 있을 법하다. 하지만 잠시만 살펴보면 밖을 수용하는 안의 거름망을 쉽게 발견할 수 있다. 되돌아오는 유령과 미리 와 있는 메시아는 이루지 못한 꿈, 갈망과 관련되어 있다. 이런 점에서 안과 무관한 전적인 밖은 도외시되는 셈이다. 시간의 구도가 애당초 안이 성립함으로써 가능한 것이라 할 때, 이와 같은 설정을 납득하기는 어렵지 않다. 그러나 이것도 역시 사유의 거래가 아닐까? 철학은 원래 이러한 거래로부터 자유로울 수 없는지 모른다.

데리다보다 늦게 그러나 이미 와 있던 사상가가 벤야민이다. 우리는 포스트-모던 철학을 경유해서야 벤야민에 이르게 된 것 같다. 어떻든 현대철학에서 역사적 시간이나 전망에 대한 논의는 벤야민을 참조하지 않을 수 없다. 벤야민은 동질적인 시간을 부인하고 진보의 관점과 보편사를 거부한다. 그는 자칭 역사유물론자이지만, 그가 말하는 역사유물론자는 실상 '역사유물론'을 받아들이지 않는다. 그에 따르면, "경과하는 시간이 아니라 그 속에서 시간이 멈춰서 정지해 버린 현재라는 개념을 역사적 유물론자는 포기할 수 없다".[7] 이 멈춰서 정지한 현재인 지금-시간Jetztzeit

---

6) 바디우의 철학에 쉽게 접근할 수 있는 책으로는 그의 『철학을 위한 선언』, 『윤리학』 등이 있다. 데리다의 메시아적 시간 개념에 대해서는 『마르크스의 유령들』 참조. 들뢰즈의 사건 개념은 주로 『의미의 논리』에 개진되어 있다.
7) 발터 벤야민, 『역사의 개념에 대하여/폭력비판을 위하여/초현실주의 외』, 최성만 옮김, 길, 2008, 347쪽.

은 과거와 미래를 담고 있는 비연속적 단자單子다. 밤하늘처럼 펼쳐진 무한한 과거에서 메시아적 미래로 빛나는 성좌와 같은 독특한 시간. 그 설득력에 대한 평가를 떠나서, 이것은 밖을 안과 이질적으로 형상화하는 경계의 시간이라 할 수 있을 법하다.

그러나 레비나스가 되었건 아감벤이 되었건, 또 데리다가 되었건 벤야민이 되었건 간에, 이상과 같은 논의는 밖을 사유하려는 노력, 더 정확히 말하면 밖을 사유할 틀을 마련하려는 노력에 불과하다. 정작 밖에 대한 사유는 우리가 도외시해 왔던 대상을 만나고 변화하는 상황과 부딪혀 우리의 사유가 바뀔 때 이루어질 수 있을 것이다. 하지만 밖을 제대로 기웃거려 보기엔 우리에게 주어지는 안, 즉 기성의 철학이 가진 폭과 깊이가 너무 넓고 깊었던 것일까? 앞서 말했듯, 우리가 다루어 온 철학의 스펙트럼은 이미 주어진 연속적 계열의 항(들)을 의도치 않게 반복했다는 생각이 든다. 마치 한국의 경제와 사회가 그랬던 것처럼. 우리는 그때그때마다 진지했을지 모르지만 결국 그럼직한 것으로 마련되어 있던 단계들을 밟아 온 것이 아닐까. 이제 그 계열의 연속성을 부인하는 철학이 행세를 하는 단계에 이르기까지. 그런데 그와 같은 철학 또한 기성의 것으로 마련되어 있지 않은가.

4. 철학의 과제?

철학의 이념적 역할, 또 철학의 안과 밖을 염두에 두고 우리 사회의 최근 2, 30년간을 진지하게 반성해 보면 다음과 같은 발언이 나오는 것을 이해하기는 어렵지 않다.

결국 현실철학을 한다고 하면서 오히려 가장 순수한 철학을 했고 우리의 철학을 한다고 하면서 가장 남의 철학을 했다. 또한 비판적 철학을 한다고 하면서 가장 묵종적인 철학을 하게 되었던 것이 아닐까 한다. 철학이 현실에 대한 비판적 패러다임을 제시해 주어야 한다고 할 때, 이제 철학 앞에 구체적으로 어떤 과제가 제시되는가? 그 과제는 다름 아닌 현실 속으로 다시 들어가는 것이다. …… 현실 속으로, 그것은 곧 개별 분과 속으로 들어간다는 뜻이다. 제반 과학을 알자, 그리고 기술과 문화 또한 예술을 이해하자. 그 속에서 철학적 패러다임을 찾아내자. 그때가 비로소 진정한 의미에서 '우리의 독창적 철학'을 할 때가 아닐까?[8]

여기서 말하는 '우리의 독창적 철학'이 그 자체로 독립적인 가치를 갖는 것은 아마 아닐 것이다. 마땅히 행해야 할 역할에 비추어 우리 현실에 맞는 철학을 하려면 나름의 독창성이 요구된다는 뜻이겠다. 그런데 철학의 실제 기능을 중심으로 생각해 보면, 우리에게 이렇다 할 독창적 철학이 없었던 이유를 짐작해 볼 수가 있다. 그것은 우리의 현실이 '남의' 현실을 쫓아가는 것이었기 때문이 아니었을까. 이식移植된 서구적 자본주의에 대응하는 데 적합한 것은 역시 그 본토本土에서 배양된 사고방식과 이념이었을 것이다. 오랜 세월에 걸쳐 다져진 기성의 성과가 있는데, 굳이 처음부터 다시 시작할 필요가 어디 있겠는가. 이럴 경우에는 모방이 창조의 노력을 구축驅逐하고 대신한다. 수입과 모방도 손쉬운 것은 아니지만, 그 성과는 이식된 제도와 문화 내에서 가치를 인정받음으로써 모방하는 자에게 보답한다. 독창성이 필요한 곳은 우리 현실의 특수하거나 독특한 면모와

---

8) 이병창, 「철학 운동」, 『시대와 철학』 19권 3호, 2008, 18~19쪽.

관련된 부분일 텐데, 그런 면을 천착하기에는 전반적인 변화의 경사가 너무 가팔랐고, 우리 사회는 그것을 넘어서는 다른 길을 찾지 못했다. 기성의 철학으로도 급변하는 현실을 따라잡기 어려웠다면, 새롭고 독창적인 철학이 이런 수입 철학들 사이에서 발붙이고 자라날 여지는 더욱 좁았을 것이다. 그렇다면 이제는 그러한 사정이 달라졌을까?

그렇다고 답할 만한 면이 없지는 않은 것 같다. 무엇보다, 수입하고 모방할 대상이 빈약해졌다. 한편으로 서구와 사회적 격차가 좁혀진 탓이고, 다른 한편으로는 서구에서도 철학이 침체기에 들어선 탓이다. 현지에서도 영향력이 크지 못한 철학이 우리의 지속적 관심을 끌기는 힘들 것이다. 수입한 철학으로 현실에 대응하는 것이 큰 프리미엄을 갖기 어려워지고 있는 셈이다. 이제 서구인과 우리가 비슷비슷한 처지에 있고 그네들도 우리와 마찬가지로 답답한 모색의 과정에 있다면, 우리가 직접 우리의 현실을 문제 삼는다고 해서 그들보다 크게 불리할 까닭은 없지 않겠는가.

사실 철학이 자기 영역 밖에서 자양분을 얻어야 한다는 주장은 진부하고 또 그런 만큼 당연한 주장이다. 벤야민이 오늘날에도 눈길을 끄는 중요한 이유는 그가 당대의 시대 변화에 민감했으며 그러한 변화를 직접 체

---

9) 이런 점에서 한 사회과학자의 다음과 같은 지적은 새겨들을 만하다. "인문학의 위기는 인문학이 생산적이지 못하기 때문에 발생한 것이다. 여기에서 '생산적'이란 사회적 효과를 발생시킨다는 말이다. 예를 들어 앞서 간 철학자들의 글에 나타난 개념들의 차이를 밝히고 남이 모르는 차이를 찾아냈다고 주장하는 수많은 철학논문들은 생산적인가? 차이를 만들어 내는 학문적 노력이 여러 철학자들이 '만렙'의 경지에 오르는 데 도움을 줄 순 있겠지만 게임에서 신의 경지에 오른다고 현실의 곤궁이 사라지지는 않는다. 게임의 공간, 게임의 벽을 깨부수고 게임과 현실을 뒤섞지 않는 한 인문학은 죽어갈 것이다." 주형일, 「옮긴이 서문」, 『미학 안의 불편함』(자크 랑시에르 지음, 주형일 옮김, 인간사랑, 2008), 23쪽. '만렙'은 하나의 게임에서 최고의 레벨을 뜻하는 말이다. 온라인게임 등에서 캐릭터의 레벨 수치가 한계점에 이른 것을 가리킨다.

험하고 연구하여 이론화하려고 시도했다는 점에 있다. 따라서 진정으로 벤야민에게서 배우는 길은, 미완성으로 끝난 그의 '아케이드 프로젝트'를 '텍스트'로 연구하는 데 그치는 것이 아니라, '아케이드 프로젝트'에 견줄 만한 연구를 시작하고 또 성과를 내는 데서 찾아야 할 것이다.[9] 관념의 질서를 다루고 그 활용에 봉사하는 것이 철학이지만, 그것이 생명력과 미래를 가지려면 관념 안의 거래를 넘어선 밖의 정황을 수용하고 거기에 관여할 수 있어야 한다. 제반 과학과 기술과 문화, 예술뿐 아니라 일상성도 그 수용과 관여의 영역이 될 수 있다. 이것은 철학의 이념적 역할을 무시하거나 제거하는 일이 아니라, 오히려 그 갱생을 모색하고 준비하는 과정이 될 것이다.[10]

---

[10] 사족 같지만 한마디 덧붙이고 싶다. 현실로 들어가자는 구호는 말하기는 어렵지 않지만, 실상 실행하자면 막연하기 쉽다. 도대체 어떤 것을 어떻게 연구할 것인가? 위의 각주 9)에서 언급한 주형일 선생이 번역한 책의 저자인 자크 랑시에르는 68사태 직후 알튀세르의 엘리트주의를 비판하고 프롤레타리아 문서 서고에 틀어박혀 10여 년을 보냈다고 한다. 그 성과가 여러 권의 책으로 나왔지만, 주형일의 평가에 따르면, 유의미하나 마찬가지로 번잡한 철학 하나를 보태었을 뿐이다. 그러나 이건 그나마 매우 성공적인 경우이다. 모색의 과정은 길고 어렵고 대부분 큰 성과를 내기 힘들다. 이런 때에는 중요하다고 판단되는 분야를 묵묵히 연구하는 일이 기본이다. 여건이 허락하는 한 그 가운데서도 마음이 끌리고 해볼 만하다고 여겨지는 분야에 달라붙어야 한다. 싫은 연구를 오랫동안 해나갈 수는 없지 않은가. 위인지학(爲人之學)이 아닌 위기지학(爲己之學)의 자세가 필요한 때다.

원문 출처

1부 타자와 책임

1_「로컬리티와 타자」,『시대와 철학』21권 2호, 2010.6.
2_「주변의 의미와 잠재성」,『시대와 철학』18권 1호, 2007.3.
3_「책임과 타자」,『시대와 철학』12권 1호, 2001.6(「책임 문제에 대한 철학적 일고찰」이라는 제목으로 발표).
4_「이웃과 정의」,『대동철학』57집, 2011.12.
5_「해체와 윤리: 들뢰즈냐 레비나스냐(1)」,『시대와 철학』18권 3호, 2007.9.

2부 새로움과 윤리

1_「반복의 시간과 용서의 시간: 들뢰즈냐 레비나스냐(2)」,『시대와 철학』19권 2호, 2008.6.
2_「새로움과 용서」,『철학논총』55호, 2009.1.
3_「웰빙에서 윤리로」,『철학연구』95호, 2005.8.
4_「안과 밖, 그리고 시간성: 현상에서 윤리로」,『시대와 철학』22권 2호, 2011.6.

3부 표현과 욕망

1_「이미지와 표현의 문제」,『시대와 철학』15권 1호, 2004.6.
2_「모순과 달리, 같음을 넘어」,『차이와 갈등에 대한 철학적 성찰』, 철학과현실, 2007.
3_「생산하는 욕망과 욕망의 딜레마」,『코기토』64호, 2008.8.

4부 진리와 정의

1_「유물론의 전회?」,『대동철학』24권 1호, 2004.2.
2_「'진리'냐 '파국'이냐」,『시대와 철학』14권 1호, 2003.6.
3_「자유주의와 정의의 문제」,『시대와 철학』12권 2호, 2001.12.
4_「개인적 인권과 집단적 인권」,『동아시아 인권의 새로운 탐색』, 삼인, 2002.
5_「철학의 기능과 이념」,『시대와 철학』20권 3호, 2009.9.

참고문헌

1. 국내 저서와 논문

강동진, 「의사파업 사태와 의료개혁의 전망」, 『진보평론』 6호, 2000.
강영안, 『타인의 얼굴: 레비나스의 철학』, 문학과지성사, 2005.
강학순, 「공간의 본질에 대한 하이데거의 존재사건학적 해석의 의미」, 『하이데거 연구』 15집, 한국하이데거학회, 2007.
김도형, 「레비나스 정의론 연구: 정의의 아포리, 코나투스를 넘어 타인의 선으로」, 『대동철학』 제55집, 2011
김성환, 「동물의 '삶의 양식'에 대한 자연 철학 연구」, 『시대와 철학』 14호, 1997년 봄.
김연숙, 「레비나스의 시간론」, 『동서철학연구』 46호, 2007.
김영한, 「레비나스의 타자현상학」, 『철학과 현상학 연구』 34집, 한국현상학회, 2007.
김용규, 「로컬리티의 문화정치학과 비판적 로컬리티 연구」.
노명식, 『자유주의의 역사』, 책과함께, 2011.
류지석, 「로컬리톨로지를 위한 시론」, 『로컬리티, 인문학의 새로운 지평』, 부산대학교 한국민족문화연구소 엮음, 혜안, 2009.
문성원, 『배제의 배제와 환대』, 동녘, 2000.
_____, 『철학의 시추: 루이 알튀세르의 맑스주의 철학』, 백의, 1999.
_____, 「당파성과 철학」, 『시대와 철학』 1호, 1990.
_____, 「불멸의 것에 대한 충실성으로서의 윤리」, 『진보평론』 11호, 2002년 봄.
박성수, 『영화·이미지·이론』, 문화과학사, 1999.
_____, 「상품개념과 재현의 문제」, 맑스코뮤날레 조직위원회, 『지구화시대 맑스의 현재성 1』, 문화과학사, 2003.
_____, 「이미지의 논리」, 성완경·김우창 외, 『이미지는 어떻게 살고 있는가』, 1999.
박우석, 「로티와 과학적 실재론」, 김동식 엮음, 『로티와 철학과 과학』, 철학과 현실사, 1997.
박정자, 『빈센트의 구두』, 기파랑, 2005.
박정태, 「알랭 바디우의 『존재와 사건』 소개」, 알랭 바디우, 『들뢰즈: 존재의 함성』, 박정태 옮김, 이학사, 2001.
_____, 「『존재와 사건』 용어사전」, 알랭 바디우, 『들뢰즈: 존재의 함성』, 박정태 옮김, 이학사, 2001.

박찬국, 「하이데거는 나치즘을 철학적으로 극복했는가」, 『하이데거와 나치즘』, 문예출판사, 2001.
박현채·백낙청·양건·박형준, 「민족통일과 민주화운동」, 『창작과 비평』, 1988년 가을.
배식한, 「반실재론: 철학자들의 직업병」, 『철학연구』 56호, 2002년 봄.
백낙청, 『한반도식 통일, 현재진행형』, 창비, 2006.
백승영, 「니체 철학 개념연구 I: 같은 것의 영원회귀」, 『철학』 63호, 한국철학회 엮음, 2000.
서동욱, 『들뢰즈의 철학』, 민음사, 2002.
_____, 『일상의 모험』, 민음사, 2005.
시대와 철학 편집부, 「철학은 시대의 혼이다」, 『시대와 철학』 1호, 1990.
신상희, 『시간과 존재의 빛』, 한길사, 2000
유제분, 「서발턴 여성은 말할 수 있는가?: 『제스처 라이프』의 일본군 '위안부'와 문학/역사 쓰기」, 부산대학교 인문학연구소 중심/주변 연구발표회 발표문, 2006년 8월.
윤병렬, 「레비나스의 하이데거 윤리학 비판과 하이데거의 존재사유에 드러난 윤리학」, 『철학과 현상학 연구』 22집, 한국현상학회, 2004.
이미숙, 「생활양식으로서의 웰빙(Well-Being): 이론과 적용의 뿌리 찾기」, 『한국생활과학회지』 Vol.13, No.3, 2004.
이병창, 「철학 운동」, 『시대와 철학』 19권 3호, 2008.
이봉철, 『현대인권사상』, 아카넷, 2001.
이왕주, 「학문연대의 새로운 형식」, 『철학연구』 112집, 대한철학회, 2009.
이정우, 「들뢰즈/가타리의 소수자 윤리학」, 『들뢰즈의 시대가 기억될 것인가?』, 한국철학사상연구회 제28회 정기학술발표회(2005년 12월 3일) 발표문집.
_____, 「매트릭스와 운명의 문제」, 『철학으로 매트릭스 읽기』, 이룸, 2003.
이지훈, 『예술과 연금술』, 창비, 2004.
_____, 「예술과 연금술: 바슐라르가 생각한 '치유하는 힘'으로서의 상상력」, 부산대학교 인문학담론모임 발표문, 2005년 3월.
이진우, 「민주적 공동체의 '관계적 이성': 하버마스와 월쩌를 중심으로」, 『철학연구』 49집, 2000년 여름.
이창남, 「글로벌 시대의 로컬리티 인문학」, 『로컬리티, 인문학의 새로운 지평』, 부산대학교 한국민족문화연구소 엮음, 혜안, 2009.
조경란, 「유교·민족·인권: 중국의 근대성 문제—개인과 국가를 넘어서」, 『철학연구』 53호, 2001년 여름.
조광제, 「반-매트릭스에서 반-「매트릭스」로」, 『철학으로 매트릭스 읽기』, 이룸, 2003.
주형일, 「옮긴이 서문」, 자크 랑시에르, 『미학 안의 불편함』, 주형일 옮김, 인간사랑, 2008.
최상욱, 「거주하기의 의미에 대하여 하이데거를 중심으로 한 탈근대적 거주하기의 의미」, 『하이데거 연구』 4집, 한국하이데거학회, 1999.
최정규, 『이타적 인간의 출현』, 뿌리와 이파리, 2009.
"한국대사관이 망명신청 묵살", 『한겨레신문』, 2002년 5월 24일.
"귄터 그라스 '대북지원 무조건 바람직'", 『한겨레신문』, 2002년 5월 30일.

2. 국내 역서

가타리, 펠릭스, 『분자혁명』, 윤수종 옮김, 푸른숲, 1998.
_____, 『욕망과 혁명』, 윤수종 편역, 문화과학사, 2004.
_____, 『카오스모제』, 윤수종 옮김, 동문선, 2003.
골드만, 안니, 『영화와 현대사회』, 지명혁 옮김, 민음사, 1998.
곰브리치, 언스트 H., 『서양미술사』, 백승길·이종숭 옮김, 예경, 1997.
글레이서, 마르셀로, 『최종이론은 없다』, 조현욱 옮김, 까치, 2010.
노직, 로버트, 『아나키에서 유토피아로』, 남경희 옮김, 1983.
니버, 리처드 H., 『책임적 자아』, 정진홍 옮김, 이화여자대학교출판부, 1983
데리다, 자크, 『마르크스의 유령들』, 진태원 옮김, 이제이북스, 2007.
_____, 『법의 힘』, 진태원 옮김, 문학과지성사, 2004.
_____, 「폭력과 형이상학」, 『글쓰기와 차이』, 남수인 옮김, 동문선, 2001.
_____, 『환대에 대하여』, 남수인 옮김, 동문선, 2004.
데리다, 자크·베르나르 스티글러, 『에코그라피: 텔레비전에 관하여』, 김재희·진태원 옮김, 민음사, 2002.
데콩브, 뱅상, 『동일자와 타자』, 박성창 옮김, 인간사랑, 1990.
들뢰즈, 질, 『감각의 논리』, 하태환 옮김, 민음사, 1995.
_____, 『니체, 철학의 주사위』, 신순범·조영복 옮김, 인간사랑, 1993.
_____, 『대담 1972~1990』, 김종호 옮김, 솔, 1993.
_____, 『스피노자와 표현의 문제』, 이진경·권순모 옮김, 인간사랑, 2003.
_____, 『시네마 II: 시간-이미지』, 이정하 옮김, 시각과 언어, 2005.
_____, 『의미의 논리』, 이정우 옮김, 한길사, 1999.
_____, 『차이와 반복』, 김상환 옮김, 민음사, 2004.
들뢰즈, 질·펠릭스 가타리, 『앙띠 오이디푸스』, 최명관 옮김, 민음사, 1994.
_____, 『천 개의 고원』, 김재인 옮김, 새물결, 2001.
_____, 『철학이란 무엇인가』, 이정임·윤정임 옮김, 1995.
_____, 『카프카: 소수적인 문학을 위하여』, 이진경 옮김, 동문선, 2001.
레닌, 블라디미르 일리치, 『유물론과 경험비판론』, 정광희 옮김, 아침, 1988.
레비나스, 에마뉘엘, 『시간과 타자』, 강영안 옮김, 문예출판사, 1996.
_____, 『존재에서 존재자로』, 서동욱 옮김, 민음사, 2001.
레이너드, 케네스·에릭 L. 센트너·슬라보예 지젝, 『이웃』, 정혁현 옮김, 도서출판b, 2010.
렙슬리, 로버트·마이클 웨스틀레이크, 『현대 영화이론의 이해』, 이영재·김소연 옮김, 시각과 언어, 1995.
로도윅, 데이비드 노먼, 『현대 영화 이론의 궤적: 정치적 모더니즘의 위기』, 김수진 옮김, 한나래, 1999.
로티, 리처드, 「확장된 충실성으로서의 정의」, 김동식 엮음, 『로티와 사회와 문화』, 철학과현실사, 1997.
_____, 『우연성, 아이러니, 연대성』, 김동식·이유선 옮김, 민음사, 1996.

_____, 「상대주의 : 발견하기와 만들기」, 김동식 엮음, 『로티와 철학과 과학』, 철학과 현실사, 1997.
롤스, 존, 『공정으로서의 정의』, 황경식 외 옮김, 서광사, 1988.
_____, 『만민법』, 장동진 외 옮김, 이끌리오, 2000.
_____, 『정치적 자유주의』, 장동진 옮김, 동명사, 1998.
_____, 「만민법」, 스티븐 슈트·수잔 헐리 엮음, 『현대사상과 인권』, 민주주의법학연구회 옮김, 사람생각, 2000.
루소, 장 자크, 『에밀』(상), 정봉구 옮김, 범우사, 1995.
_____, 『인간불평등 기원론』, 주경복·고봉만 옮김, 책세상, 2003.
맑스, 칼, 『독일 이데올로기』, 김대웅 옮김, 두레, 1989.
_____, 『1844년의 경제학 철학 초고』, 최인호 옮김, 박종철출판사, 1991.
매킨타이어, 알래스데어, 『덕의 상실』, 이진우 옮김, 문예출판사, 1997.
메를로-퐁티, 모리스, 『보이는 것과 보이지 않는 것』, 남수인·최의영 옮김, 동문선, 2004.
바디우, 알랭, 『들뢰즈: 존재의 함성』, 박정태 옮김, 이학사, 2001.
_____, 『윤리학』, 이종영 옮김, 동문선, 2001.
_____, 『철학을 위한 선언』, 이종영 옮김, 백의, 1995.
바르트, 롤랑, 「영화관을 나오며」, 『이미지와 글쓰기』, 김인식 편역, 1993.
바르트, 롤랑·수잔 손택, 『사진론』, 송숙자 옮김, 현대미학사, 1994.
바슐라르, 가스통, 『공간의 시학』, 곽광수 옮김, 동문선, 2003.
발리바르, 에티엔, 『민주주의와 독재』, 최인락 옮김, 연구사, 1988.
_____, 「이행의 아포리들과 맑스의 모순들」, 윤소영 엮음, 『맑스주의의 역사』, 민맥, 1991.
_____, 「"인간의 권리"와 "시민의 권리": 평등과 자유의 근대적 변증법」, 윤소영 엮음, 『맑스주의의 역사』, 민맥, 1991.
뱅상, 장 디디에·뤼크 페리, 『생물학적 인간, 철학적 인간』, 이자경 옮김, 푸른숲, 2002.
베르그손, 앙리, 『물질과 기억』, 박종원 옮김, 아카넷, 2005.
베틀랭, 샤를, 「등소평 이데올로기 비판」, 리영희 편역, 『10억 인의 나라』, 두레, 1983.
벤야민, 발터, 『역사의 개념에 대하여/폭력비판을 위하여/초현실주의 외』, 최성만 옮김, 길, 2008.
_____, 「기술복제시대의 예술작품(제3판)」, 『기술복제시대의 예술작품/사진의 작은 역사 외』, 최성만 옮김, 길, 2007 참조.
보라도리, 지오반나, 『테러 시대의 철학』, 손철성·김은주 옮김, 문학과지성사, 2004.
블랑쇼, 모리스, 『기다림 망각』, 박준상 옮김, 그린비, 2009.
센, 아마르티아, 『불평등의 재검토』, 이상호·이덕재 옮김, 한울, 1999.
_____, 『자유로서의 발전』, 박우희 옮김, 세종연구원, 2001.
스피박, 가야트리, 『포스트식민 이성 비판』, 태혜숙·박미선 옮김, 갈무리, 2005.
싱어, 피터, 『동물 해방』, 김성한 옮김, 인간사랑, 1999.
아감벤, 조르조, 『호모 사케르』, 박진우 옮김, 새물결, 2008.
아리기, 조반니 외, 『발전주의 비판에서 신자유주의 비판으로』, 권현정 외 옮김, 공감, 1998.
알튀세르, 루이, 『맑스를 위하여』, 이종영 옮김, 백의, 1997.

_____, 『미래는 오래 지속된다』, 권은미 옮김, 이매진, 2008.
_____, 『철학과 맑스주의: 우발성의 유물론을 위하여』, 서관모·백승욱 편역, 새길, 1996.
_____, 「루소: 사회계약(불일치)」, 『마키아벨리의 고독』, 김석민 옮김, 새길, 1992.
앤더슨, 페리, 『사적 유물론의 궤적』, 김필호 옮김, 중원문화사, 2010.
_____, 「21세기 세계는 어디로 가는가」, 『뉴레프트리뷰』, 길, 2009.
에반스, 딜런, 『라캉 정신분석 사전』, 김종주 외 옮김, 인간사랑, 1998.
엘리어트, 그레고리, 『이론의 우회』, 이경숙·이진경 옮김, 새길, 1992.
요나스, 한스, 『책임의 원칙: 기술 시대의 생태학적 윤리』, 이진우 옮김, 서광사, 1994.
우노 구니이치, 「해설: 방법에 대한 주해」, 질 들뢰즈·펠릭스 가타리, 『천 개의 고원』, 김재인 옮김, 새물결, 2001.
월러스틴, 이매뉴얼, 『월러스틴의 세계체제 분석』, 이광근 옮김, 당대, 2005.
_____, 『자유주의 이후』, 강문구 옮김, 당대, 1996.
월저, 마이클, 『정의와 다원적 평등: 정의의 영역들』, 정원섭 외 옮김, 철학과 현실사, 1999.
유네스코, 「21세기 윤리를 위한 공동의 틀」, 1999(www.unesco.or.kr/upload/data_center/21ethics.hwp).
존스턴, 데이비드, 『정의의 역사』, 정명진 옮김, 부글북스, 2011
중국공산당 11기 6중전회, 「건국 이래의 당의 약간의 문제에 관한 역사적 결의」, 리영희 엮음, 『10억 인의 나라』, 두레, 1983.
지젝, 슬라보예, 『신체 없는 기관』, 김지훈·박제철·이성민 옮김, 도서출판b, 2006.
_____, 『혁명이 다가온다』, 이서원 옮김, 길, 2006.
_____, 「실재의 사막에 오신 것을 환영합니다!」, 『비평』 6호, 2001.
_____, 「출구를 찾아서: 매트릭스 해체하기」, 윌리엄 어윈 엮음, 『매트릭스로 철학하기』, 이운경 옮김, 한문화, 2003.
진춘밍·시쉬옌, 『문화대혁명사』, 이정남·하도형·주장환 옮김, 나무와숲, 2000.
커니, 리처드, 『이방인, 신, 괴물』, 이지영 옮김, 개마고원, 2004.
켈트너, 대커, 『선의 탄생』, 하윤숙 옮김, 옥당, 2011.
코젤렉, 라인하르트, 『지나간 미래』, 한철 옮김, 문학동네, 1996.
타르코프스키, 안드레이, 『봉인된 시간』, 김창우 옮김, 분도출판사, 1991.
테일러, 찰스, 『불안한 현대 사회』, 송영배 옮김, 이학사, 2001.
투렌, 알랭, 『어떻게 자유주의에서 벗어날 것인가?』, 고원 옮김, 당대, 2000.
투안, 이-푸, 『공간과 장소』, 구동회·심승희 옮김, 대윤, 1995.
프로이트, 지그문트, 『유머』, 『예술, 문학, 정신분석』, 정장진 옮김, 열린책들, 2003.
플랙스먼, 그레고리 엮음, 『뇌는 스크린이다: 들뢰즈와 영화철학』, 박성수 옮김, 이소, 2003.
하버마스, 위르겐, 『새로운 불투명성』, 이진우·박미애 옮김, 문예출판사, 1995.
하비, 데이비드, 『포스트모더니티의 조건』, 구동회·박민영 옮김, 한울, 1994.
하이데거, 마르틴, 『강연과 논문』, 이기상·신상희·박찬국 옮김, 이학사, 2008.
_____, 『사유의 사태로』, 문동규·신상희 옮김, 길, 2008.
_____, 『이정표 1』, 신상희 옮김, 한길사, 2005.
_____, 『이정표 2』, 이선일 옮김, 한길사, 2005.

_____, 『존재와 시간』, 이기상 옮김, 까치출판사, 1998.
헤겔, 게오르크, 『대논리학』(II), 임석진 옮김, 지학사, 1982.
헬러, 아그네스, 『마르크스에 있어서 필요의 이론』, 강정인 옮김, 인간사랑, 1990.
후설, 에드문트, 『순수현상학과 현상학적 철학의 이념들 1』, 이종훈 옮김, 한길사, 2009.
_____, 『시간의식』, 이종훈 옮김, 한길사, 1996.
후쿠야마, 프랜시스, 『역사의 종말』, 이상훈 옮김, 한마음사, 1992.

3. 국외 저서와 논문

Althusser, Louis, *Elément d'autocritique*, Paris: Hachette, 1974.
_____, *Positions*, Paris: Editions Sociales, 1976.
Badiou, Alain, *D'un désastre obscure : sur la fin de la vérité d'état*, La Tour d'Aigues: Éditions de l'Aube, 1998.
_____, "Philosophy and politics", *Radical Philosophy* 96, July-August 1999.
_____, "Verit s et justice", éd. Jacques Poulain, *Qu'est-ce que la justice?*, Paris: Presses Universitaire de Vincennes, 1996.
Balibar, Étienne, "Qu'est-ce qu'une politique des droits des droits de l'homme?", *Les frontières de la démocratie*, Paris: Découverte, 1992.
Bernasconi, Robert, "The Third Party: Levinas on the intersection of the ethical and the political", *Emmanuel Levinas* vol.1, eds. Claire Katz & Lara Trout, London: Routledge, 2005.
Deleuze, Gilles, *Deux régimes de fous*, éd. David Lapoujade, Paris: Édition de Minuit, 2003.
_____, "Jean-Jacqes Rousseau précuseur de Kafka, de Céline et de Ponge", *L'île déserte et autre textes*, éd. David Lapoujade, Paris: Édition de Minuit, 2002.
Derrida, Jacques, *Adieu : à Emmanuel Lévinas*, Paris: Galilée, 1997.
_____, *Foi et savoir suivi de le siècle et le pardon*, Paris: Seuil, 2002.
_____, *La vérité en peinture*, Paris: Flammarion, 1978.
_____, *Marges de la philosophie*, Paris: Minuit, 1972.
_____, *Pardonner : l'impardonnable et l'imprescriptible*, Paris: Herne, 2005
_____, *Politiques de l'amitié*, Paris: Galilée, 1994.
_____, *The Gift of Death*, trans. David Wills, Chicago: University of Chicago Press, 1995("Donner la mort", *L'éthique du don : Jacques Derrida et la pensée du don*, Paris: Métailié-Transition, 1992).
_____, *Voyous*, Paris: Galilée, 2003.
Domenach, Jean-Luc, "Altérités chinoises", *L'autre*, éd. Bertrand Badie & Marc Sadoun, Presses de la Fondation Nationale des Sciences Politiques, 1996.

Habermas, Jürgen, "The national principle: A right to Secession", *Seminar on political theory*, Paris: Collège International de Philosophie, January 1997.

Hayat, Pierre, *Individualisme éthique et philosophie chez Lévinas*, Paris: Kimé, 1997.

Holland, Eugene W., "Marx and Poststructuralist Philosophy of Difference", ed. Ian Buchanan, *A Deleuzian Century?*, Durham: Duke University Press, 1999.

Howitt, Richard, "Scale and the other: Levinas and geography", *Geoform* 33, August 2002.

Judt, Tony, *Marxism and the French Left*, Oxford: Clarendon Press, 1986.

Kemp, Peter, *Levinas: Une Introduction Philosophique*, Fougères: Encre marine, 1992.

Kessel, Patrick, *Le mouvement "maoiste" en France*(t.1~2), Paris: U.G.E., 1972.

Lecercle, Jean-Jacques, "Cantor, Lacan, Mao, Beckett, même combat: The Philosophy of Alain Badiou", *Radical Philosophy* 93, January-February 1999.

Lévinas, Emmanuel, *Altérité et transcendance*, Saint-Clèment-de-Riviére: Fata Morgana, 1995.

_____, *Autrement qu'être ou au-delà de l'essence*, La Haye: Martinus Nijihoff, 1974(*Otherwise than Being or Beyond Essence*, tr. Alphonso Lingis, Pittsburgh: Duquesne University Press, 1981).

_____, *De dieu qui vient à l'idée*, Paris: Vrin, 1992.

_____, *En découvrant l'existence avec Husserl et Heidegger*, Paris: Vrin, 2001.

_____, *Éntre nous*, Paris: Librairie générale française, 1993(*Entre Nous*, trans. Michael B. Smith & Barbara Harshav, New York: Columbia University Press, 1998).

_____, *Is it righteous to be?: Inteview with Emmanuel Levinas*, ed. Jill Robbins, Stanford, Calif: Stanford University Press, 2001.

_____, *Totalité et infini*, La Haye: Martinus Nijhoff, 1974(*Totality and Infinity*, trans. Alphonso Lingis, Pittsburgh: Duquensne University Press, 1969).

_____, "La réalité et son ombre", *Les imprévus de l'histoire*, Saint-Clèment-de-Riviére: Fata Morgana, 2000.

_____, "The Paradox of Morality: An Interview with Emmanuel Levinas", eds. Robert Bernasconi & David Wood, *The Provocation of Levinas*, London: Routledge, 1988.

_____, "Transcendence and Height", éds. Adriaan T. Peperzak & Simon Critchley & Robert Bernasconi, *Basic Philosophical Writings*, Bloomington: Indiana University Press, 1996.

Lévinas, Emmanuel & Jacques Rolland, *Dieu, La Mort et Le Temps*, Paris: Grasset, 1993.

_____, *Éthique comme philosophie première*, Paris: Payot &Rivages, 1998.

Lingis, Alphonso, "Objectivity and of Justice: A Critique of Emmanuel Levinas' Explanation", *Continental Philosophy Review* 32, 1999.

Marrati, Paola, "Deleuze: Cinéma et philosophie", *La philosophie de Deleuze*, Paris: PUF, 2004.

Olivier, Paul, "Diaconie et diachronie: de la phénoménologie à la théologie", *Noesis* no. 3, 2000.

Osborne, Peter, *The Politics of Time*, New York: Verso, 1995.

Paccioni, Jean-Paul, "Liberté et appropriation de soi dans la politique de Rousseau", *Les Etudes Philosophiques*, Juillet-Septembre 1993.

Rancière, Jacques, *La leçon d'Althusser*, Paris: Gallimard, 1974.

_____, *La Mésentente*, Paris: Galilée, 1995.

_____, "Le tort", éd. Jacques Poulain, *Qu'est-ce que la Justice?*, Paris: Presses Universitaire de Vincennes, 1996.

Rawls, John, *The Law of Peoples*, Cambridge: Havard University Press, 1999.

Rorty, Richard, "The End of Leninism", *Truth and Progress*, New York: Cambridge University Press, 1998.

Sasso, Robert & Arnaud Villani et al., *Le vocabulaire de Gilles Deleuze*, Cahier de Noesis no.3, 2003, Paris: Vrin.

Smith, Daniel W., "Deleuze and Derrida, Immanence and Transcendence: Two Directions in Recent French Thought", eds. Paul Patton & John Protevi, *Between Deleuze and Derrida*, London: Continuum, 2003.

Spivak, Gayatri C., "Can the Subaltern Speak?", eds. Cary Nelson & Lawrence Grossberg, *Marxism and Interpretation of Culture*, Urbana: University of Illinois Press, 1988.

Taylor, Charles, "Cross-Purposes: The Liberal-Communitarian Debate", *Philosophical Arguments*, Cambridge: Harvard University Press, 1995.

Tosel, André, *Démocratie et libéralisme*, Paris: Kimé, 1995.

Walzer, Michael, *Thick and Thin: Moral Argument at Home and Abroad*, Notre Dame: University of Notre Dame Press, 1994.

찾아보기

【ㄱ·ㄴ】

가타리, 펠릭스(Guattari, Félix) 135
강도(intensité) 228, 247
거대 서사(grand récit) 284
거주 24, 29
경쟁 이데올로기 78, 80, 97
계급투쟁 310~314
고다르, 장 뤽(Godard, Jean Luc) 221, 305
　「라 시누와즈」 305, 310, 313, 324
공산주의 153, 161, 180, 371
관념론 49, 131, 292, 298
9·11테러 295, 322
구조주의 242, 310, 369, 380
　포스트-~ 131, 242, 369
그라스, 귄터(Günter, Gras) 362
기억 24, 157
남북관계 97
내재성 98, 118, 254, 257
니버, 리처드(Niebuhr, Richard H.) 61~62, 65

【ㄷ】

다원주의 340~341
다위니즘 77~80

데리다, 자크(Derrida, Jacques) 41, 65, 116, 150, 152, 291, 380
　『마르크스의 유령들』 150, 164
　맑스의 유령 159, 161
　유령론(hantologie) 150~158, 165
　차이(差移; différance) 158, 203, 242, 258
데콩브, 뱅상(Descombes, Vincent) 242
독특성 19, 102, 117, 120
동일성 19, 83, 110, 135, 203, 220, 248
　~과 차이의 관계 247
　~의 원리 79
동일자 20~22, 26, 52, 90, 257
　~적 질서 31
들뢰즈, 질(Deleuze, Gilles) 8, 20, 105, 119~120, 144, 183, 219, 246, 291, 374
　『감각의 논리』 226
　~의 시간관 141, 143
　~의 영화론 140
　사건의 의미론 130~132
　순수과거 136~138, 142
　『스피노자와 표현의 문제』 225~226
　『시네마』 105, 135
　시간-이미지 127, 140~141
　『의미의 논리』 105, 128, 129, 135
　『차이와 반복』 117, 135, 136, 266
　차이의 존재론 106~107, 255

찾아보기 **395**

들뢰즈·가타리 47, 98, 102, 107, 117
　공속면 107, 280
　기계 271~273
　기관 없는 신체 47, 101, 108, 271~273, 277
　되기 251
　배치물 100, 134
　『앙띠 오이디푸스』 263
　유목론 114, 250
　유목주의 104~107
　전쟁기계 251
　『천 개의 고원』 133, 272, 276
　『철학이란 무엇인가』 105, 135

【ㄹ】

라캉, 자크(Lacan, Jacques) 38
랑시에르, 자크(Rancière, Jacques) 315, 385
레비나스, 에마뉘엘(Lévinas, Emmanuel) 7, 20, 51, 68~69, 109, 144, 185, 257, 302, 350, 378
　　~의 시간관 206~209
　　~의 정의관 90~93
　　~의 주체론 144~145
　　~의 타자론 51~52, 80~85
　　~의 하이데거 비판 199
　　삼자성(illeité) 95~96
　　자손 낳음(fécondité) 121, 146, 211
　　『전체성과 무한』 116
　　제3자 91~92, 97, 116
　　『존재와 달리 또는 존재성을 넘어』 116
　　타인의 얼굴 84, 86~87, 113~114, 145, 204~205

로컬리티 14, 18, 20, 23, 29
　~의 고유성 32
로티, 리처드(Rorty, Richard) 284~287, 300, 347
　자기집단중심주의 347
롤스, 존(Rawls, John) 328, 330, 337
　『만민법』 328, 331
　만민법 329, 332, 334, 345
　원초적 입장 329, 335
　『정의론』 328, 331
루소, 장-자크(Rousseau, Jean-Jacques) 173, 176
　『사회계약론』 183
　소유적 사랑 176, 179
　『에밀』 176~177, 180
　일반의지 179~180
　자기 사랑 176, 184
리오타르, 장-프랑수아(Lyotard, Jean-François) 284
리쾨르, 폴(Ricoeur, Paul) 33
링기스, 알폰소(Lingis, Alphonso) 88

【ㅁ】

마오주의 306
마오쩌둥(毛澤東) 246, 311, 323
말함(le dire) 82, 222~223, 234
맑스, 칼(Marx, Karl) 16~17, 153, 180, 287, 370, 380
맑스주의 148, 152, 261, 369
　과학적 ~ 288, 310
「매트릭스」 142, 292
메를로-퐁티, 모리스(Merleau-Ponty, Maurice) 45

모순 240, 243
  역~(vice-diction) 246~247
목적론 239, 261, 309
  ~적 역사관 154
  반~ 75~76, 279
몸 45~46
  ~의 역할 49
  ~의 우선성 50
  ~의 주변성 47
무한 21, 82, 87, 96, 112~113, 246
문화대혁명 108, 305~306, 314, 320, 323
「밀양」 146

【ㅂ】

바깥 21, 41, 50
바디우, 알랭(Badiu, Alain) 20, 107, 257, 291, 315, 321, 325, 380
  ~의 윤리관 319
  사건의 존재론 107, 291, 316~318, 321
바르트, 롤랑(Barthes, Roland) 217
  무딘 의미(le sens obtus) 298
  자연스러운 의미(le sens obvie) 220~221
  푼크툼(punctum) 219~220, 298
바슐라르, 가스통(Bachelard, Gaston) 25, 181~182
「박쥐」 5
반복 134, 249
  기억의 ~ 139
  물질의 ~ 139
발리바르, 에티엔(Balibar, Étienne) 311

배제 104
  ~의 배제 349, 353
백낙청 100~104
  ~의 분단체제론 100
베르그손 105, 127, 135
  『물질과 기억』 136
  ~의 기억이론 136
  순수기억 136~138
베이컨, 프랜시스(Bacon, Francis) 48
벤야민, 발터(Benjamin, Walter) 218, 381, 384
보편성 15, 368
복합적 평등 341
북한 97, 340, 354, 362~363
분단 17, 34
  ~체제 100, 103~104, 106
불확실성 77

【ㅅ】

사회주의 242, 312
  현실~ 106, 289, 313, 370
사회철학 104, 166, 304, 368, 374
상징계 268, 270, 295
상품경제 154
새로움 109, 121, 145~151, 164, 167, 194~196, 204
생산력주의 309~310
생성 139, 144
서벌턴(subaltern) 40
성원권 355~357
센, 아마르티아(Sen, Amartya) 349
소격효과(Verfremdung) 221, 308
수동성 49, 88, 143

스피노자, 바뤼흐 드(Spinoza, Baruch de) 119, 376
스피박, 가야트리(Spivak, Gayatri C.) 38
　「서벌턴은 말할 수 있는가?」 40
시간 24, 129, 135, 148, 158
　물체의 ~ 128
　~성 126, 143~144
　~의 해방 126~127
　아이온 130~132
　주체의 ~ 134
　크로노스 130
　텅 빈 ~ 131, 135, 140~141
「시간」 151, 157, 164, 167
시민권 355, 359
시장자유주의 59
신자유주의 85, 328
실용주의 284, 301
실재의 사막 295

【ㅇ】

아감벤, 조르조(Agamben, Giorgio) 377, 379
아르토, 앙토냉(Artaud, Antonin) 47, 271
아우라 218
알튀세르, 루이(Althusser, Louis) 148, 155, 243~245, 288, 297, 308, 315, 369
　『맑스를 위하여』 309, 311
　우발성의 유물론 289
　인식론적 단절 288
　중층결정 244
　「'피콜로', 베르톨라치와 브레히트(유물론적 연극에 대한 노트)」 308

에이젠슈타인, 세르게이(Eisenstein, Sergei) 221
역사의 종말 85, 106, 150, 154, 370
「영국식 정원 살인사건」 43
영원회귀 132, 140, 142, 249
영화 216~217, 221
외장(外藏) 126, 141
요나스, 한스(Jonas, Hans) 56
욕망 259, 264
　결핍으로서의 ~ 268, 270
　실재의 ~ 275
　오이디푸스적 ~ 269
　~과 욕구의 구별 259
「욕망의 모호한 대상」 270
용서 121, 145~147, 166~170, 211
우노 구니이치(宇野邦一) 278
우발성 149, 245
「원위크」 32
월러스틴, 이매뉴얼(Wallerstein, Immanuel) 38, 328
월저, 마이클(Walzer, Michael) 59, 335, 340, 364
　두꺼움 335, 338, 343, 364
　얇음 335, 338, 364
유동성 45~46, 50, 98
유머 120, 132~133
유물론 285, 296~300, 304
　맑스주의 ~ 286
　이미지의 ~ 299
68사태 265, 270, 275, 307, 317
윤리 80, 94, 111~114, 117, 146, 201
　대면적 ~ 92
　~학 112, 202
　책임의 ~ 213

응답 51, 112, 114, 303
　~성 61, 68
이웃 89, 93
　~의 위험성 93~94
인권 345, 351, 355, 359, 361
　보편적~ 344
　~운동 351~352, 357
　~의 보편성 352~353
　~의 운동 351~352, 366
일의성(univocité) 98, 107, 254, 257

【ㅈ·ㅊ】

자기중심성 110
자본주의 98, 107, 134, 154, 181, 366
　~적 사회관계 64
　~적 운동과 유목적 흐름 사이의 유사성 253~254
　후기-~ 98, 254, 256
자연권 352
자유경쟁 332
자유주의 90, 327, 334, 344
잘-있음 171, 173
　소유적 ~ 181
　잘못-있음 173, 183
잠재성 33, 203, 263
재영토화 102, 134
재현 19, 94, 134, 139, 222
전체 21
　~론 110
　~성 22, 26, 185
　~주의 110, 323
정의 89, 94, 116, 350
조작 가능성 294~296

존재 20, 94
　~론 17, 20, 107
　~성 20, 120
주변 33~37, 41
　반~부 36, 38
　~의 긍정성 38, 53
　중심-~ 35, 39, 41, 46
증여 64, 167~168
　죽음의 ~ 67~69
지젝, 슬라보예(Žižek, Slavoj) 93, 107, 295
　~의 들뢰즈·가타리 비판 98
집단적 권리 360~361, 367
차이 135, 238, 242
　~에 관한 현대철학의 스펙트럼 258
책임 51~54, 63, 87, 94, 112~114, 303
　응답으로서의 ~ 63, 186
　~과 권한의 관계 55~56, 58
　~과 호혜성의 문제 59
　~성 57, 68
　~에 해당하는 서양어들 61
　~의 대체 불가능성 67~69
초월 110, 113~114, 118, 120
촛불시위 262, 281

【ㅋ·ㅌ】

칸트, 이마누엘(Kant, Immanuel) 50, 86, 108, 115, 375~376
코나투스(conatus) 7, 80, 97, 210
코젤렉, 라인하르트(Koselleck, Reinhart) 149
키르케고르, 쇠렌(Kierkegaard, Søren) 70

타르코프스키, 안드레이(Tarkowskij,
Andrej) 216, 224, 233
　「거울」 216, 223, 230, 233
타인 84, 112
타자 20~21, 27, 31, 51, 65, 65, 80, 90,
94, 109~110, 116, 119, 144, 187, 200,
257, 301, 325
　　초월적 ~ 111
　　~에 응답하는 책임 115~116
　　~와의 대면적 관계 116
탈영토화 99, 101~103, 134, 275
탈주 134, 252
테일러, 찰스(Taylor, Charles) 358
토젤, 앙드레(Tosel, André) 328
투렌, 알랭(Touraine, Alain) 327
　『어떻게 자유주의를 벗어날 것인가?』
　327

【ㅍ · ㅎ】

파토치카, 얀(Patočka, Jan) 65
포스트-모던 300
　포스트-모더니티 375
　~ 철학 381

표상 48~49
표현 217~218, 225, 229, 234
푸코, 미셸(Foucault, Michel) 45, 100,
291
하버마스, 위르겐(Habermas, Jürgen)
106~107, 339
하이데거, 마르틴(Heidegger, Martin) 23,
25~26, 68, 81, 109~110, 144
　　생기(生起; Ereignis) 198
　　탈-존(脫-存; Ek-sistenz) 197
　　~의 시간관 190
　　~의 존재론 83
　　~의 후기 철학 197
『햄릿』 154, 160
향유(juissance) 23, 186
헤겔, 게오르크(Hegel, Georg W. F.) 15,
239~240, 370
　『정신현상학』 15, 241, 248
환대 27, 116, 163, 186, 303
후설, 에드문트(Husserl, Edmund) 109,
191
후쿠야마, 프랜시스(Fukuyama, Francis)
106, 150, 370
흔적 44, 145, 158